全国商業高等学校協会主催

情報処理検定試験

PASSPORT

パスポート

Excel 2016 2019 対応

2級

ビジネス情報編

第１章　表計算ソフトウェアの活用

第２章　表計算ソフトウェアに関する知識

もくじ

第３章　コンピュータの関連知識

第４章　データベースソフトウェアの活用

Excelの完成例データ・速習版データ，Excel2013利用者のための補足などをご用意しています。
とうほうのホームページよりダウンロードしてご活用ください。

第1章

表計算ソフトウェアの活用

1 複合条件

2 検索の関数

3 文字列と数値の関数

4 日時・曜日の関数

5 関数のネスト

6 複合参照とマルチシート

7 グループ集計とクロス集計

8 最適解

9 グラフの作成

章末総合問題

章末検定問題

複合条件

1. 複合条件の判定

例題 1-1　次のような表を作成しよう。

	A	B	C	D	E	F	G	H
1								
2			ボウリング大会予選成績一覧表					
3								
4	選手Ｎｏ	氏　名	１ゲーム	２ゲーム	トータル	順位	結果	備考
5	1	姫路　レイ	204	200	404	2	通過	プロ級
6	2	坂本　麻衣	134	168	302	5		
7	3	丹波　由香	216	205	421	1	通過	プロ級
8	4	久保　あや	187	163	350	3	通過	
9	5	川崎　由依	154	178	332	4		

▼処理条件

1．網掛け部分以外のデータは，入力する。
2．E列の「トータル」は，C列の「１ゲーム」とD列の「２ゲーム」の合計を求める。
3．F列の「順位」は，E列の「トータル」の降順に順位をつける。
4．G列の「結果」は，「１ゲーム」か「２ゲーム」のどちらかが180以上の場合は 通過 と表示し，それ以外の場合は何も表示しない。
5．H列の「備考」は，「１ゲーム」と「２ゲーム」ともに200以上の場合は プロ級 と表示し，それ以外の場合は何も表示しない。

（１）データ入力とRANK関数の入力

データを入力し，E列の「トータル」に「１ゲーム」と「２ゲーム」の合計を求める。

	A	B	C	D	E	F	G	H
1								
2			ボウリング大会予選成績一覧表					
3								
4	選手Ｎｏ	氏　名	１ゲーム	２ゲーム	トータル	順位	結果	備考
5	1	姫路　レイ	204	200	404			
6	2	坂本　麻衣	134	168	302			
7	3	丹波　由香	216	205	421			
8	4	久保　あや	187	163	350			
9	5	川崎　由依	154	178	332			

F列の「順位」を求める。既に学習済みのRANK関数は，P.210の３級関数一覧を参考にして入力する。

	A	B	C	D	E	F	G	H
1								
2		ボウリング大会予選成績一覧表						
3								
4	選手Ｎｏ	氏　名	１ゲーム	２ゲーム	トータル	順位	結果	備考
5	1	姫路　レイ	204	200	404	2		
6	2	坂本　麻衣	134	168	302	5		
7	3	丹波　由香	216	205	421	1		
8	4	久保　あや	187	163	350	3		
9	5	川崎　由依	154	178	332	4		

（２）OR関数の入力

G５に結果を判定するIF関数を入力する。

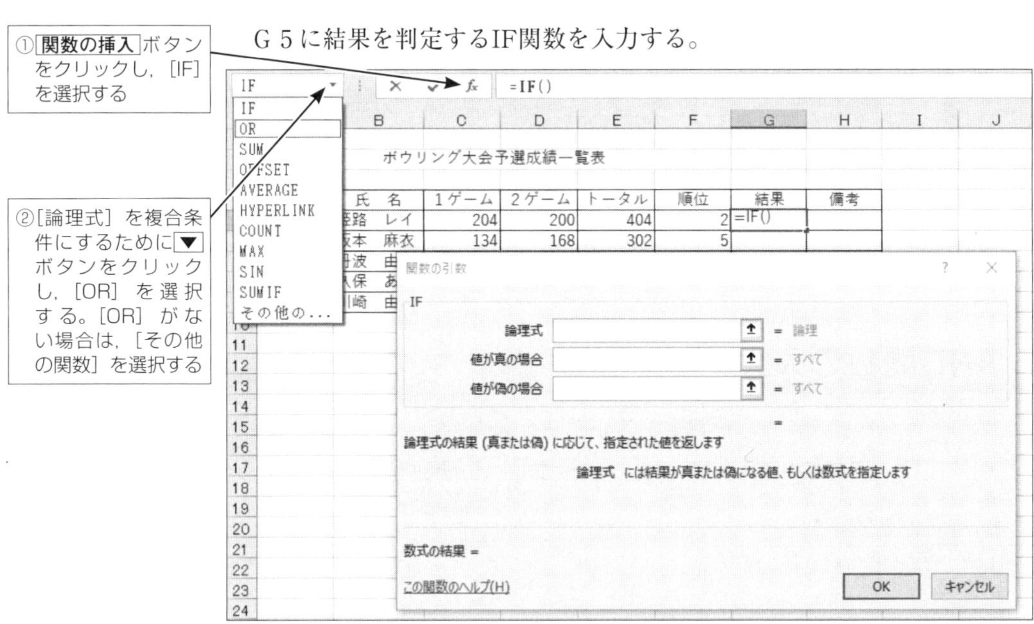

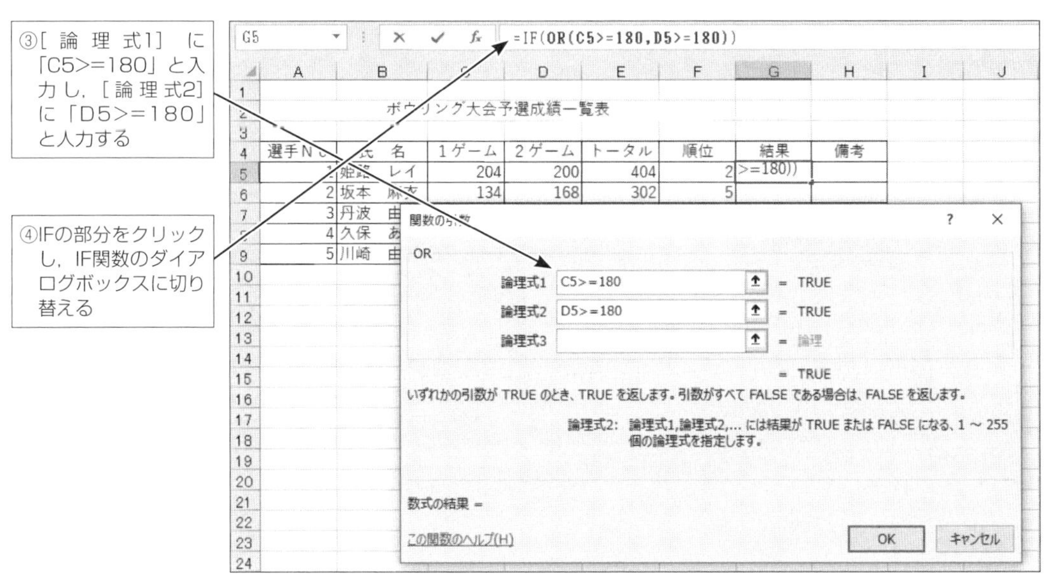

⑤［値が真の場合］に「"通過"」，［値が偽の場合］に「""」と入力し，OKボタンをクリックする

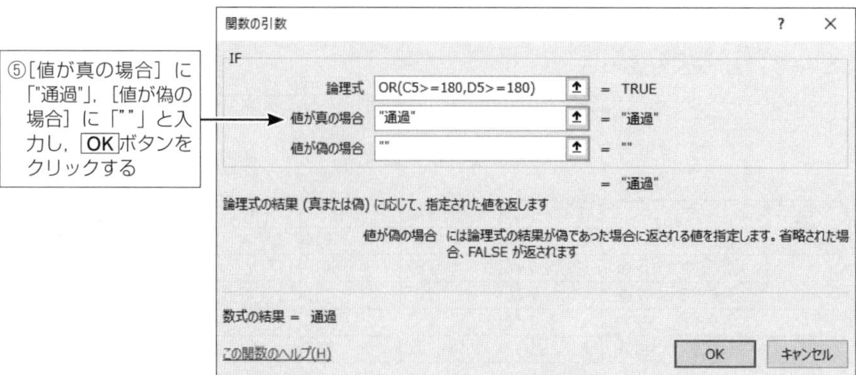

Ｇ５の式をＧ６～Ｇ９にコピーする。

	A	B	C	D	E	F	G	H
1								
2		ボウリング大会予選成績一覧表						
3								
4	選手Ｎｏ	氏　名	１ゲーム	２ゲーム	トータル	順位	結果	備考
5	1	姫路　レイ	204	200	404	2	通過	
6	2	坂本　麻衣	134	168	302	5		
7	3	丹波　由香	216	205	421	1	通過	
8	4	久保　あや	187	163	350	3	通過	
9	5	川崎　由依	154	178	332	4		

（３）AND関数の入力

Ｈ５に備考を判定するIF関数を入力する。

①関数の挿入ボタンをクリックし，IF関数を選択してから，AND関数を選択する。

②［論理式1］に「C5>=200」と入力し，［論理式2］に「D5>=200」と入力する。IF関数のダイアログボックスに切り替える

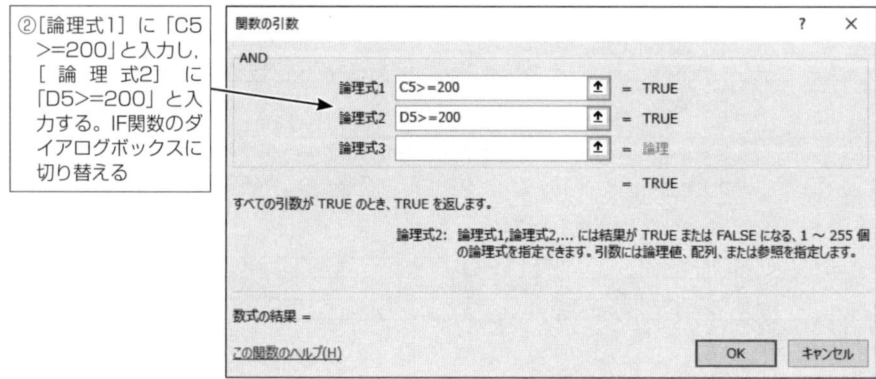

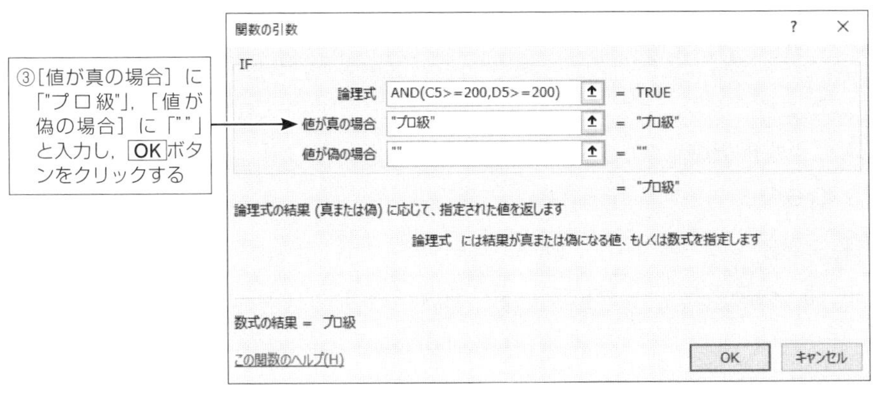

Ｈ５の式をＨ６～Ｈ９にコピーし，例題１－１として保存する。

	A	B	C	D	E	F	G	H
1								
2			ボウリング大会予選成績一覧表					
3								
4	選手Ｎｏ	氏　名	１ゲーム	２ゲーム	トータル	順位	結果	備考
5	1	姫路　レイ	204	200	404	2	通過	プロ級
6	2	坂本　麻衣	134	168	302	5		
7	3	丹波　由香	216	205	421	1	通過	プロ級
8	4	久保　あや	187	163	350	3	通過	
9	5	川崎　由依	154	178	332	4		

（４）論理関数

IF関数は，条件が１つのものを判定するが，論理関数を利用すると複数の条件を判定することができる。

＝AND(論理式１,[論理式２]…)

論　理　式：判定したい論理式を指定する。

関数式の例：=IF(AND(C5>=200,D5>=200),"プロ級","")

Ｃ５が200以上で，かつＤ５が200以上の場合は「プロ級」と表示し，それ以外の場合は何も表示しない。

＝OR(論理式１,[論理式２]…)

論　理　式：判定したい論理式を指定する。

関数式の例：=IF(OR(C5>=180,D5>=180),"通過","")

Ｃ５が180以上か，またはＤ５が180以上の場合は「通過」と表示し，それ以外の場合は何も表示しない。

＝NOT(論理式)

論　理　式：判定したい論理式を指定する。

関数式の例：=IF(NOT(G5="通過"),"予選落ち","")

Ｇ５が「通過」でない場合は「予選落ち」と表示し，それ以外の場合は何も表示しない。

第1章

（5）関数のネスト（入れ子）

論理関数を利用しなくても，IF関数の中にIF関数を入れても同じことができる。これを**関数のネスト（入れ子）**という。

① Ｇ５の式

論理関数	=IF(OR(C5>=180,D5>=180)," 通過 ","")
IF 関数のネスト	=IF(C5>=180," 通過 ",IF(D5>=180," 通過 ",""))

② Ｈ５の式

論理関数	=IF(AND(C5>=200,D5>=200)," プロ級 ","")
IF 関数のネスト	=IF(C5>=200,IF(D5>=200," プロ級 ",""),"")

練習問題

解答 ➡P.2

練習問題 1-1

［ファイル名：練習1-1］

次のような表を作成し，保存しなさい。

	A	B	C	D	E	F	G
1							
2	フィギア選手権大会予選結果表						
3							
4	Ｎｏ	選手名	FS	SP	TOTAL	順位	結果
5	1	アーロン	169.54	101.23	※	※	※
6	2	アボット	166.88	92.45	※	※	※
7	3	ウノ	162.65	88.64	※	※	※
8	4	エイモズ	160.56	90.22	※	※	※
9	5	カギヤマ	159.98	99.53	※	※	※
10	6	ハギュウ	193.72	109.32	※	※	※
11	7	サドフスキー	135.62	86.35	※	※	※
12	8	チェン	203.13	107.09	※	※	※
13	9	セメネンコ	133.56	72.36	※	※	※
14	10	ジョンソン	139.81	85.41	※	※	※
15	11	コリヤダ	146.32	91.42	※	※	※
16	12	マイナー	180.23	98.35	※	※	※

▼処理条件

1．表の※の部分は，式や関数などを利用して求める。
2．Ｅ列の「TOTAL」は，Ｃ列～Ｄ列の合計を求める。
3．Ｆ列の「順位」は，Ｅ列の「TOTAL」を基準として降順に順位をつける。
4．Ｇ列の「結果」は，Ｃ列の「FS」が160以上で，かつＤ列の「SP」が90以上の場合は 予選通過 と表示し，それ以外の場合は何も表示しない。

2. 条件付きカウント・合計・平均

例題　1-2　例題１－１を呼び出して，次のように修正しよう。

	A	B	C	D	E	F	G	H
1								
2		ボウリング大会予選成績一覧表						
3								
4	選手Ｎｏ	氏　名	１ゲーム	２ゲーム	トータル	順位	結果	備考
5	1	姫路　レイ	204	200	404	2	通過	プロ級
6	2	坂本　麻衣	134	168	302	5		
7	3	丹波　由香	216	205	421	1	通過	プロ級
8	4	久保　あや	187	163	350	3	通過	
9	5	川崎　由依	154	178	332	4		
10						通過数	3	
11						通過合計	1,175	
12						通過平均	391.7	

▼処理条件

1．網掛け部分以外のデータは，入力する。

2．G10の「通過数」は，「結果」が 通過 である個数を求める。

3．G11の「通過合計」は，「結果」が 通過 である者の「トータル」の合計を求める。

4．G12の「通過平均」は，「結果」が 通過 である者の「トータル」の平均を求め，小数第１位まで表示する。

（１）COUNTIF（カウントイフ）関数

G10にCOUNTIF関数を入力し，通過の個数を表示する。

① ［範囲］は，個数をカウントする範囲「G5：G9」を指定する。

② ［検索条件］は，カウントする条件の文字列「"通過"」を指定する。

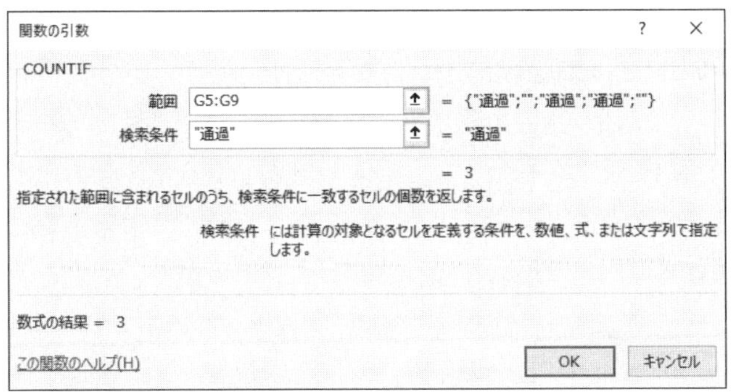

=COUNTIF(範囲,検索条件)

範　　　囲：カウントするデータが含まれる範囲を指定する。

検 索 条 件：範囲の中でカウントする条件を指定する。

関数式の例：=COUNTIF(G5:G9,"通過")
　　G５～G９の中で，「通過」と一致するセルの個数を求める。

	A	B	C	D	E	F	G	H
1								
2		ボウリング大会予選成績一覧表						
3								
4	選手Ｎｏ	氏　名	1ゲーム	2ゲーム	トータル	順位	結果	備考
5	1	姫路　レイ	204	200	404	2	通過	プロ級
6	2	坂本　麻衣	134	168	302	5		
7	3	丹波　由香	216	205	421	1	通過	プロ級
8	4	久保　あや	187	163	350	3	通過	
9	5	川崎　由依	154	178	332	4		
10						通過数	3	
11						通過合計		
12						通過平均		

（2）SUMIF（サムイフ）関数

G11にSUMIF関数を入力し，通過である者の「トータル」の合計を求める。

①［範囲］は，合計する対象となる条件のデータが含まれる範囲「G５：G９」を指定する。

②［検索条件］は，合計する対象となる条件の文字列「"通過"」を指定する。

③［合計範囲］は，合計するデータが含まれる範囲「E５：E９」を指定する。

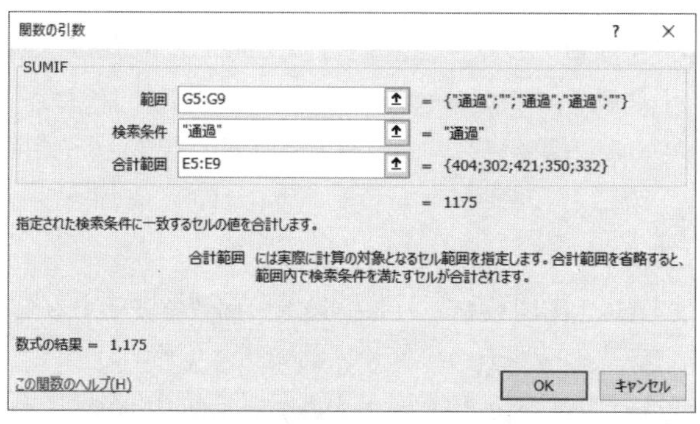

＝SUMIF(範囲,検索条件,[合計範囲])

範　　囲： 合計する対象となる条件のデータが含まれる範囲を指定する。

検索条件： 範囲の中で合計する対象となる条件を指定する。

合計範囲： 合計するデータが含まれる範囲を指定する。

関数式の例： =SUMIF(G5:G9,"通過",E5:E9)

G５～G９の中で，「通過」と表示されたセルを検索し，E５～E９の中で，対応する数値の合計を求める。

	A	B	C	D	E	F	G	H
1								
2		ボウリング大会予選成績一覧表						
3								
4	選手Ｎｏ	氏　名	1ゲーム	2ゲーム	トータル	順位	結果	備考
5	1	姫路　レイ	204	200	404	2	通過	プロ級
6	2	坂本　麻衣	134	168	302	5		
7	3	丹波　由香	216	205	421	1	通過	プロ級
8	4	久保　あや	187	163	350	3	通過	
9	5	川崎　由依	154	178	332	4		
10						通過数	3	
11						通過合計	1,175	
12						通過平均		

（3）AVERAGEIF（アベレージイフ）関数

G12にAVERAGEIF関数を入力し，通過である者の「トータル」の平均を求める。

① ［範囲］は，平均する対象となる条件のデータが含まれる範囲「G5：G9」を指定する。

② ［条件］は，平均する対象となる条件の文字列「"通過"」を指定する。

③ ［平均対象範囲］は，平均するデータが含まれる範囲「E5：E9」を指定する。

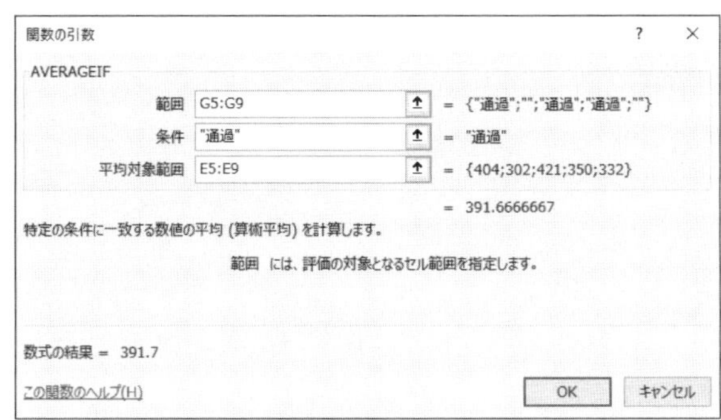

＝AVERAGEIF（範囲,条件,［平均対象範囲］）

範　　　囲：平均する対象となる条件のデータが含まれる範囲を指定する。

条　　　件：範囲の中で平均する対象になる条件を指定する。

平均対象範囲：平均するデータが含まれる範囲を指定する。

関数式の例：=AVERAGEIF(G5:G9,"通過",E5:E9)

Ｇ５～Ｇ９の中で，「通過」と表示されたセルを検索し，Ｅ５～Ｅ９の中で，対応する数値の平均を求める。

	A	B	C	D	E	F	G	H
1								
2		ボウリング大会予選成績一覧表						
3								
4	選手Ｎｏ	氏　名	1ゲーム	2ゲーム	トータル	順位	結果	備考
5	1	姫路　レイ	204	200	404	2	通過	プロ級
6	2	坂本　麻衣	134	168	302	5		
7	3	丹波　由香	216	205	421	1	通過	プロ級
8	4	久保　あや	187	163	350	3	通過	
9	5	川崎　由依	154	178	332	4		
10						通過数	3	
11						通過合計	1,175	
12						通過平均	391.7	

例題１－２として保存する。

練習問題　解答 ➡P.2

第1章

練習問題 1-2

［ファイル名：練習 1-2］

練習問題 1-1（p.10）で作成したファイル（ファイル名：練習 1-1）を呼び出して，次のような表を作成し，保存しなさい。

	A	B	C	D	E	F	G
1							
2	フィギア選手権大会予選結果表						
3							
4	No	選手名	FS	SP	TOTAL	順位	結果
5	1	アーロン	169.54	101.23	270.77	4	予選通過
6	2	アボット	166.88	92.45	259.33	6	予選通過
7	3	ウノ	162.65	88.64	251.29	7	
8	4	エイモズ	160.56	90.22	250.78	8	予選通過
9	5	カギヤマ	159.98	99.53	259.51	5	
10	6	ハギュウ	193.72	109.32	303.04	2	予選通過
11	7	サドフスキー	135.62	86.35	221.97	11	
12	8	チェン	203.13	107.09	310.22	1	予選通過
13	9	セメネンコ	133.56	72.36	205.92	12	
14	10	ジョンソン	139.81	85.41	225.22	10	
15	11	コリヤダ	146.32	91.42	237.74	9	
16	12	マイナー	180.23	98.35	278.58	3	予選通過
17		標準記録達成数	※	※		通過数	※

▼処理条件

1．表の※の部分は，式や関数などを利用して求める。

2．C17の「標準記録達成数」は，C列の「FS」が160以上の人数を求める。

3．D17の「標準記録達成数」は，D列の「SP」が90以上の人数を求める。

4．G17の「通過数」は，G列の「結果」が 予選通過 の人数を求める。

練習問題 1-3

［ファイル名：練習 1-3］

次のような表を作成し，保存しなさい。

	A	B	C	D	E	F	G
1							
2			市民野球大会順位表				
3							
4	チーム名	第１回	第２回	第３回	優勝	Aクラス	Bクラス
5	コンドルズ	4	1	2	※	※	※
6	サンダース	5	4	5	※	※	※
7	スターズ	2	5	3	※	※	※
8	ビクトリーズ	1	2	1	※	※	※
9	ベアーズ	6	6	4	※	※	※
10	レインボーズ	3	3	6	※	※	※
11				優勝あり	※		
12				優勝なし	※		

▼処理条件

1．表の※の部分は，式や関数などを利用して求める。

2．E列の「優勝」は，第１～３回に１位がある場合は あり と表示し，それ以外の場合は何も表示しない。

3．F列の「Aクラス」は，第１～３回が連続してAクラスの場合は ３年連続 と表示し，それ以外の場合は何も表示しない。なお，Aクラスは，１～３位とする。

4．G列の「Bクラス」は，第１～３回が連続してBクラスの場合は ３年連続 と表示し，それ以外の場合は何も表示しない。なお，Bクラスは，４～６位とする。

5．E11の「優勝あり」は，E列の「優勝」が あり のチーム数を求める。

6．E12の「優勝なし」は，E列の「優勝」が空白のチーム数を求める。

3. 複数の条件付きカウント・合計・平均

第1章

例題　1-3　例題１－１を呼び出して，次のように修正しよう。

	A	B	C	D	E	F	G	H
1								
2		ボウリング大会予選成績一覧表						
3								
4	選手Ｎｏ	氏　名	１ゲーム	２ゲーム	トータル	順位	結果	備考
5	1	姫路　レイ	204	200	404	2	通過	プロ級
6	2	坂本　麻衣	134	168	302	5		
7	3	丹波　由香	216	205	421	1	通過	プロ級
8	4	久保　あや	187	163	350	3	通過	
9	5	川崎　由依	154	178	332	4		
10						通過したプロ級数		2
11						通過したプロ級合計		825
12						通過したプロ級平均		412.5

▼処理条件

1．網掛けの部分以外のデータは，入力する。

2．H10の「通過したプロ級数」は，「結果」が 通過 で，かつ「備考」が プロ級 のデータの個数を求める。

3．H11の「通過したプロ級合計」は，「結果」が 通過 で，かつ「備考」が プロ級 の「トータル」の合計を求める。

4．H12の「通過したプロ級平均」は，「結果」が 通過 で，かつ「備考」が プロ級 の「トータル」の平均を求める。

前項で学習したCOUNTIF，SUMIF，AVERAGEIF関数は，設定できる条件が１つだけであった。

複数の条件を設定してデータのカウント・合計・平均を求めるためには，COUNTIFS，SUMIFS，AVERAGEIFS関数を使用する。

関数名	解　説
COUNTIFS	複数の条件を満たすデータの個数を求める。
SUMIFS	複数の条件を満たすデータの合計を求める。
AVERAGEIFS	複数の条件を満たすデータの平均を求める。

COUNTIFS，SUMIFS，AVERAGEIFS関数は，条件を１～127組設定することができる。条件を１組に設定した場合，COUNTIF，SUMIF，AVERAGEIF関数と同じ結果が得られる。

第1章

（1）COUNTIFS関数

H10にCOUNTIFS関数を入力し，「結果」が 通過 で，かつ「備考」が プロ級 の個数を表示する。

① ［検索条件範囲１］は，１つ目の条件による個数をカウントする範囲「G５：G９」を指定する。

② ［検索条件１］は，１つ目のカウントする条件の文字列「"通過"」を指定する。

③ ［検索条件範囲２］は，２つ目の条件による個数をカウントする範囲「H５：H９」を指定する。

④ ［検索条件２］は，２つ目のカウントする条件の文字列「"プロ級"」を指定する。

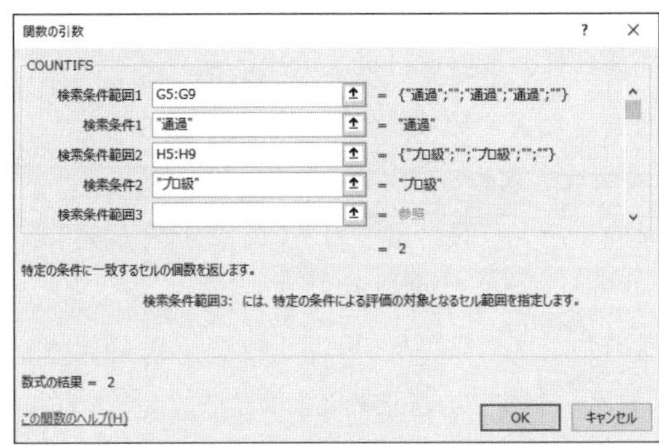

＝COUNTIFS（検索条件範囲1,検索条件1,［検索条件範囲2,検索条件2］,…）

検索条件範囲１：検索条件１のデータを検索する範囲を指定する。

検 索 条 件 １：検索条件１のデータを指定する。

検索条件範囲２：検索条件２のデータを検索する範囲を指定する。

検 索 条 件 ２：検索条件２のデータを指定する。

関 数 式 の 例：=COUNTIFS(G5:G9,"通過", H5:H9,"プロ級")
G５～G９の中で「通過」と一致し，かつH５～H９の中で「プロ級」と一致するデータの個数を求める。

※ 範囲と検索条件は，１組～127組指定できる。

	A	B	C	D	E	F	G	H
1								
2		ボウリング大会予選成績一覧表						
3								
4	選手Ｎｏ	氏　名	１ゲーム	２ゲーム	トータル	順位	結果	備考
5	1	姫路　レイ	204	200	404	2	通過	プロ級
6	2	坂本　麻衣	134	168	302	5		
7	3	丹波　由香	216	205	421	1	通過	プロ級
8	4	久保　あや	187	163	350	3	通過	
9	5	川崎　由依	154	178	332	4		
10						通過したプロ級数		2
11						通過したプロ級合計		
12						通過したプロ級平均		

（２）SUMIFS関数

H11にSUMIFS関数を入力し，「結果」が 通過 で，かつ「備考」が プロ級 の「トータル」の合計を求める。

① ［合計対象範囲］は，合計するデータが含まれる範囲「Ｅ５：Ｅ９」を指定する。
② ［条件範囲１］は，条件１に合うかどうかを判断するデータのあるセル範囲「Ｇ５：Ｇ９」を指定する。
③ ［条件１］は，１つ目の条件「"通過"」を指定する。
④ ［条件範囲２］は，条件２に合うかどうかを判断するデータのあるセル範囲「Ｈ５：Ｈ９」を指定する。
⑤ ［条件２］は，２つ目の条件「"プロ級"」を指定する。

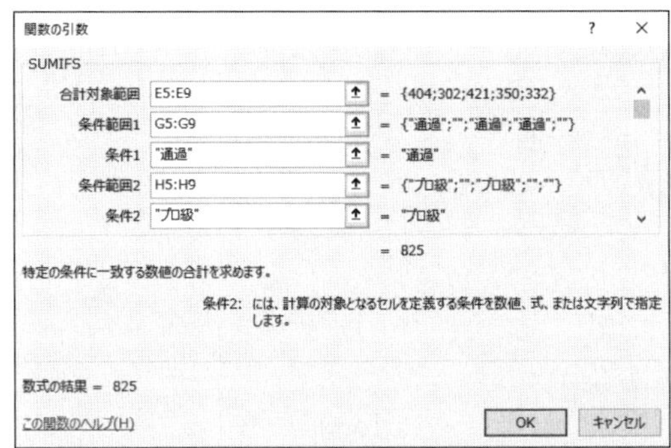

＝SUMIFS（合計対象範囲,条件範囲１,条件１,［条件範囲２,条件２］,…）

合計対象範囲：合計対象となるデータが含まれる範囲を指定する。
条件範囲１：条件１のデータを検索する範囲を指定する。
条　　件１：条件１を指定する。
条件範囲２：条件２のデータを検索する範囲を指定する。
条　　件２：条件２を指定する。
関数式の例：=SUMIFS(E5:E9,G5:G9,"通過",H5:H9,"プロ級")
Ｇ５～Ｇ９の中で「通過」と一致し，かつＨ５～Ｈ９の中で「プロ級」と一致するセルを検索し，Ｅ５～Ｅ９の中で条件すべてを満たす数値の合計を求める。

※　条件範囲と条件は，１組～127組指定できる。

	A	B	C	D	E	F	G	H
1								
2		ボウリング大会予選成績一覧表						
3								
4	選手Ｎｏ	氏　名	１ゲーム	２ゲーム	トータル	順位	結果	備考
5	1	姫路　レイ	204	200	404	2	通過	プロ級
6	2	坂本　麻衣	134	168	302	5		
7	3	丹波　由香	216	205	421	1	通過	プロ級
8	4	久保　あや	187	163	350	3	通過	
9	5	川崎　由依	154	178	332	4		
10						通過したプロ級数		2
11						通過したプロ級合計		825
12						通過したプロ級平均		

（3） AVERAGEIFS関数

H12にAVERAGEIFS関数を入力し，「結果」が 通過 で，かつ「備考」が プロ級 の「トータル」の平均を求める。

① ［平均対象範囲］は，平均するデータが含まれる範囲「E５：E９」を指定する。

② ［条件範囲１］は，条件１に合うかどうかを判断するデータのあるセル範囲「G５：G９」を指定する。

③ ［条件１］は，１つ目の条件「"通過"」を指定する。

④ ［条件範囲２］は，条件２に合うかどうかを判断するデータのあるセル範囲「H５：H９」を指定する。

⑤ ［条件２］は，２つ目の条件「"プロ級"」を指定する。

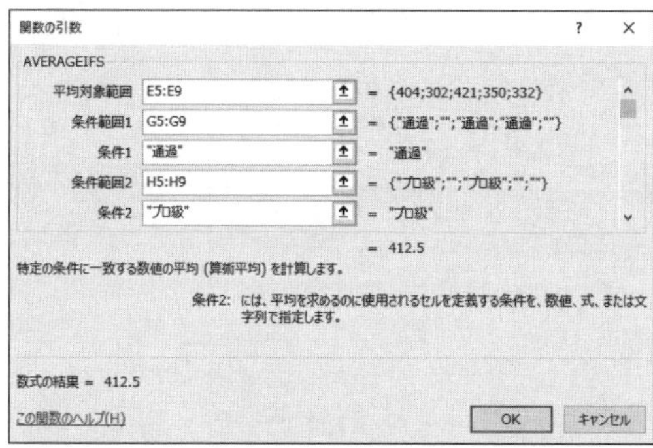

＝AVERAGEIFS（平均対象範囲,条件範囲１,条件１,［条件範囲２,条件２］,…）

平均対象範囲：平均対象となるデータが含まれる範囲を指定する。

条件範囲１：条件１のデータを検索する範囲を指定する。

条　件１：条件１を指定する。

条件範囲２：条件２のデータを検索する範囲を指定する。

条　件２：条件２を指定する。

関数式の例：=AVERAGEIFS(E5:E9,G5:G9,"通過",H5:H9,"プロ級")

G５～G９の中で「通過」と一致し，かつH５～H９の中で「プロ級」と一致するセルを検索し，E５～E９の中で条件すべてを満たす数値の平均を求める。

※　条件範囲と条件は，１組～127組指定できる。

	A	B	C	D	E	F	G	H
1								
2		ボウリング大会予選成績一覧表						
3								
4	選手Ｎｏ	氏　名	１ゲーム	２ゲーム	トータル	順位	結果	備考
5	1	姫路　レイ	204	200	404	2	通過	プロ級
6	2	坂本　麻衣	134	168	302	5		
7	3	丹波　由香	216	205	421	1	通過	プロ級
8	4	久保　あや	187	163	350	3	通過	
9	5	川崎　由依	154	178	332	4		
10						通過したプロ級数		2
11						通過したプロ級合計		825
12						通過したプロ級平均		412.5

例題１－３として保存する。

練習問題　　解答 ⇨P.3

練習問題 1-4

［ファイル名：練習1-4］

次のような表を作成し，保存しなさい。

	A	B	C	D	E	F	G	H
1								
2	セミナー参加者表						分析表	
3								
4	社員コード	性別	年齢	参加回数	備考		男性人数	※
5	3501	女	24	1	新入社員		女性参加回数合計	※
6	2508	男	34	3	※		新人社員平均年齢	※
7	3103	男	27	2	※		３回以上参加の女性社員数	※
8	3522	女	22	2	※		30歳未満男性の参加回数合計	※
9	2709	女	30	3	※		２回以上参加の男性平均年齢	※
10	2406	男	35	4	※			
11	3017	女	26	5	※			
12	3508	男	23	1	※			

▼処理条件

1．表の※の部分は，式や関数などを利用して求める。

2．Ｅ列の「備考」は，Ａ列の「社員コード」が3500以上の場合は 新入社員 と表示し，それ以外の場合は何も表示しない。

3．Ｈ４の「男性人数」は，Ｂ列の「性別」が 男 の人数を求める。

4．Ｈ５の「女性参加回数合計」は，Ｂ列の「性別」が 女 の「参加回数」の合計を求める。

5．Ｈ６の「新入社員平均年齢」は，Ｅ列の「備考」が 新入社員 の「年齢」の平均を求める。

6．Ｈ７の「３回以上参加の女性社員数」は，Ｄ列の「参加回数」が ３以上 で「性別」が 女 の人数を求める。

7．Ｈ８の「30歳未満男性の参加回数合計」は，Ｃ列の「年齢」が 30未満 で「性別」が 男 の「参加回数」の合計を求める。

8．Ｈ９の「２回以上参加の男性平均年齢」は，Ｄ列の「参加回数」が ２以上 で「性別」が 男 の「年齢」の平均を求める。

練習問題 1-5

［ファイル名：練習1-5］

次のような表を作成し，保存しなさい。

	A	B	C	D	E	F	G	H	I
1									
2				情報処理検定集計表					
3									
4	クラス	番号	筆記	実技		クラス	合格数	筆記平均	実技平均
5	A	3	68	82		A	※	※	※
6	C	2	75	67		B	※	※	※
7	B	5	64	80		C	※	※	※
8	A	7	86	66					
9	A	8	68	68					
10	B	9	76	91					
11	A	10	72	70					
12	C	5	70	70					
13	B	12	73	95					
14	B	12	85	92					

▼処理条件

1．表の※の部分は，式や関数などを利用して求める。

2．Ｇ列の「合格数」は，Ｃ列の「筆記」が 70以上 で，Ｄ列の「実技」が 70以上 の人数をＡ列の「クラス」ごとに求める。ただし，その式をＧ６～Ｇ７にコピーするものとする。

3．Ｈ列の「筆記平均」は，Ｃ列の「筆記」の平均を，Ａ列の「クラス」ごとに求める。ただし，その式をＨ６～Ｈ７にコピーするものとする。

4．Ｉ列の「実技平均」は，Ｄ列の「実技」の平均を，Ａ列の「クラス」ごとに求める。ただし，その式をＩ６～Ｉ７にコピーするものとする。

4. フィルタ

例題 1-4

例題１－１を呼び出して，次のような抽出をしよう。

1．G列の「結果」が　通過　のレコードを抽出する。

	A	B	C	D	E	F	G	H
1								
2		ボウリング大会予選成績一覧表						
3								
4	選手N	氏　名	1ゲー	2ゲー	トータ	順位	結果	備考
5	1	姫路　レイ	204	200	404	2	通過	プロ級
7	3	丹波　由香	216	205	421	1	通過	プロ級
8	4	久保　あや	187	163	350	3	通過	

2．C列の「１ゲーム」が180以上で，かつD列の「２ゲーム」が180以上のレコードを，F列の「順位」の昇順に並べ替えて抽出する。

	A	B	C	D	E	F	G	H
1								
2		ボウリング大会予選成績一覧表						
3								
4	選手N	氏　名	1ゲー	2ゲー	トータ	順位	結果	備考
5	3	丹波　由香	216	205	421	1	通過	プロ級
7	1	姫路　レイ	204	200	404	2	通過	プロ級

（1）フィルタ

リスト（同じ列に同じ種類のデータが並んでいて，先頭の行に列見出しがある表）からデータを抽出する機能を**フィルタ**という。抽出条件は列ごとに指定し，その条件に一致したものを絞り込むことができる。

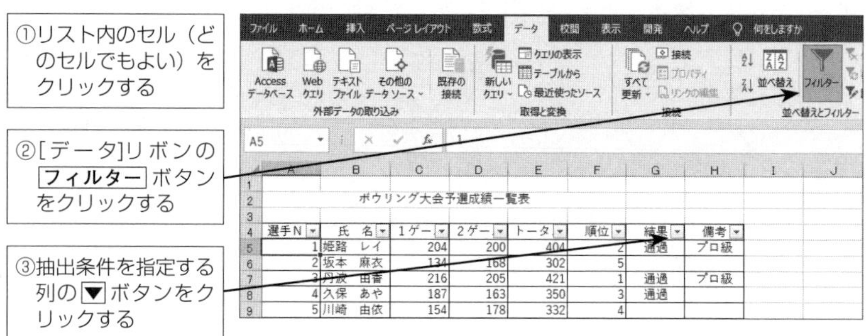

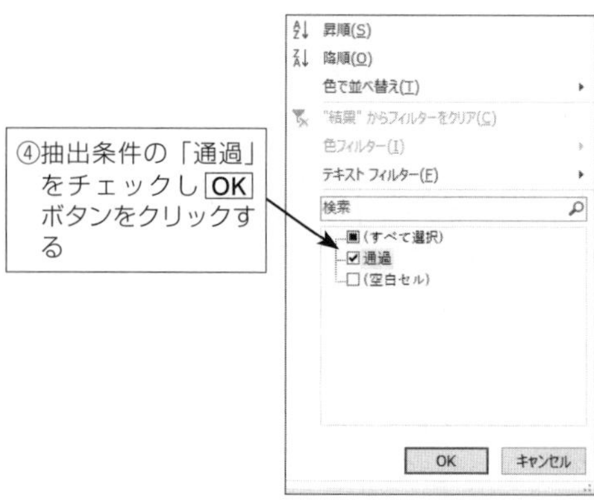

例題１－４－１として保存する。

（2）フィルタの解除

フィルタはリストの内容の一部を一時的に非表示にしているため，簡単に解除できる。

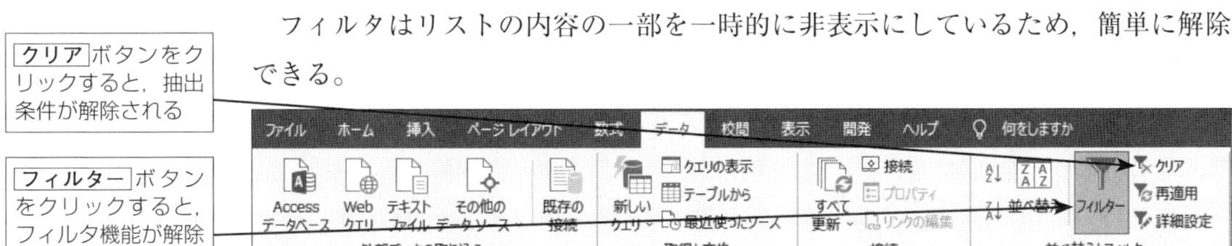

（3）複数条件を指定した抽出

C列の「1ゲーム」が180以上で，かつD列の「2ゲーム」が180以上のレコードを，F列の「順位」の昇順に並べ替えて抽出するためには，複数の抽出条件を指定する。

	A	B	C	D	E	F	G	H
1								
2		ボウリング大会予選成績一覧表						
3								
4	選手N	氏　名	1ゲーム	2ゲーム	トータ	順位	結果	備考
5	1	姫路　レイ	204	200	404	2	通過	プロ級
6	2	坂本　麻衣	134	168	302	5		
7	3	丹波　由香	216	205	421	1	通過	プロ級
8	4	久保　あや	187	163	350	3	通過	
9	5	川崎　由依	154	178	332	4		

⑤　同様に「2ゲーム」に180以上の抽出条件を指定する。

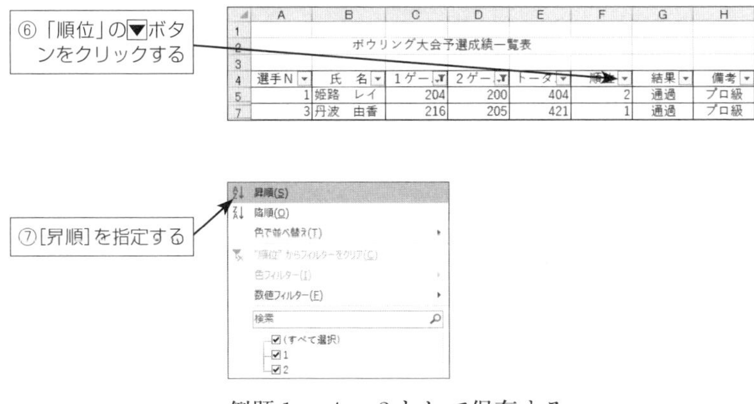

	A	B	C	D	E	F	G	H
1								
2		ボウリング大会予選成績一覧表						
3								
4	選手N	氏　名	1ゲー	2ゲー	トータ	順位	結果	備考
5	1	姫路　レイ	204	200	404	2	通過	プロ級
7	3	丹波　由香	216	205	421	1	通過	プロ級

例題1－4－2として保存する。

練習問題　解答 ⇨P.4

第1章

練習問題 1-6

［ファイル名：練習 1-6］

練習問題 1-2 (p.14) で作成したファイル（ファイル名：練習１－２）を呼び出して，次のような表を作成し，保存しなさい。

	A	B	C	D	E	F	G
1							
2	フィギア選手権大会予選結果表						
3							
4	N	選手名	FS	SP	TOTAL	順位	結果
5	8	チェン	203.13	107.09	310.22	1	予選通過
6	6	ハギュウ	193.72	109.32	303.04	2	予選通過
10	12	マイナー	180.23	98.35	278.58	3	予選通過
12	1	アーロン	169.54	101.23	270.77	4	予選通過
16	2	アボット	166.88	92.45	259.33	6	予選通過

▼処理条件

1．F列の「順位」が6以下で，かつG列の「結果」が 予選通過 のレコードを抽出し，F列の「順位」の昇順に並び替える。

練習問題 1-7

［ファイル名：練習 1-7］

処理条件１～５にしたがって表１を作成した後，処理条件６にしたがって表２のようにデータを抽出し，保存しなさい。

（表１）

	A	B	C	D	E	F	G	H	I	J	K
1											
2						漢字テスト成績表					
3											
4	番号	第１回	第２回	第３回	第４回	第５回	合計	平均	順位	80点以上	表彰
5	1	92	88	80	78	78	※	※	※	※	※
6	2	44	62	30	65	56	※	※	※	※	※
7	3	68	45	62	54	52	※	※	※	※	※
8	4	85	92	72	84	84	※	※	※	※	※
9	5	62	64	60	80	56	※	※	※	※	※
10	6	92	90	88	90	96	※	※	※	※	※
11	7	80	80	80	86	76	※	※	※	※	※
12	8	70	65	80	78	60	※	※	※	※	※

（表２）

	A	B	C	D	E	F	G	H	I	J	K
1											
2						漢字テスト成績表					
3											
4	番号	第１回	第２回	第３回	第４回	第５回	合計	平均	順位	80点以	表彰
6	3	68	45	62	54	52	※	※	※	※	※
7	2	44	62	30	65	56	※	※	※	※	※

▼処理条件

1．G列の「合計」は，B列からF列の合計を求める。

2．H列の「平均」は，B列からF列の平均を求める。

3．I列の「順位」は，G列の「合計」の降順に順位をつける。

4．J列の「80点以上」は，B列からF列の80以上のデータの個数を求める。

5．K列の「表彰」は，H列の「平均」が80以上でかつJ列の「80点以上」が4以上の場合 ○ を表示する。

6．H列の「平均」が65以下でかつ，J列の「80点以上」が0のデータを抽出し，順位の昇順に並べ替える。

検索の関数

1. 列方向の検索1

例題　2-1　次のような売上伝票を作成しよう。

	A	B	C	D	E	F	G	H	I
1									
2		売上伝票							
3							チケット料金表		
4	券コード	チケット名	料金	人数	金額		券コード	チケット名	料金
5	TA	入園券大人	1,000	5	5,000		TA	入園券大人	1,000
6	TC	入園券子供	500	10	5,000		TC	入園券子供	500
7	KA	回数券大人	1,700	2	3,400		FA	フリー券大人	3,800
8	KC	回数券子供	1,200	10	12,000		FC	フリー券子供	2,800
9				合計金額	25,400		KA	回数券大人	1,700
10							KC	回数券子供	1,200

▼処理条件

1. 網掛け部分以外のデータは，入力する。
2. B列の「チケット名」とC列の「料金」は，A列の「券コード」をもとに，チケット料金表を参照して表示する。
3. E列の「金額」は，**「料金　×　人数」**の式で求める。
4. E９の「合計金額」は，「金額」の合計を求める。

（１）VLOOKUP（ブイルックアップ）関数（完全一致）

Ｂ５にVLOOKUP関数を入力し，「チケット名」を表示する。

VLOOKUP関数の「V」は，縦方向（Vertical）を意味する

① ［検索値］は，検索したい値「Ａ５」を指定する。

② ［範囲］は，検索したい値が左端列に含まれる「＄Ｇ＄５：＄Ｉ＄10」を指定する。コピーするので絶対参照にする。なお，4行目の見出しは含めない。

③ ［列番号］は，［範囲］の中で表示したい列を，左から数えた「2」を指定する。

④ ［検索方法］は，［検索値］と完全に一致する値だけを検索する「FALSE」を指定する。

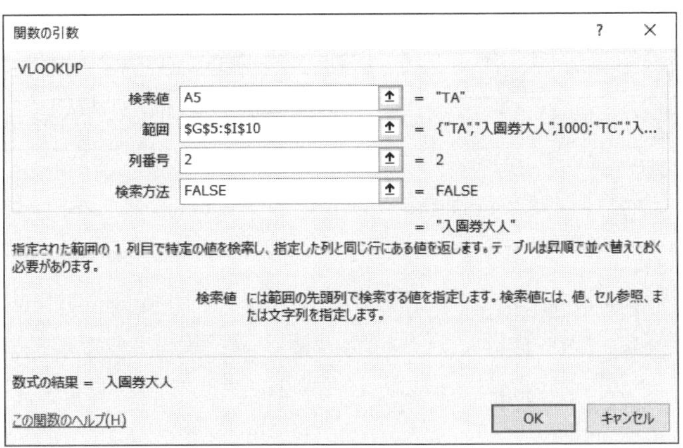

第1章

＝VLOOKUP(検索値,範囲,列番号,[検索方法])

検　索　値：検索したい値を指定する。

範　　　囲：検索したいデータが左端列に含まれる範囲を指定する。

列　番　号：範囲の中で目的のデータが入力されている列を，左から数えた列数で指定する。

検 索 方 法：検索値と完全に一致する値だけを検索する場合はFALSE（0）を指定する。TRUE（0以外の数値）を指定すると，一致する値がない場合に，検索値未満の最大値を検索する（省略可）。

関数式の例：=VLOOKUP(A5,$G$5:$I$10,2,FALSE)
Ｇ５～Ｉ10の左端列から，Ａ５と一致する値を検索し，その行の左から数えて，２列目のデータを表示する。

同様に，Ｃ５にVLOOKUP関数を入力し，料金を表示する。

関数の引数 ? ×

VLOOKUP

検索値	A5	= "TA"
範囲	$G$5:$I$10	= {"TA","入園券大人",1000;"TC","入...
列番号	3	= 3
検索方法	FALSE	= FALSE

= 1000

指定された範囲の 1 列目で特定の値を検索し、指定した列と同じ行にある値を返します。テーブルは昇順で並べ替えておく必要があります。

検索値　には範囲の先頭列で検索する値を指定します。検索値には、値、セル参照、または文字列を指定します。

数式の結果 = 1,000

この関数のヘルプ(H)　OK　キャンセル

Ｂ５～Ｃ５を８行目までコピーする。

Ｅ５に金額を求める式「＝Ｃ５＊Ｄ５」を入力し，８行目までコピーする。そして，Ｅ９に金額の合計を求める式を入力し，例題２－１として保存する。

	A	B	C	D	E	F	G	H	I
1									
2			売上伝票						
3							チケット料金表		
4	券コード	チケット名	料金	人数	金額		券コード	チケット名	料金
5	TA	入園券大人	1,000	5	5,000		TA	入園券大人	1,000
6	TC	入園券子供	500	10	5,000		TC	入園券子供	500
7	KA	回数券大人	1,700	2	3,400		FA	フリー券大人	3,800
8	KC	回数券子供	1,200	10	12,000		FC	フリー券子供	2,800
9				合計金額	25,400		KA	回数券大人	1,700
10							KC	回数券子供	1,200

（2）検索方法

VLOOKUP関数の［検索方法］の「FALSE」を省略（「TRUE」）すると，正しい検索が行われない。

＜式の設定＞　B５：=VLOOKUP(A5,$G$5:$I$10,2)

	A	B	C	D	E	F	G	H	I
1									
2		売上伝票							
3							チケット料金表		
4	券コード	チケット名	料金	人数	金額		券コード	チケット名	料金
5	TA	回数券子供	1,200	5	6,000		TA	入園券大人	1,000
6	TC	回数券子供	1,200	10	12,000		TC	入園券子供	500
7	KA	回数券大人	1,700	2	3,400		FA	フリー券大人	3,800
8	KC	回数券子供	1,200	10	12,000		FC	フリー券子供	2,800
9				合計金額	33,400		KA	回数券大人	1,700
10							KC	回数券子供	1,200

しかし，VLOOKUP関数の［範囲］で指定した左端のデータである「券コード」を昇順に並べておけば，省略しても正しい検索ができる。

	A	B	C	D	E	F	G	H	I
1									
2		売上伝票							
3							チケット料金表		
4	券コード	チケット名	料金	人数	金額		券コード	チケット名	料金
5	TA	入園券大人	1,000	5	5,000		FA	フリー券大人	3,800
6	TC	入園券子供	500	10	5,000		FC	フリー券子供	2,800
7	KA	回数券大人	1,700	2	3,400		KA	回数券大人	1,700
8	KC	回数券子供	1,200	10	12,000		KC	回数券子供	1,200
9				合計金額	25,400		TA	入園券大人	1,000
10							TC	入園券子供	500

（3）エラー表示

例題では，券コードが先に入力されている状態だが，券コードが入力されていないと「＃N／A」というエラーが表示される。このエラーは，使用できる値がないという意味である。

	A	B	C	D	E	F	G	H	I
1									
2		売上伝票							
3							チケット料金表		
4	券コード	チケット名	料金	人数	金額		券コード	チケット名	料金
5		#N/A	#N/A	5	#N/A		TA	入園券大人	1,000
6		#N/A	#N/A	10	#N/A		TC	入園券子供	500
7		#N/A	#N/A	2	#N/A		FA	フリー券大人	3,800
8		#N/A	#N/A	10	#N/A		FC	フリー券子供	2,800
9				合計金額	#N/A		KA	回数券大人	1,700
10							KC	回数券子供	1,200

券コードが入力されていない場合にエラーを表示しないようにするには，IF関数を利用し，何も表示しないように設定する。

＜式の設定＞　B5：=IF(A5="","",VLOOKUP(A5,$G$5:$I$10,2,FALSE))
　　　　　　　C5：=IF(A5="","",VLOOKUP(A5,$G$5:$I$10,3,FALSE))
　　　　　　　E5：=IF(A5="","",C5＊D5)

練習問題

解答 ⇒P.5

練習問題 2-1

［ファイル名：練習 2-1］

次のような表を作成し，保存しなさい。

	A	B	C	D	E	F	G	H	I	J
1										
2								メニュー表		
3			立喰いそば処	食	券			コード	メニュー名	金額
4								KAS	かけそば	250
5			コード	メニュー名	金額			KAU	かけうどん	250
6			TES	※	※			TUS	月見そば	300
7								TUU	月見うどん	300
8								TES	天そば	350
9								TEU	天うどん	350

▼処理条件

1．D６の「メニュー名」とE６の「金額」は，C６の「コード」をもとに，メニュー表を参照して表示する。

練習問題 2-2

［ファイル名：練習 2-2］

次のような表を作成し，保存しなさい。

	A	B	C	D	E
1					
2		売上明細書			
3					
4	割引券				
5	1				
6					
7	商品コード	商品名	単価	数量	金額
8	FB24	※	※	2	※
9	PL	※	※	47	※
10	P2L	※	※	5	※
11		※	※		※
12		※	※		※
13				合計金額	※
14					
15	商品一覧表				
16	商品コード	商品名	通常単価	割引単価	
17	FB16	フォトブック16P	1,500	1,200	
18	FB20	フォトブック20P	1,800	1,400	
19	FB24	フォトブック24P	2,100	1,800	
20	PL	Ｌサイズ	25	20	
21	PKG	ＫＧサイズ	50	40	
22	PP	パノラマ	80	70	
23	P2L	２Ｌサイズ	90	80	

▼処理条件

1．B列の「商品名」とC列の「単価」は，A列の「商品コード」をもとに，商品一覧表を参照して表示する。

2．A５の「割引券」は，割引券がない場合は０とし，単価は通常単価になる。割引券がある場合は１とし，単価は割引単価になる。

3．E列の「金額」は，**「単価　×　数量」**の式で求める。

4．E13の「合計金額」は，金額の合計を求める。

2. 列方向の検索2

例題　2-2　次のような宅配便料金検索を作成しよう。

	A	B	C	D	E	F	G
1							
2	宅配便料金検索						
3	重量（kg）	14		料金表（行先：アメリカ）			
4	運賃（$）	120		以上		未満	運賃
5				0	～	2	50
6				2	～	5	70
7				5	～	10	90
8				10	～	15	120
9				15	～	20	140
10				20	～	25	160
11				25	～	30	180
12				30	～		オーバー

▼処理条件

1．網掛け部分以外のデータは，入力する。

2．Ｂ４の「運賃（＄）」は，Ｂ３の「重量（kg）」をもとに料金表を参照して表示する。

（１）VLOOKUP関数（範囲一致）

Ｂ４にVLOOKUP関数を入力し，「運賃（＄）」を表示する。

①［検索値］は，検索したい値「Ｂ３」を指定する。

②［範囲］は，検索したい値が左端列に含まれる「Ｄ５：Ｇ１２」を指定する。左端列のデータは，昇順に並んでいなければならない。

③［列番号］は，［範囲］の中で表示したい列を，左から数えた列数「4」を指定する。

④［検索方法］は，TRUE（省略や0以外の数値でも可）する。一致する値がない場合に，検索値未満の最大値を検索する。

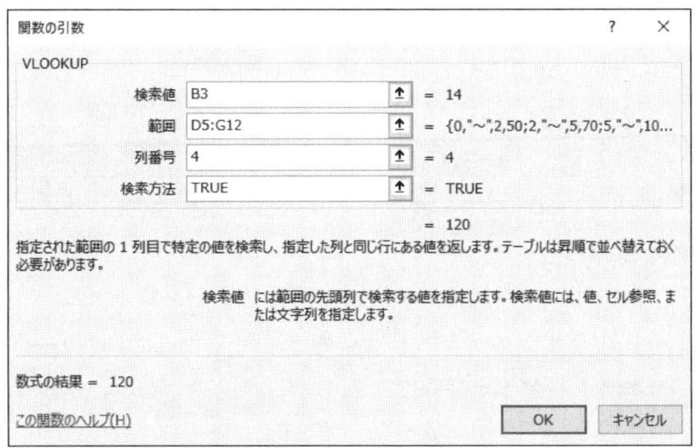

例題２－２として保存する。

練習問題　　解答 ⇨P.6

練習問題 2-3

［ファイル名：練習２-３］

次のような表を作成し，保存しなさい。

	A	B	C	D	E	F	G	H
1								
2		レンタカー料金検索表						
3		クラス	車名	時間	料金			
4		B	※	20	※			
5								
6		車種表			料金表			
7		クラス	車名		時間			料金
8		A	グラウン		以上		未満	
9		B	マークIII		0	～	6	5,000
10		C	コローラ		6	～	12	7,000
11		D	ウィッツ		12	～	24	9,000
12					24	～	48	15,000
13					48	～	72	21,000
14					72	～	96	27,000

▼処理条件

1．Ｃ４の「車名」は，Ｂ４の「クラス」をもとに車種表を参照して表示する。

2．Ｅ４の「料金」は，Ｄ４の「時間」をもとに料金表を参照する。ただし，時間が96以上のときは，「設定なし」と表示する。

3. 行方向の検索

例題 2-3

例題２－１を呼び出して，次のように修正しよう。

	A	B	C	D	E	F	G
1							
2			売上伝票				
3							
4	券コード	チケット名	料金	人数	金額		
5	TA	入園券大人	1,000	5	5,000		
6	TC	入園券子供	500	10	5,000		
7	KA	回数券大人	1,700	2	3,400		
8	KC	回数券子供	1,200	10	12,000		
9				合計金額	25,400		
10							
11	チケット料金表						
12	券コード	TA	TC	FA	FC	KA	KC
13	チケット名	入園券大人	入園券子供	フリー券大人	フリー券子供	回数券大人	回数券子供
14	料金	1,000	500	3,800	2,800	1,700	1,200

▼処理条件

1．網掛け部分以外のデータは，例題２－１を修正する。

2．Ｂ列の「チケット名」とＣ列の「料金」は，Ａ列の「券コード」をもとに，チケット料金表を参照して表示する。

（1）行列の入れ替え複写

例題２－１のチケット料金表の行列を入れ替えてコピーする。

①　コピー元のG4～Ｉ10をドラッグし，［ホーム］リボンの コピー ボタンをクリックする。

	A	B	C	D	E	F	G	H	I
1									
2			売上伝票						
3							チケット料金表		
4	券コード	チケット名	料金	人数	金額		券コード	チケット名	料金
5	TA	入園券大人	1,000	5	5,000		TA	入園券大人	1,000
6	TC	入園券子供	500	10	5,000		TC	入園券子供	500
7	KA	回数券大人	1,700	2	3,400		FA	フリー券大人	3,800
8	KC	回数券子供	1,200	10	12,000		FC	フリー券子供	2,800
9				合計金額	25,400		KA	回数券大人	1,700
10							KC	回数券子供	1,200
11									
12	券コード	TA	TC	FA	FC	KA	KC		
13	チケット名	入園券大人	入園券子供	フリー券大	フリー券子	回数券	回数券子供		
14	料金	1,000	500	3,800	2,800	###	1,200		

Ｇ３～Ｉ10を削除し，次のようにチケット料金表を修正する。

	A	B	C	D	E	F	G
1							
2			売上伝票				
3							
4	券コード	チケット名	料金	人数	金額		
5	TA	#N/A	#N/A	5	#N/A		
6	TC	#N/A	#N/A	10	#N/A		
7	KA	#N/A	#N/A	2	#N/A		
8	KC	#N/A	#N/A	10	#N/A		
9				合計金額	#N/A		
10							
11	チケット料金表						
12	券コード	TA	TC	FA	FC	KA	KC
13	チケット名	入園券大人	入園券子供	フリー券大人	フリー券子供	回数券大人	回数券子供
14	料金	1,000	500	3,800	2,800	1,700	1,200

元々あったチケット料金表が削除されたので，「#N/A」というエラーが表示される。このエラーは，セル範囲が削除されてセルの参照が無効という意味である。

（2）HLOOKUP関数（完全一致）

HLOOKUP関数の「H」は，横方向(Horizontal)を意味する

Ｂ５にHLOOKUP関数を入力し，「チケット名」を表示する。

エラー表示されたＢ５～Ｃ８の式を消去し，新しいチケット料金表を使って設定する。

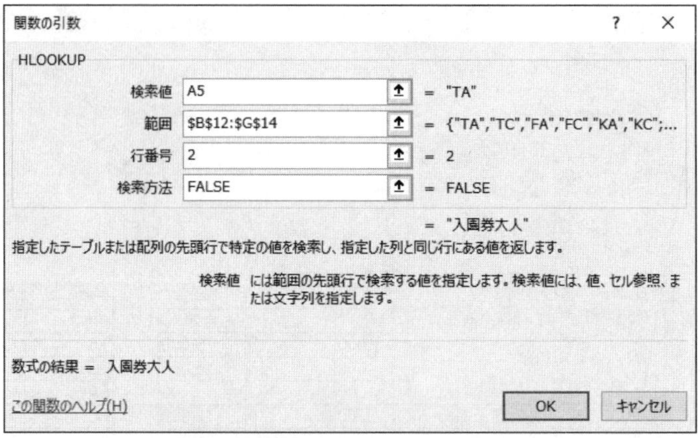

関数の引数

HLOOKUP

検索値	A5	= "TA"
範囲	$B$12:$G$14	= {"TA","TC","FA","FC","KA","KC";...
行番号	2	= 2
検索方法	FALSE	= FALSE

= "入園券大人"

指定したテーブルまたは配列の先頭行で特定の値を検索し、指定した列と同じ行にある値を返します。

検索値 には範囲の先頭行で検索する値を指定します。検索値には、値、セル参照、または文字列を指定します。

数式の結果 = 入園券大人

この関数のヘルプ(H)　OK　キャンセル

＝HLOOKUP(検索値,範囲,行番号,[検索方法])

関数式の例： HLOOKUP(A5,$B$12:$G$14,2,FALSE)

B12～G14の先頭行から，Ａ５と一致する値を検索し，その列の上から数えて，２行目のデータを表示する。

Ｂ５の式を８行目までコピーする。

Ｃ５にもHLOOKUP関数を入力し，８行目までコピーし，例題2-3として保存する。

	A	B	C	D	E	F	G
1							
2			売上伝票				
3							
4	券コード	チケット名	料金	人数	金額		
5	TA	入園券大人	1,000	5	5,000		
6	TC	入園券子供	500	10	5,000		
7	KA	回数券大人	1,700	2	3,400		
8	KC	回数券子供	1,200	10	12,000		
9				合計金額	25,400		
10							
11	チケット料金表						
12	券コード	TA	TC	FA	FC	KA	KC
13	チケット名	入園券大人	入園券子供	フリー券大人	フリー券子供	回数券大人	回数券子供
14	料金	1,000	500	3,800	2,800	1,700	1,200

この例題のように，検索する値が行方向に並んでいる場合はHLOOKUP関数，例題２－１のように列方向に並んでいる場合はVLOOKUP関数を利用する。

練習問題　解答 ⇒P.6

練習問題 2-4

［ファイル名：練習 2-4］

練習問題 2-1（p.26）で作成したファイル（ファイル名：練習 2-1）を呼び出して，次のような表を作成し，保存しなさい。

	A	B	C	D	E	F	G	H
1								
2								
3			立喰いそば処　食　券					
4								
5			コード	メニュー名	金額			
6			TES	※	※			
7								
8								
9		メニュー表						
10		コード	KAS	KAU	TUS	TUU	TES	TEU
11		メニュー名	かけそば	かけうどん	月見そば	月見うどん	天そば	天うどん
12		金額	250	250	300	300	350	350

▼処理条件

1．D６の「メニュー名」とE６の「金額」は，C６の「コード」をもとに，メニュー表を参照して表示する。

練習問題 2-5

［ファイル名：練習 2-5］

次のような表を作成し，保存しなさい。

	A	B	C	D	E	F	G	H
1								
2			請　求　書					
3								
4	商品コード	商品名	単価	数量	金額			
5	B10	※	※	10	※			
6	D20	※	※	30	※			
7	T10	※	※	20	※			
8		※	※		※			
9		※	※		※			
10				小計	※			
11				消費税	※			
12				請求金額	※			
13								
14	商品一覧表							
15	商品コード	N10	B10	B20	B30	D10	D20	T10
16	商品名	ﾂｱｰｱｷｭﾗｼｰ	ﾋﾞｰﾑ	ﾆｭｰｲﾝｸﾞ	ﾂｱｰｽﾃｰｼﾞ	ﾊｲﾌﾞﾘｯﾄﾞ	ﾂｱｰｽﾍﾟｼｬﾙ	ﾌﾟﾛ　V1
17	単価	3,980	6,720	2,980	7,680	6,720	7,680	4,980

▼処理条件

1．B列の「商品名」とC列の「単価」は，A列の「商品コード」をもとに，商品一覧表を参照して表示する。

2．E列の「金額」は，**「単価　×　数量」**の式で求める。

3．E10の「小計」は，金額の合計を求める。

4．E11の「消費税」は，小計の10%を求める（円未満四捨五入）。

5．E12の「請求金額」は，**「小計　＋　消費税」**の式で求める。

4. 指定した文字のセル位置

例題 2-4 次のような種類別集計表を作成しよう。

	A	B	C	D	E	F	G	H
1								
2	停車数検索表							
3	駅名	姫路						
4	停車数	6						
5								
6	停車駅表							
7	駅名	新横浜	名古屋	京都	新大阪	新神戸	姫路	岡山

▼処理条件

1. 網掛けの部分は，式を設定して求める。
2. B４の「停車数」は，B３の「駅名」をもとに停車駅表を参照して，左端からの位置を求める。

(1) MATCH関数（マッチ）

B４にMATCH関数を入力し，左端からのセル位置を求める。

①[検査値] は，位置を求めるB3を指定する

②[検査範囲] は，検索する範囲のB7～H7を指定する

③[照合の種類] は，一致する値の「0」を入力する

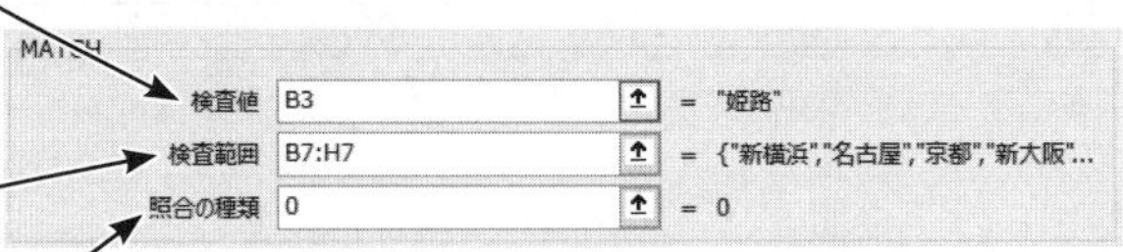

MATCH

検査値	B3	= "姫路"
検査範囲	B7:H7	= {"新横浜","名古屋","京都","新大阪"...
照合の種類	0	= 0

＝MATCH(検査値,検査範囲,[照合の種類])

「検査範囲」を検索し，「検査値」と一致する相対的なセル位置を表す数値を求める。

関数式の例： ＝MATCH(B3,B7:H7,0)

照合の種類は，次のものを指定する。

照合の種類	意　　味
0	検査値に一致する値を検索する。検査範囲は並べ替え不要。 検査値にワイルドカード（＊，?）の使用可。
1	検査値以下の最大値を検索する。検査範囲は昇順。省略可。
－１	検査値以上の最小値を検索する。検査範囲は降順。

検査値が見つからない場合は，エラー値#N/Aが返される。

例題２－４として保存する。

(2) ワイルドカード

ワイルドカードは，文字列を検索するときに使用する記号である。

?	任意の１文字として一致する文字列を検索
＊	任意の数の文字として一致する文字列を検索

ワイルドカードを使用して検索すると，検索できる文字列の可否は右のようになる（ワイルドカードは半角で入力する）。

	京	京都	京都府	京都府民	東京	東京都	東京都民
京?	×	○	×	×	×	×	×
京??	×	×	○	×	×	×	×
京＊	○	○	○	○	×	×	×
?京	×	×	×	×	○	×	×
＊京	○	×	×	×	○	×	×
?京?	×	×	×	×	×	○	×
?京＊	×	×	×	×	○	○	○
＊京＊	○	○	○	○	○	○	○

5. 指定した位置のセル参照

例題　2-5　宅配便料金を検索する表を作成しよう。

	A	B	C	D	E	F	G	H	I
1									
2	宅配便料金検索表								
3	行先コード	3							
4	サイズコード	5							
5	料金	1,580							
6									
7	料金表								
8	サイズコード	行先コード							
9		1-北海道	2-東北	3-関東	4-中部	5-関西	6-中国	7-四国	8-九州
10	1- 60	1,160	840	740	740	840	950	1,050	1,160
11	2- 80	1,370	1,050	950	950	1,050	1,160	1,260	1,370
12	3-100	1,580	1,260	1,160	1,160	1,260	1,370	1,470	1,580
13	4-120	1,790	1,470	1,370	1,370	1,470	1,580	1,680	1,790
14	5-140	2,000	1,680	1,580	1,580	1,680	1,790	1,890	2,000
15	6-160	2,210	1,890	1,790	1,790	1,890	2,000	2,100	2,210

▼処理条件

1．網掛けの部分は，式を設定して求める。
2．B5の「料金」は，B3の「行先コード」とB4の「サイズコード」をもとに，料金表を参照して表示する。
3．「サイズコート」のサイズは，60が1～60まで，80が61～80まで（以下同）を表す。

（1）INDEX（インデックス）関数

行と列の位置がわかっている場合には，INDEX関数を利用する。B5にINDEX関数を入力し，料金を表示する。

①[引数] は，[配列，行番号，列番号] を選択し，OKボタンをクリックする

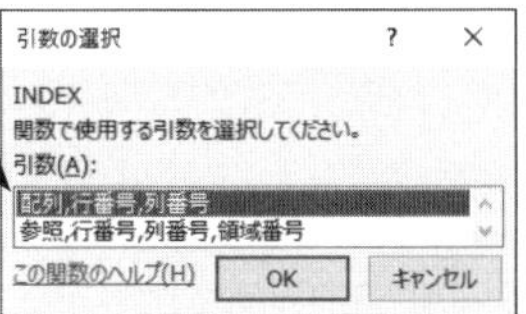

② [配列] は，配列として入力された範囲B10～I15を指定する。
③ [行番号] は，[配列] の中で上からの行数を指定する。サイズコードのB4を指定する。
④ [列番号] は，[配列] の中で左からの列数を指定する。行先コードのB3を指定する。

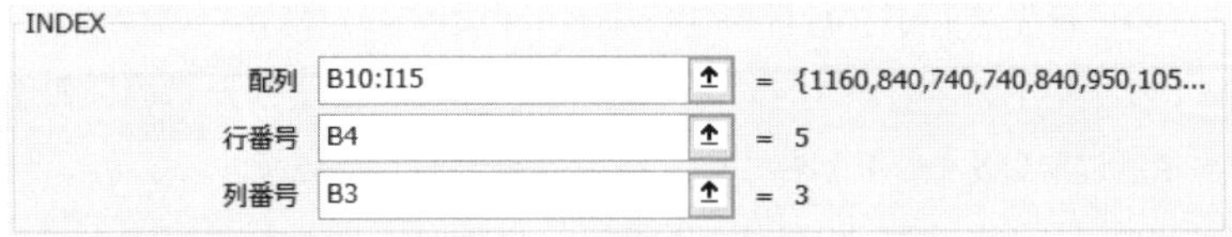

＝INDEX(配列,行番号,[列番号])
「配列」の中で，上からの「行番号」と左からの「列番号」が交差する値を表示する。
関数式の例： ＝INDEX(B10:I15,B4,B3)

例題2－5として保存する。

練習問題　解答 ⇒P.7

練習問題 2-6

［ファイル名：練習2-6］

次のようなスーツケースのレンタル料金を検索する表を作成しなさい。

	A	B	C	D	E	F	G	H	I	J
1										
2	レンタル料検索表									
3	サイズ(号)	3								
4	日数(日)	5								
5	料金	※								
6										
7	スーツケースレンタル料金表									
8	サイズ	レンタル期間								
9		1泊2日	2泊3日	3泊4日	4泊5日	5泊6日	6泊7日	7泊8日	8泊9日	9泊10日
10	1号	840	1,180	1,520	1,860	2,200	2,540	2,880	3,220	3,560
11	2号	860	1,220	1,580	1,940	2,300	2,660	3,020	3,380	3,740
12	3号	900	1,300	1,700	2,100	2,500	2,900	3,300	3,700	4,100

▼処理条件

1．B5の「料金」は，B3の「サイズ（号）」とB4の「日数（日）」をもとに，スーツケースレンタル料金表を参照して表示する。

練習問題 2-7

［ファイル名：練習2-7］

次のような宅配便料金を検索する表を作成し，保存しなさい。

	A	B	C	D	E	F	G	H	I
1									
2	宅配便料金検索表								
3	行先名	関西	※						
4	サイズ名	100	※						
5	料金	※							
6									
7	料金表								
8	サイズ名	行先名							
9		北海道	東北	関東	中部	関西	中国	四国	九州
10	60	1,160	840	740	740	840	950	1,050	1,160
11	80	1,370	1,050	950	950	1,050	1,160	1,260	1,370
12	100	1,580	1,260	1,160	1,160	1,260	1,370	1,470	1,580
13	120	1,790	1,470	1,370	1,370	1,470	1,580	1,680	1,790
14	140	2,000	1,680	1,580	1,580	1,680	1,790	1,890	2,000
15	160	2,210	1,890	1,790	1,790	1,890	2,000	2,100	2,210

▼処理条件

1．C3は，B3の「行先名」が9行目の「行先名」の中で，左端からの位置を求める。

2．C4は，B4の「サイズ名」がA列の「サイズ名」の中で，上端からの位置を求める。

3．B5の「料金」は，C3とC4をもとに，料金表を参照して表示する。

4．サイズは，60が1～60まで，80が61～80まで（以下同）を表す。

練習問題 2-8

［ファイル名：練習 2-8］

練習問題 2-7 で保存したファイルを使って，次のような宅配便料金を検索する表を作成し，保存しなさい。

	A	B	C	D	E	F	G	H	I
1									
2	宅配便料金検索表								
3	行先名	四国							
4	サイズ名	80							
5	料金	※							
6									
7	料金表								
8	サイズ名	行先名							
9		北海道	東北	関東	中部	関西	中国	四国	九州
10	60	1,160	840	740	740	840	950	1,050	1,160
11	80	1,370	1,050	950	950	1,050	1,160	1,260	1,370
12	100	1,580	1,260	1,160	1,160	1,260	1,370	1,470	1,580
13	120	1,790	1,470	1,370	1,370	1,470	1,580	1,680	1,790
14	140	2,000	1,680	1,580	1,580	1,680	1,790	1,890	2,000
15	160	2,210	1,890	1,790	1,790	1,890	2,000	2,100	2,210

▼処理条件

1．Ｂ５の「料金」は，Ｂ３の「行先名」とＢ４の「サイズ名」をもとに，料金表を参照して表示する。ただし，VLOOKUP関数を利用するものとする。
2．サイズは，60が１～60まで，80が61～80まで（以下同）を表す。

練習問題 2-9

［ファイル名：練習 2-9］

練習問題 2-8 で保存したファイルを使って，B5の「料金」はHLOOKUP関数を利用して作成し，保存しなさい。

練習問題 2-10

［ファイル名：練習 2-10］

練習問題 2-8 で保存したファイルを使って，B5の「料金」はINDEX関数を利用して作成し，保存しなさい。

第1章

文字列と数値の関数

1. 文字列の結合

例題 3-1　文字列の結合をする表を作成しよう。

	A	B	C
1			
2	始発駅	終着駅	案内表示
3	東京	新大阪	東京発新大阪行

▼処理条件

1．網掛けの部分は，式を設定して求める。

（1）文字列結合（&）

C3に「=A3&"発"&B3&"行"」を入力し，「&」（アンパサンド）を使って文字列を結合する。

練習問題　解答 ⇨P.8

練習問題 3-1-1　［ファイル名：練習3-1-1］

次のような表を作成し，保存しなさい。

	A	B	C	D	E
1					
2	ユーザ名	組織名	属性	地域名	メールアドレス
3	suzuki	yapoo	co	jp	※

▼処理条件

1．E列の「メールアドレス」は，A列の「ユーザ名」，B列の「組織名」，C列の「属性」，D列の「地域名」の文字列を結合するなどして，suzuki@yapoo.co.jp のようにメールアドレスを表示する。

練習問題 3-1-2　［ファイル名：練習3-1-2］

次のような表を作成し，保存しなさい。

	A	B	C	D	E
1					
2	郵便コード	氏	名	郵便番号	氏名
3	1235678	青島	優香	※	※

▼処理条件

1．D列の「郵便番号」は，A列の「郵便コード」の左から3文字と右から4文字を抽出し，〒123-5678のように表示する。

2．E列の「氏名」は，B列の「氏」とC列の「名」の文字列を結合し，青島 優香のように「氏」と「名」の間に半角スペースを挿入して表示する。

2. 剰余の算出

例題　3-2　次のような表を作成しよう。

	A	B	C	D
1				
2	割られる数	割る数	商	余り
3	20	3	6	2

▼処理条件

1．網掛け部分以外のデータは，入力する。
2．C３の「商」は，**「割られる数　÷　割る数」**の商を求める。
3．D３の「余り」は，**「割られる数　÷　割る数」**の余りを求める。

(1) INT(イント)関数（インテジャー）

C３にINT関数を入力し，「商」を求める。

① ［数値］は，「A3／B3」を指定する。

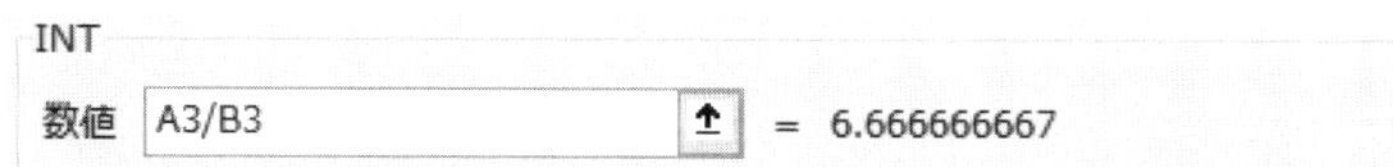

INT関数とROUNDDOWN関数は返す値がプラスの場合は同じ結果になるが，返す値がマイナスの場合は結果が異なる。ROUNDDOWN関数は単なる切り捨てであるのに対して，INT関数は指定した数値を超えない最大の整数を返す。

=INT(−20／3)　　　　　　−7
=ROUNDDOWN(−20／3,0)　−6

例題３−２の場合，商がマイナスの場合もあることを考えると，INT関数を使用することが適切である。

(2) MOD(モッド)関数（モデュラス）

D３にMOD関数を入力し，「余り」を求める。

① ［数値］は，割られる数の「A3」を指定する。
② ［除数］は，割る数の「B3」を指定する。

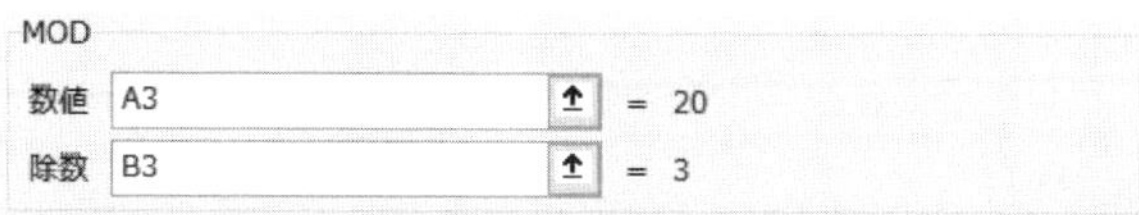

＝MOD(数値,除数)
数　　値：割られる数を指定する。
除　　数：割る数を指定する。
関数式の例：=MOD(A3,B3)
　　　　　A３の内容÷B３の内容の余りを求める。

例題３−２として保存する。

練習問題　　解答 ⇨ P.8

第1章

練習問題 3-2　　[ファイル名：練習 3-2]

次のような表を作成し，保存しなさい。

	A	B	C	D	E	F	G	H	I	J	K	L	M	N	O	P	Q	R	S	T	U
1																					
2	班数	4																			
3																					
4	出席番号	1	2	3	4	5	6	7	8	9	10	11	12	13	14	15	16	17	18	19	20
5	班番号	2	3	4	1	2	3	4	1	※	※	※	※	※	※	※	※	※	※	※	※

▼処理条件

1．網掛けの部分は，式や関数などを利用して求める。

2．５行目の「班番号」は，４行目の「出席番号」とＢ２の「班数」を利用して，班分けをする。

3. n番目の数値

例題　3-3

次のような表を作成しよう。

	A	B	C	D	E	F	G	H	I	J	K	L	M	N	O	P	Q
1																	
2	受験番号	1	2	3	4	5	6	7	8	9	10		上位表			下位表	
3	得点	58	73	68	51	61	75	88	93	70	73		順位	得点		順位	得点
4													1	93		1	51
5													2	88		2	58
6													3	75		3	61

▼処理条件

1．網掛け部分以外のデータは，入力する。

2．上位表のＮ列の「得点」は，３行目の「得点」の中で降順に求める。

3．下位表のＱ列の「得点」は，３行目の「得点」の中で昇順に求める。

（１）LARGE（ラージ）関数

Ｎ４にLARGE関数を入力し，大きい得点を求める。

① ［配列］は，「Ｂ３：Ｋ３」を指定し，F4キーで絶対参照にする。

② ［順位］は，順位が入力してある「M4」を指定する。

LARGE

配列　$B$3:$K$3　＝ {58,73,68,51,61,75,88,93,70,73}

順位　M4　＝ 1

③　N4をN5～N6にコピーする。

＝LARGE(配列,順位)

配　　列：対象となるデータのセル範囲を指定する。

順　　位：大きいほうから何番目を表示するのかを指定する。

関数式の例：=LARGE($B$3:$K$3,3)

Ｂ３～Ｋ３の中で３番目に大きい数値を求める。

（2）SMALL関数

Q４にSMALL関数を入力し，小さい得点を求める。

① ［配列］は，「B3：K3」を指定し，F4キーで絶対参照にする。

② ［順位］は，順位が入力してある「P4」を指定する。

SMALL

配列	$B$3:$K$3	= {58,73,68,51,61,75,88,93,70,73}
順位	P4	= 1

③　Q4をQ5～Q6にコピーする。

＝SMALL（配列,順位）

配　　　列：対象となるデータのセル範囲を指定する。

順　　　位：小さいほうから何番目を表示するのかを指定する。

関数式の例：=SMALL($B$3:$K$3,2)

B３～K３の中で２番目に小さい数値を求める。

例題３－３として保存する。

練習問題　解答 ➡P.8

練習問題 3-3　［ファイル名：練習３-３］

次のような表を作成し，保存しなさい。

	A	B	C	D	E	F	G	H	I	J	K	L	M	N	O	P
1																
2	選手No.	1	2	3	4	5	6	7	8	9	10	11	12		賞	該当打数
3	打数	75	79	94	89	96	82	74	77	83	89	103	80		とび賞	※
4															BB賞	※

▼処理条件

1．P３の「とび賞」は，３行目の「打数」の成績が良いほうから５番目の打数を求める。なお，打数の小さいほうが成績が良い。

2．P４の「BB賞」は，３行目の「打数」の成績が悪いほうから２番目の打数を求める。

4. 指定した文字の文字位置

例題 3-4 文字位置を求める表を作成しよう。

	A	B	C
1			
2	文字位置検索表		
3	N a m e	Fかｆの位置	Fの位置
4	Motofuji Fumiya	5	10
5	Fujita Mafuyu	1	1
6	Kakefu Fujiko	5	8
7	Takefuji Fujitake	5	10

▼処理条件

1．網掛けの部分は，式を設定して求める。

2．Ｂ列の「Ｆかｆの位置」は，Ａ列の「Name」の中から大文字のＦまたは小文字のｆを検索し，左端からの位置を求める。

3．Ｃ列の「Ｆの位置」は，Ａ列の「Name」の中から大文字のＦを検索し，左端からの位置を求める。

（1）SEARCH関数

Ｂ４にSEARCH関数を入力し，大文字のＦまたは小文字のｆが最初に現れる文字位置を求める。

① ［検索文字列］は，「"Ｆ"」を指定する。

② ［対象］は，「A4」を指定する。

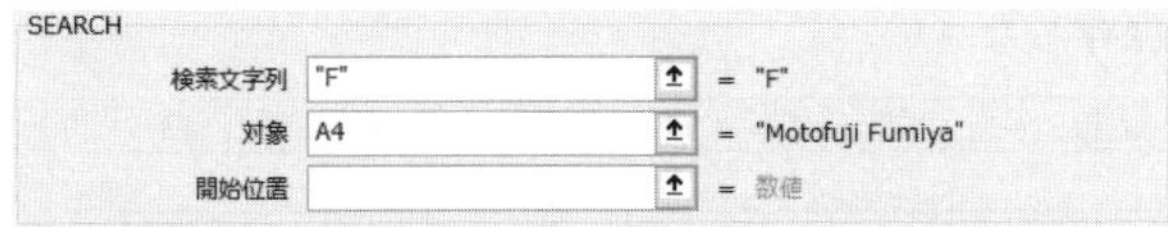

＝SEARCH（検索文字列,対象,[開始位置]）

検索文字列：検索する文字列を指定する。ワイルドカードが使用できる。

対　　象：検索対象を指定する。

開 始 位 置：検索を開始する位置を指定する。

関数式の例：= SEARCH ("Ｆ",A4)

SEARCH関数は大文字・小文字を区別しないので，Ａ４から「Ｆ」または「ｆ」を検索し，最初に現れる文字位置を求める。

検索文字列が見つからない場合は，エラー値「#VALUE!」が返される。

Ｂ４の式をＢ５～Ｂ７にコピーする。

（2）FIND（ファインド）関数

C４にFIND関数を入力し，大文字のＦが最初に現れる文字位置を求める。

①［検索文字列］は，「"Ｆ"」を指定する。

②［対象］は，「A4」を指定する。

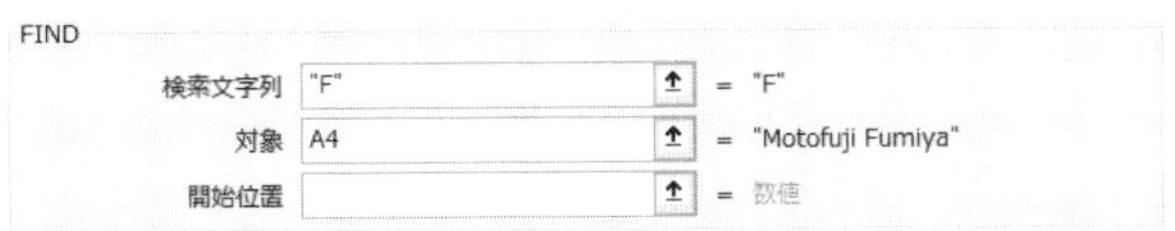

＝FIND（検索文字列,対象,[開始位置]）

検索文字列：検索する文字列を指定する。

対　　　象：検索対象を指定する。大文字と小文字は区別する。

開 始 位 置：検索を開始する位置を指定する。

関数式の例：= FIND ("F",A4)

Ａ４から「F」を検索し，最初に現れる文字位置を求める。

検索文字列が見つからない場合は，エラー値「#VALUE!」が返される。

Ｃ４の式をＣ５～Ｃ７にコピーし，例題３－４として保存する。

SEARCH 関数とFIND 関数の主な違いは，次の表のとおりである。

関数名	ワイルドカード	大文字・小文字の区別
SEARCH	使用できる	区別しない
FIND	使用できない	区別する

SEARCH関数とFIND関数の使い分けのポイント

①検索対象がすべて日本語・数字のみの場合，SEARCH関数とFIND関数のどちらを使用してもよい。

②ワイルドカード（「＊」・「？」）を使用する場合，SEARCH関数を使用する。

③検索対象が大文字・小文字混在の英字で，大文字・小文字を区別して検索したい場合，FIND関数を使用する。

第1章

練習問題　解答 ⇨P.8

練習問題 3-4

［ファイル名：練習3-4］

次のような県名と市名を分離する表を作成しなさい。

	A	B	C	D	E
1					
2	県名市名分離表				
3	住所	県の位置	市の位置	県名	市名
4	福島県郡山市	※	※	※	※
5	千葉県千葉市	※	※	※	※
6	神奈川県横浜市	※	※	※	※
7	兵庫県神戸市	※	※	※	※
8	鹿児島県鹿児島市	※	※	※	※

▼処理条件

1．B列の「県の位置」は，A列の「住所」の中から　県　という文字を検索し，左端からの位置を求める。
2．C列の「市の位置」も同様に求める。
3．D列の「県名」は，B列の数値を利用して，A列の「住所」から県名のみを抽出する。
4．E列の「市名」も同様に抽出する。

練習問題 3-5

［ファイル名：練習3-5］

次のような名前を分離する表を作成しなさい。

	A	B	C
1			
2	Visitor list		
3	Name	First name	Second name
4	Michael Furlan	Michael	Furlan
5	Christopher Hill	※	※
6	Matthew Smith	※	※
7	Joshua Brooke	※	※
8	Daniel Aaderson	※	※
9	David Boone	※	※

▼処理条件

1．A列の「Name」は，First nameとSecond nameの間に半角スペースが入力されている。
2．B列の「First name」は，A列の「Name」からFirst nameのみを抽出する。
3．C列の「Second name」も同様に抽出する。

日時・曜日の関数

第1章

1．年月日の関数

例題　4-1

年，月，日を年月日とシリアル値にして表示する。

	A	B	C	D	E	F
1	年	月	日		年月日	シリアル値
2	2022	1	19		2022/1/19	44580

▼処理条件

1．網掛け部分以外のデータは，入力する。

2．Ａ２の「年」，Ｂ２の「月」，Ｃ２の「日」から，「年月日」「シリアル値」を求める。

（1）DATE（デイト）関数

Ｅ２にDATE関数を入力し，年月日を表示する。

DATE

年	A2	= 2022
月	B2	= 1
日	C2	= 19

同様に，Ｆ２にDATE関数を入力する。［ホーム］リボンの［表示形式］メニューの［標準］をクリックし，年月日をシリアル値で表示する。

＝DATE(年,月,日)
「年」「月」「日」を「年月日」の日付のシリアル値で表示する。
関数式の例：=DATE(2022,1,19)

※シリアル値は，日付と時刻を表す数値で，整数部分で日付を表し，小数部分で時刻を表す。1900年１月１日を１として順につけられていて，2022年１月19日は44580となる。

2．時間の関数

例題 4-2　時，分，秒を時分秒とシリアル値にして表示し，シリアル値から，時，分，秒を取り出す。

	A	B	C	D	E	F	G	H	I	J
1	時	分	秒		時分秒	シリアル値		時	分	秒
2	17	20	42	→	5:20:42 PM	0.7227083	→	17	20	42

▼処理条件

1．網掛け部分以外のデータは，入力する。

2．A２の「時」，B２の「分」，C２の「秒」から「時分秒」「シリアル値」を求める。

3．F２の「シリアル値」からH２に「時」，I２に「分」J２に「秒」を求める。

（１）TIME（タイム）関数

E２にTIME関数を入力し，「時分秒」を表示する。

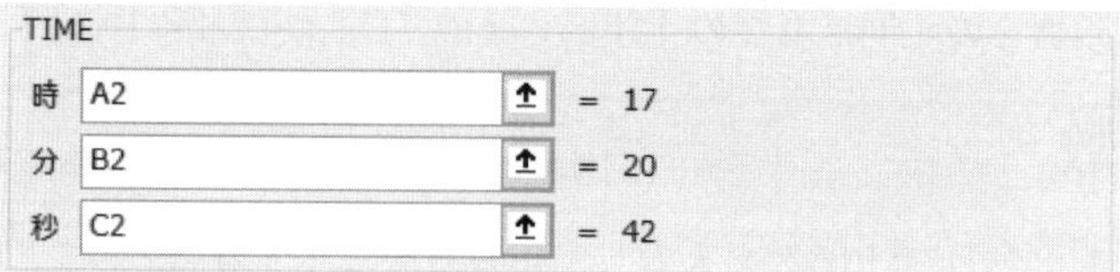

同様に，F２にTIME関数を入力し，時分秒をシリアル値で表示する。

＝TIME(時,分,秒)
「時」「分」「秒」を「時分秒」の時刻のシリアル値で表示する。
関数式の例：=TIME(17,20,42)

※時刻のシリアル値は，小数部分で表す。午前０時を０，正午を0.5として表す。
「2022/1/19 17:20:42」は，「44580.7227083」になる。

（２）HOUR（アワー）関数

H２にHOUR関数を入力し，「時」を表示する。

HOUR関数は，引数で指定したシリアル値から時の値だけを抽出し，数値に変換する。

＝HOUR(シリアル値)
シリアル値：シリアル値や時刻データが入力されているセルを指定する。
時刻データを直接指定する場合は「"」で囲む。
関数式の例１：=HOUR(F2)
F２のシリアル値から「時」の値だけを取り出す。
関数式の例２：=HOUR("8:45 PM")

第1章

（3）MINUTE関数

Ｉ２にMINUTE関数を入力し,「分」を表示する。

MINUTE関数は，引数で指定したシリアル値から分の値だけを抽出し，数値に変換する。

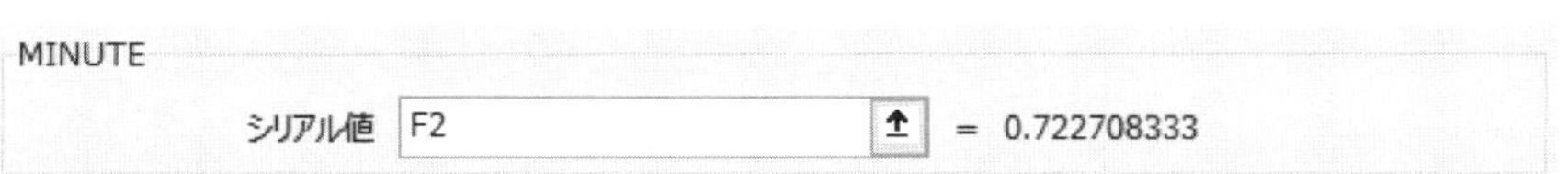

＝MINUTE(シリアル値)

シ リ ア ル 値： シリアル値や時刻データが入力されているセルを指定する。
時刻データを直接指定する場合は「"」で囲む。

関数式の例１： =MINUTE(F2)
Ｆ２のシリアル値から「分」の値だけを取り出す。

関数式の例２： =MINUTE("8:45 PM")

（4）SECOND関数

Ｊ２にSECOND関数を入力し,「秒」を表示する。

SECOND関数は，引数で指定したシリアル値から秒の値だけを抽出し，数値に変換する。

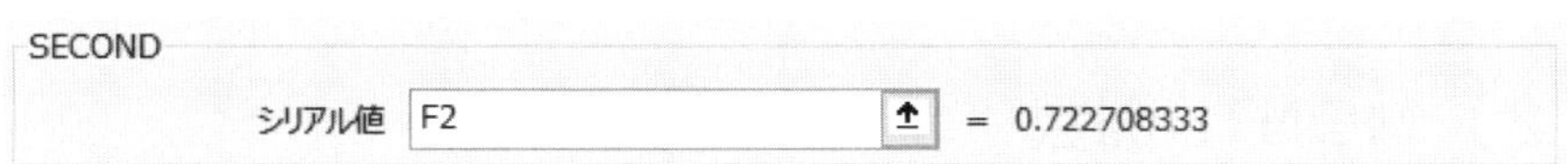

＝SECOND(シリアル値)

シ リ ア ル 値： シリアル値や時刻データが入力されているセルを指定する。
時刻データを直接指定する場合は「"」で囲む。

関数式の例１： =SECOND(F2)
Ｆ２のシリアル値から「秒」の値だけを取り出す。

関数式の例２： =SECOND("8:45:30 PM")

HOUR関数・MINUTE関数・SECOND関数では，時刻を示すシリアル値から，時・分・秒の部分を取り出し，数値に変換する。しかし，関数を入力するセルの表示形式が[時刻]に設定されていると，返された値が再度シリアル値に変換されるため，正しい値が表示されない。関数を入力するセルの表示形式を[標準]に設定する。

3. 日時・曜日の関数

例題 4-3

現在の日時，本日の日付，年，月，日，曜日数値，曜日を表示する。

	A	B	C	D	E	F	G
1	現在の日時		本日の日付		年	月	日
2	2022/6/15 11:42		2022/6/15		2022	6	15
3							
4					曜日数値	曜日	
5					4	水曜日	

▼処理条件

1．網掛け部分以外のデータは，入力する。

2．C２の「本日の日付」から，「年」「月」「日」「曜日数値」「曜日」を求める。

（1）YEAR（イヤー）関数

Ｅ２にYEAR関数を入力し，Ｃ２の「本日の日付」から「年」を求める。

YEAR
シリアル値 C2 = 44727

＝YEAR（シリアル値）
シリアル値：求める年の日付を指定する。
関数式の例：=YEAR(TODAY( ))

（2）MONTH（マンス）関数

Ｆ２にMONTH関数を入力し，Ｃ２の「本日の日付」から「月」を求める。

MONTH
シリアル値 C2 = 44727

＝MONTH（シリアル値）
シリアル値：求める月の日付を指定する。
関数式の例：=MONTH(TODAY( ))

（3）DAY（デイ）関数

Ｇ２にDAY関数を入力し，Ｃ２の「本日の日付」から「日」を求める。

DAY
シリアル値 C2 = 44727

＝DAY（シリアル値）
シリアル値：求める日の日付を指定する。
関数式の例：=DAY(TODAY( ))

（4）WEEKDAY（ウィークデイ）関数

E５にWEEKDAY関数を入力し，日付のシリアル値を曜日を表す数値にして表示する。

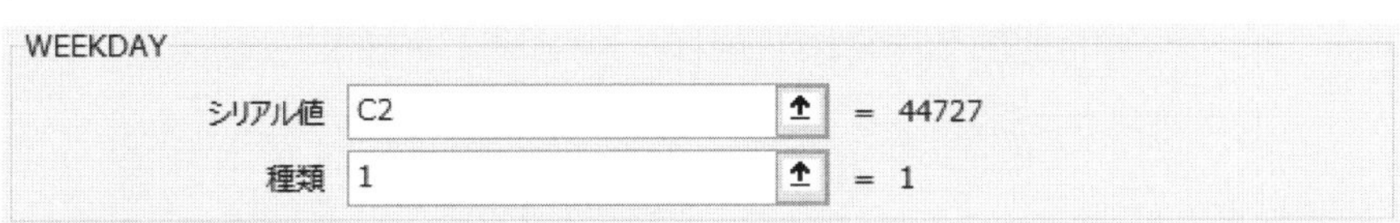

＝WEEKDAY（シリアル値,［種類］）
シリアル値：求める曜日の日付を指定する。
種　　　類：曜日を表す数値の種類を１～３で指定する。
関数式の例：=WEEKDAY(TODAY( ),1)

※種類は，１～３の数値で指定する。省略は１とみなす。

種類	日	月	火	水	木	金	土
1（省略）	1	2	3	4	5	6	7
2	7	1	2	3	4	5	6
3	6	0	1	2	3	4	5

（5）TEXT（テキスト）関数

F５にTEXT関数を入力し，曜日を表す数値を曜日にして表示する。
TEXT関数は，数値を指定した書式の文字列に変換する。

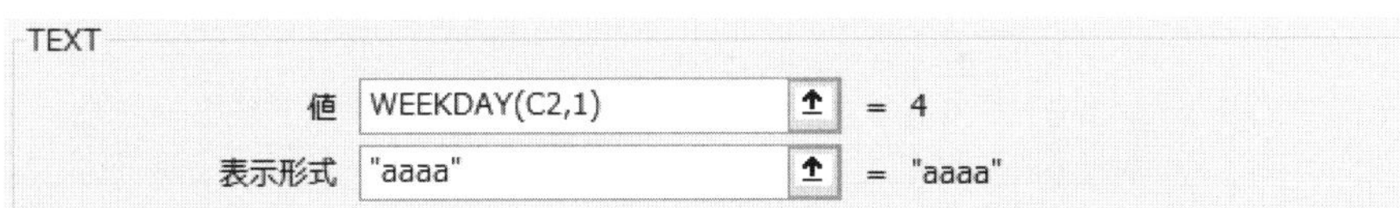

＝TEXT（値,表示形式）
値　　　：数値を指定する。
表 示 形 式：表示したい形式を指定する。
関数式の例：=TEXT(WEEKDAY(TODAY( ),1),"aaaa")

※曜日の表示形式には，次のようなものがある。

表示形式	ddd	dddd	aaa	aaaa
表示例	Sun	Sunday	日	日曜日

※TEXT関数は，曜日の表示以外にも使用される。

表示形式	意味	例
0（ゼロ）	数値の桁数が表示形式の0の桁数より少ない場合は，0を表示する	=TEXT(12.3, "000.00") → 012.30
#	数値の桁数が表示形式の#の桁数より少ない場合は，0を表示しない	=TEXT(12.3, "###.##") → 12.3
?	数値の桁数が表示形式の?の桁数より少ない場合は，△（空白）を表示する	=TEXT(12.3456, "???.??") → △12.35 （△は空白を表す）
,（コンマ）	桁区切りの記号を表示する	=TEXT(12345, "###,###") → 12,345
%	パーセント表示にする	=TEXT(0.12, "0%") → 12%
¥	¥記号を表示する	=TEXT(12345, "¥###,###") →¥12,345
文字列	文字列を表示する	=TEXT(12345, "金###,###円也") →金12,345円也
yyyy	西暦を数値で表示する	=TEXT("2031/12/8","yyyy") → 2031
mm	月を数値で表示する	=TEXT("2031/12/8","mm") → 12
dd	日付を数値で表示する	=TEXT("2031/12/8","dd") → 08

4. 日数や時間の計算

例題　4-4　開始日から終了日までの期間を求める。

	A	B	C	D	E	F	G	H	I	J
1	開始日			終了日				期間		
2	年	月	日	年	月	日		両端落とし	片落とし	両端入れ
3	2030	1	19	2031	1	20		365	366	367

▼処理条件

1．網掛け部分以外のデータは，入力する。

（1）日数の計算

年月日や時刻はシリアル値で表されているので，差を求めることにより，経過日数や経過時間を求めることができる。

経過日数 ＝ 終了日 － 開始日

日数の計算には，開始日や終了日を含めるかどうかについて，両端落とし，片落とし，両端入れという方法がある。

両端落とし	開始日と終了日を含めない。両端落とし＝片落とし－1
片落とし	開始日か終了日を含めない。片落とし＝終了日－開始日
両端入れ	開始日と終了日を含める。両端入れ＝片落とし＋1

＜式の設定＞　H3：=DATE(D3,E3,F3)－DATE(A3,B3,C3)－1
　　　　　　　I3：=DATE(D3,E3,F3)－DATE(A3,B3,C3)
　　　　　　　J3：=DATE(D3,E3,F3)－DATE(A3,B3,C3)+1

H3，I3，J3は，［表示形式］を「標準」にし，シリアル値で表示する。

（2）時間の計算

経過時間も，日数と同様に求める。

経過時間 ＝ 終了時刻 － 開始時刻

	A	B	C	D	E	F	G	H
1	開始時刻			終了時刻				
2	時	分	秒	時	分	秒		時間
3	8	30	10	17	15	30		8:45:20

＜式の設定＞　H3：=TIME(D3,E3,F3)－TIME(A3,B3,C3)

練習問題

解答 ⇨P.9

練習問題 4-1

［ファイル名：練習４-１］

次のような表を作成し，保存しなさい。

	A	B
1		
2	受付日	完成日
3	6月20日	※

▼処理条件

1．Ｂ３の「完成日」は，Ａ３の「受付日」の５日後の日付を求める。

練習問題 4-2

［ファイル名：練習４-２］

次のような表を作成し，保存しなさい。

	A	B	C
1			
2	開始日	月数	終了日
3	6月24日	6	※

▼処理条件

1．Ｃ３の「終了日」は，Ａ３の「開始日」からＢ３の「月数」を経過した日付を求める。

練習問題 4-3

［ファイル名：練習４-３］

次のような表を作成し，保存しなさい。

	A	B
1		
2	日付	部活動
3	2022/8/1	※
4	2022/8/2	※
5	2022/8/3	※
6	2022/8/4	※
7	2022/8/5	※
8	2022/8/6	※
9	2022/8/7	※

▼処理条件

1．Ｂ列の「部活動」は，Ａ列の「日付」が日曜日の場合は なし を表示し，それ以外の場合は あり を表示する。

5 関数のネスト

1．関数のネスト

例題　5-1　次のような表を作成しよう。

	A	B	C	D	E	F	G	H	I	J	K	L
1												
2	砲丸投げ記録表										順位表	
3	選手番号	101	102	103	104	105	106	107	108		順位	記録
4	記録	13.54	14.08	16.64	12.49	14.37	13.4	15.61	12.97		1位	16.64
5											2位	15.61
6											3位	14.37

▼処理条件

1．網掛け部分以外のデータは，入力する。

2．順位表のＬ列の「記録」は，４行目の「記録」の中で降順に求める。ただし，Ｌ４の式をＬ５～Ｌ６にコピーするものとする。

（1）関数のネスト

関数の中に関数を入れることを**関数のネスト（入れ子）**という。

（2）LARGE関数のネスト

Ｋ４の「順位」をLEFT関数で左端から１文字を抽出したものを利用して，LARGE関数で順位に相当する記録を求める。

①［配列］は，「B4：I4」を指定し，F4 キーで絶対参照にする。

②［順位］は，K4の左端から１文字を抽出する「LEFT（K4,1)」を指定する。

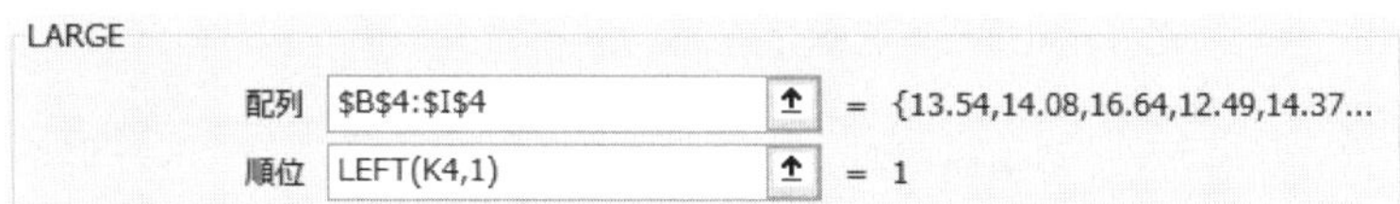

<式の設定>　Ｌ４：=LARGE($B$4:$I$4,LEFT(K4,1))

Ｌ４をＬ５～Ｌ６にコピーし，例題５－１として保存する。

2. 検索関数のネスト

例題 5-2　次のような表を作成しよう。

	A	B	C	D	E	F	G	H	I
1									
2	商品コード表				産地表			果物表	
3	商品コード	産地名	果物名		産地コード	産地名		果物コード	果物名
4	T3500	栃木	いちご		A	青森		1	りんご
5	S2450	静岡	みかん		F	福島		2	みかん
6	F1300	福島	りんご		T	栃木		3	いちご
7	S3600	静岡	いちご		S	静岡			
8	E2500	愛媛	みかん		E	愛媛			

▼処理条件

1．網掛け部分以外のデータは，入力する。

2．商品コード表のB列の「産地名」は，A列の「商品コード」の左端から1文字を産地コードとして求め，その産地コードをもとに産地表を参照して表示する。

3．商品コード表のC列の「果物名」は，A列の「商品コード」の左端から2文字目を果物コードとして求め，その果物コードをもとに果物表を参照して表示する。

(1) VLOOKUP関数のネスト（文字を抽出）

A4の「商品コード」をLEFT関数で左端から1文字を抽出した産地コードを利用して，VLOOKUP関数で「産地名」を表示する。

① [検索値] は，A4の左端から1文字を抽出する「LEFT（A4,1)」を指定する。

② [範囲] は，「E4：F8」を指定し，F4キーで絶対参照にする。

③ [列番号] は，「2」を指定する。

④ [検索方法] は，完全一致で，E列の「産地コード」が昇順に並んでいないので「FALSE」を指定する。

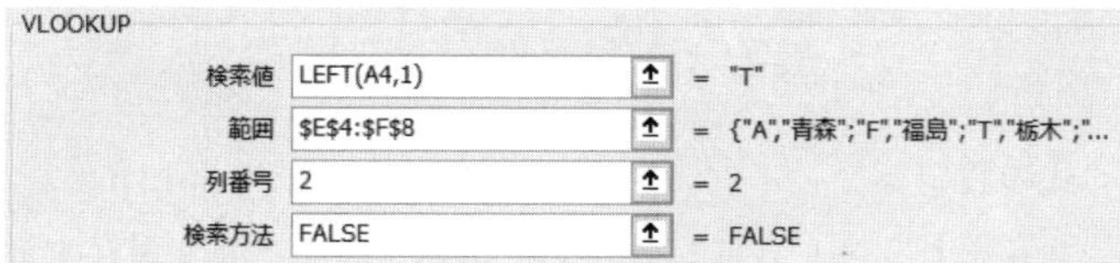

<式の設定>　B4：=VLOOKUP(LEFT(A4,1),$E$4:$F$8,2,FALSE)

（2）VLOOKUP関数のネスト（数値を抽出）

Ａ４の「商品コード」をMID関数で左端から２文字目を抽出した果物コードを利用して，VLOOKUP関数で「果物名」を表示する。Ｈ列の「果物コード」は数値であるが，抽出した果物コードは文字列になるので，VALUE関数で数値に変換しないと検索できない。

① ［検索値］は，A4の左端から2文字目を抽出し数値に変換する「VALUE(MID(A4,2,1))」を指定する。

② ［範囲］は，「H4：I6」を指定し，F4キーで絶対参照にする。

③ ［列番号］は，「2」を指定する。

④ ［検索方法］は，完全一致だが，「果物コード」が昇順に並んでいるので「FALSE」を省略できる。

VLOOKUP

検索値	VALUE(MID(A4,2,1))	= 3
範囲	$H$4:$I$6	= {1,"りんご";2,"みかん";3,"いちご"}
列番号	2	= 2
検索方法		= 論理

＜式の設定＞　Ｃ４：=VLOOKUP(VALUE(MID(A4,2,1)),$H$4:$I$6,2)

Ｂ４～Ｃ４をＢ５～Ｃ８にコピーし，例題５－２として保存する。

練習問題

解答 ➡P.9

練習問題 5-1

［ファイル名：練習５-１］

次のような表を作成し，保存しなさい。

	A	B	C	D	E	F	G	H	I	J	K
1											
2	注文表					基本料金表			追加料金単価表		
3	注文コード	基本料金	追加料金	合計料金		基本コード	基本料金		追加数		追加料金単価
4	BL13	※	※	※		BK	3,000		0	～ 9	100
5	RD05	※	※	※		RD	3,200		10	～ 19	80
6	BK32	※	※	※		BL	3,300		20	～ 29	60
7	RD27	※	※	※					30	～	50

▼処理条件

1．注文表のＢ列の「基本料金」は，Ａ列の「注文コード」の左端から２文字を基本コードとして求め，その基本コードをもとに基本料金表を参照して表示する。

2．注文表のＣ列の「追加料金」は，Ａ列の「注文コード」の右端から２文字を追加数として求め，その追加数をもとに追加料金単価表を参照した追加料金単価に追加数をかけて求める。

3．注文表のＤ列の「合計料金」は，「基本料金」と「追加料金」の和を求める。

第1章

練習問題 5-2　［ファイル名：練習5-2］

次のような表を作成し，保存しなさい。

	A	B	C	D	E	F	G	H	I
1									
2	宅配料金計算表								
3	サイズ	120							
4	地域	近畿							
5	料金	※							
6									
7	料金表								
8	サイズ	北海道	東北	関東	中部	近畿	中国	四国	九州
9	60	1,100	800	700	750	780	800	820	1,100
10	80	1,200	1,000	900	950	980	1,000	1,020	1,200
11	100	1,500	1,200	1,100	1,150	1,180	1,200	1,220	1,500
12	120	1,700	1,400	1,300	1,350	1,380	1,400	1,420	1,700
13	160	2,000	1,600	1,500	1,550	1,580	1,600	1,620	2,000

▼処理条件

1．B5の「料金」は，B3の「サイズ」とB4の「地域」をもとに料金表を参照して求める。

2．サイズは，60が1～60まで，80が61～80まで（以下同）を表す。

練習問題 5-3　［ファイル名：練習5-3］

次のような表を作成し，保存しなさい。

	A	B	C	D	E	F	G
1							
2	会員表			区分表			
3	会員コード	区分		区分コード	1	2	3
4	121	※		区分	学生	主婦	会社員
5	233	※					
6	212	※					

▼処理条件

1．会員表のB列の「区分」は，A列の会員コードの右端から1文字を区分コードとして求め，その区分コードをもとに区分表を参照する。

3. IF関数のネスト

例題 5-3

次のような表を作成しよう。

	A	B	C
1			
2	8月1日の最高気温表		
3	都市名	最高気温	判定
4	札幌	24.7	
5	東京	27.2	夏日
6	大阪	33.5	真夏日
7	福岡	33.2	真夏日
8	那覇	32.6	真夏日

▼処理条件

1．網掛け部分以外のデータは，入力する。

2．C列の「判定」は，B列の「最高気温」が30℃以上の場合は 真夏日 を表示し，25℃以上30℃未満の場合は 夏日 を表示し，それ以外の場合は何も表示しない。

（1）ＩＦ関数のネスト

条件により処理を３つ以上に分岐させる場合には，IF関数の引数の中にIF関数を入れるネストにする。関数のネストは，64レベルまでできる。

条件と処理の関係がわかりにくい場合には，流れ図（フローチャート）を作成する。流れ図は，上から下へ，左から右へ流れるように書く。

＜Ｃ４の流れ図＞

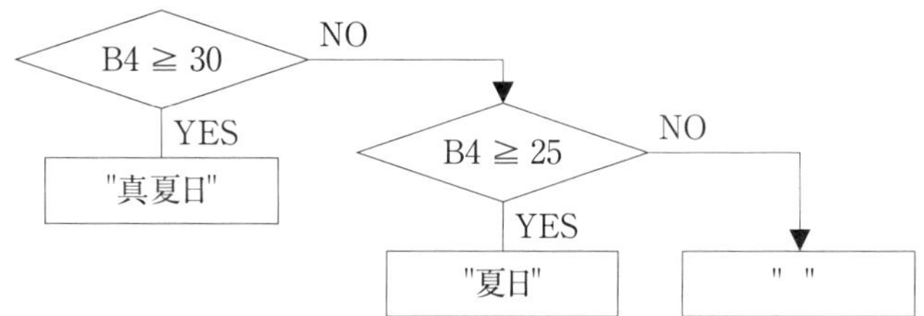

①［論理式］は，Ｂ4が30以上かを判定する式「B4>=30」を指定する。

②［値が真の場合］は，真の場合の処理「"真夏日"」を指定する。

③［値が偽の場合］は，偽の場合の処理「IF(B4>=25,"夏日","")」を指定する。

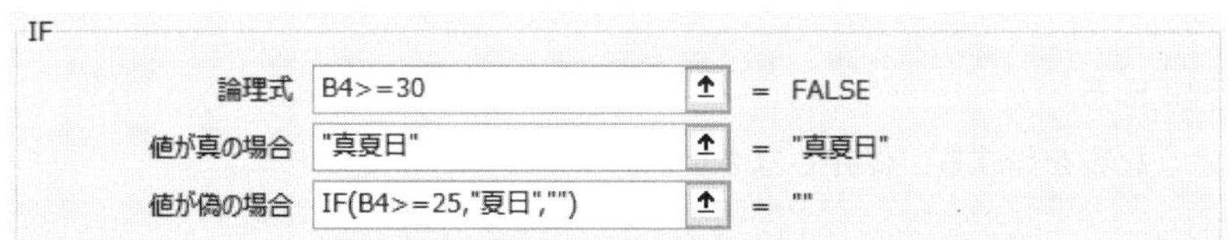

＜式の設定＞Ｃ４：=IF(B4>=30,"真夏日",IF(B4>=25,"夏日",""))

ネストされた関数は読みにくいので，プログラム言語のように，改行したり，字下げしたりすると読みやすくなる。改行は，Altキーを押しながら，Enterキーを押す。字下げは，半角スペースを入れる。

C4　=IF(B4>=30,"真夏日",
IF(B4>=25,"夏日","")
)

	A	B	C	D	E	F
1						
2	8月1日の最高気温表					
3	都市名	最高気温	判定			
4	札幌	24.7				
5	東京	27.2	夏日			
6	大阪	33.5	真夏日			
7	福岡	33.2	真夏日			
8	那覇	32.6	真夏日			

Ｃ４をＣ５～Ｃ８にコピーし，例題５－３として保存する。

練習問題　　解答 ⇨ P.10

練習問題 5-4

［ファイル名：練習 5 - 4］

次のような表を作成し，保存しなさい。

	A	B
1		
2	バス配車表	
3	参加者数	136
4	大型バス台数	※
5	乗車できない人数	※
6	追加バスの種類	※

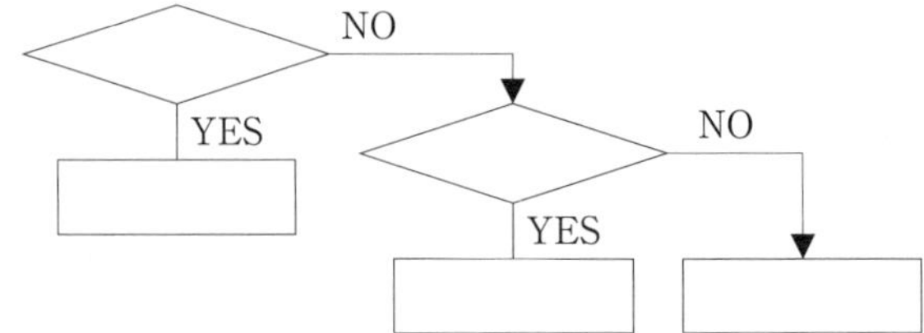

▼処理条件

1．Ｂ４の「大型バス台数」は，Ｂ３の「参加者数」を50人で割り，整数未満を切り捨てて求める。

2．Ｂ５の「乗車できない人数」は，Ｂ３の「参加者数」を50人で割った余りを求める。

3．Ｂ６の「追加バスの種類」は，Ｂ５の「乗車できない人数」が０の場合は 追加なし を表示し，25人以下の場合は 中型バス を表示し，それ以外の場合は 大型バス を表示する。

練習問題 5-5

［ファイル名：練習 5 - 5］

次のような表を作成し，保存しなさい。

	A	B	C	D
1				
2	本日の予約状況表			
3	ホテル名	部屋数	予約数	空室情報
4	パークホテル	96	92	※
5	プリンスホテル	181	180	※
6	パシフィックホテル	155	138	※
7	グランドホテル	44	44	※
8	プリンセスホテル	137	134	※

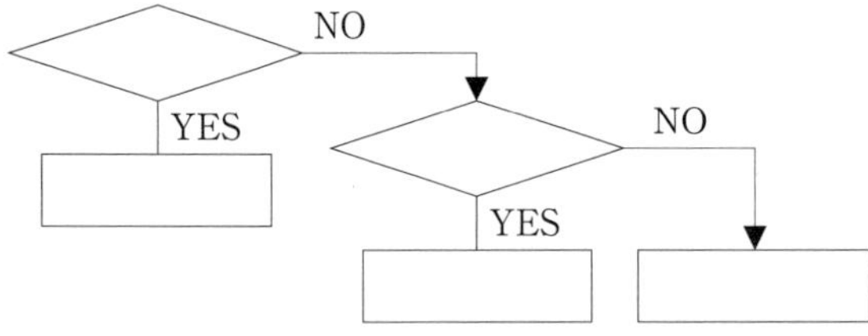

▼処理条件

1．Ｄ列の「空室情報」は，Ｂ列の「部屋数」からＣ列の「予約数」を引いたものが０の場合は 満室 を表示し，３部屋以下の場合は あとわずか を表示し，それ以外の場合は 空室あり を表示する。

第1章

練習問題 5-6　［ファイル名：練習 5-6］

次のような表を作成し，保存しなさい。

	A	B	C
1			
2	ポイント計算表		
3	会員番号	購入金額	ポイント数
4	B1001	40,000	※
5	S1002	23,800	※
6	B1003	1,000	※
7	G1004	126,300	※
8	S1005	8,500	※

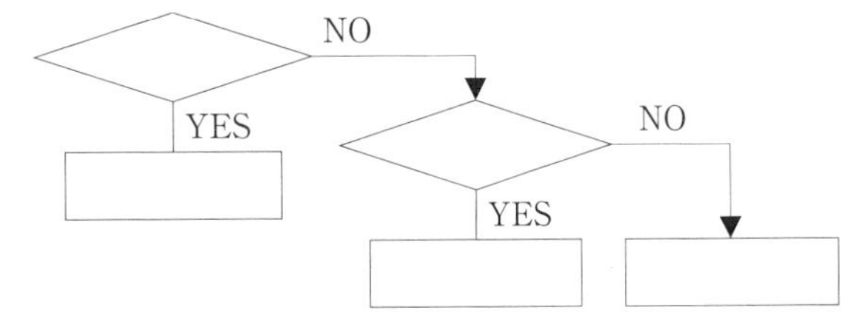

▼処理条件

1．A列の「会員番号」の左端から１文字は，会員の種類を示している。

2．C列の「ポイント数」は，B列の「購入金額」を2,000で割って整数未満を切り捨てたものに，会員の種類による数値をかけて求める。なお，会員の種類による数値は，会員の種類がGの場合は70，Sの場合は50，それ以外の場合は30とする。

練習問題 5-7　［ファイル名：練習 5-7］

次のような表を作成し，保存しなさい。

	A	B	C
1			
2	カード会員一覧表		
3	会員名	年間利用金額	カード種別
4	鈴木　〇〇	520,957	※
5	山田　〇〇	1,465,841	※
6	石川　〇〇	154,465	※
7	渡部　〇〇	811,428	※
8	田中　〇〇	361,342	※

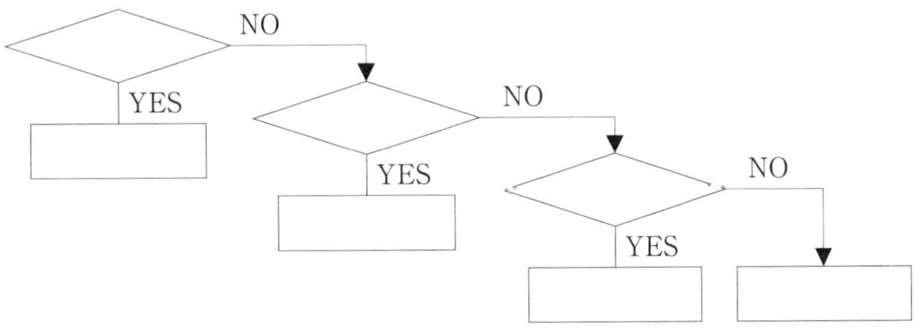

▼処理条件

1．C列の「カード種別」は，B列の「年間利用金額」が200,000円未満の場合は スター を，500,000円未満の場合は クリスタル を，1,000,000円未満の場合は シルバー を，それ以外の場合は ロイヤル を表示する。

複合参照とマルチシート

1. 複合参照

セルの参照形式は，列と行を自動調整する**相対参照**，列と行を固定する**絶対参照**，列または行を固定する**複合参照**がある。

例題 6-1 次のような表を作成しよう。

	A	B	C	D	E	F	G	H
1								
2	売上一覧表							
3								
4	商品名	単価	売上個数			売上金額		
5			1月	2月	3月	1月	2月	3月
6	学習机デスク	45,000	3	7	12	135,000	315,000	540,000
7	パソコンデスク	29,000	4	3	6	116,000	87,000	174,000
8	フロアデスク	10,000	5	6	4	50,000	60,000	40,000
9	チェア	8,000	6	8	15	48,000	64,000	120,000

▼処理条件

1．Ｆ～Ｈ列の「売上金額」は，「**単価　×　売上個数**」の式で求める。
2．Ｆ６に設定した式をＨ９までコピーする。

（１）列固定の複合参照

Ｆ６の「売上金額」は，「=B6＊C6」の式で求め，Ｈ９までコピーする。Ｂ６の「単価」とＣ６の「売上個数」は，相対参照で自動的に調整される。しかし，Ｂ６の「単価」の列を固定したままコピーしなければ，正しい式にならない。

そこで，**列固定の複合参照**にして，コピーする。

＜式の設定＞　Ｆ６：=$B6＊C6

例題 6-2 次のような表を作成しよう。

	A	B	C	D	E	F
1						
2	売上一覧表					
3						
4	商品名		学習机デスク	パソコンデスク	フロアデスク	チェア
5	単価		45,000	29,000	10,000	8,000
6	売上個数	1月	3	4	5	6
7		2月	7	3	6	8
8		3月	12	6	4	15
9	売上金額	1月	135,000	116,000	50,000	48,000
10		2月	315,000	87,000	60,000	64,000
11		3月	540,000	174,000	40,000	120,000

▼処理条件

1．９～11行目の「売上金額」は，「**単価　×　売上個数**」の式で求める。
2．Ｃ９に設定した式をＦ11までコピーする。

（2）行固定の複合参照

C 9の「売上金額」は，「=C5＊C6」の式で求め，F11までコピーする。しかし，C 5の「単価」の行を固定したままコピーしなければ，正しい式にならない。

そこで，**行固定の複合参照**にして，コピーする。

<式の設定>　C 9 ：=C$5＊C6

第1章

練習問題　解答 ⇨ P.11

練習問題 6-1

［ファイル名：練習6-1］

次のような表を作成し，保存しなさい。

	A	B	C	D	E	F	G	H	I	J
1										
2	かけ算九九表									
3										
4		1	2	3	4	5	6	7	8	9
5	1	※	※	※	※	※	※	※	※	※
6	2	※	※	※	※	※	※	※	※	※
7	3	※	※	※	※	※	※	※	※	※
8	4	※	※	※	※	※	※	※	※	※
9	5	※	※	※	※	※	※	※	※	※
10	6	※	※	※	※	※	※	※	※	※
11	7	※	※	※	※	※	※	※	※	※
12	8	※	※	※	※	※	※	※	※	※
13	9	※	※	※	※	※	※	※	※	※

▼処理条件

1．B 5に設定した式をJ13までコピーして，かけ算九九表を作成する。

練習問題 6-2

［ファイル名：練習6-2］

次のような表を作成し，保存しなさい。

	A	B	C	D	E	F	G	H
1								
2	販売価格計算表							
3								
4	商品名	仕入原価	利益率					
5			50%	60%	70%	80%	90%	100%
6	ばら	94	※	※	※	※	※	※
7	カーネーション	59	※	※	※	※	※	※
8	デンファレ	67	※	※	※	※	※	※
9	ゆり	188	※	※	※	※	※	※

▼処理条件

1．C 6に設定した式をH 9までコピーして，販売価格を求める。

2．販売価格は，「**仕入原価　×（1＋　利益率）**」の式で求める。ただし，10円未満は切り上げる。

練習問題 6-3

［ファイル名：練習6 3］

次のような表を作成し，保存しなさい。

	A	B	C	D	E	F	G
1							
2	円換算早見表						
3		為替相場					
4	$1=	¥83.64					
5	商品名	価格	個数				
6			1個	2個	3個	5個	10個
7	マカデミアナッツ	$8.50	※	※	※	※	※
8	パイナップルクッキー	$9.95	※	※	※	※	※
9	Tシャツ	$20.00	※	※	※	※	※
10	ビーフジャーキー	$7.50	※	※	※	※	※

▼処理条件

1．C 7に設定した式をG10までコピーして，円の価格を求める。

2．円の販売価格は，「**為替相場　×　価格　×　個数**」の式で求める。ただし，¥マーク付きの整数で表示する。

2. マルチシートのセル参照

複数のワークシート（**マルチシート**）にまたがって，セルの参照をして，計算することができる。

例題 6-3　前期と後期の欠席一覧表を集計した表を作成しよう。

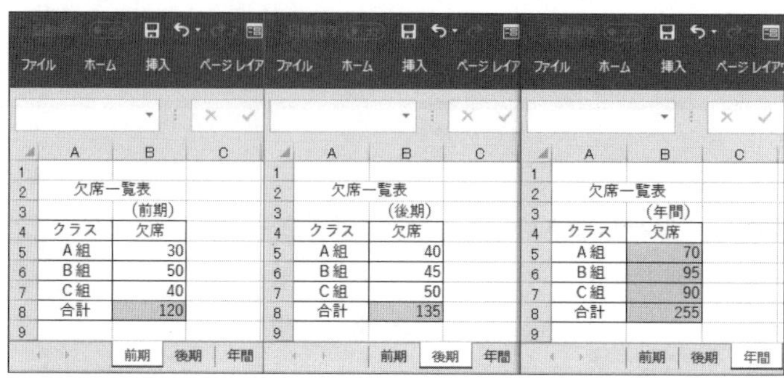

▼処理条件

1. 前期と後期の欠席を合計して，年間を求める。
2. 網掛けの部分は，式を設定して求める。

（1）欠席一覧表の作成とシートのコピー

次のように欠席一覧表の前期のデータを「Sheet1」に入力する。

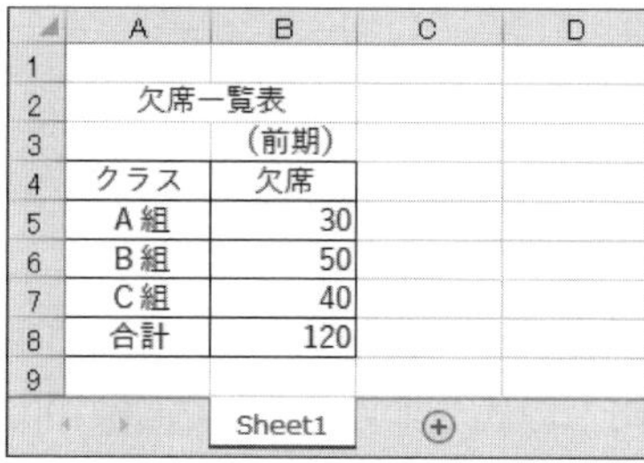

	A	B	C	D
1				
2	欠席一覧表			
3		(前期)		
4	クラス	欠席		
5	A組	30		
6	B組	50		
7	C組	40		
8	合計	120		
9				

＜式の設定＞

B 8 ： =SUM(B5:B7)

後期は，前期のシートをコピーして利用する。

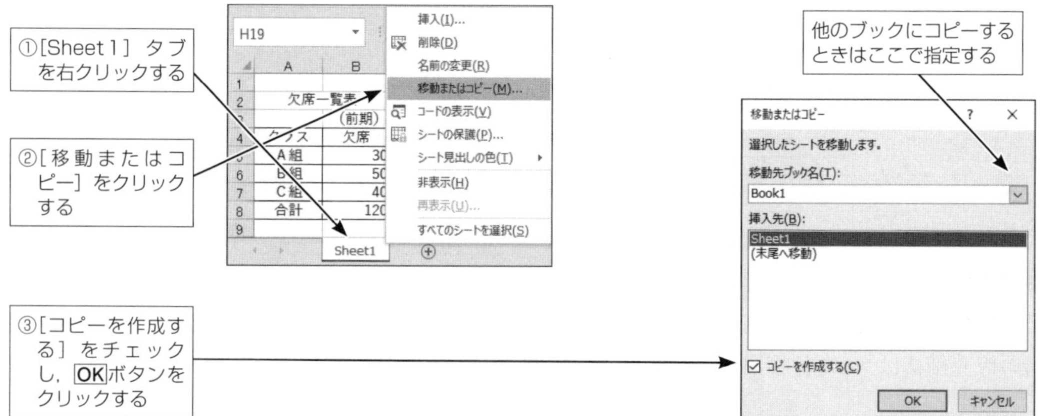

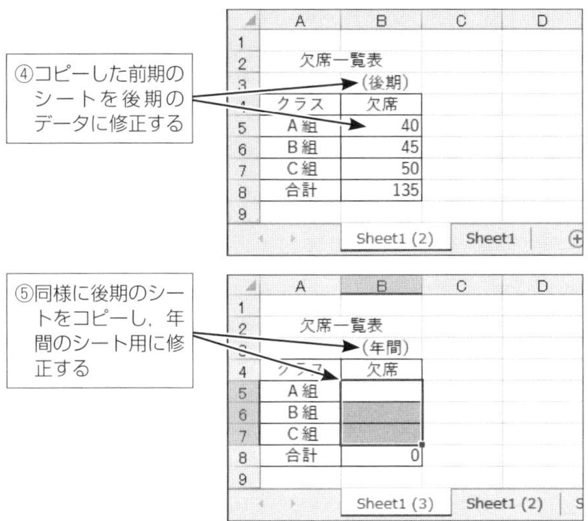

（2）シートの名前の変更

シートの名前を「Sheet1（3）」から「年間」に変更する。

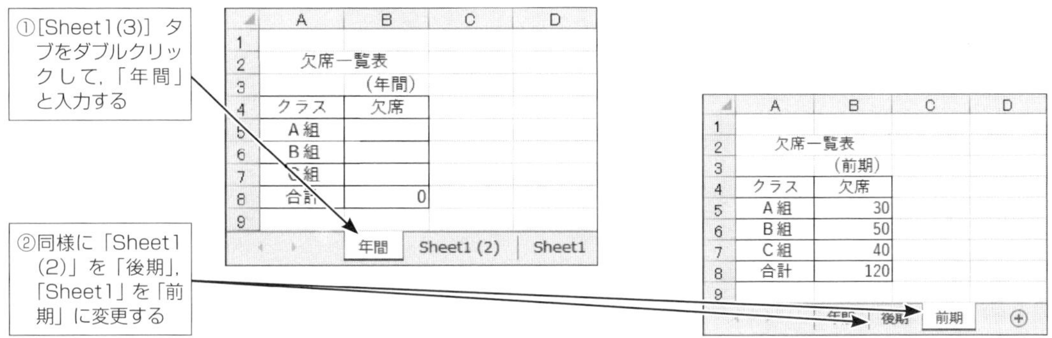

（3）シートの移動

順序が，「前期」「後期」「年間」になるようにシートを移動する。

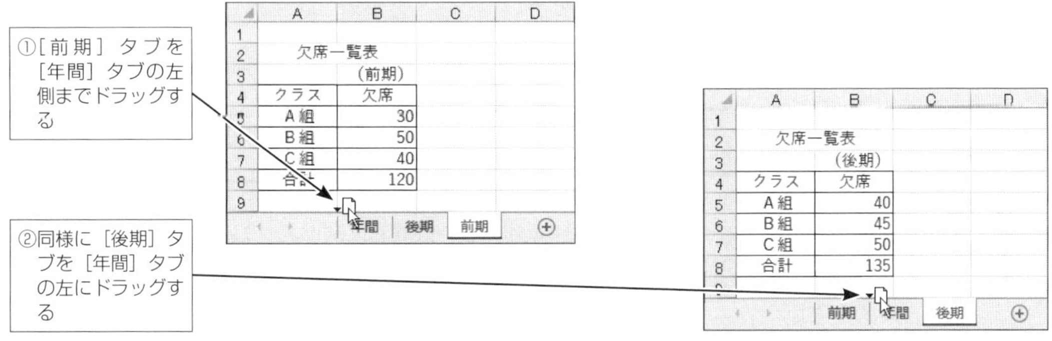

（4）串刺し計算

シート名「年間」のＢ５に，シート名「前期」のＢ５とシート名「後期」のＢ５の和を求める。

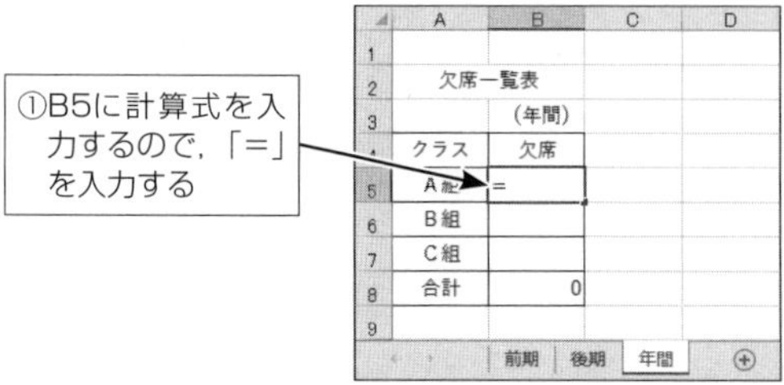

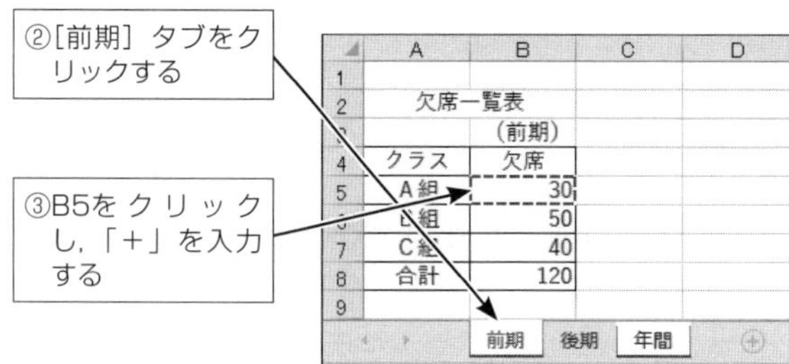

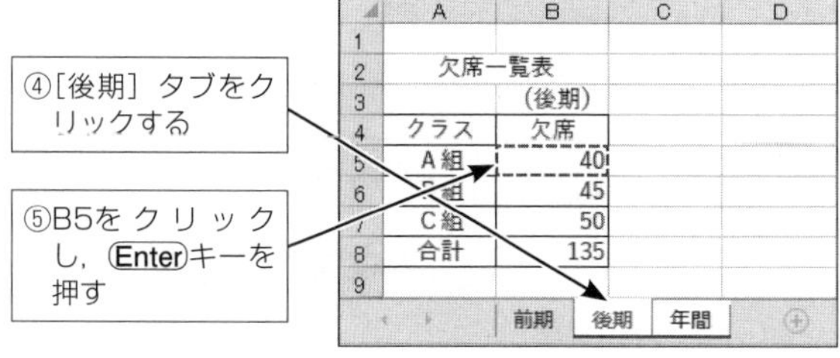

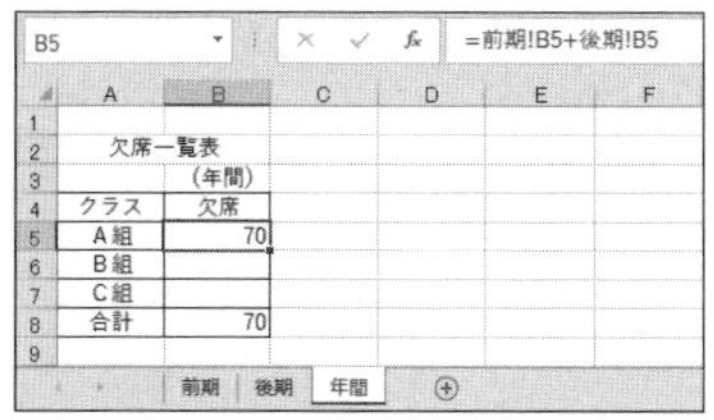

シート名「年間」のＢ５には，「＝前期!B5＋後期!B5」という式が設定される。あるセルに同じブックの他のワークシートのセル番地を指定すると，「前期!B5」のように，シート名とセル番地の間が「!」で区切られる。

> **ワークシート名!セル番地**
> 他のワークシートのセルを参照する。
> **例：** 前期!B5

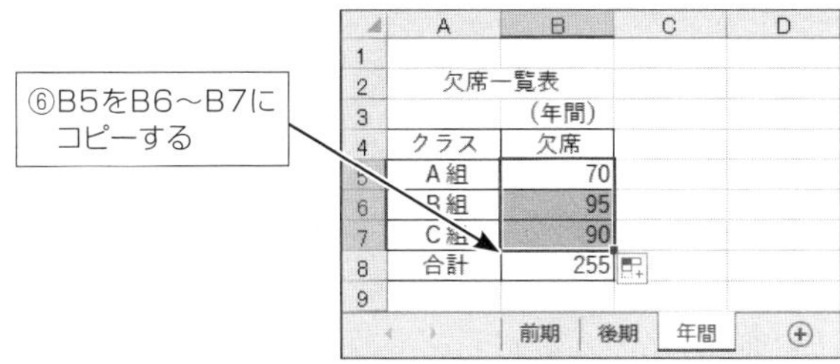

(5) 関数を使った串刺し計算

連続した複数のワークシートの同じセル番地を指定するのであれば，関数を利用することができる。

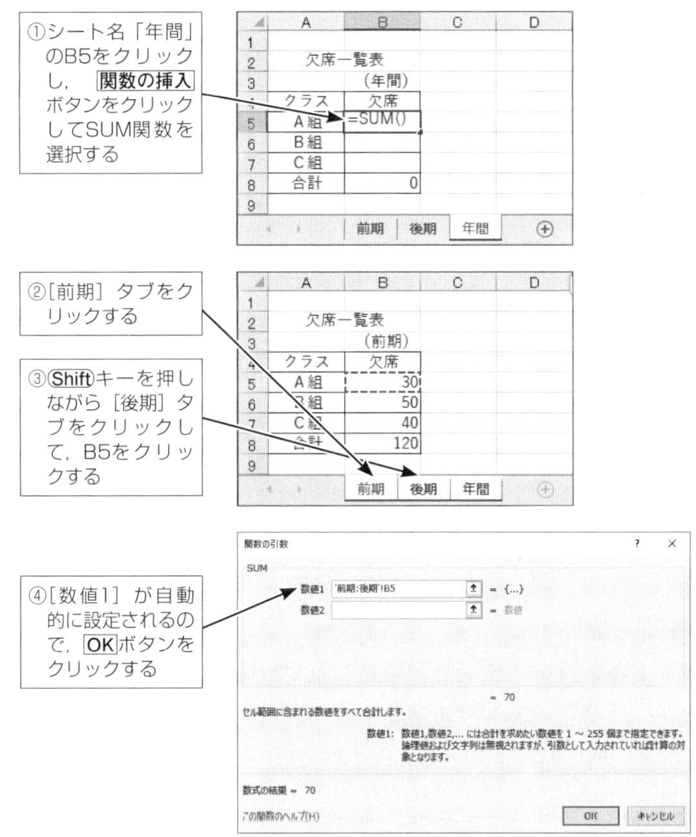

シート名「年間」のB５には，「＝SUM(前期:後期!B5)」という式が設定される。B６～B７にコピーして完成させる。

最初のワークシート名:最後のワークシート名!共通のセル番地

連続した複数のワークシートの共通のセル番地を参照する。

関数式の例： ＝SUM(前期:後期!B5)

このように，複数のワークシートの同じ位置を串刺しするように計算するので，**串刺し計算**という。

（6）複数シートの同時編集

同じ形式でできている複数のシートを編集する場合には，**グループ**として設定すると，１回の操作でグループに設定したすべてのシートを同時に編集できるので便利である。

シート名「前期」・「後期」・「年間」のＡ２を編集して「遅刻一覧表」にする。

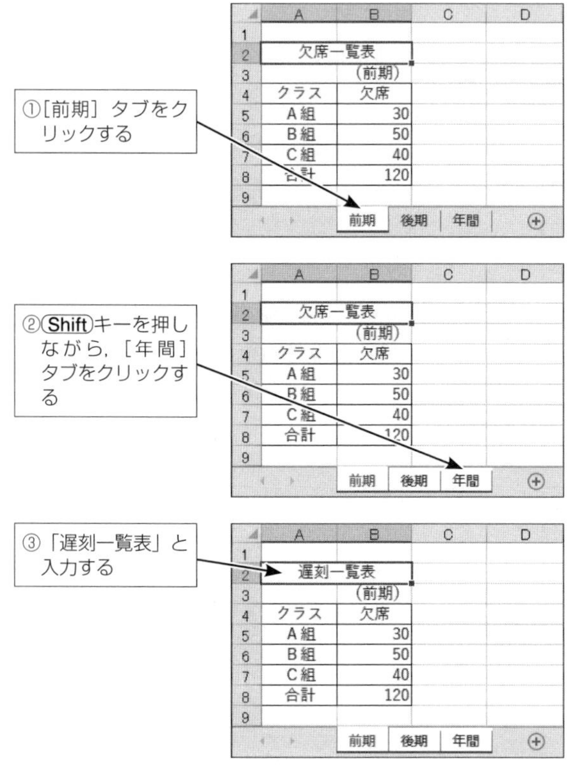

［後期］・［年間］タブをクリックすると，編集されていることが確認できる。グループの編集が終わったら，グループを解除する。

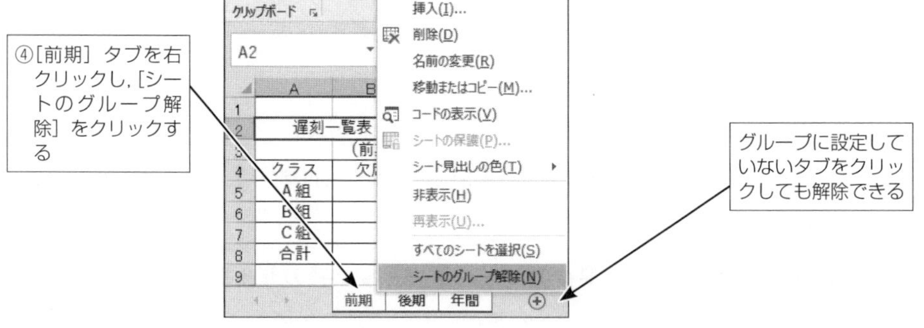

同時編集の確認ができたら，同様にして各シートのＡ２を「欠席一覧表」に戻しておく。

（7）複数のウィンドウの表示

複数のワークシートを画面に並べて，見やすく表示することができる。

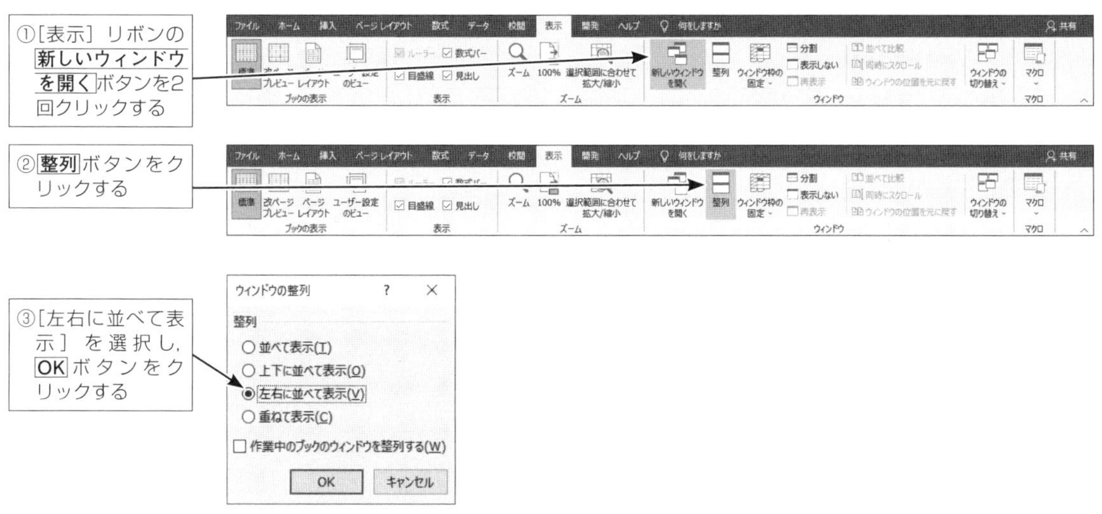

それぞれのウィンドウのシート名をクリックして，各シートを表示する。

	A	B	C
1			
2	欠席一覧表		
3		（前期）	
4	クラス	欠席	
5	A組	30	
6	B組	50	
7	C組	40	
8	合計	120	
9			

前期　後期　年間

	A	B	C
1			
2	欠席一覧表		
3		（後期）	
4	クラス	欠席	
5	A組	40	
6	B組	45	
7	C組	50	
8	合計	135	
9			

前期　後期　年間

	A	B	C
1			
2	欠席一覧表		
3		（年間）	
4	クラス	欠席	
5	A組	70	
6	B組	95	
7	C組	90	
8	合計	255	
9			

前期　後期　年間

ファイル名「例題６－３」として保存する。

練習問題　　解答 ⇒ P.12

練習問題 6-4

［ファイル名：練習6-4］

次のような東京支店と大阪支店の売上一覧表を集計した売上集計表を作成し，保存しなさい。

	A	B	C	D	E
1					
2		売上一覧表			
3					東京支店
4	商品コード	商品名	単価	売上数量	売上金額
5	1001	オリジナルブレンド	350	62	※
6	1003	ハワイコナブレンド	360	42	※
7	1004	リッチブレンド	400	24	※
8	1006	コロンビア	450	13	※
9	1009	ブルーマウンテン	480	38	※
10			合計	※	※
11					

東京　大阪　集計

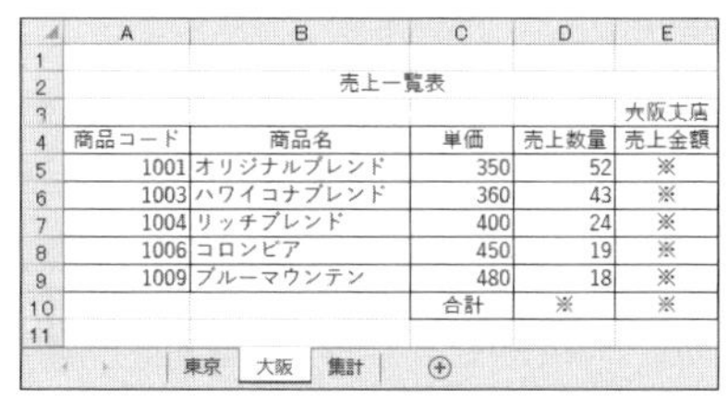

	A	B	C	D	E
1					
2		売上一覧表			
3					大阪支店
4	商品コード	商品名	単価	売上数量	売上金額
5	1001	オリジナルブレンド	350	52	※
6	1003	ハワイコナブレンド	360	43	※
7	1004	リッチブレンド	400	24	※
8	1006	コロンビア	450	19	※
9	1009	ブルーマウンテン	480	18	※
10			合計	※	※
11					

東京　大阪　集計

	A	B	C	D	E
1					
2		売上集計表			
3					全支店
4	商品コード	商品名	単価	売上数量	売上金額
5	1001	オリジナルブレンド	350	※	※
6	1003	ハワイコナブレンド	360	※	※
7	1004	リッチブレンド	400	※	※
8	1006	コロンビア	450	※	※
9	1009	ブルーマウンテン	480	※	※
10			合計	※	※
11					

東京　大阪　集計

▼処理条件

1．表の※印の部分は，式や関数などを利用して求める。
2．シート名「集計」の「売上数量」は，シート名「東京」とシート名「大阪」の「売上数量」の合計を求める。
3．「売上金額」は，**「単価　×　売上数量」**の式で求める。

練習問題 6-5

［ファイル名：練習 6-5］

あるハンバーガーショップの金曜日～日曜日までの製造販売一覧表を集計した製造販売集計表を作成し，保存しなさい。

シート名「金曜日」

	A	B	C	D	E	F
1						
2	製造販売一覧表					
3				金曜日		
4	品名	製造数	売上数	廃棄数		
5	中華バーガー	250	220	※		
6	雪見バーガー	380	375	※		
7	テリヤキビーフ	185	166	※		
8	ヘルシーチキン	194	165	※		
9	サラダフィッシュ	249	249	※		
10	合計	※	※	※		
11						

金曜日　土曜日　日曜日　集計

シート名「土曜日」

	A	B	C	D	E	F
1						
2	製造販売一覧表					
3				土曜日		
4	品名	製造数	売上数	廃棄数		
5	中華バーガー	156	156	※		
6	雪見バーガー	240	236	※		
7	テリヤキビーフ	260	180	※		
8	ヘルシーチキン	121	100	※		
9	サラダフィッシュ	98	86	※		
10	合計	※	※	※		
11						

金曜日　土曜日　日曜日　集計

シート名「日曜日」

	A	B	C	D	E	F
1						
2	製造販売一覧表					
3				日曜日		
4	品名	製造数	売上数	廃棄数		
5	中華バーガー	365	320	※		
6	雪見バーガー	182	160	※		
7	テリヤキビーフ	172	166	※		
8	ヘルシーチキン	155	145	※		
9	サラダフィッシュ	126	111	※		
10	合計	※	※	※		
11						

金曜日　土曜日　日曜日　集計

シート名「集計」

	A	B	C	D	E	F
1						
2	製造販売集計表					
3						
4	品名	製造数	売上数	廃棄数	売上単価	売上金額
5	中華バーガー	※	※	※	180	※
6	雪見バーガー	※	※	※	220	※
7	テリヤキビーフ	※	※	※	220	※
8	ヘルシーチキン	※	※	※	200	※
9	サラダフィッシュ	※	※	※	240	※
10	合計	※	※	※		※
11						

金曜日　土曜日　日曜日　集計

▼処理条件

1．表の※印の部分は，式や関数などを利用して求める。

2．D列の「廃棄数」は，**「製造数　－　売上数」**の式で求める。

3．シート名「金曜日」・「土曜日」・「日曜日」の「製造数」・「売上数」を，シート名「集計」に集計する。

4．シート名「集計」の「売上金額」は，**「売上数　×　売上単価」**の式で求める。

グループ集計とクロス集計

1. グループ集計

指定した列でグループ化して，自動的にグループの集計を行うことができる。

例題　7-1

「種別」でグループ別に集計した表を作成しよう。

	A	B	C	D	E	F	G	H	I
1									
2						売上表			
3									
4	NO	月	日	売上CO	種別	行先	単価	台数	金額
5	2	10	4	S11	マイクロ	県内	40,000	1	40,000
6	5	10	11	S11	マイクロ	県内	40,000	1	40,000
7	10	10	19	S21	マイクロ	隣接県	50,000	1	50,000
8	12	10	26	S11	マイクロ	県内	40,000	1	40,000
9	15	11	2	S12	マイクロ	県内	40,000	2	80,000
10	17	11	8	S31	マイクロ	その他	60,000	1	60,000
11					**マイクロ 集計**			7	310,000
12	1	10	4	L33	大型バス	その他	100,000	3	300,000
13	4	10	11	L23	大型バス	隣接県	90,000	3	270,000
14	6	10	12	L32	大型バス	その他	100,000	2	200,000
15	11	10	25	L23	大型バス	隣接県	90,000	3	270,000
16	16	11	8	L21	大型バス	隣接県	90,000	1	90,000
17	18	11	9	L12	大型バス	県内	80,000	2	160,000
18	19	11	16	L33	大型バス	その他	100,000	3	300,000
19					**大型バス 集計**			17	1,590,000
20	3	10	5	M13	中型バス	県内	60,000	3	180,000
21	7	10	12	M12	中型バス	県内	60,000	2	120,000
22	8	10	18	M23	中型バス	隣接県	70,000	3	210,000
23	9	10	19	M22	中型バス	隣接県	70,000	2	140,000
24	13	11	1	M12	中型バス	県内	60,000	2	120,000
25	14	11	2	M21	中型バス	隣接県	70,000	1	70,000
26	20	11	22	M32	中型バス	その他	80,000	2	160,000
27					**中型バス 集計**			15	1,000,000
28					**総計**			39	2,900,000

▼処理条件

1．集計の機能を利用して，グループ集計をする。

2．「種別」でグループ化して，「台数」と「金額」の合計を求める。

3．D列の「売上CO」は，左端から1文字が「種別CO」，2文字目が「行先CO」，3文字目が「台数」を表している。

4．E列の「種別」，F列の「行先」，G列の「単価」は，「種別CO」，「行先CO」をもとに，シート名「料金表」の料金表を参照して表示する。

5．H列の「台数」は，「売上CO」の右端から1文字を抽出し，数値データに変換する。

6．I列の「金額」は，**「単価　×　台数」**の式で求める。

（1）売上表と料金表の作成

次のようにシート名「売上表」，シート名「料金表」を作成する。

売上表

NO	月	日	売上CO	種別	行先	単価	台数	金額
1	10	4	L33	大型バス	その他	100,000	3	300,000
2	10	4	S11	マイクロ	県内	40,000	1	40,000
3	10	5	M13	中型バス	県内	60,000	3	180,000
4	10	11	L23	大型バス	隣接県	90,000	3	270,000
5	10	11	S11	マイクロ	県内	40,000	1	40,000
6	10	12	L32	大型バス	その他	100,000	2	200,000
7	10	12	M12	中型バス	県内	60,000	2	120,000
8	10	18	M23	中型バス	隣接県	70,000	3	210,000
9	10	19	M22	中型バス	隣接県	70,000	2	140,000
10	10	19	S21	マイクロ	隣接県	50,000	1	50,000
11	10	25	L23	大型バス	隣接県	90,000	3	270,000
12	10	26	S11	マイクロ	県内	40,000	1	40,000
13	11	1	M12	中型バス	県内	60,000	2	120,000
14	11	2	M21	中型バス	隣接県	70,000	1	70,000
15	11	2	S12	マイクロ	県内	40,000	2	80,000
16	11	8	L21	大型バス	隣接県	90,000	1	90,000
17	11	8	S31	マイクロ	その他	60,000	1	60,000
18	11	9	L12	大型バス	県内	80,000	2	160,000
19	11	16	L33	大型バス	その他	100,000	3	300,000
20	11	22	M32	中型バス	その他	80,000	2	160,000

売上表　料金表

料金表

種別CO	行先CO	1	2	3
	種別＼行先	県内	隣接県	その他
L	大型バス	80,000	90,000	100,000
M	中型バス	60,000	70,000	80,000
S	マイクロ	40,000	50,000	60,000

＜式の設定＞

売上表!E5：＝VLOOKUP(LEFT(D5,1),料金表!$A$5:$B$7,2,FALSE)

売上表!F5：＝HLOOKUP(VALUE(MID(D5,2,1)),料金表!$C$3:$E$4,2,FALSE)

売上表!G5：＝VLOOKUP(LEFT(D5,1),料金表!$A$5:$E$7,
　　VALUE(MID(D5,2,1))＋2,FALSE)　※VALUEはなくても可

売上表!H5：＝VALUE(RIGHT(D5,1))

売上表!I5：＝G5＊H5

この表を例題7－2でも使用するので，ファイル名「例題7－2」で保存しておく。

（2）グループ集計

リスト（同じ列に同じ種類のデータが並んでいて，先頭の行に列見出しがある表）からグループごとの合計や平均などを求めることを**グループ集計**という。

グループ集計を行うには，グループ化したいキー項目で，レコードを並べ替えしておかなければならない。

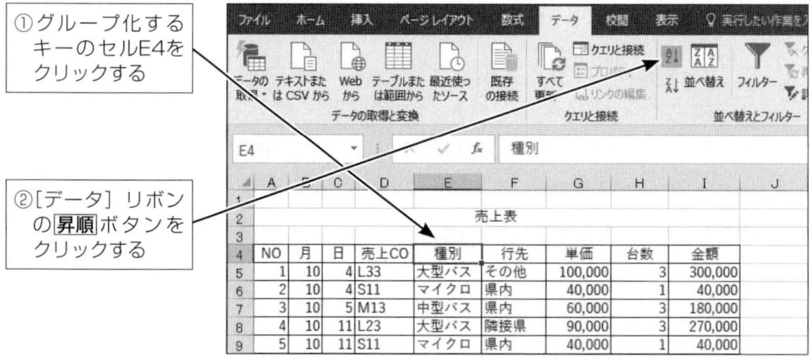

③グループ化する表内のセル（どのセルでもよい）をクリックする

④[データ] リボンの小計ボタンをクリックする

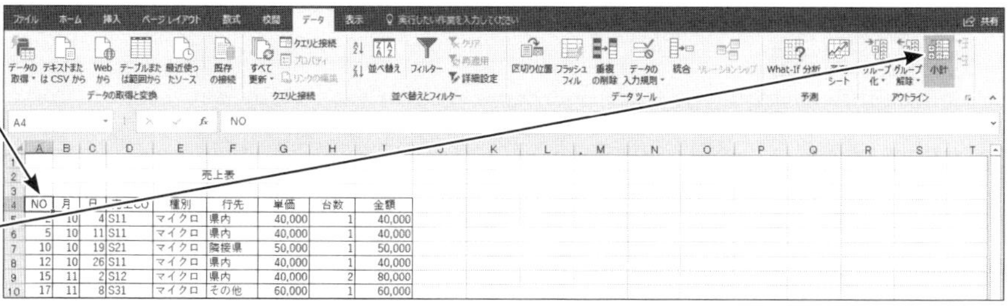
売上表
NO
月
日
売上CO
種別
行先
単価
台数
金額

⑤[グループの基準] は，[種別] を選択する

⑥[集計の方法] は，[合計] を選択する

⑦[集計するフィールド] は，「台数」と「金額」をチェックし，OKボタンをクリックする

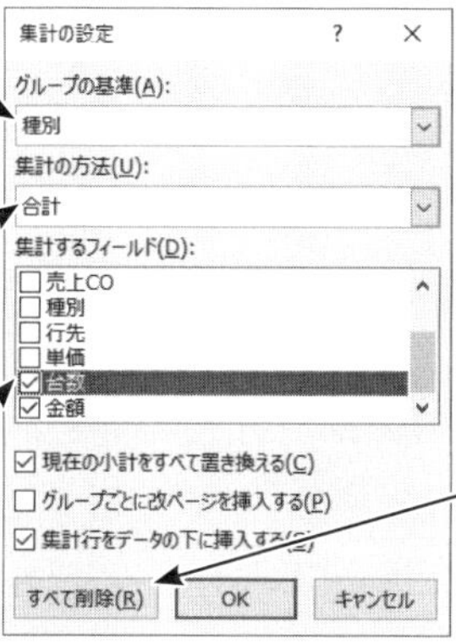
集計の設定
グループの基準(A):
種別
集計の方法(U):
合計
集計するフィールド(D):
売上CO
種別
行先
単価
台数
金額
現在の小計をすべて置き換える(C)
グループごとに改ページを挿入する(P)
集計行をデータの下に挿入する(S)
すべて削除(R)
OK
キャンセル

合計，個数，平均，最大値などが選択できる

集計を解除するときに，クリックする

	A	B	C	D	E	F	G	H	I
1									
2					売上表				
3									
4	NO	月	日	売上CO	種別	行先	単価	台数	金額
5	2	10	4	S11	マイクロ	県内	40,000	1	40,000
6	5	10	11	S11	マイクロ	県内	40,000	1	40,000
7	10	10	19	S21	マイクロ	隣接県	50,000	1	50,000
8	12	10	26	S11	マイクロ	県内	40,000	1	40,000
9	15	11	2	S12	マイクロ	県内	40,000	2	80,000
10	17	11	8	S31	マイクロ	その他	60,000	1	60,000
11					**マイクロ 集計**			7	310,000
12	1	10	4	L33	大型バス	その他	100,000	3	300,000
13	4	10	11	L23	大型バス	隣接県	90,000	3	270,000
14	6	10	12	L32	大型バス	その他	100,000	2	200,000
15	11	10	25	L23	大型バス	隣接県	90,000	3	270,000
16	16	11	8	L21	大型バス	隣接県	90,000	1	90,000
17	18	11	9	L12	大型バス	県内	80,000	2	160,000
18	19	11	16	L33	大型バス	その他	100,000	3	300,000
19					**大型バス 集計**			17	1,590,000
20	3	10	5	M13	中型バス	県内	60,000	3	180,000
21	7	10	12	M12	中型バス	県内	60,000	2	120,000
22	8	10	18	M23	中型バス	隣接県	70,000	3	210,000
23	9	10	19	M22	中型バス	隣接県	70,000	2	140,000
24	13	11	1	M12	中型バス	県内	60,000	2	120,000
25	14	11	2	M21	中型バス	隣接県	70,000	1	70,000
26	20	11	22	M32	中型バス	その他	80,000	2	160,000
27					**中型バス 集計**			15	1,000,000
28					**総計**			39	2,900,000

ファイル名「例題７－１」として保存する。

（3） グループ集計の表示階層の変更

［1］［2］［3］や［+］［−］をクリックすると，表示階層が変更できる。

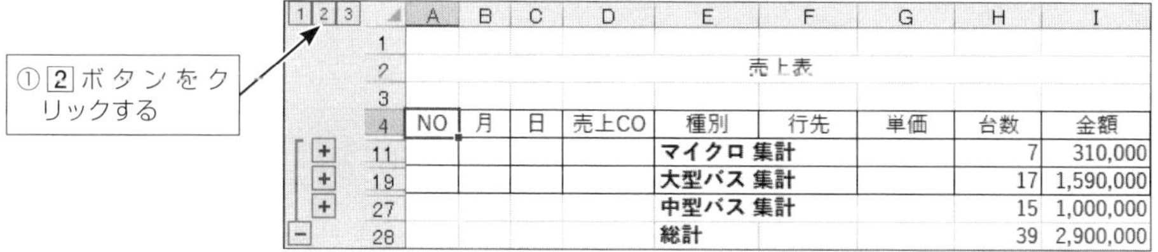

①2ボタンをクリックする

	A	B	C	D	E	F	G	H	I
1									
2					売上表				
3									
4	NO	月	日	売上CO	種別	行先	単価	台数	金額
11					**マイクロ 集計**			7	310,000
19					**大型バス 集計**			17	1,590,000
27					**中型バス 集計**			15	1,000,000
28					**総計**			39	2,900,000

練習問題　　解答 ➡ P.13

第1章

練習問題 7-1

［ファイル名：練習 7-1］

次のような売上集計表を集計の機能を利用して，得意先名でグループ集計をし，保存しなさい。

	A	B	C	D	E	F	G	H	I
1									
2					売上集計表				
3									
4	月	日	売上CO	得意先名	割引率	商品名	単価	数量	売上金額
5	10	1	KSRZ05	※	※	※	※	※	※
6	10	1	TDOB15	※	※	※	※	※	※
7	10	3	YDSG10	※	※	※	※	※	※
8	10	10	SORZ05	※	※	※	※	※	※
9	10	15	KSFX15	※	※	※	※	※	※
10	11	6	TDSG10	※	※	※	※	※	※
11	11	6	YDOB10	※	※	※	※	※	※
12	11	6	YDRZ10	※	※	※	※	※	※
13	11	8	SOOB15	※	※	※	※	※	※
14	11	13	SORZ05	※	※	※	※	※	※
15	11	19	KSOB15	※	※	※	※	※	※
16	11	19	TDFX25	※	※	※	※	※	※
17	12	14	YDSG05	※	※	※	※	※	※
18	12	19	YDFX15	※	※	※	※	※	※
19	12	19	SOOB15	※	※	※	※	※	※
20	12	19	SOFX10	※	※	※	※	※	※
21	12	20	TDRZ05	※	※	※	※	※	※
22	12	22	KSSG15	※	※	※	※	※	※
23									

集計表　データ表

	A	B	C	D	E	F	G	H	I
1									
2	得意先一覧表				商品一覧表				
3	得意先CO	得意先名	割引率		商品CO	FX	RZ	OB	SG
4	YD	やだま電気	10%		商品名	ファックス	冷蔵庫	オーブン	掃除機
5	SO	島岡電気	7%		単価	8,000	65,000	14,500	13,000
6	KS	ケース電気	7%						
7	TD	たかだネット	5%						
8									

集計表　データ表

▼処理条件

1．C列の「売上CO」は，左端から2文字が「得意先CO」，3～4文字目が「商品CO」，5～6文字目が「数量」を表している。

2．D列の「得意先名」，E列の「割引率」は，「売上CO」をもとに，シート名「データ表」の得意先一覧表を参照して表示する。

3．F列の「商品名」，G列の「単価」は，「売上CO」をもとに，シート名「データ表」の商品一覧表を参照して表示する。

4．H列の「数量」は，「売上CO」の右端から2文字を抽出し，数値データに変換する。

5．I列の「売上金額」は，「**単価　×　数量　×　（1－　割引率）**」の式で求める。

6．売上集計表を「得意先名」の昇順，「商品名」の昇順に並べ替え，グループ集計する。

	A	B	C	D	E	F	G	H	I
1									
2					売上集計表				
3									
4	月	日	売上CO	得意先名	割引率	商品名	単価	数量	売上金額
5	11	19	KSOB15	※	※	※	※	※	※
6	10	15	KSFX15	※	※	※	※	※	※
7	12	22	KSSG15	※	※	※	※	※	※
8	10	1	KSRZ05	※	※	※	※	※	※
9				**ケース電気 集計**				※	※
10	10	1	TDOB15	※	※	※	※	※	※
11	11	19	TDFX25	※	※	※	※	※	※
12	11	6	TDSG10	※	※	※	※	※	※
13	12	20	TDRZ05	※	※	※	※	※	※
14				**たかだネット 集計**				※	※
15	11	6	YDOB10	※	※	※	※	※	※
16	12	19	YDFX15	※	※	※	※	※	※
17	10	3	YDSG10	※	※	※	※	※	※
18	12	14	YDSG05	※	※	※	※	※	※
19	11	6	YDRZ10	※	※	※	※	※	※
20				**やだま電気 集計**				※	※
21	11	8	SOOB15	※	※	※	※	※	※
22	12	19	SOOB15	※	※	※	※	※	※
23	12	19	SOFX10	※	※	※	※	※	※
24	10	10	SORZ05	※	※	※	※	※	※
25	11	13	SORZ05	※	※	※	※	※	※
26				**島岡電気 集計**				※	※
27				**総計**				※	※

2. クロス集計（ピボットテーブル）

指定した複数の列ごとにデータを集計する，**クロス集計**を行うことができる。

例題　7-2　例題７－１で保存しておいた表を利用して，「種別」「行先」ごとに集計した表を作成しよう。

売上表

NO	月	日	売上CO	種別	行先	単価	台数	金額
1	10	4	L33	大型バス	その他	100,000	3	300,000
2	10	4	S11	マイクロ	県内	40,000	1	40,000
3	10	5	M13	中型バス	県内	60,000	3	180,000
4	10	11	L23	大型バス	隣接県	90,000	3	270,000
5	10	11	S11	マイクロ	県内	40,000	1	40,000
6	10	12	L32	大型バス	その他	100,000	2	200,000
7	10	12	M12	中型バス	県内	60,000	2	120,000
8	10	18	M23	中型バス	隣接県	70,000	3	210,000
9	10	19	M22	中型バス	隣接県	70,000	2	140,000
10	10	19	S21	マイクロ	隣接県	50,000	1	50,000
11	10	25	L23	大型バス	隣接県	90,000	3	270,000
12	10	26	S11	マイクロ	県内	40,000	1	40,000
13	11	1	M12	中型バス	県内	60,000	2	120,000
14	11	2	M21	中型バス	隣接県	70,000	1	70,000
15	11	2	S12	マイクロ	県内	40,000	2	80,000
16	11	8	L21	大型バス	隣接県	90,000	1	90,000
17	11	8	S31	マイクロ	その他	60,000	1	60,000
18	11	9	L12	大型バス	県内	80,000	2	160,000
19	11	16	L33	大型バス	その他	100,000	3	300,000
20	11	22	M32	中型バス	その他	80,000	2	160,000

金額集計表

合計 / 金額	行先			
種別	県内	隣接県	その他	総計
大型バス	160000	630000	800000	1590000
中型バス	420000	420000	160000	1000000
マイクロ	200000	50000	60000	310000
総計	**780000**	**1100000**	**1020000**	**2900000**

▼処理条件

1．ピボットテーブルを使用して，クロス集計をする。

2．金額集計表は，「種別」「行先」別に，「金額」の合計を求める。

（1）ピボットテーブルの作成

リストから複数の列を取り出して，グループ別に集計することを**クロス集計**という。Excelでは，**ピボットテーブル**という。ピボットテーブルは，レコードを並べ替えしておく必要はない。

「例題７－２」のファイルを呼び出し，ピボットテーブルを作成する。

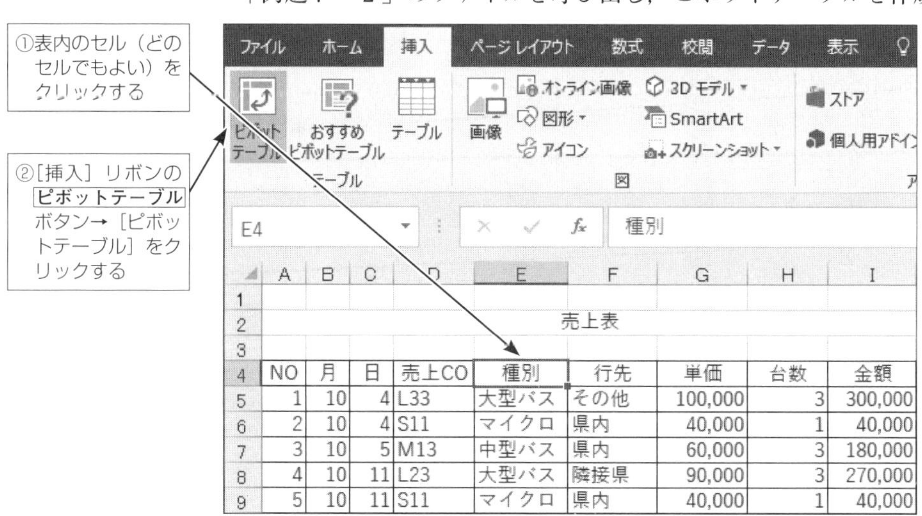

第1章

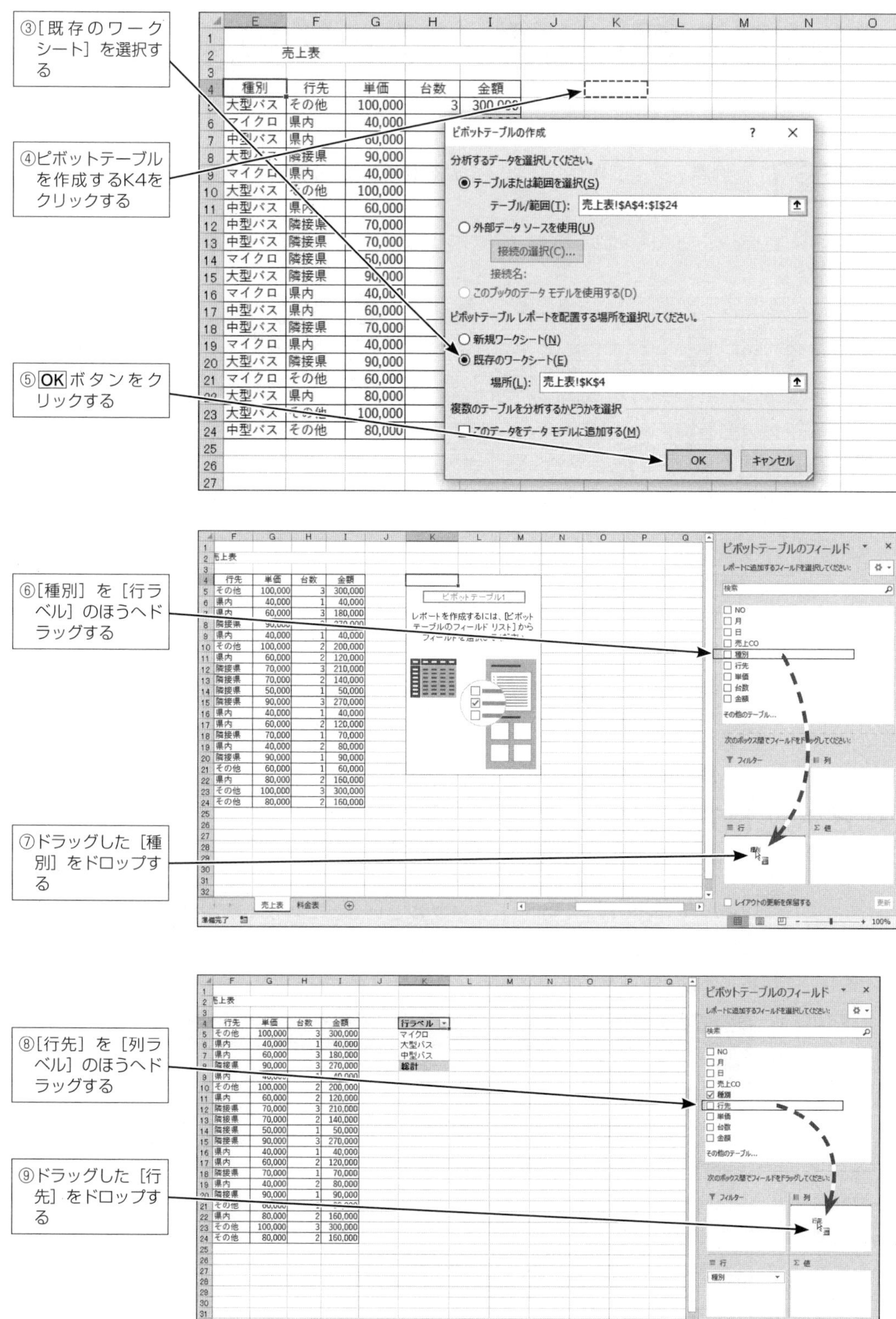
③[既存のワークシート]を選択する
④ピボットテーブルを作成するK4をクリックする
⑤OKボタンをクリックする
売上表
ピボットテーブルの作成
分析するデータを選択してください。
テーブルまたは範囲を選択(S)
テーブル/範囲(T): 売上表!$A$4:$I$24
外部データ ソースを使用(U)
接続の選択(C)...
接続名:
このブックのデータ モデルを使用する(D)
ピボットテーブル レポートを配置する場所を選択してください。
新規ワークシート(N)
既存のワークシート(E)
場所(L): 売上表!$K$4
複数のテーブルを分析するかどうかを選択
このデータをデータ モデルに追加する(M)
OK
キャンセル
⑥[種別]を[行ラベル]のほうへドラッグする
⑦ドラッグした[種別]をドロップする
ピボットテーブルのフィールド
⑧[行先]を[列ラベル]のほうへドラッグする
⑨ドラッグした[行先]をドロップする
行ラベル
マイクロ
大型バス
中型バス
総計

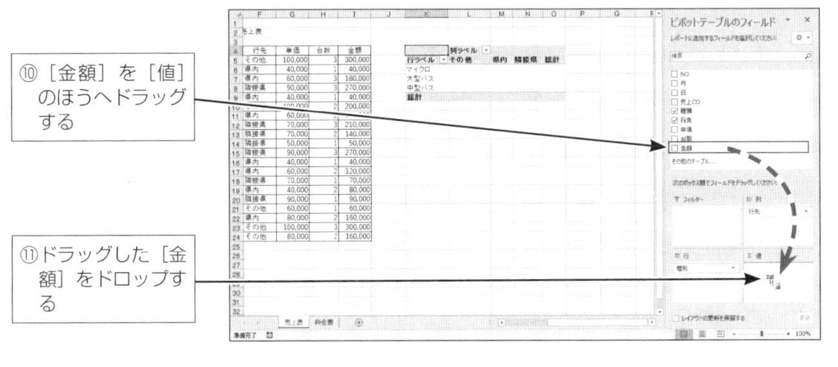

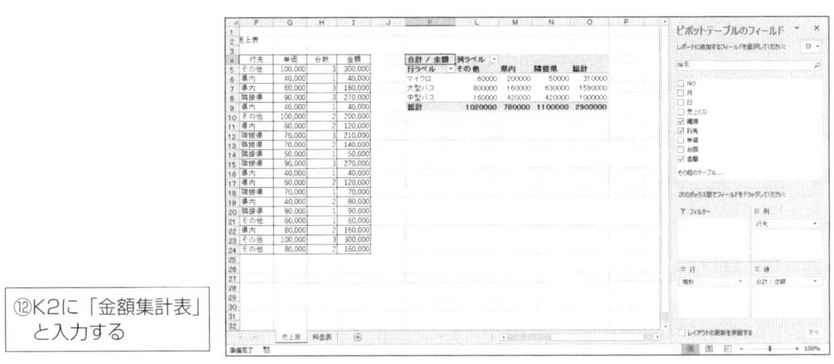

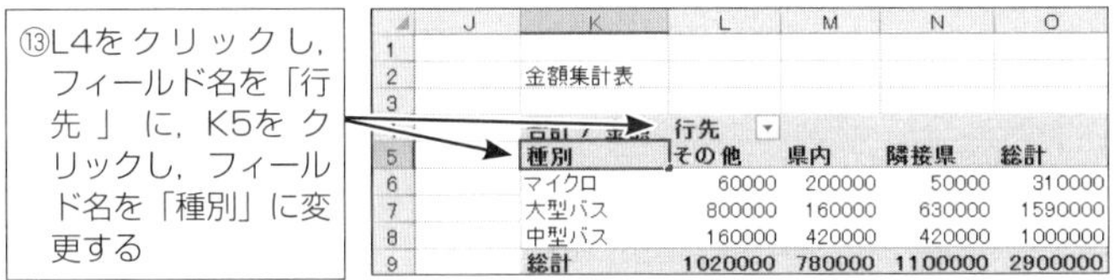

（2）フィールドのアイテムの移動

フィールド（列）のアイテム（項目）の順番を移動する。

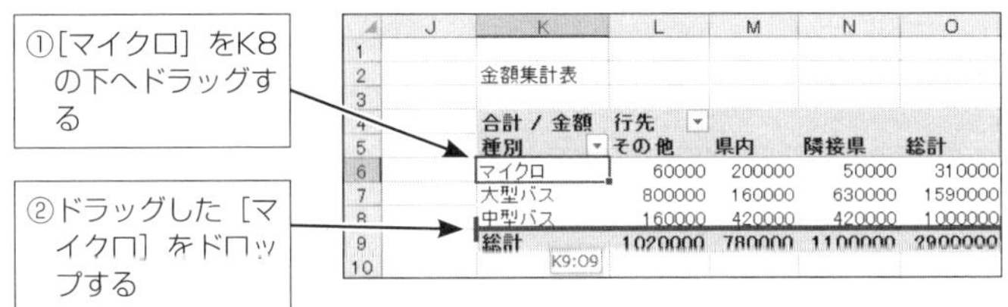

同様に，「行先」の順番を移動する。

	J	K	L	M	N	O
1						
2		金額集計表				
3						
4		合計 / 金額	行先			
5		種別	県内	隣接県	その他	総計
6		大型バス	160000	630000	800000	1590000
7		中型バス	420000	420000	160000	1000000
8		マイクロ	200000	50000	60000	310000
9		総計	780000	1100000	1020000	2900000

「例題７－２」のファイルに上書き保存する。

(3) ピボットテーブルの集計方法の変更

作成したピボットテーブルの集計の方法やフィールドの名前の変更ができる。

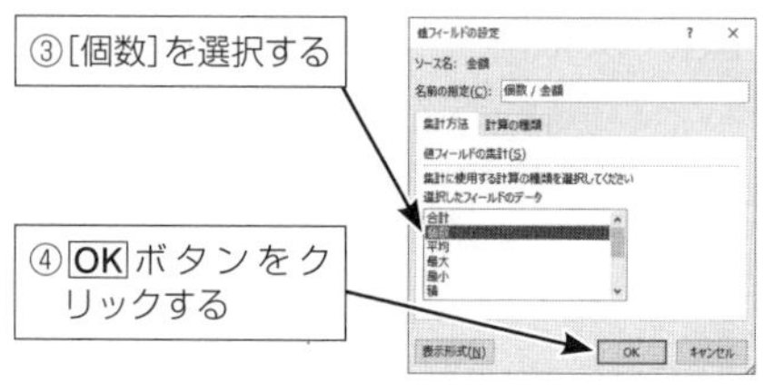

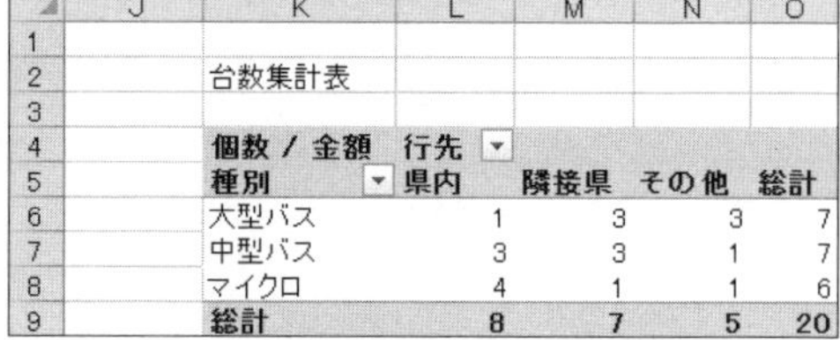

	J	K	L	M	N	O
1						
2		台数集計表				
3						
4		個数 / 金額	行先			
5		種別	県内	隣接県	その他	総計
6		大型バス	1	3	3	7
7		中型バス	3	3	1	7
8		マイクロ	4	1	1	6
9		総計	8	7	5	20

(4) ピボットテーブルの更新

ピボットテーブルは，作成元のデータが変更されても自動的に更新されないが，次の作業により更新することができる。

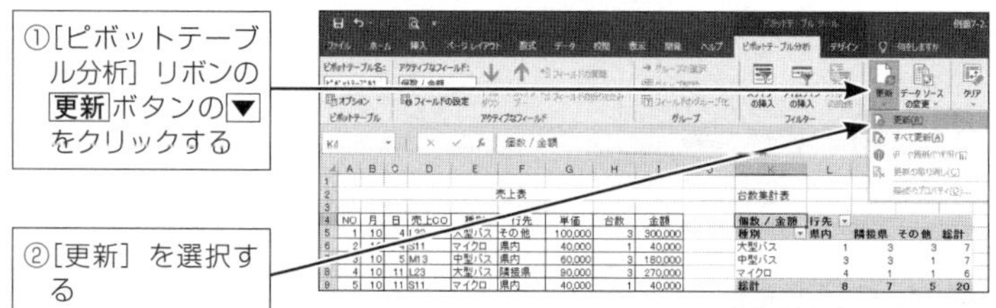

(5) ピボットテーブルのレイアウトの変更

作成したピボットテーブルは，フィールドを移動することにより，レイアウトを変更することができる。

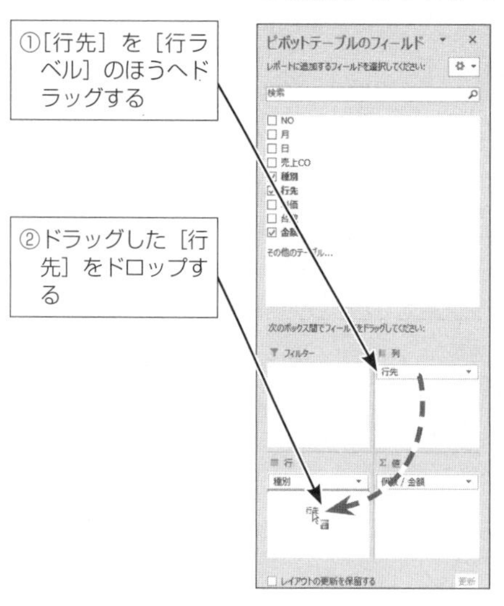

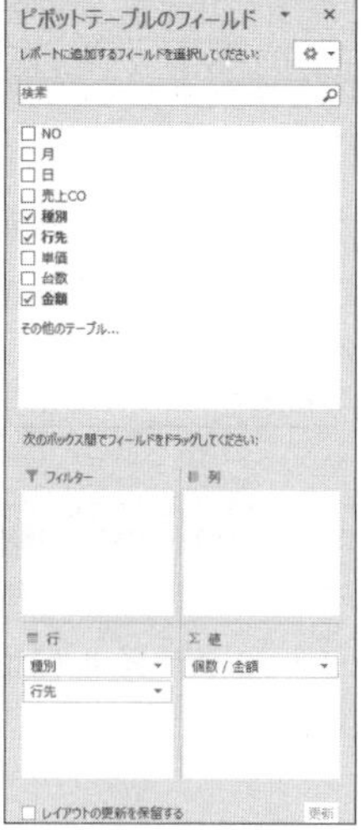

ピボットテーブルが，種別・行先別のレイアウトになる。

	J	K	L
1			
2		台数集計表	
3			
4		種別	個数 / 金額
5		⊟大型バス	7
6		県内	1
7		隣接県	3
8		その他	3
9		⊟中型バス	7
10		県内	3
11		隣接県	3
12		その他	1
13		⊟マイクロ	6
14		県内	4
15		隣接県	1
16		その他	1
17		総計	20

（6）行範囲の追加

行範囲に月を追加すると，月別・種別・行先別の集計になる。

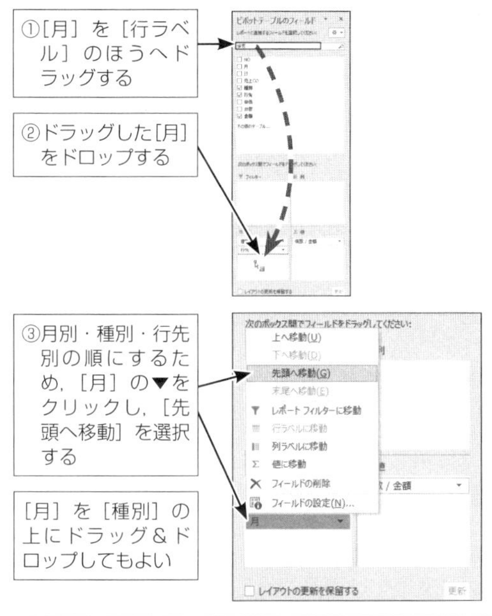

	J	K	L
1			
2		台数集計表	
3			
4		種別	個数 / 金額
5		⊟10	12
6		⊟大型バス	4
7		隣接県	2
8		その他	2
9		⊟中型バス	4
10		県内	2
11		隣接県	2
12		⊟マイクロ	4
13		県内	3
14		隣接県	1
15		⊟11	8
16		⊟大型バス	3
17		県内	1
18		隣接県	1
19		その他	1
20		⊟中型バス	3
21		県内	1
22		隣接県	1
23		その他	1
24		⊟マイクロ	2
25		県内	1
26		その他	1
27		総計	20

練習問題

解答 ⇨ P.14

練習問題 7-2　　［ファイル名：練習 7-2］

練習問題 7-1 で保存したファイル（ファイル名：練習 7-1）を使って，次のようなクロス集計した表を作成し，保存しなさい。なお，練習問題 7-1 のグループ集計を解除するには，表内をクリックして［データ］リボンの［小計］をクリックし，すべて削除ボタンをクリックする。

	A	B	C	D	E	F
1						
2						
3	合計 / 数量	商品名				
4	得意先名	ファックス	冷蔵庫	オーブン	掃除機	総計
5	やだま電気	※	※	※	※	※
6	島岡電気	※	※	※	※	※
7	ケース電気	※	※	※	※	※
8	たかだネット	※	※	※	※	※
9	総計	※	※	※	※	※
10						
11						
12	合計 / 売上金額	商品名				
13	得意先名	ファックス	冷蔵庫	オーブン	掃除機	総計
14	やだま電気	※	※	※	※	※
15	島岡電気	※	※	※	※	※
16	ケース電気	※	※	※	※	※
17	たかだネット	※	※	※	※	※
18	総計	※	※	※	※	※

▼処理条件

1. ※印の部分は，ピボットテーブルの機能を利用して，クロス集計する。
2. 「得意先名」「商品名」のアイテムの並び順を表と同じようにする。

第1章

練習問題 7-3

［ファイル名：練習7-3］

次のような芸術選択科目希望調査表から，クロス集計した表を作成し，保存しなさい。

	A	B	C	D	E	F	G
1							
2		芸術選択科目希望調査表					
3						芸術選択科目希望集計表	
4	番号	希望CO	第一希望	第二希望		人数集計	個数 / 番号
5	1	13	※	※		⊟音楽	※
6	2	21	※	※		書道	※
7	3	12	※	※		美術	※
8	4	31	※	※		⊟美術	※
9	5	12	※	※		音楽	※
10	6	23	※	※		書道	※
11	7	13	※	※		⊟書道	※
12	8	32	※	※		音楽	※
13	9	21	※	※		美術	※
14	10	32	※	※		総計	※
15	11	12	※	※			
16	12	13	※	※			
17	13	21	※	※			
18	14	21	※	※			
19	15	31	※	※			
20	16	31	※	※			
21	17	23	※	※			
22	18	13	※	※			
23	19	32	※	※			
24	20	23	※	※			
25	21	32	※	※			
26	22	32	※	※			
27	23	23	※	※			
28	24	12	※	※			
29	25	12	※	※			
30	26	21	※	※			
31	27	32	※	※			
32	28	13	※	※			
33	29	21	※	※			
34	30	21	※	※			
35							
36							

調査表　科目表

	A	B	C
1			
2	科目コード表		
3	科目コード	科目名	
4	1	音楽	
5	2	美術	
6	3	書道	
7			

調査表　科目表

▼処理条件

1．B列の「希望CO」は，左端から１文字目が「第一希望」の科目コード，２文字目が「第二希望」の科目コードを表している。

2．C列の「第一希望」，D列の「第二希望」は，「希望CO」をもとに，シート名「科目表」の科目コード表を参照して「科目名」を表示する。

3．ピボットテーブルの機能を使用して，「第一希望」「第二希望」別に，芸術選択科目希望集計表を作成する。

練習問題 7-4

［ファイル名：練習7-4］

次のような特定家電製品売上表から，クロス集計した表を作成し，保存しなさい。

特売家電製品売上表

月	日	売上CO	店名	商品名	単価	数量	合計
4	1	AK102	※	※	※	※	※
4	7	SJ207	※	※	※	※	※
4	9	AK217	※	※	※	※	※
4	14	SJ305	※	※	※	※	※
4	15	SJ308	※	※	※	※	※
4	19	AK307	※	※	※	※	※
4	20	SJ112	※	※	※	※	※
5	6	AK309	※	※	※	※	※
5	12	SJ210	※	※	※	※	※
5	15	SJ103	※	※	※	※	※
5	18	AK111	※	※	※	※	※
5	23	AK106	※	※	※	※	※
5	26	SJ310	※	※	※	※	※
5	28	AK304	※	※	※	※	※
5	30	AK216	※	※	※	※	※
6	3	AK312	※	※	※	※	※
6	4	SJ215	※	※	※	※	※
6	10	SJ206	※	※	※	※	※
6	10	SJ314	※	※	※	※	※
6	17	SJ302	※	※	※	※	※
6	18	SJ110	※	※	※	※	※
6	24	AK111	※	※	※	※	※
6	25	AK215	※	※	※	※	※

売上集計表

合計 / 合計	商品名			
店名	冷蔵庫	テレビ	パソコン	総計
⊟新宿店	※	※	※	※
4	※	※	※	※
5	※	※	※	※
6	※	※	※	※
⊟秋葉原店	※	※	※	※
4	※	※	※	※
5	※	※	※	※
6	※	※	※	※
総計	※	※	※	※

売上表　店コード表　商品コード表

店コード表

店CO	店名
SJ	新宿店
AK	秋葉原店

売上表　店コード表　商品コード表

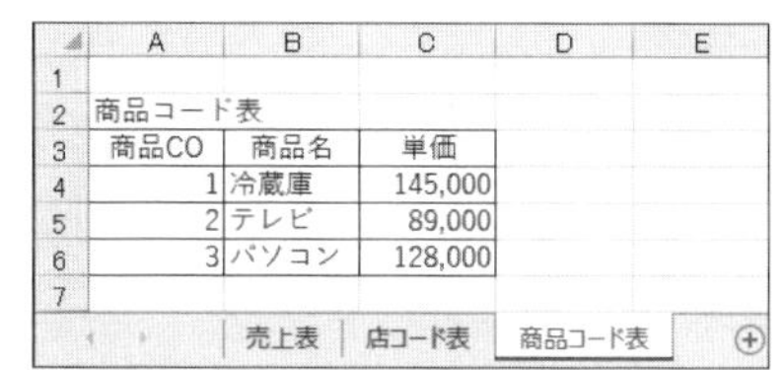

商品コード表

商品CO	商品名	単価
1	冷蔵庫	145,000
2	テレビ	89,000
3	パソコン	128,000

売上表　店コード表　商品コード表

▼処理条件

1．C列の「売上CO」は，左端から２文字が「店CO」，３文字目が「商品CO」，４～５文字目が「数量」を表している。

2．D列の「店名」は，「店CO」をもとにシート名「店コード表」の店コード表を参照して表示する。

3．E列の「商品名」，F列の「単価」は，「商品CO」をもとにシート名「商品コード表」の商品コード表を参照して表示する。

4．G列の「数量」は，「売上CO」の右端から２文字を抽出し，数値データに変換する。

5．H列の「合計」は，「**単価　×　数量**」の式で求める。

6．ピボットテーブルの機能を使用して，「店名」「月」「商品名」別に，売上集計表を作成する。

8 最適解

1. ゴールシーク

Excelには数式を逆算して，最適な解を求める機能がある。１つの値を求める場合には，**ゴールシーク**の機能を利用する。

例題 8-1

ある販売店では，ジュースとコーヒーを販売している。ジュース１本100円，コーヒー１本200円である。コーヒーが100本売れたとして，売上合計を50,000円にするには，ジュースを何本売ればよいかを求める表を作成しよう。

	A	B	C	D
1				
2		売上計画表		
3				
4		単価	数量	金額
5	ジュース	100	300	30,000
6	コーヒー	200	100	20,000
7			売上合計	50,000

▼処理条件

1．網掛けの部分は，式などを設定して求める。

（1）売上計画表の作成

次のように売上計画表を作成する。

＜式の設定＞　D５：＝B5＊C5

D６：D５をコピー

D７：＝SUM(D5:D6)

	A	B	C	D
1				
2		売上計画表		
3				
4		単価	数量	金額
5	ジュース	100		0
6	コーヒー	200	100	20,000
7			売上合計	20,000

（2）ゴールシーク

目標値を逆算して，元の数値を求めるには，ゴールシークの機能を使う。

①目標値を入力するD7をクリックする

②［データ］リボンの What-If分析 ボタン→［ゴールシーク］をクリックする

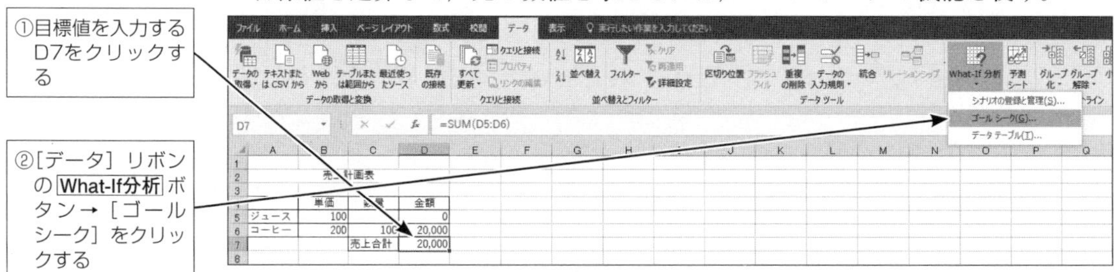

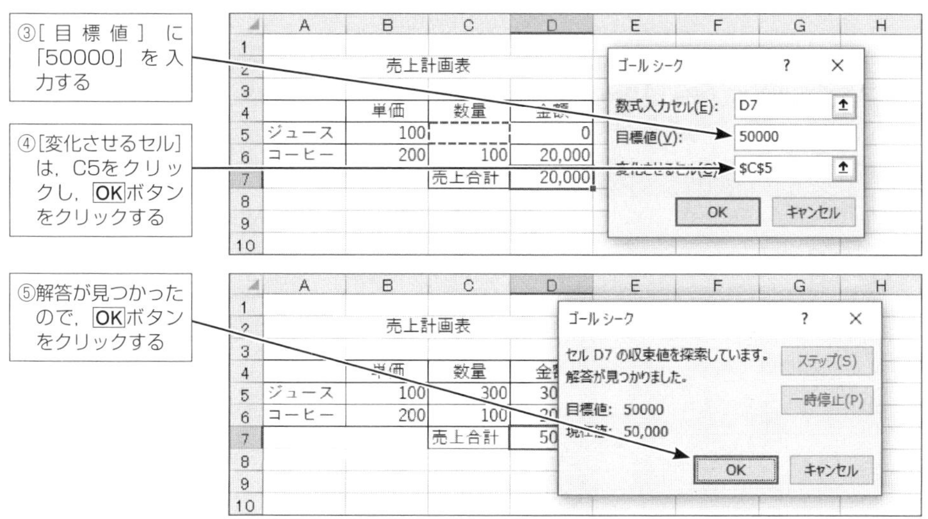

ファイル名「例題８－１」として保存する。

表計算ソフトは，通常，数値と関数や式を用いて計算結果を求める。これとは逆に，先に設定した計算結果（目標値）を逆算して，元の数値（パラメータ）を求める機能がある。この機能を**ゴールシーク**といい，このパラメータを**最適解**という。

練習問題　　解答 ⇨ P.15

練習問題 8-1

［ファイル名：練習８-１］

野球で活躍しているＳ選手の残り試合は，あと10試合になった。処理条件にしたがって，最終打率が４割になるためにはあと何安打打てばよいかを求めなさい。

	A	B	C	D
1				
2	頑張れ、S選手！　～４割打者への道～			
3				
4		打数	安打	打率
5	昨日までの成績	605	239	※
6	残り試合の成績	35	※	※
7	トータル	※	※	※

▼処理条件

1．表の※印の部分は，式や関数などを利用して求める。
2．残り10試合での「打数」は35打数とする。
3．Ｃ６はあと何安打打てばトータルで４割になるかを，ゴールシークの機能を利用して求める。
4．Ｂ７，Ｃ７の「トータル」は，５～６行目の合計を求める。
5．Ｄ列の「打率」は，「**安打　÷　打数**」の式で求め，「0.400」というように小数第３位までを表示する。

グラフの作成

1．散布図

例題　9-1　次のような表と散布図を作成し，例題９－１として保存しよう。

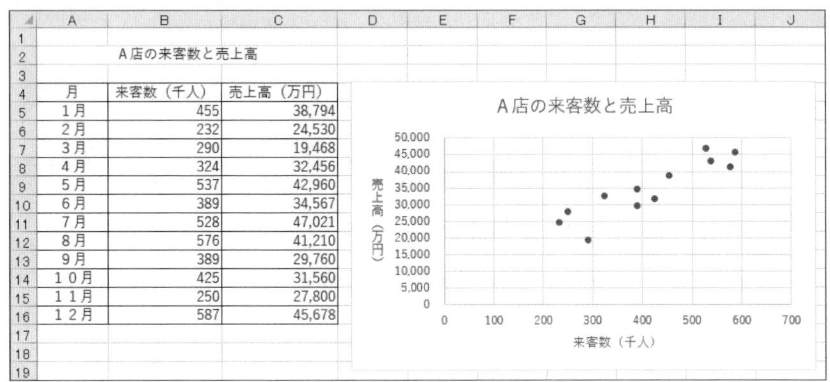

月	来客数（千人）	売上高（万円）
１月	455	38,794
２月	232	24,530
３月	290	19,468
４月	324	32,456
５月	537	42,960
６月	389	34,567
７月	528	47,021
８月	576	41,210
９月	389	29,760
１０月	425	31,560
１１月	250	27,800
１２月	587	45,678

（１）散布図の作成

散布図は，２種類の項目を横軸と縦軸にとり，対応点を打点（プロット）して作成したグラフである。２つの項目に関連があるかどうかを見るのに適している。

①　グラフのもとになるＢ４～Ｃ16をドラッグして，範囲を指定する。

②［挿入］リボンの散布図ボタンをクリックし，［散布図］を選択する

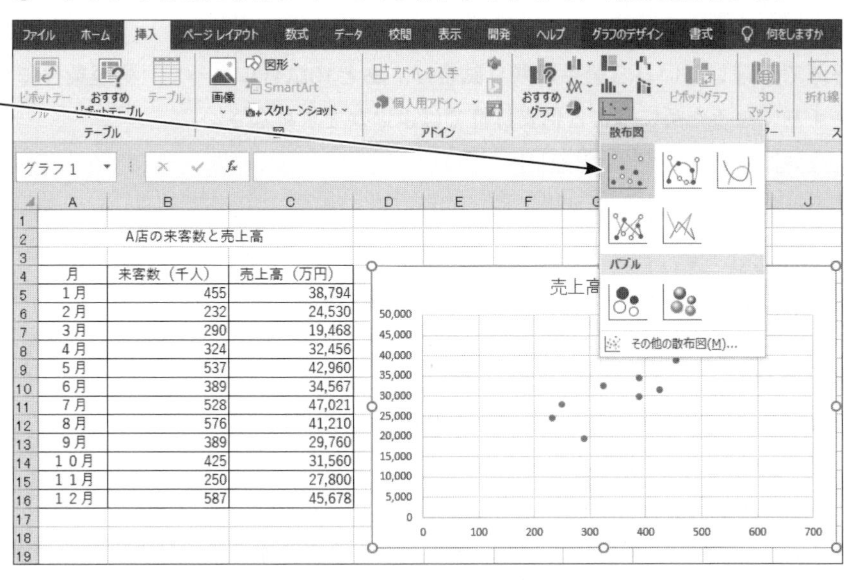

③　各種の設定や体裁を整える。

練習問題

練習問題 9-1

［ファイル名：練習 9-1］

次のような表とグラフを作成し，保存しなさい。

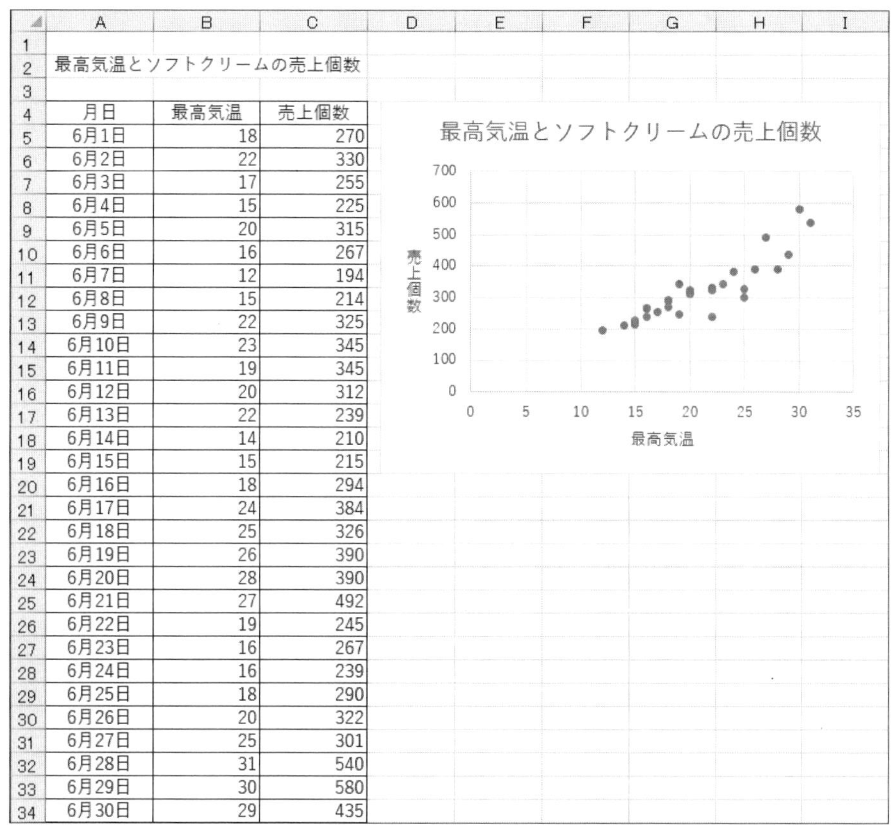

最高気温とソフトクリームの売上個数

月日	最高気温	売上個数
6月1日	18	270
6月2日	22	330
6月3日	17	255
6月4日	15	225
6月5日	20	315
6月6日	16	267
6月7日	12	194
6月8日	15	214
6月9日	22	325
6月10日	23	345
6月11日	19	345
6月12日	20	312
6月13日	22	239
6月14日	14	210
6月15日	15	215
6月16日	18	294
6月17日	24	384
6月18日	25	326
6月19日	26	390
6月20日	28	390
6月21日	27	492
6月22日	19	245
6月23日	16	267
6月24日	16	239
6月25日	18	290
6月26日	20	322
6月27日	25	301
6月28日	31	540
6月29日	30	580
6月30日	29	435

2. 複合グラフ

例題　9-2

次のような表と複合グラフを作成し，例題９－２として保存しよう。

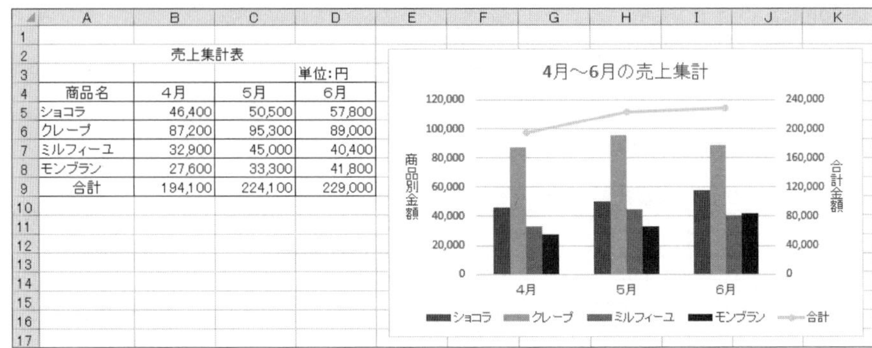

商品名	4月	5月	6月
ショコラ	46,400	50,500	57,800
クレープ	87,200	95,300	89,000
ミルフィーユ	32,900	45,000	40,400
モンブラン	27,600	33,300	41,800
合計	194,100	224,100	229,000

（１） ２軸上の折れ線と棒グラフの作成

複合グラフは，１つのグラフの中に異なる種類のグラフを設定したグラフである。よく使われるのが，棒グラフと折れ線グラフの組み合わせである。商品別の売上金額を棒グラフで表し，売上高合計を折れ線グラフで表すことによって，商品別売上高の比較と売上高合計の推移を１つのグラフで見ることができる。

① グラフのもとになるA4～D9をドラッグして範囲を指定する。

②［挿入］リボンの**縦棒**ボタンをクリックし，［2-D縦棒］を選択する

③［グラフのデザイン］リボンで，行列の切り替えをする

④［グラフの種類の変更］の［組み合わせ］で，「合計」のみを［マーカー付き折れ線］を選択する

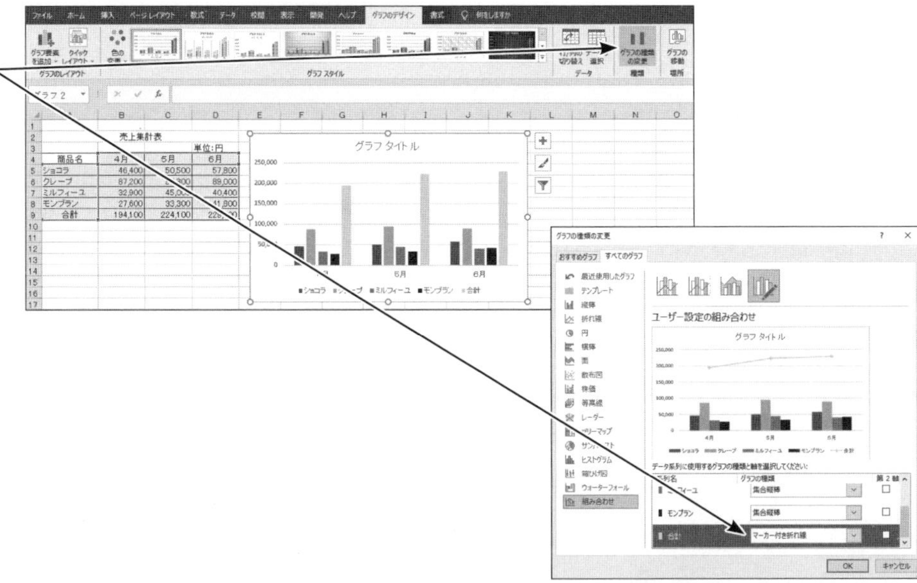

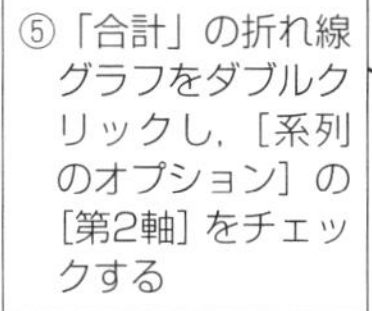

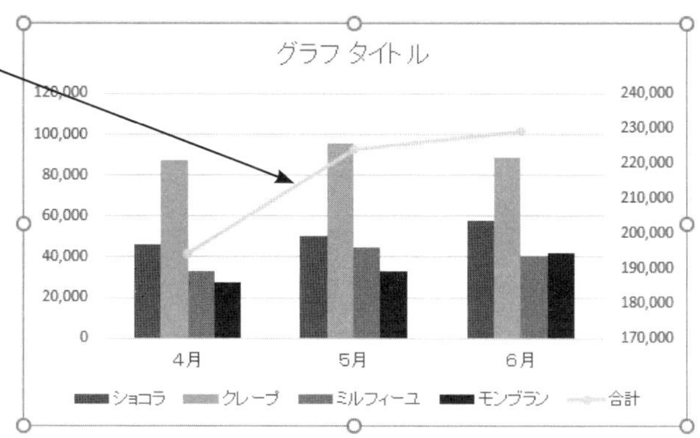

⑥　グラフタイトル，凡例の位置，第1数値軸のメモリと軸ラベル，第2数値軸のメモリと軸ラベルを設定し，体裁を整える。

例題　9-3

次のような表と複合グラフを作成し，例題９－３として保存しよう。

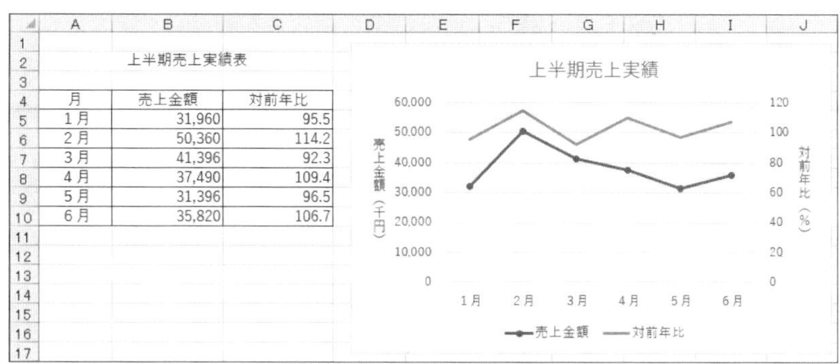

上半期売上実績表

月	売上金額	対前年比
1月	31,960	95.5
2月	50,360	114.2
3月	41,396	92.3
4月	37,490	109.4
5月	31,396	96.5
6月	35,820	106.7

（2） 2軸上の折れ線グラフの作成

数値の種類や桁数が異なるため同じ軸では表現しにくいデータは，第２軸を使って同じグラフで表示することができる。各月の売上金額と対前年比の折れ線グラフとを１つのグラフに表示することで，それぞれの推移を比較することができる。

①　グラフのもとになるA4～C10をドラッグして範囲を指定する。

②［挿入］リボンの［組み合わせ］→「集合縦棒-第２軸の折れ線」を選択する

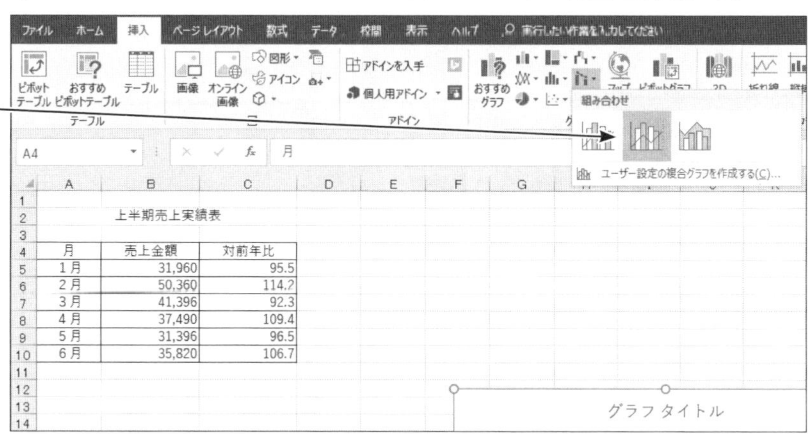

月	売上金額	対前年比
1月	31,960	95.5
2月	50,360	114.2
3月	41,396	92.3
4月	37,490	109.4
5月	31,396	96.5
6月	35,820	106.7

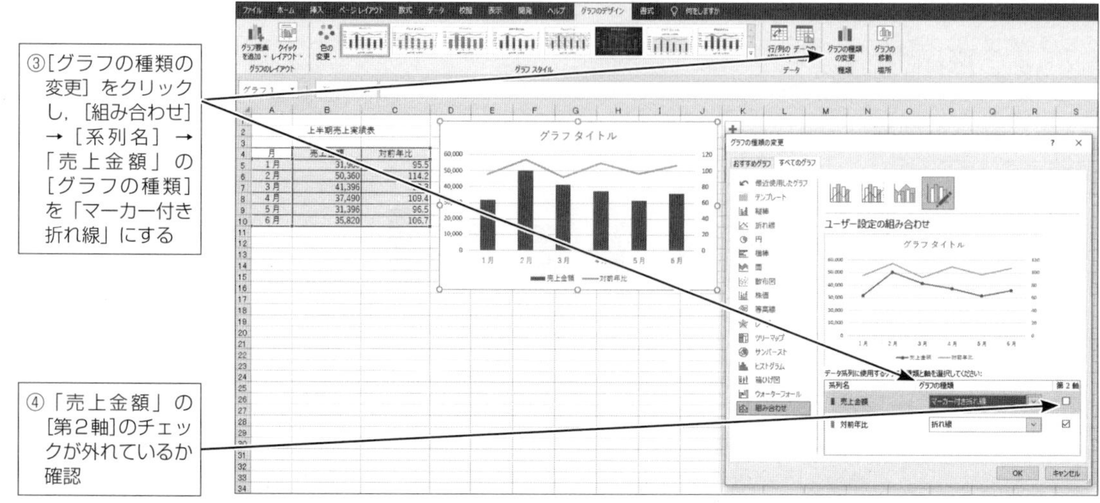

⑤　グラフタイトル，凡例の位置，第1数値軸のメモリと軸ラベル，第2数値軸のメモリと軸ラベルを設定し，体裁を整える。

練習問題

練習問題 9-2

［ファイル名：練習 9-2］

次のような表とグラフを作成し，保存しなさい。

	A	B	C	D	E	F	G
1							
2			カップ麺の月別売上高				
3						単位：万円	
4		みそ	しお	とんこつ	しょうゆ	合計	
5	4月	1,065	470	702	1,350	3,587	
6	5月	944	385	601	1,073	3,003	
7	6月	771	350	498	1,341	2,960	
8	7月	809	400	489	1,432	3,130	
9	合計	3,589	1,605	2,290	5,196	12,680	

カップ麺の月別売上高推移

月別売上高 2,500 2,000 1,500 1,000 500 0

売上高合計 4,000 3,500 3,000 2,500 2,000 1,500 1,000 500 0

3,587 3,003 2,960 3,130

4月 5月 6月 7月

みそ しお とんこつ しょうゆ 合計

練習問題 9-3

［ファイル名：練習 9 - 3］

次のような表とグラフを作成し，保存しなさい。

新商品サイトアクセス数と受注件数

日付	サイトアクセス数	受注件数
1日	5,640	25
2日	5,720	20
3日	5,923	19
4日	6,532	35
5日	6,920	42
6日	7,230	65
7日	8,460	64
8日	9,246	79
9日	10,532	99
10日	13,482	153
11日	16,244	162
12日	20,322	203
13日	30,540	256
14日	39,468	352
15日	45,289	546

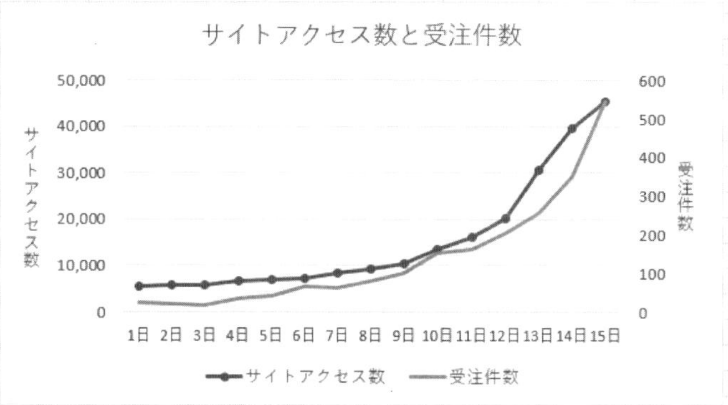

サイトアクセス数と受注件数

練習問題 9-4

［ファイル名：練習 9 - 4］

次のような表とグラフを作成し，保存しなさい。

各月の気温と降水量

	1月	2月	3月	4月	5月	6月	7月	8月	9月	10月	11月	12月
最高気温(°C)	9.2	9.1	12.3	18.8	24.4	27.9	36.5	38.1	35.4	22.3	18.9	13.1
平均気温(°C)	6.7	5.7	9.7	14.8	19.9	22.4	26.3	27.4	23.8	16.5	11.1	7.6
最低気温(°C)	-2.1	-2.5	3.2	8.5	13.2	19.2	22.6	24.1	18.3	12.5	9.2	3.1
降水量(㎜)	82.3	95.3	113.5	144.3	167.6	237.2	173.1	168.2	209.4	197.4	65.5	51.2

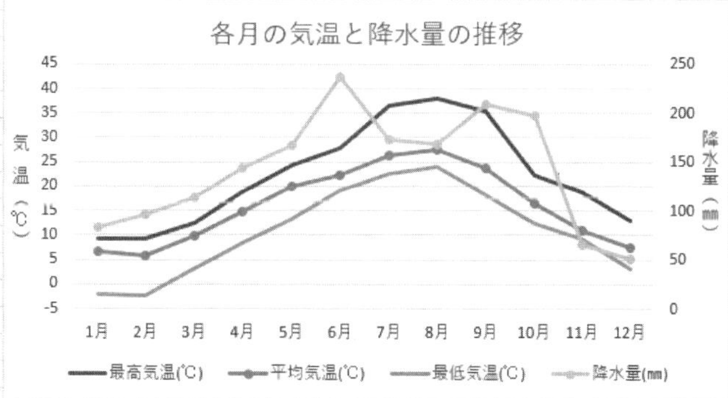

各月の気温と降水量の推移

3. 体裁処理

例題 9-4 次のような表とグラフを作成し，例題９－４として保存しよう。

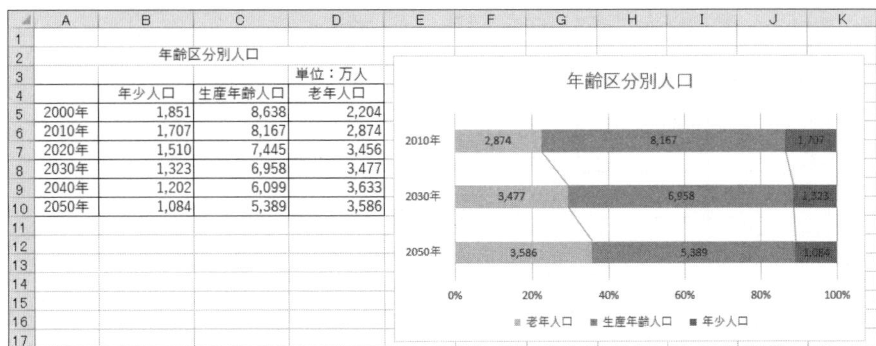

年齢区分別人口

	年少人口	生産年齢人口	老年人口
			単位：万人
2000年	1,851	8,638	2,204
2010年	1,707	8,167	2,874
2020年	1,510	7,445	3,456
2030年	1,323	6,958	3,477
2040年	1,202	6,099	3,633
2050年	1,084	5,389	3,586

（1）グラフの選択

①グラフのもとになるA4～D4，A6～D6，A8～D8，A10～D10をCtrlキーを押しながらドラッグして，範囲指定する

②［挿入］リボンの横棒ボタンをクリックし，［100%積み上げ横棒］を選択する

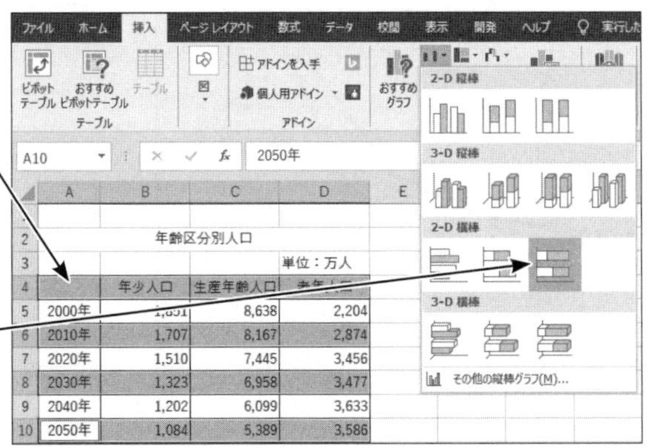

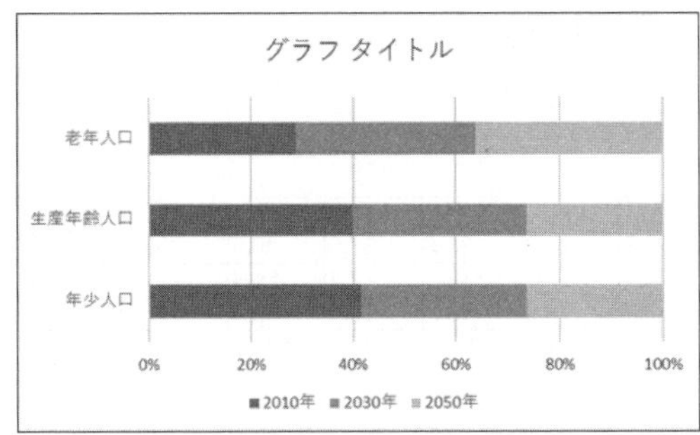

（2）行／列の切り替え

行と列が逆になっているので，反転させる。

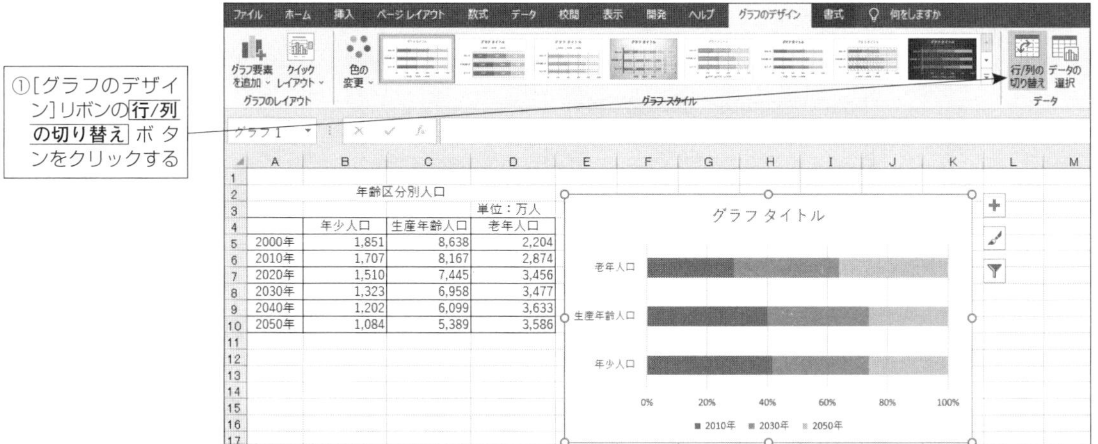

（3）軸の反転

横棒グラフは，下から並べられるので，表と順序が違ってしまう。軸を反転させて順序を逆にして，表と同じ順序にする。

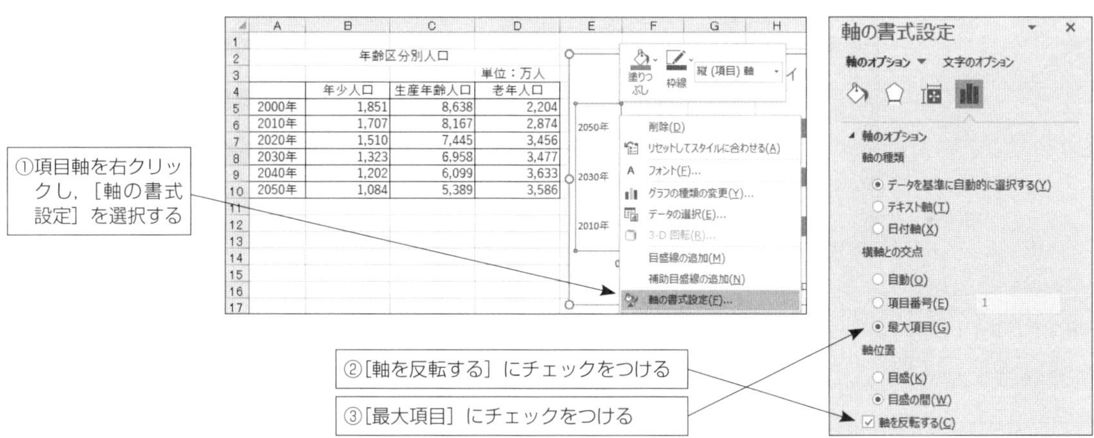

（4）系列の順序

老年人口～年少人口の順序が完成グラフと違っているので，系列の順序を移動して，同じ順序にする。

②[凡例項目(系列)]の［老年人口］を選択し，▲ 上へ移動ボタンを2回クリックする。[年少人口]を選択し，▼ 下へ移動ボタンをクリックする

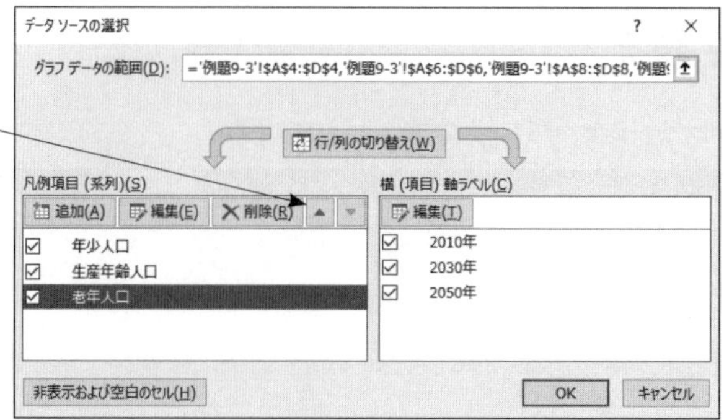

（5）区分線

棒と棒との間をつなぐ線（区分線）をつけると，変化がわかりやすくなる。

①[グラフのデザイン]リボンの［グラフ要素を追加］→[線]→[区分線]

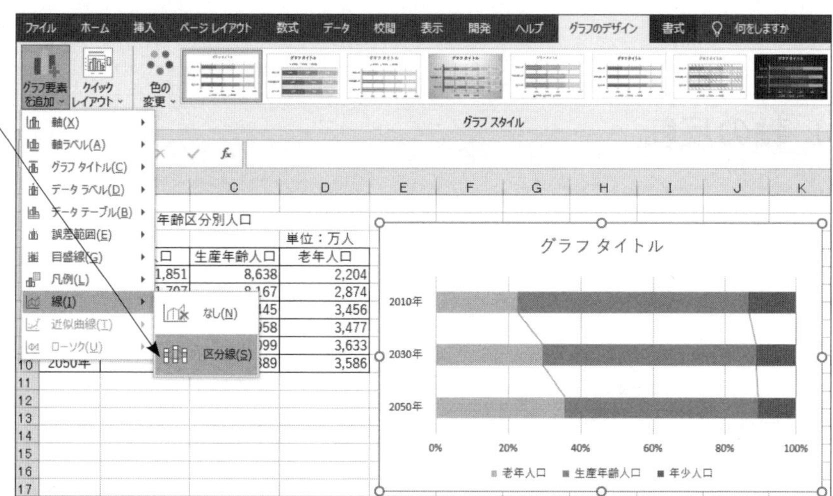

②グラフタイトル，データラベル等を整え，グラフを完成させる

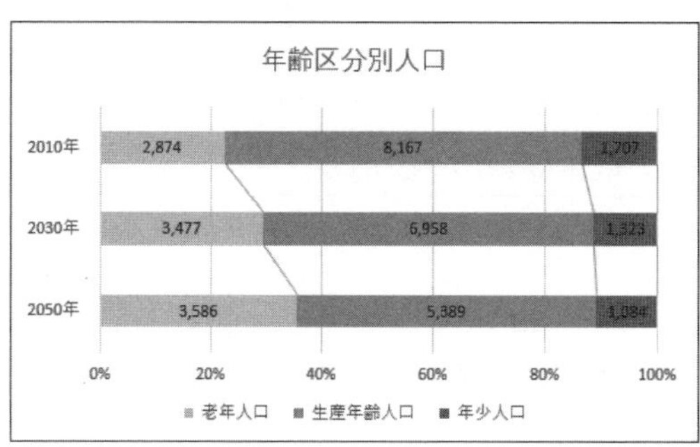

練習問題

練習問題 9-5

［ファイル名：練習 9 - 5］

次のような表とグラフを作成し，保存しなさい。

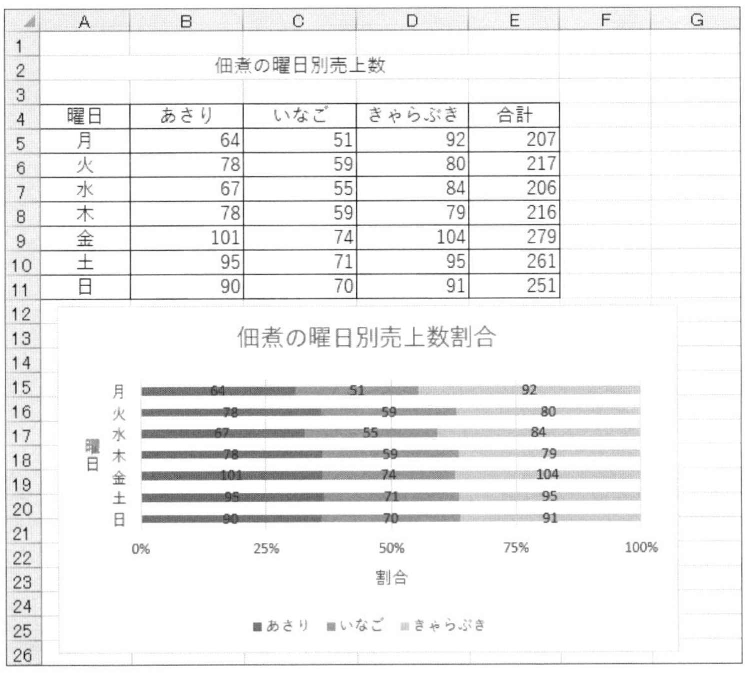

佃煮の曜日別売上数

曜日	あさり	いなご	きゃらぶき	合計
月	64	51	92	207
火	78	59	80	217
水	67	55	84	206
木	78	59	79	216
金	101	74	104	279
土	95	71	95	261
日	90	70	91	251

練習問題 9-6

［ファイル名：練習 9 - 6］

次のような表とグラフを作成し，保存しなさい。

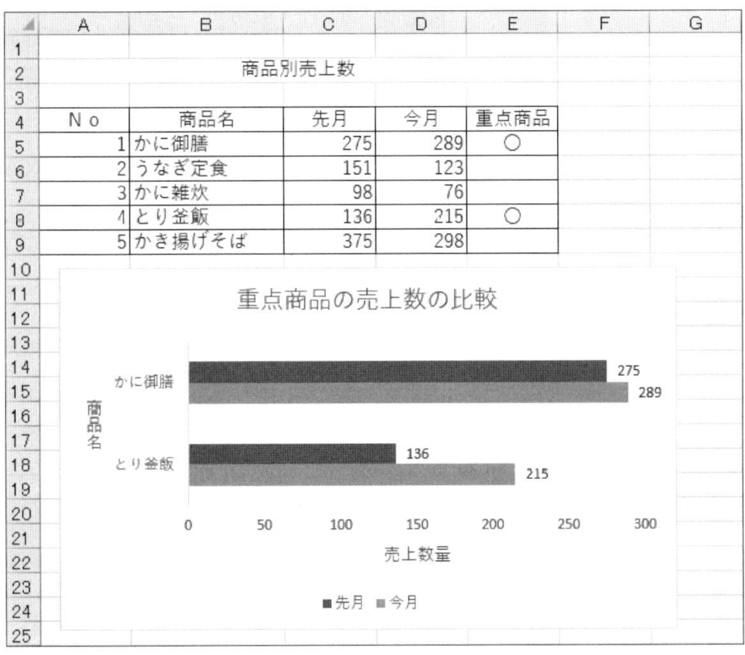

商品別売上数

Ｎｏ	商品名	先月	今月	重点商品
1	かに御膳	275	289	○
2	うなぎ定食	151	123	
3	かに雑炊	98	76	
4	とり釜飯	136	215	○
5	かき揚げそば	375	298	

練習問題 9-7

［ファイル名：練習 9-7］

次のような表とグラフを作成し，保存しなさい。

A 社部門別輸入額

単位：万円

	食料	機械	繊維	エネルギー
第 1 期	11,657	3,743	2,082	12,553
第 2 期	12,474	2,845	2,071	13,793
第 3 期	9,707	2,520	1,978	14,411
第 4 期	6,396	2,340	1,809	16,302

練習問題 9-8

［ファイル名：練習 9-8］

練習問題 9-7 を呼び出して，次のような表とグラフを作成し，保存しなさい。

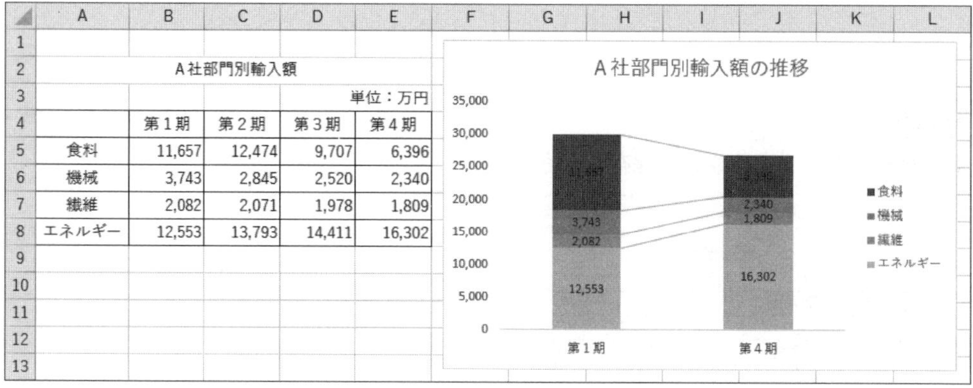

A 社部門別輸入額

単位：万円

	第 1 期	第 2 期	第 3 期	第 4 期
食料	11,657	12,474	9,707	6,396
機械	3,743	2,845	2,520	2,340
繊維	2,082	2,071	1,978	1,809
エネルギー	12,553	13,793	14,411	16,302

解答 ⇨ P.16

章末総合問題

【1】 次の表は，ある学習塾の成績別クラス分けを示したものである。作成条件にしたがって，下の表とグラフを完成させなさい。

学習塾の成績別クラス分け表

生徒番号	氏名	第1回	第2回	第3回	第4回	合計	順位	クラス	判定
102	桜井恭子	80	96	89	94	※	※	※	※
106	松下大吾	91	98	100	100	※	※	※	※
101	中野浩二	77	88	86	85	※	※	※	※
103	岩上晴美	69	71	68	82	※	※	※	※
104	加藤新太郎	65	55	70	73	※	※	※	※
108	鈴木　修	73	80	79	84	※	※	※	※
105	三木江里子	44	42	48	51	※	※	※	※
107	佐野あゆみ	48	49	64	70	※	※	※	※
合計点		※	※	※	※	※			
平均点		※	※	※	※	※			
最高点		※	※	※	※	※			
最低点		※	※	※	※	※			

成績別クラス表

合計	クラス	人数
0 ～250	C	※
251 ～350	B	※
351 ～	A	※

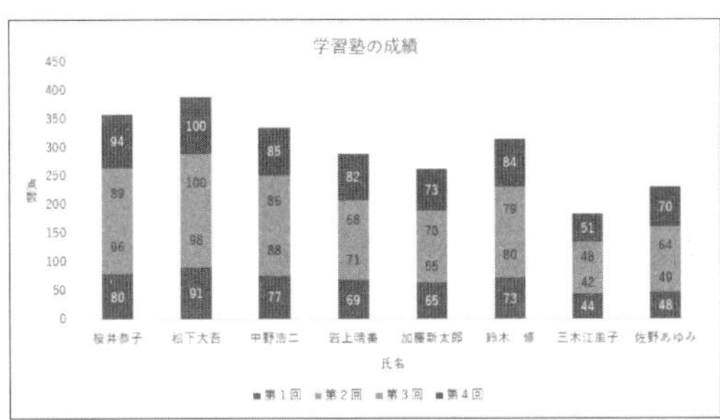

作成条件

1．表の形式および体裁は，上の表を参考にして設定する。

　設定する書式：罫線，列幅

2．表の※印の部分は式や関数などを利用して求める。

3．G列の「合計」は，C～F列の合計を求める。

4．H列の「順位」は，G列の「合計」を基準として，降順（逆順）に順位を付ける。

5．I列の「クラス」は，G列の「合計」をもとに，成績別クラス表を参照して表示する。

6．J列の「判定」は，I列の「クラス」がAならば半角で ***，Bならば **，それ以外の場合は * と表示する。

7．13～16行目の「合計点」「平均点」「最高点」「最低点」は，5～12行目の合計，平均，最大値，最小値を求める。ただし，「平均点」は，小数第1位まで表示する。

8．成績別クラス表の「人数」は，クラスごとに人数を求める。

9．表の作成後，5～12行目のデータを「クラス」，「生徒番号」を基準として昇順に並べ替える。

10．グラフは，作成条件9の並べ替えの処理をした後，表よりグラフ化する範囲を指定する。

　(1) グラフの数値軸目盛は，最小値（0），最大値（450）および間隔（50）を設定する。

　(2) 軸ラベルの方向を設定する。

【2】 次の表は，ある製造メーカーの売上を示したものである。作成条件にしたがって，下の表とグラフを完成させなさい。

	A	B	C	D	E	F
1						
2	会社別売上高一覧表（5月分）					
3						
4	会社名	A商品	B商品	C商品	売上高計	順位
5	相川商事	115,000	320,000	4,050,000	※	※
6	飯島商事	46,000	128,000	162,000	※	※
7	植草商事	230,000	640,000	810,000	※	※
8	栄光商事	115,000	320,000	405,000	※	※
9	及川商事	575,000	1,600,000	2,025,000	※	※
10	甲斐商事	184,000	512,000	648,000	※	※
11	木内商事	92,000	256,000	324,000	※	※
12	草刈商事	103,500	288,000	364,500	※	※
13	合計	※	※	※	※	
14						
15	分類別集計表					
16	分類	上位3社	その他			
17	売上高合計	※	※			
18	売上高平均	※	※			
19	売上高割合	※	※			

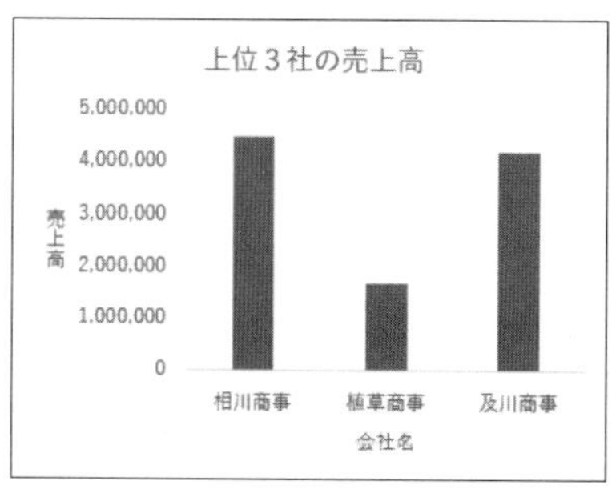

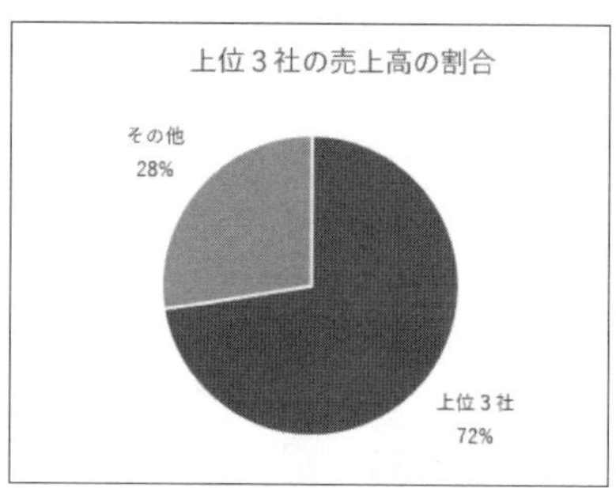

作成条件

1．表の形式および体裁は，上の表を参考にして設定する。
　設定する書式：罫線，列幅，数値に付ける3桁ごとのコンマ
2．表の※印の部分は式や関数などを利用して求める。
3．E列の「売上高計」は，B～D列の合計を求める。
4．F列の「順位」は，E列の「売上高計」を基準として降順（逆順）に順位を付ける。
5．13行目の「合計」は，5～12行目の合計を求める。
6．17行目の「売上高合計」，18行目の「売上高平均」は，E列の「売上高計」が上位3社とそれ以外の会社ごとに求める。
7．19行目の「売上高割合」は，17行目の「売上高合計」が上位3社とそれ以外の会社ごとに全体の売上高に対する割合を求め，%で整数部のみ表示する。
8．棒グラフは，表より売上高の上位3社の範囲を指定する。
　(1) グラフの数値軸目盛は，最小値（0），最大値（5,000,000）および間隔（1,000,000）を設定する。
　(2) 軸ラベルの方向を設定する。
9．円グラフは，表よりグラフ化する範囲を指定し，上記のように作成する。なお，割合を%表示で整数で表示する。

【3】 次の表は，ある文具店のコピー用紙の売上を示したものである。作成条件にしたがって，下の表とグラフを完成させなさい。

	A	B	C	D	E
1					
2			コピー用紙売上日計表		
3					
4	受注先	規格	価格(1箱)	数量	金額
5	A小学校	A3	※	5	※
6	A小学校	A4	※	5	※
7	B社	B5	※	10	※
8	D高校	B5	※	5	※
9	E役場	A4	※	15	※
10	F社	A4	※	20	※
11	G工務店	B4	※	10	※
12	G工務店	A3	※	3	※
13	H中学校	A4	※	8	※
14	H中学校	B5	※	5	※
15					
16	価格・集計表				
17	規格	B5	B4	A4	A3
18	価格（1箱）	¥9,500	¥18,000	¥12,000	¥24,500
19	合　計	※	※	※	※
20	平　均	※	※	※	※
21	件　数	※	※	※	※

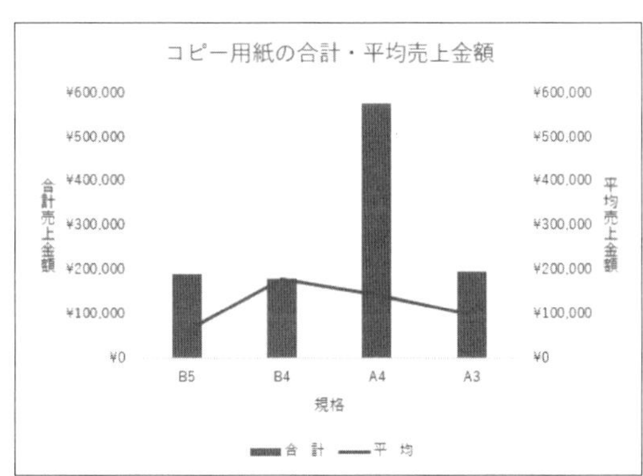

作成条件

1．表の形式および体裁は，上の表を参考にして設定する。
　設定する書式：罫線，列幅，数値に付ける3桁ごとのコンマおよび¥マーク
2．表の※印の部分は式や関数などを利用して求める。
3．C列の「価格（1箱）」は，B列の「規格」をもとに価格・集計表を参照して表示する。
4．E列の「金額」は，**「価格（1箱）× 数量」**の式で求める。
5．B19～E19の「合計」は，規格ごとの「金額」の合計を求める。
6．B20～E20の「平均」は，規格ごとの「金額」の平均を求める。ただし，小数点以下を四捨五入，整数部のみ表示する。
7．B21～E21の「件数」は，規格ごとの受注先の数を求める。
8．複合グラフは，「価格・集計表」から作成する。
(1) 数値軸目盛は，最小値（0），最大値（600,000）および間隔（100,000）を設定する。
(2) 第2数値軸目盛は，最小値（0），最大値（600,000）および間隔（100,000）を設定する。
(3) 軸ラベルの方向を設定する。

第1章

【4】 次の表は，ある会社のガソリンの給油を示したものである。作成条件にしたがって，下の表とグラフを完成させなさい。

	A	B	C	D	E	F	G
1							
2	ガソリン利用明細票（4月分）						
3							
4	月日	利用コード	種類	単価	数量	金額	ポイント数
5	4月1日	R53	※	※	※	※	※
6	4月3日	K60	※	※	※	※	※
7	4月11日	R47	※	※	※	※	※
8	4月15日	K58	※	※	※	※	※
9	4月16日	H45	※	※	※	※	※
10	4月22日	R55	※	※	※	※	※
11	4月29日	R26	※	※	※	※	※
12					合計	※	※
13	集計表						
14	種類コード	R	K	H			
15	種　　類	レギュラー	軽油	ハイオク			
16	単　　価	130	110	140			
17	利用金額	※	※	※			
18	利用回数	※	※	※			

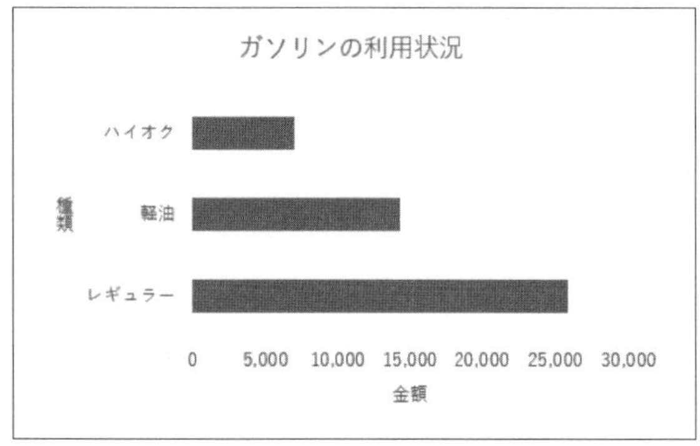

作成条件

1．表の形式および体裁は，上の表を参考にして設定する。
　　設定する書式：罫線，列幅，数値に付ける3桁ごとのコンマ
2．表の※印の部分は式や関数などを利用して求める。
3．C列の「種類」，D列の「単価」は，B列の「利用コード」の左端から1文字を抽出し，集計表の「種類コード」を参照して表示する。
4．E列の「数量」は，B列の「利用コード」の右端から2文字を抽出して数値に変換する。
5．F列の「金額」は，**「単価　×　数量」**に消費税10%を加えた金額を求め，小数点以下は四捨五入する。
6．G列の「ポイント数」は，F列の「金額」が千円ごとに2ポイントとし，小数点以下は切り捨てる。
7．12行目の「合計」は，5～11行目の合計を求める。
8．17行目の「利用金額」と18行目の「利用回数」は，種類ごとの金額と回数の合計をそれぞれ求める。
9．グラフは，表よりグラフ化する範囲を指定する。
　(1) グラフの数値軸目盛は，最小値（0），最大値（30,000）および間隔（5,000）を設定する。
　(2) 軸ラベルの方向を設定する。

【5】 次の表は，あるボウリング大会の成績を示したものである。作成条件にしたがって，表とグラフを作成しなさい。

	A	B	C	D	E	F	G
1							
2	ボウリング大会成績一覧表						
3							
4	選手番号	年齢	1ゲーム目	2ゲーム目	3ゲーム目	合計	順位
5	11	45	172	152	156	※	※
6	12	28	171	151	194	※	※
7	13	31	208	205	209	※	※
8	14	41	178	184	179	※	※
9	15	18	175	187	197	※	※
10	16	52	153	164	140	※	※
11	17	25	188	189	198	※	※
12	18	43	210	185	180	※	※
13							
14			優勝スコア	※	点		
15			準優勝スコア	※	点		
16							
17			全ゲーム180以上				
18			年齢	40歳未満	40歳以上		
19			人数	※	※		

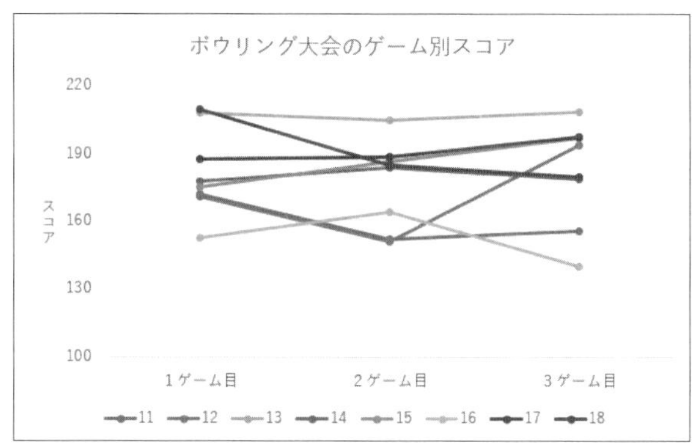

作成条件

1．表の形式および体裁は，上の表を参考にして設定する。
　　設定する書式：罫線，列幅
2．表の※印の部分は式や関数などを利用して求める。
3．F列の「合計」は，C列～E列の3ゲームの中で成績のよかった2ゲームの合計を求める。なお，B列の「年齢」が40歳以上はハンデとして，合計に20を加える。
4．G列の「順位」は，F列の「合計」を基準とし，降順に順位をつける。
5．D14の「優勝スコア」はF列の「合計」の1番目に大きい値を，D15の「準優勝スコア」は「合計」の2番目に大きい値を表示する。
6．D19～E19の「人数」は，40歳未満，40歳以上に分けて「1ゲーム目」，「2ゲーム目」，「3ゲーム目」がすべて180以上の人数を求める。
7．グラフは，表よりグラフ化する範囲を指定する。
　(1) グラフの数値軸目盛は，最小値（100），最大値（220）および間隔（30）を設定する。
　(2) 軸ラベルの方向を設定する。

【6】 ある町の商工会では，産業祭に４つの班が出店し，３日間の各班の売上額と仕入額の資料から，「産業祭収支報告書」を作成することになった。資料をもとに，作成条件にしたがって，シート１からシート３を作成しなさい。

第1章

資料１　日コード表

日コード	日
1	初日
2	第２日
3	最終日

資料２　班コード表

班コード	班名
K	缶詰班
N	農作物班
C	ケーキ班
S	写真班

資料３　公民館利用表

日報コード	日	班名	売上額	仕入額
1K	初日	缶詰班	12,600	27,067
1N	初日	農作物班	30,200	46,550
1S	初日	写真班	5,600	12,655
2K	第２日	缶詰班	9,100	0
2N	第２日	農作物班	22,400	0
2C	第２日	ケーキ班	16,100	23,759
2S	第２日	写真班	4,800	0
3K	最終日	缶詰班	10,200	0
3C	最終日	ケーキ班	13,700	0
3S	最終日	写真班	8,900	0

作成条件

１．表の形式および体裁は，次ページのシート１からシート３を参考にして設定する。

設定する書式：罫線，列幅，数値に付ける３桁ごとのコンマ

表の罫線は細線と太線を区別する。

２．表の※印の部分は式や関数などを利用して求める。

３．シート１のコードは半角英字である。

４．シート２は，次のように作成する。

(1) **開始前に提供されたブックを使用し，すでに入力されたデータの続きから作業を始めること。**

(2) Ｂ列の「日」の※印の部分は，Ａ列の「日報コード」の左端から１文字を抽出し，シート１の「日コード表」を参照して表示する。

(3) Ｃ列の「班名」の※印の部分は，Ａ列の「日報コード」の右端から１文字を抽出し，シート１の「班コード表」を参照して表示する。

５．シート３は，次のように作成する。

(1) 「１．日別集計表」は，次のように作成する。

①Ｃ６～Ｃ８の「売上額」は，シート２から日ごとに「売上額」の合計を求める。

②Ｄ６～Ｄ８の「仕入額」は，シート２から日ごとに「仕入額」の合計を求める。

③Ｅ列の「利益」は，**「売上額　－　仕入額」**の式で求める。

④Ｆ列の「順位」は，Ｃ列の「売上額」を基準として降順に順位を付ける。

⑤９行目の「総計」は，６～８行目の合計を求める。

(2) 「２．班別集計表」は，次のように作成する。

①Ｃ13～Ｃ16の「売上額」は，シート２から班名ごとに「売上額」の合計を求める。

②Ｄ13～Ｄ16の「仕入額」は，シート２から班名ごとに「仕入額」の合計を求める。

③Ｅ列の「利益」は，**「売上額　－　仕入額」**の式で求める。

④Ｆ列の「順位」は，Ｅ列の「利益」を基準として降順に順位を付ける。

⑤17行目の「総計」は，13～16行目の合計を求める。

(3) グラフは，「２．班別集計表」から作成する。

①グラフの※印の部分は，表に入力された数値を表示する。

②割合の数値軸目盛は，最小値（０%），最大値（100%）および間隔（25%）を設定する。

(4) シート３を報告書として１ページにおさまるように調整する。

	A	B
1		
2	日コード表	
3	日コード	日
4	1	初日
5	2	第２日
6	3	最終日
7		
8	班コード表	
9	班コード	班名
10	K	缶詰班
11	N	農作物班
12	C	ケーキ班
13	S	写真班

（シート１）

	A	B	C	D	E
1					
2	日報表				
3	日報コード	日	班名	売上額	仕入額
4	1K	初日	缶詰班	12,600	27,067
5	1N	初日	農作物班	30,200	46,550
6	1S	初日	写真班	5,600	12,655
7	2K	※	※	9,100	0
8	2N	※	※	22,400	0
9	2C	※	※	16,100	23,759
10	2S	※	※	4,800	0
11	3K	※	※	10,200	0
12	3C	※	※	13,700	0
13	3S	※	※	8,900	0

（シート２）

	A	B	C	D	E	F
1						
2			産業祭収支報告書			
3						
4	１．日別集計表					
5		日	売上額	仕入額	利益	順位
6		初日	48,400	※	※	※
7		第２日	※	※	28,641	※
8		最終日	※	0	※	※
9		総計	※	※	※	
10						
11	２．班別集計表					
12		班名	売上額	仕入額	利益	順位
13		缶詰班	31,900	※	※	※
14		農作物班	※	※	6,050	※
15		ケーキ班	※	※	※	※
16		写真班	※	12,655	※	※
17		総計	※	※	※	
18–34						

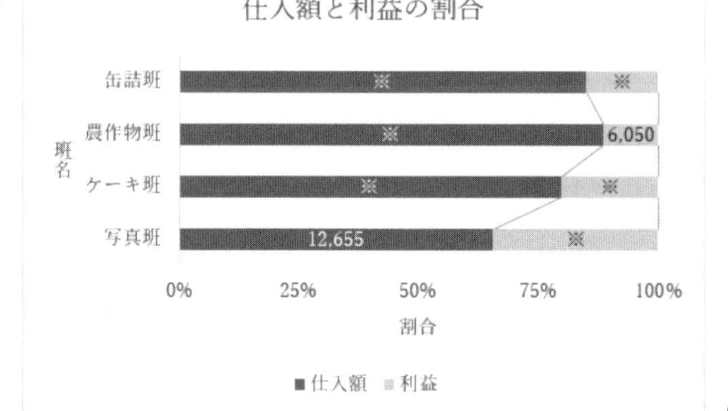

（シート３）

【7】 次の資料は，芸術選択の成績一覧表を作成するためのデータである。資料1～3をもとに，芸術選択成績一覧表と，芸術科目成績分析表を作成したい。作成条件にしたがって，シート1からシート3を作成しなさい。

資料1　選択表

選択コード	1	2	3
選択科目	音楽	美術	書道

資料2　評定表

得点	0	30	45	65	80
評定	E	D	C	B	A

資料3　得点データ

生徒番号	選択コード	得点
101	1	66
102	3	64
103	3	60
104	2	47
105	2	89
∫	∫	∫
239	2	87
240	3	55

作成条件

1．表の形式および体裁は，次ページのシート1からシート3を参考にして設定する。
　設定する書式：罫線，列幅，数値に付ける3桁ごとのコンマ
　　　　　　　表の罫線は細線と太線を区別する。
2．表の※印の部分は式や関数などを利用して求める。
3．シート1のコードは半角数字である。
4．シート2は，次のように作成する。
 (1) **開始前に提供されたブックを使用し，すでに入力されたデータの続きから作業を始めること。**
 (2) B列の「組」の※印の部分は，A列の「生徒番号」を100で割り，端数を切り捨てる。
 (3) D列の「選択科目」の※印の部分は，C列の「選択コード」をもとにシート1の「選択表」を参照して表示する。
 (4) F列の「評定」の※印の部分は，E列の「得点」をもとにシート1の「評定表」を参照して表示する。
5．シート3は，次のように作成する。
 (1) 「1．選択科目別平均点表」は，次のように作成する。
　①C6～E7の「平均点」は，シート2から組別に選択科目ごとの「得点」の平均を求める。ただし，小数第1位まで表示する。
 (2) 集合縦棒グラフは，「1．選択科目別平均点表」から作成する。
　①グラフの※印の部分は，表に入力された数値を表示する。
　②平均点の数値軸目盛は，最小値（50.0），最大値（75.0）および間隔（5.0）を設定する。
 (3) 「2．評定別人数分布表」は，次のように作成する。
　①C26～G27の「人数」は，シート2から組別に評定ごとの人数を求める。
　②H26～H27の「計」は，C列～G列の合計を求める。
　③28行目の「合計」は，26～27行目の合計を求める。
　④29行目の「割合」は，合計に対する評定ごとの人数の割合を求める。ただし，%表示で小数第1位まで表示する。
 (4) 円グラフは，「2．評定別人数分布表」から作成する。
　①グラフの※印の部分は，表に入力された数値を表示する。
 (5) シート4を報告書として1ページにおさまるように調整する。

	A	B	C	D	E	F
1						
2	選択表					
3	選択コード	1	2	3		
4	選択科目	音楽	美術	書道		
5						
6						
7	評定表					
8	得点	0	30	45	65	80
9	評定	E	D	C	B	A

（シート 1）

	A	B	C	D	E	F
1						
2	芸術選択成績一覧表					
3	生徒番号	組	選択コード	選択科目	得点	評定
4	101	1	1	音楽	66	B
5	102	1	3	書道	64	C
6	103	1	3	書道	60	C
7	104	※	2	※	47	※
8	105	※	2	※	89	※
≀	≀	≀	≀	≀	≀	≀
82	239	※	2	※	87	※
83	240	※	3	※	55	※

（シート 2）

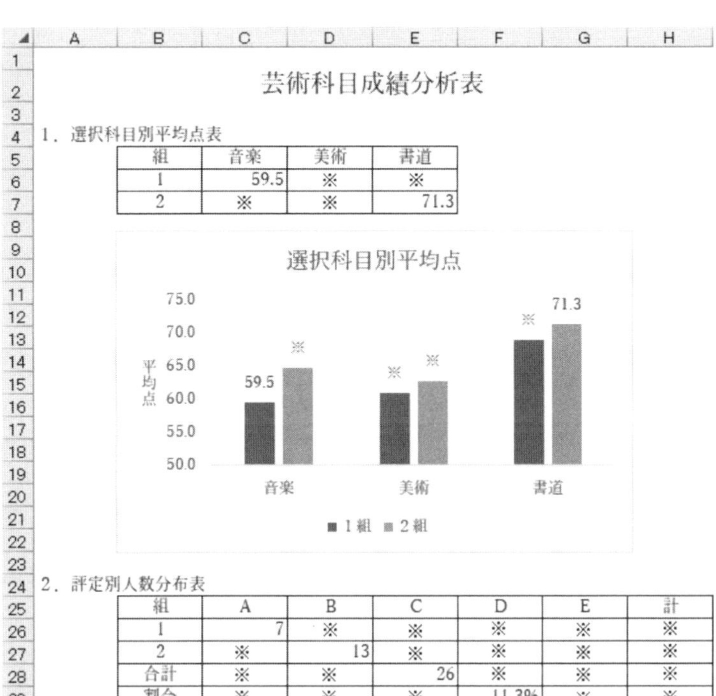

芸術科目成績分析表

1．選択科目別平均点表

組	音楽	美術	書道
1	59.5	※	※
2	※	※	71.3

2．評定別人数分布表

組	A	B	C	D	E	計
1	7	※	※	※	※	※
2	※	13	※	※	※	※
合計	※	※	26	※	※	※
割合	※	※	※	11.3%	※	※

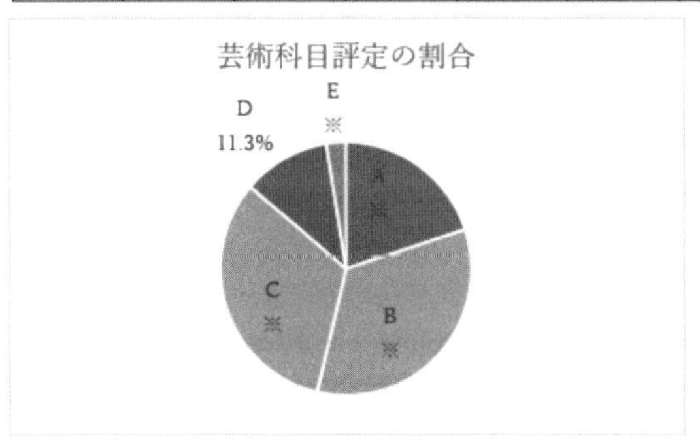

（シート 3）

【8】 次の資料は，ある配送会社が２日間の営業活動を行った際に使用したものである。資料１は，配送料金表で，資料２は，12月１日から12月２日までの配送データである。資料１と資料２をもとに配送報告書を作成し，作成条件にしたがって，シート１からシート４を作成しなさい。

資料１　配送料金表

コード	地区名	茨城	埼玉	神奈川	千葉	東京
1	茨城	300	400	500	500	400
2	埼玉	400	300	400	400	500
3	神奈川	500	400	300	500	600
4	千葉	500	400	500	300	500
5	東京	400	500	600	500	300

資料２　配送データ

日付	配送コード
12月１日	1205
12月１日	3503
12月１日	5108
12月１日	2207
12月１日	4202
12月１日	3405
12月２日	3211
12月２日	4304
12月２日	1309
12月２日	2512
12月２日	4506

作成条件

１．表の形式および体裁は，次ページのシート１からシート４を参考にして設定する。
　　設定する書式：罫線，列幅，数値に付ける３桁ごとのコンマ
　　　　　　　　表の罫線は細線と太線を区別する。
２．表の※印の部分は資料をもとに入力し，※※印の部分は式や関数などを利用して求める。
３．シート１は「配送料金表」に必要なデータを入力する。
４．シート２は次のように作成する。
　(1) **開始前に提供されたブックを使用し，すでに入力されたデータの続きから作業を始めること。**
　(2) Ｃ列の「発送コード」の※※印は，Ｂ列の「配送コード」の左端から１文字を抽出し，数値に変換する。
　(3) Ｄ列の「到着コード」の※※印は，Ｂ列の「配送コード」の左端から２文字目から１文字を抽出し，数値に変換する。
　(4) Ｅ列の「発送地区」の※※印は，Ｃ列の「発送コード」をもとにシート１の「配送料金表」を参照して表示する。
　(5) Ｆ列の「到着地区」の※※印は，Ｄ列の「到着コード」をもとにシート１の「配送料金表」を参照して表示する。
　(6) Ｇ列の「配送料」の※※印は，Ｃ列の「発送コード」とＤ列の「到着コード」をもとにシート１の「配送料金表」を参照して表示する。なお，シート１のＢ列が「発送地区」，３行目が「到着地区」を示している。
　(7) Ｈ列の「数量」の※※印は，Ｂ列の「配送コード」の右端から２文字を抽出し，数値に変換する。
　(8) Ｉ列の「金額」の※※印は，**「配送料　×　数量」**の式で求める。
５．シート３は集計作業用シートで，シート４の作成に必要なデータを集計するために次のように作成する。
　(1) シート２のＡ４～Ｉ14のデータからアプリケーションソフトのデータ集計機能などを利用して集計する。
６．シート４は，次のように作成する。
　(1) 「１．発送数集計表」は，シート３から必要な部分をコピーして，値を貼り付ける。
　　①Ｆ列の「割合」は，発送数の総合計に対する各発送地の発送数の割合を求める。
　(2) 「２．配送金額集計表」は，シート３から必要な部分をコピーして，値を貼り付ける。
　(3) 円グラフは，「１．発送数集計表」のデータから作成する。
　(4) 積み上げ棒グラフは，「２．配送金額集計表」のデータから作成する。
　　①グラフの数値軸目盛は，最小値（0），最大値（10,000）および間隔（2,000）を設定する。
　(5) シート４を報告書として１ページにおさまるように調整する。

	A	B	C	D	E	F	G
1							
2	配送料金表						
3	コード	地区名	茨城	埼玉	神奈川	千葉	東京
4	1	茨城	300	400	500	500	400
5	2	埼玉	※	※	※	※	※
6	3	神奈川	※	※	※	※	※
7	4	千葉	※	※	※	※	※
8	5	東京	※	※	※	※	※

（シート 1）

	A	B	C	D	E	F	G	H	I
1									
2	配送一覧表								
3	日付	配送コード	発送コード	到着コード	発送地区	到着地区	配送料	数量	金額
4	12月1日	1205	1	2	茨城	埼玉	400	5	2,000
5	12月1日	3503	※※	※※	※※	※※	※※	※※	※※
6	12月1日	5108	※※	※※	※※	※※	※※	※※	※※
7	12月1日	2207	※※	※※	※※	※※	※※	※※	※※
8	12月1日	4202	※※	※※	※※	※※	※※	※※	※※
9	12月1日	3405	※※	※※	※※	※※	※※	※※	※※
10	12月2日	3211	※※	※※	※※	※※	※※	※※	※※
11	12月2日	4304	※※	※※	※※	※※	※※	※※	※※
12	12月2日	1309	※※	※※	※※	※※	※※	※※	※※
13	12月2日	2512	※※	※※	※※	※※	※※	※※	※※
14	12月2日	4506	※※	※※	※※	※※	※※	※※	※※

（シート 2）

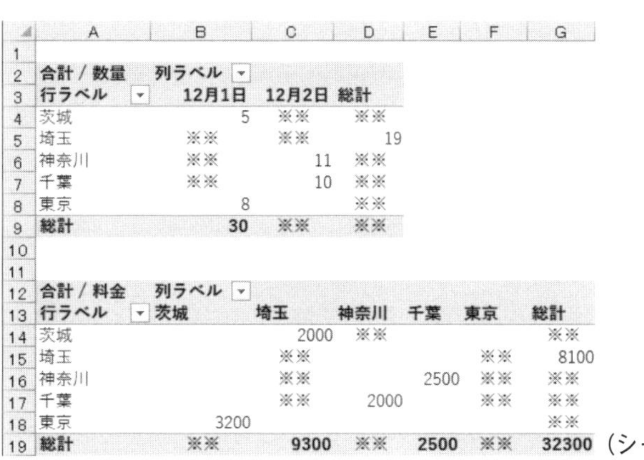

	A	B	C	D	E	F	G
1							
2	**合計 / 数量**	**列ラベル**					
3	**行ラベル**	**12月1日**	**12月2日**	**総計**			
4	茨城	5	※※	※※			
5	埼玉	※※	※※	19			
6	神奈川	※※	11	※※			
7	千葉	※※	10	※※			
8	東京	8		※※			
9	**総計**	**30**	**※※**	**※※**			
10							
11							
12	**合計 / 料金**	**列ラベル**					
13	**行ラベル**	**茨城**	**埼玉**	**神奈川**	**千葉**	**東京**	**総計**
14	茨城		2000	※※			※※
15	埼玉		※※			※※	8100
16	神奈川		※※		2500	※※	※※
17	千葉		※※	2000		※※	※※
18	東京	3200					※※
19	**総計**	**※※**	**9300**	**※※**	**2500**	**※※**	**32300**

（シート 3 の利用例）

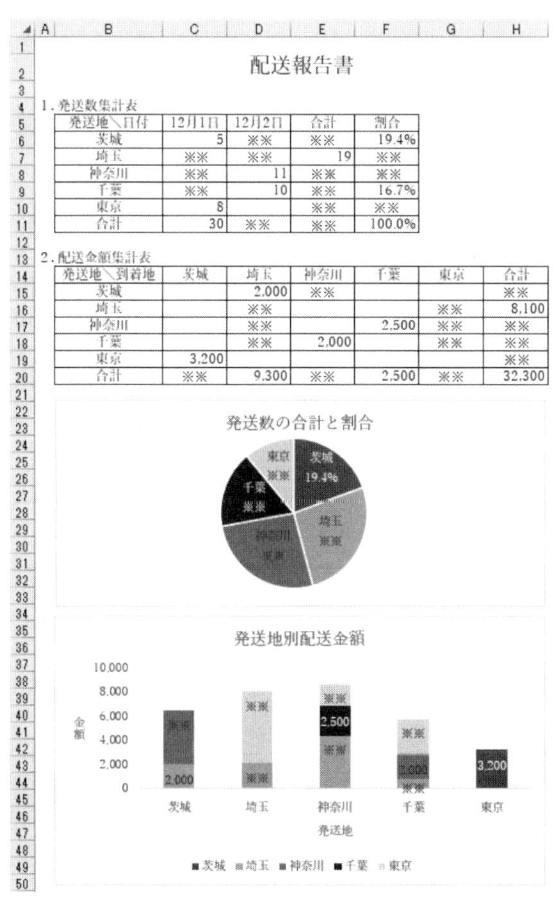

配送報告書

1．発送数集計表

発送地＼日付	12月1日	12月2日	合計	割合
茨城	5	※※	※※	19.4%
埼玉	※※	※※	19	※※
神奈川	※※	11	※※	※※
千葉	※※	10	※※	16.7%
東京	8		※※	※※
合計	30	※※	※※	100.0%

2．配送金額集計表

発送地＼到着地	茨城	埼玉	神奈川	千葉	東京	合計
茨城		2,000	※※			※※
埼玉		※※			※※	8,100
神奈川		※※		2,500	※※	※※
千葉		※※	2,000		※※	※※
東京	3,200					※※
合計	※※	9,300	※※	2,500	※※	32,300

（シート 4）

第1章

【9】 外房市にある公民館では，施設の改修を行うことになったが，市では予算が足りないために改修費総額を支出できない状況である。費用の一部を利用回数と利用人数による利用者負担とすることにして，「改修費負担計画書」を作成することになった。資料をもとに，作成条件にしたがって，シート１からシート４を作成しなさい。

資料１　団体コード表

団体コード	団体名
S	外房高校
H	俳句会
K	コーラスクラブ

資料２　公民館利用表

月	利用コード	団体名	人数
1	S30	外房高校	30
1	K21	コーラスクラブ	21
1	H05	俳句会	5
∫	∫	∫	∫
3	H08	俳句会	8
3	S25	外房高校	25
3	H07	俳句会	7

資料３　改修費総額

1,000,000円

作成条件

1．表の形式および体裁は，次ページのシート１からシート４を参考にして設定する。
　設定する書式：罫線，列幅，数値に付ける３桁ごとのコンマ
　　表の罫線は細線と太線を区別する。
2．表の※印の部分は資料をもとに入力し，※※印の部分は式や関数，集計機能などを利用して求める。
3．シート１は，「団体コード表」に必要なデータを入力する。なお，コードは半角英字である。
4．シート２は，次のように作成する。
(1) **開始前に提供されたブックを使用し，すでに入力されたデータの続きから作業を始めること。**
(2) Ｃ列の「団体名」の※※印の部分は，Ｂ列の「利用コード」の左端から１文字を抽出し，シート１の「団体コード表」を参照して表示する。
(3) Ｄ列の「人数」の※※印の部分は，Ｂ列の「利用コード」の右端から２文字を抽出し，数値データに変換する。
5．シート３は集計作業用シートで，シート４の作成に必要なデータを集計するために次のように作成する。
(1) シート２のＡ３～Ｄ23のデータからアプリケーションソフトのデータ集計機能などを利用して集計する。
6．シート４は，次のように作成する。
(1) 「１．改修費」は，次のように作成する。
　①Ｃ５の「改修費総額」は，資料３のデータを入力する。
　②Ｅ５の「市負担分」は「改修費総額」の70%，Ｅ６の「利用者負担分」は「改修費総額」の30%を求める。
(2) 「２．利用回数による負担表」は，次のように作成する。
　①Ｃ９の「負担総額」は，Ｅ６の「利用者負担分」の50%を求める。
　②Ｄ12～Ｄ14の「利用回数」は，シート３から必要な部分をコピーして，値を貼り付ける。
　③Ｅ９の「負担単価」は，**「負担総額 ÷ 利用回数の合計」**で求める。ただし，整数未満を切り上げる。
　④Ｅ12～Ｅ14の「負担額」は，**「負担単価 × 利用回数」**で求める。
　⑤Ｅ15の「合計」は，Ｅ12～Ｅ14の合計を求める。
(3) 「３．利用人数による負担表」は，「２．利用回数による負担表」の「利用回数」を「利用人数」に変えて，同様に作成する。
(4) グラフは，「２．利用回数による負担表」，「３．利用人数による負担表」のデータから作成する。
　①グラフの※※印の部分は，表に入力された数値を表示する。
　②負担額の数値軸目盛は，最小値（0），最大値（125,000）および間隔（25,000）を設定する。
(5) シート４を報告書として１ページにおさまるように調整する。

	A	B
1		
2	団体コード表	
3	団体コード	団体名
4	S	※
5	H	※
6	K	※

（シート 1）

	A	B	C	D
1				
2	公民館利用表			
3	月	利用コード	団体名	人数
4	1	S30	外房高校	30
5	1	K21	コーラスクラブ	21
6	1	H05	俳句会	5
≀	≀	≀	≀	≀
21	3	H08	※※	※※
22	3	S25	※※	※※
23	3	H07	※※	※※

（シート 2）

	A	B
1		
2		
3	**行ラベル**	**個数 / 人数**
4	外房高校	4
5	俳句会	※※
6	コーラスクラブ	※※
7	**総計**	※※
8		
9		
10	**行ラベル**	**合計 / 人数**
11	外房高校	※※
12	俳句会	※※
13	コーラスクラブ	121
14	**総計**	※※

（シート 3 の利用例）

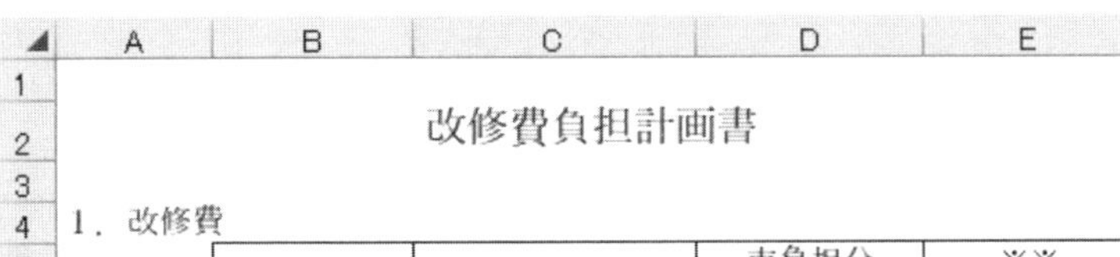

	A	B	C	D	E
1					
2			改修費負担計画書		
3					
4	1．改修費				
5		改修費総額	※	市負担分	※※
6				利用者負担分	※※
7					
8	2．利用回数による負担表				
9		負担総額	※※	負担単価	※※
10					
11		団体コード	団体名	利用回数	負担額
12		S	外房高校	4	30,000
13		H	俳句会	※※	※※
14		K	コーラスクラブ	※※	※※
15				合計	※※
16					
17	3．利用人数による負担表				
18		負担総額	150,000	負担単価	※※
19					
20		団体コード	団体名	利用人数	負担額
21		S	外房高校	※※	※※
22		H	俳句会	※※	※※
23		K	コーラスクラブ	121	57,354
24				合計	※※

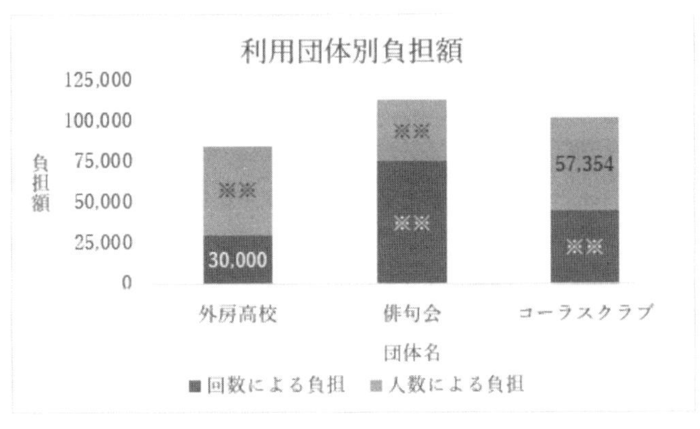

（シート 4）

【10】 **ある百貨店では，11月25日から12月10日までのお歳暮セールにおける各支店の売上を，売上報告書にまとめることになった。作成条件にしたがって，シート名「支店表」とシート名「売上データ表」から，シート名「報告書」を作成しなさい。**

第1章

作成条件

ワークシートは，提供されたものを使用する。

1．表およびグラフの体裁は，右ページを参考にして設定する。
　　設定する書式：罫線
　　設定する数値の表示形式：３桁ごとのコンマ，%，小数の表示桁数
2．表の※印の部分は，式や関数などを利用して求める。
3．グラフの※印の部分は，表に入力された値をもとに表示する。
4．「１．売上金額計上位10支店」は，次のように作成する。
　(1)「支店名」は，「支店コード」をもとに，シート名「支店表」を参照して表示する。
　(2)「数量計」は，シート名「売上データ表」から「支店コード」ごとに「数量」の合計を求める。
　(3)「金額計」は，シート名「売上データ表」から「支店コード」ごとに「金額」の合計を求める。ただし，小数第１位まで表示する。
　(4)「平均金額」は，シート名「売上データ表」から「支店コード」ごとに「金額」の平均を求める。ただし，小数第１位まで表示する。
　(5)「備考」は，「平均金額」が200以上の場合 ◎ を表示し，150 以上　200 未満の場合 ○ を表示し，それ以外の場合，何も表示しない。
5．「２．商品別集計表」は，次のように作成する。
　(1)「件数」は，シート名「売上データ表」から「商品名」ごとの件数を求める。
　(2)「金額計」は，シート名「売上データ表」から「商品名」ごとに「金額」の合計を求める。ただし，小数第１位まで表示する。
　(3)「割合」は，「金額計」をシート名「売上データ表」の「金額」の合計で割って求める。ただし，小数第３位未満を切り捨て，%表示で小数第１位まで表示する。
　(4)「順位」は，「金額計」を基準として，降順に順位を求める。
6．複合グラフは，「１．売上金額計上位10支店」から作成する。
　(1) 数値軸（縦軸）の目盛は，最小値(０)，最大値(5,000)および間隔(500)を設定する。
　(2) 第２数値軸（縦軸）の目盛は，最小値(０)，最大値(600)および間隔(100)を設定する。
　(3) 軸ラベルの方向を設定する。
　(4) 凡例の位置を設定する。
　(5) データラベルを設定する。

	A	B
1		
2	支店表	
3	支店コード	支店名
4	A101	秋田支店
5	A102	盛岡支店
≀	≀	≀
18	A115	奈良支店
19	A116	和歌山支店

（支店表）

	A	B	C	D	E	F	G
1							
2	売上データ表					単位：個	単位：千円
3	売上コード	売上日	支店コード	地域	商品名	数量	金額
4	U19001	11/25	A104	関東	コーヒーギフト	37	111
5	U19002	11/25	A115	近畿	十割そばセット	39	117
≀	≀	≀	≀	≀	≀	≀	≀
167	U19164	12/10	A113	近畿	海鮮ギフト	51	306
168	U19165	12/10	A102	東北	高級国産牛三昧	93	651

（売上データ表）

	A	B	C	D	E	F	G
1							
2				売上報告書			
3							
4	1．売上金額計上位１０支店				単位：千円		
5		支店コード	支店名	数量計	金額計	平均金額	備考
6		A111	津支店	503	2,599.0	152.9	○
7		A101	※	※	※	※	※
8		A104	※	※	※	※	※
9		A103	※	※	※	※	※
10		A115	※	※	※	※	※
11		A102	※	※	※	※	※
12		A105	※	※	※	※	※
13		A106	※	※	※	※	※
14		A109	※	※	※	※	※
15		A113	※	※	※	※	※
16							
17	2.商品別集計表			単位：千円			
18		商品名	件数	金額計	割合	順位	
19		コーヒーギフト	39	1,663.0	10.6%	5	
20		ワインセット	※	※	※	※	
21		海鮮ギフト	※	※	※	※	
22		高級国産牛三昧	※	※	※	※	
23		十割そばセット	※	※	※	※	
24							

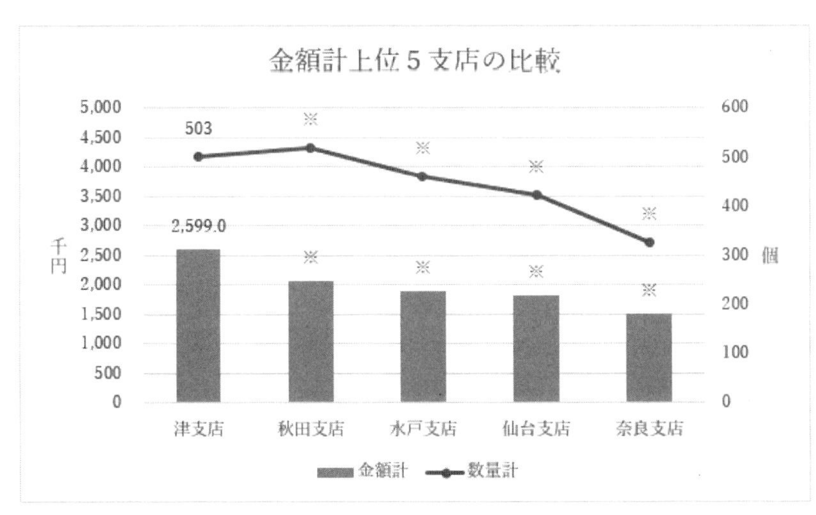

（報告書）

解答 ➡ P.26

章末検定問題

【1】ある市場調査会社では，遊園地の動向について，過去10年のデータをもとに報告書を作成することになった。作成条件にしたがって，シート名「四半期表」とシート名「営業データ表」から，シート名「報告書」を作成しなさい。 ［第60回］

作成条件

ワークシートは，試験開始前に提供されたものを使用する。

1．表およびグラフの体裁は，右ページを参考にして設定する。

（設定する書式：罫線
設定する数値の表示形式：３桁ごとのコンマ，％，小数の表示桁数）

2．表の※印の部分は，式や関数などを利用して求める。

3．グラフの※印の部分は，表に入力された値をもとに表示する。

4．「1．月別集計表」は，次のように作成する。

(1)「入場者数計（千人)」は，シート名「営業データ表」から「月」ごとに「入場者数（千人)」の合計を求める。

(2)「営業収入計（百万円)」は，シート名「営業データ表」から「月」ごとに「営業収入（百万円)」の合計を求める。

(3)「合計」は，各列の合計を求める。

(4)「最大」は，各列の最大値を求める。

(5)「最小」は，各列の最小値を求める。

(6)「構成比率」は，次の式で求める。ただし，小数第３位未満を切り上げ，％で小数第１位まで表示する。

「当該月の営業収入計（百万円）　÷　営業収入計（百万円）の合計」

(7)「客単価（円)」は，次の式で求める。ただし，整数部のみ表示する。

「営業収入計（百万円）÷　入場者数計（千人）　×　1000」

(8)「備考」は，「営業収入計（百万円)」が 600000 以上，または「客単価（円)」が 8500 以上の場合，○ を表示し，それ以外の場合，何も表示しない。

5．「2．四半期別集計表」は，次のように作成する。

(1)「期名」は，「期コード」をもとに，シート名「四半期表」を参照して表示する。

(2)「入場者数平均」は，シート名「営業データ表」から「期コード」ごとに「入場者数（千人)」の平均を求める。ただし，整数部のみ表示する。

(3)「営業収入平均」は，シート名「営業データ表」から「期コード」ごとに「営業収入（百万円)」の平均を求める。ただし，整数部のみ表示する。

(4)「平均」は，各列の平均を求める。ただし，整数部のみ表示する。

6．100％積み上げ横棒グラフは，「2．四半期別集計表」から作成する。

(1) 区分線を設定する。

(2) 数値軸（横軸）の目盛は，最小値（０％），最大値（100％）および間隔（25％）を設定する。

(3) 項目軸（縦軸）の順序を設定する。

(4) 凡例の位置を設定する。

(5) データラベルを設定する。

	A	B
1		
2	四半期表	
3	期コード	期名
4	K1	1－3月期
5	K2	4－6月期
6	K3	7－9月期
7	K4	10－12月期

(四半期表)

	A	B	C	D	E
1					
2	営業データ表				
3	年	期コード	月	入場者数 (千人)	営業収入 (百万円)
4	2008	K1	1	4,764	27,328
5	2008	K1	2	4,556	29,024
≀	≀	≀	≀	≀	≀
122	2017	K4	11	8,385	72,633
123	2017	K4	12	8,837	78,619

(営業データ表)

	A	B	C	D	E	F	G	H
1								
2	遊園地に関する報告書							
3								
4	1．月別集計表							
5		区分	月	入場者数計 (千人)	営業収入計 (百万円)	構成比率	客単価 (円)	備考
6		繁忙期	8	113,766	790,447	12.1%	6,948	○
7		通常期	12	※	※	※	※	※
8			3	※	※	※	※	※
9			5	※	※	※	※	※
10			11	※	※	※	※	※
11			10	※	※	※	※	※
12			9	※	※	※	※	※
13			7	※	※	※	※	※
14			4	※	※	※	※	※
15		閑散期	1	※	※	※	※	※
16			6	※	※	※	※	※
17			2	※	※	※	※	※
18			合計	※	※			
19			最大	※	※			
20			最小	※	※			
21								
22	2．四半期別集計表							
23		期コード	期名	入場者数平均	営業収入平均			
24		K2	4－6月期	5,983	47,136			
25		K3	※	※	※			
26		K4	※	※	※			
27		K1	※	※	※			
28			平均	※	※			

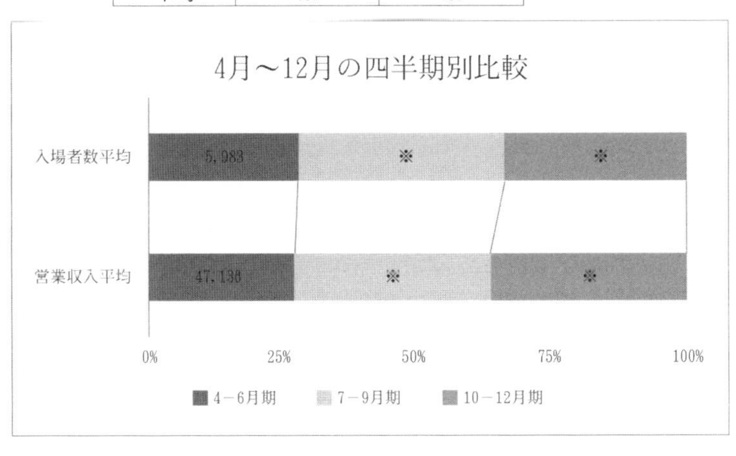

(報告書)

【2】次の表は，ある古典芸能劇場における8月の販売報告書である。作成条件にしたがって，シート名「料金表」とシート名「販売データ表」から，シート名「報告書」を作成しなさい。

［第61回］

作成条件

ワークシートは，試験開始前に提供されたものを使用する。

1．表およびグラフの体裁は，右ページを参考にして設定する。

（設 定 す る 書 式：罫線
設定する数値の表示形式：3桁ごとのコンマ，％，小数の表示桁数）

2．表の※印の部分は，式や関数などを利用して求める。

3．グラフの※印の部分は，表に入力された値をもとに表示する。

4．「1．公演日別販売表」は，次のように作成する。

(1)「公演種別」は，「公演コード」の右端から1文字を抽出し，シート名「料金表」を参照して表示する。

(2)「販売数」は，シート名「販売データ表」から「公演コード」ごとに「枚数」の合計を求める。

(3)「販売額」は，シート名「販売データ表」から「公演コード」ごとに「料金」の合計を求める。

(4)「順位」は，「販売額」を基準として，降順に順位を求める。

(5)「備考」は，「公演種別」が 定例公演 かつ「販売数」が 180 以上の場合，◎ を表示し，それ以外の場合，何も表示しない。

5．「2．区分別販売表」は，次のように作成する。

(1)「販売件数」は，シート名「販売データ表」から「区分コード」ごとの件数を求める。

(2)「販売数」は，シート名「販売データ表」から「区分コード」ごとに「枚数」の合計を求める。

(3)「販売額」は，シート名「販売データ表」から「区分コード」ごとに「料金」の合計を求める。

(4)「合計」は，各列の合計を求める。

(5)「割合」は，「販売額」を「販売額」の合計で割って求める。ただし，小数第3位未満を切り捨て，％で小数第1位まで表示する。

6．複合グラフは，「2．区分別販売表」から作成する。

(1) 数値軸（縦軸）の目盛は，最小値（0），最大値（1,500,000）および間隔（300,000）を設定する。

(2) 第2数値軸（縦軸）の目盛は，最小値（200），最大値（700）および間隔（100）を設定する。

(3) 軸ラベルの方向を設定する。

(4) 凡例の位置を設定する。

(5) データラベルを設定する。

	A	B	C	D	E
1					
2	料金表				
3			公演種別		
4			T	F	K
5	区分コード	区分	定例公演	普及公演	企画公演
6	M01	団体	900	800	1,000
7	M02	会員	1,300	1,200	1,400
8	M03	一般	1,500	1,400	1,600

(料金表)

	A	B	C	D	E	F
1						
2	販売データ表					
3	伝票No	販売日	公演コード	区分コード	枚数	料金
4	DA001	2019/7/3	190803T	M02	4	5,200
5	DA002	2019/7/4	190803T	M03	6	9,000
≀	≀	≀	≀	≀	≀	≀
381	DA378	2019/8/29	190831T	M02	2	2,600
382	DA379	2019/8/30	190831T	M03	1	1,500

(販売データ表)

	A	B	C	D	E	F	G
1							
2	販売報告書（8月公演分）						
3							
4	1．公演日別販売表						
5		公演コード	公演種別	販売数	販売額	順位	備考
6		190803T	定例公演	200	268,200	2	◎
7		190807F	※	※	※	※	※
8		190810T	※	※	※	※	※
9		190814K	※	※	※	※	※
10		190817T	※	※	※	※	※
11		190821F	※	※	※	※	※
12		190824T	※	※	※	※	※
13		190828K	※	※	※	※	※
14		190831T	※	※	※	※	※
15							
16	2．区分別販売表						
17		区分コード	区分	販売件数	販売数	販売額	割合
18		M01	団体	30	683	581,700	28.8%
19		M02	会員	※	※	※	※
20		M03	一般	※	※	※	※
21			合計	※	※	※	

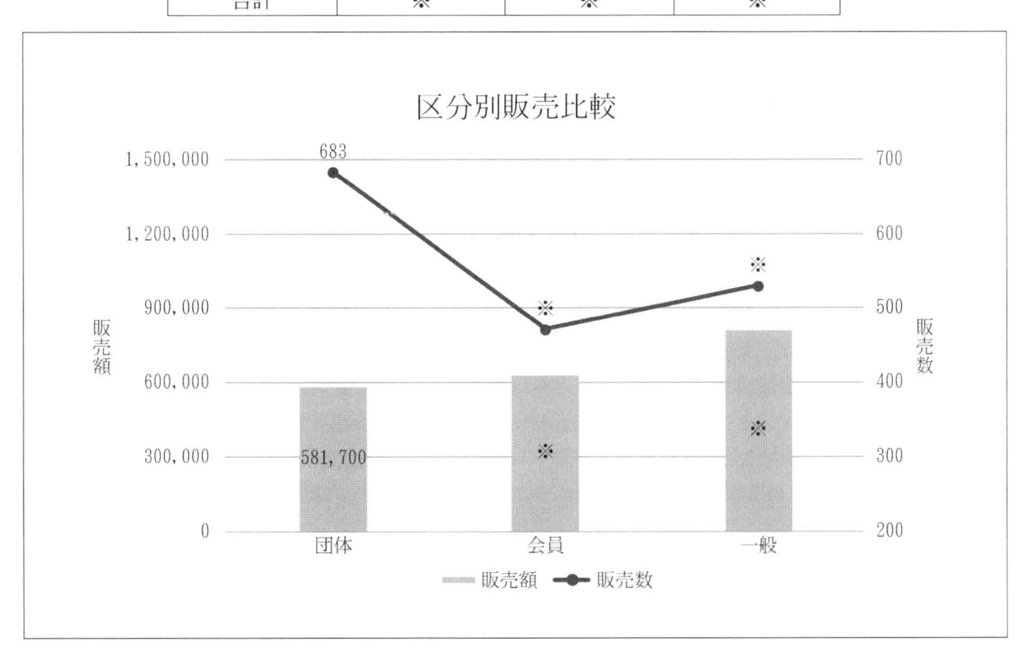

(報告書)

【3】次の表は，ある家電量販店における家庭用エアコン販売実績表である。作成条件にしたがって，シート名「価格表」とシート名「販売データ表」から，シート名「報告書」を作成しなさい。

［第62回］

作成条件

ワークシートは，試験開始前に提供されたものを使用する。

1．表およびグラフの体裁は，右ページを参考にして設定する。
　（設 定 す る 書 式：罫線
　　設定する数値の表示形式：３桁ごとのコンマ，%，小数の表示桁数）
2．表の※印の部分は，式や関数などを利用して求める。
3．グラフの※印の部分は，表に入力された値をもとに表示する。
4．「1．機種別販売実績表」は，次のように作成する。
　(1)「グレード」は，「機種」をもとに，シート名「価格表」を参照して表示する。
　(2)「販売数計」は，シート名「販売データ表」から「機種」ごとに「販売数」の合計を求める。
　(3)「販売額計」は，シート名「販売データ表」から「機種」ごとに「販売額」の合計を求める。
　(4)「１台あたり売価」は，「販売額計」を「販売数計」で割って求める。ただし，整数未満を切り捨てて表示する。
　(5)「価格」は，「機種」をもとに，シート名「価格表」を参照して表示する。
　(6)「１台あたり値引率」は，次の式で求める。ただし，%で小数第１位まで表示する。
　　　「1　－　1台あたり売価　÷　価格」
　(7)「備考」は，「価格」が 100000 未満，かつ「販売額計」が「販売額計」の平均以上の場合，○を表示し，それ以外の場合，何も表示しない。
5．「2．販売店別販売実績表」は，次のように作成する。
　(1)「販売数計」は，シート名「販売データ表」から「販売店」ごとに「販売数」の合計を求める。
　(2)「販売額計」は，シート名「販売データ表」から「販売店」ごとに「販売額」の合計を求める。
　(3)「合計」は，各列の合計を求める。
6．100%積み上げ横棒グラフは，「2．販売店別販売実績表」から作成する。
　(1) 区分線を設定する。
　(2) 数値軸（横軸）の目盛は，最小値（０%），最大値（100%）および間隔（25%）を設定する。
　(3) 項目軸（縦軸）の順序を設定する。
　(4) 凡例の位置を設定する。
　(5) データラベルを設定する。
7．「3．最多販売数計の機種および最少販売数計の機種」は，次のように作成する。
　(1)「販売数計」の「最多」は，「1．機種別販売実績表」の「販売数計」の最大値を求める。同様に「販売数計」の「最少」は最小値を求める。
　(2)「機種」は，「販売数計」をもとに「1．機種別販売実績表」の「販売数計」を参照して一致する値が上から何番目にあるかを求め，その値を行番号として「機種」を参照して，表示する。

	A	B	C	D
1				
2	価格表			
3	機種	グレード	サイズ	価格
4	X06	エクストラ	6畳用	98,000
5	X12	エクストラ	12畳用	118,000
≀	≀	≀	≀	≀
11	B12	ベーシック	12畳用	81,000
12	B18	ベーシック	18畳用	101,000

(価格表)

	A	B	C	D	E	F
1						
2	販売データ表					
3	番号	日付	機種	販売店	販売数	販売額
4	1	2019/6/1	M06	A店	1	53,900
5	2	2019/6/1	M12	A店	2	150,400
≀	≀	≀	≀	≀	≀	≀
496	493	2019/6/30	B18	C店	1	80,800
497	494	2019/6/30	X06	C店	2	154,720

(販売データ表)

家庭用エアコン販売実績表

1. 機種別販売実績表

機種	グレード	販売数計	販売額計	1台あたり 売価	価格	1台あたり 値引率	備考
X18	エクストラ	67	7,941,520	118,530	138,000	14.1%	
X12	※	※	※	※	※	※	※
X06	※	※	※	※	※	※	※
M18	※	※	※	※	※	※	※
M12	※	※	※	※	※	※	※
M06	※	※	※	※	※	※	※
B18	※	※	※	※	※	※	※
B12	※	※	※	※	※	※	※
B06	※	※	※	※	※	※	※

2. 販売店別販売実績表

販売店	販売数計	販売額計
A店	286	19,705,650
B店	※	※
C店	※	※
合計	※	※

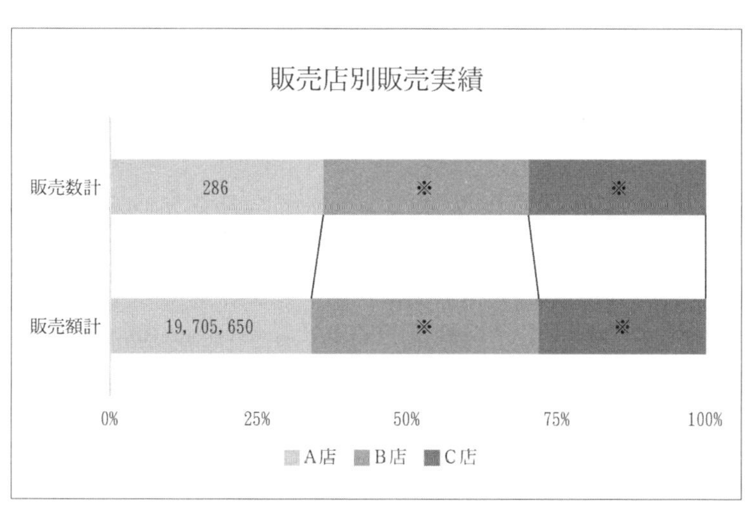

3. 最多販売数計の機種および最少販売数計の機種

内容	販売数計	機種
最多	※	※
最少	※	※

(報告書)

【4】次の表は，野球チームの応援バルーンを販売するショップにおける販売成績報告書である。作成条件にしたがって，シート名「球場表」とシート名「販売データ表」から，シート名「報告書」を作成しなさい。 ［第63回］

作成条件

ワークシートは，試験開始前に提供されたものを使用する。

1．表およびグラフの体裁は，右ページを参考にして設定する。
（設　定　す　る　書　式：罫線
　設定する数値の表示形式：３桁ごとのコンマ，%，小数の表示桁数）
2．表の※印の部分は，式や関数などを利用して求める。
3．グラフの※印の部分は，表に入力された値をもとに表示する。
4．「1．球場別販売成績表」は，次のように作成する。
(1)「球場名」は，「球場コード」をもとに，シート名「球場表」を参照して表示する。
(2)「入場者数計」は，シート名「販売データ表」から「球場コード」ごとに「入場者数」の合計を求める。
(3)「販売数計」は，シート名「販売データ表」から「球場コード」ごとに「販売数」の合計を求める。
(4)「販売率」は，「販売数計」を「入場者数計」で割って求める。ただし，小数第３位未満を切り捨て，%で小数第１位まで表示する。
(5)「備考」は，「販売数計」が 150000 以上，かつ「販売率」が 10% 未満の場合，重点 を表示し，それ以外の場合，何も表示しない。
(6)「総合計」は，各列の合計を求める。
5．「2．リーグ別販売成績表」は，次のように作成する。
(1)「平均入場者数」は，シート名「販売データ表」から「リーグ名」ごとに「入場者数」の平均を求める。ただし，整数部のみ表示する。
(2)「平均販売数」は，シート名「販売データ表」から「リーグ名」ごとに「販売数」の平均を求める。ただし，整数部のみ表示する。
(3)「平均販売員数」は，シート名「販売データ表」から「リーグ名」ごとに「販売員数」の平均を求める。ただし，小数第１位まで表示する。
(4)「全体」は，次のように求める。
・C18は，シート名「販売データ表」から，「入場者数」の平均を求める。ただし，整数部のみ表示する。
・D18は，シート名「販売データ表」から，「販売数」の平均を求める。ただし，整数部のみ表示する。
・E18は，シート名「販売データ表」から，「販売員数」の平均を求める。ただし，小数第１位まで表示する。
(5)「一人あたり販売数」は，「平均販売数」を「平均販売員数」で割って求める。ただし，小数第１位まで表示する。
6．複合グラフは，「2．リーグ別販売成績表」から作成する。
(1) 数値軸（縦軸）の目盛は，最小値（1,500），最大値（4,000）および間隔（500）を設定する。
(2) 第２数値軸（縦軸）の目盛は，最小値（100.0），最大値（350.0）および間隔（50.0）を設定する。
(3) 軸ラベルの方向を設定する。
(4) 凡例の位置を設定する。
(5) データラベルを設定する。

	A	B	C
1			
2	球場表		
3	球場コード	球場名	リーグ名
4	BS	B球場	Yリーグ
5	ES	E球場	Xリーグ
≀	≀	≀	≀
8	LS	L球場	Xリーグ
9	SS	S球場	Yリーグ

(球場表)

	A	B	C	D	E	F	G
1							
2	販売データ表						
3	日付	曜	球場コード	リーグ名	入場者数	販売数	販売員数
4	20190329	金	BS	Yリーグ	31,672	2,675	11
5	20190329	金	FS	Xリーグ	41,138	3,422	9
≀	≀	≀	≀	≀	≀	≀	≀
377	20190928	土	SS	Yリーグ	27,609	2,870	9
378	20190929	日	SS	Yリーグ	33,264	3,790	8

(販売データ表)

販売成績報告書

1．球場別販売成績表

球場コード	球場名	入場者数計	販売数計	販売率	備考
ES	E球場	1,919,375	180,695	9.4%	重点
FS	※	※	※	※	※
LS	※	※	※	※	※
BS	※	※	※	※	※
GS	※	※	※	※	※
SS	※	※	※	※	※
	総合計	※	※		

2．リーグ別販売成績表

リーグ名	平均入場者数	平均販売数	平均販売員数	一人あたり販売数
Xリーグ	27,766	2,812	8.8	※
Yリーグ	※	※	※	282.5
全体	※	※	※	※

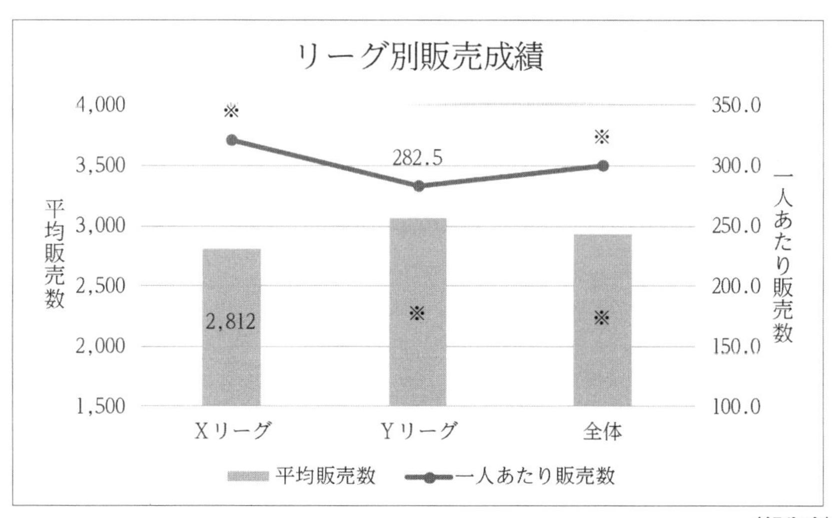

(報告書)

【5】次の表は，あるコーヒーショップチェーンにおけるホット飲料とアイス飲料に関する１月の販売分析報告書である。作成条件にしたがって，シート名「販売店表」とシート名「販売データ表」から，シート名「報告書」を作成しなさい。 ［第64回］

第１章

作成条件

ワークシートは，試験開始前に提供されたものを使用する。

1．表およびグラフの体裁は，右ページを参考にして設定する。

（設定する書式：罫線
設定する数値の表示形式：３桁ごとのコンマ，%，小数の表示桁数）

2．表の※印の部分は，式や関数などを利用して求める。

3．グラフの※印の部分は，表に入力された値をもとに表示する。

4．「1．店別販売成績表」は，次のように作成する。

(1)「店名」は，「店コード」をもとに，シート名「販売店表」を参照して表示する。

(2)「営業日数」は，シート名「販売データ表」から「店コード」ごとの件数を求める。

(3)「気温」は，シート名「販売データ表」から「店コード」ごとに「気温」の平均を求める。ただし，小数第１位まで表示する。

(4)「ホット飲料」は，シート名「販売データ表」から「店コード」ごとに「ホット飲料」の合計を求める。

(5)「アイス飲料」は，シート名「販売データ表」から「店コード」ごとに「アイス飲料」の合計を求める。

(6)「店合計」は，「ホット飲料」と「アイス飲料」の合計を求める。

(7)「順位」は，「店合計」を基準として，降順に順位を求める。

(8)「合計」は，各列の合計を求める。

(9)「平均」は，各列の平均を求める。ただし，小数第１位未満を切り捨て，小数第１位まで表示する。

(10)「備考」は，「ホット飲料」が「ホット飲料」の「平均」以上，かつ「アイス飲料」が「アイス飲料」の「平均」以上の場合，◎を表示し，それ以外の場合，何も表示しない。

5．100%積み上げ横棒グラフは，「1．店別販売成績表」から作成する。

(1) 区分線を設定する。

(2) 数値軸（横軸）の目盛は，最小値（0%），最大値（100%）および間隔（25%）とし，グラフの下側に設定する。

(3) 項目軸（縦軸）の順序を設定する。

(4) 軸ラベルの方向を設定する。

(5) 凡例の位置を設定する。

(6) データラベルを設定する。

6．「2．ホット飲料販売数の上位３店」は，次のように作成する。

(1)「販売数」は，「1．店別販売成績表」の「ホット飲料」が降順で３番目までの値を表示する。

(2)「販売店名」は，「販売数」をもとに，「1．店別販売成績表」の「ホット飲料」を参照して，「販売数」と一致する値が上から何番目にあるかを求め，その値を行番号として「店名」を参照して表示する。

	A	B	C
1			
2	販売店表		
3	店コード	店名	都県名
4	S01	練馬店	東京
5	S02	所沢店	埼玉
≀	≀	≀	≀
9	S06	越谷店	埼玉
10	S07	上田店	長野

(販売店表)

	A	B	C	D	E	F	G
1							
2	販売データ表						
3	年	月	日	店コード	気温	ホット飲料	アイス飲料
4	2020	1	1	S05	-2.7	123	59
5	2020	1	2	S02	4.8	98	53
≀	≀	≀	≀	≀	≀	≀	≀
181	2020	1	31	S06	7.5	114	69
182	2020	1	31	S07	2.1	116	61

(販売データ表)

	A	B	C	D	E	F	G	H	I	J
1										
2		販売分析報告書（1月）								
3										
4	1．店別販売成績表									
5		店コード	店名	営業日数	気温	ホット飲料	アイス飲料	店合計	順位	備考
6		S01	練馬店	25	6.5	3,308	3,596	6,904	1	◎
7		S03	※	※	※	※	※	※	※	※
8		S04	※	※	※	※	※	※	※	※
9		S02	※	※	※	※	※	※	※	※
10		S06	※	※	※	※	※	※	※	※
11		S05	※	※	※	※	※	※	※	※
12		S07	※	※	※	※	※	※	※	※
13					合計	※	※	※		
14					平均	3,007.1	※	※		

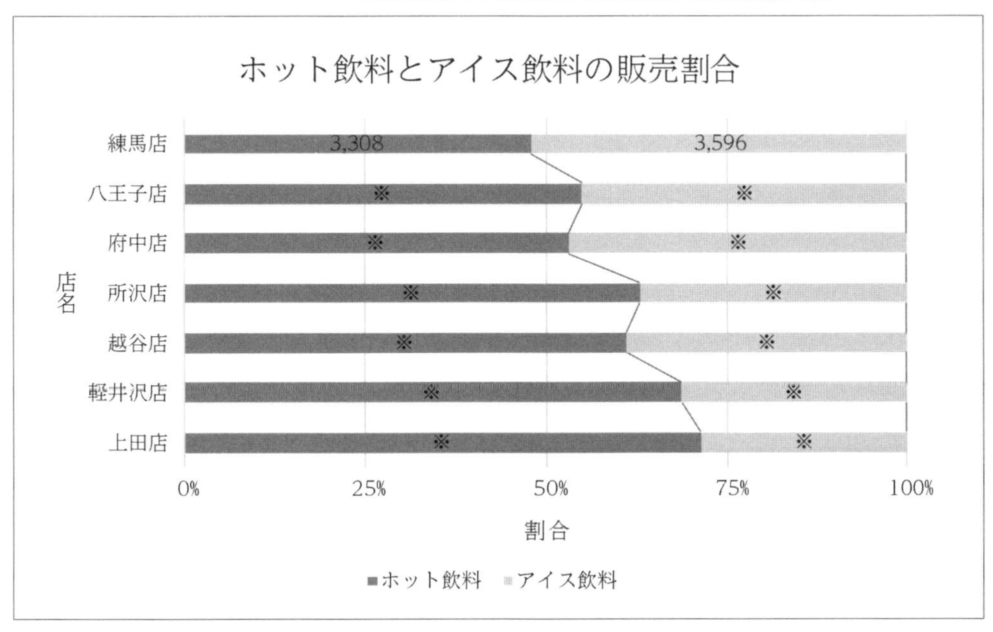

	A	B	C	D
36	2．ホット飲料販売数の上位3店			
37		販売順位	販売数	販売店名
38		1	3,640	軽井沢店
39		2	※	※
40		3	※	※

(報告書)

第2章

表計算ソフトウェアに関する知識

関数の利用

1. 複合条件

(1) 複合条件の判定

=AND(論理式1,[論理式2],…)

複数の「論理式」がすべて「真」の場合に,「真」となる。

例 1回が80以上で, かつ2回が80以上の場合は「合格」と表示し, それ以外の場合は何も表示しない。

F3：=IF(AND(B3>=80,C3>=80),"合格","")

	A	B	C	D	E	F
1			成績一覧表			
2	番号	1回	2回	合計	順位	判定
3	1	80	50	130	3	
4	2	90	80	170	1	合格
5	3	70	70	140	2	

=OR(論理式1,[論理式2],…)

複数の「論理式」のうちいずれかが「真」の場合に,「真」となる。

例 1回が80以上か, または2回が80以上の場合は「合格」と表示し, それ以外の場合は何も表示しない。

F3：=IF(OR(B3>=80,C3>=80),"合格","")

	A	B	C	D	E	F
1			成績一覧表			
2	番号	1回	2回	合計	順位	判定
3	1	80	50	130	3	合格
4	2	90	80	170	1	合格
5	3	70	70	140	2	

=NOT(論理式)

「論理式」が「偽」の場合に,「真」となる。

例 合計が160未満でない場合は「合格」と表示し, それ以外の場合は何も表示しない。

F3：=IF(NOT(D3<160),"合格","")

	A	B	C	D	E	F
1			成績一覧表			
2	番号	1回	2回	合計	順位	判定
3	1	80	50	130	3	
4	2	90	80	170	1	合格
5	3	70	70	140	2	

（2）条件付きカウント

=COUNTIF（範囲,検索条件）

「範囲」の中で「検索条件」に一致したセルの個数を求める。

例　判定が「合格」のセルの個数を求める。

F6：=COUNTIF(F3:F5,"合格")

	A	B	C	D	E	F
1	成績一覧表					
2	番号	1回	2回	合計	順位	判定
3	1	80	50	130	3	
4	2	90	80	170	1	合格
5	3	70	70	140	2	
6					合格者数	1

（3）条件付き合計・平均

=SUMIF（範囲,検索条件,[合計範囲]）

「範囲」の中で「検索条件」に一致したセルを検索し，対応する合計範囲のデータの合計を求める。

例　判定が「合格」のセルに対応する合計の列の合計を求める。

D6：=SUMIF(F3:F5,"合格",D3:D5)

=AVERAGEIF（範囲,条件,[平均対象範囲]）

「範囲」の中で「検索条件」に一致したセルを検索し，対応する平均範囲のデータの平均を求める。

例　判定が「合格」のセルに対応する合計の列の平均を求める。

D7：=AVERAGEIF(F3:F5,"合格",D3:D5)

	A	B	C	D	E	F
1	成績一覧表					
2	番号	1回	2回	合計	順位	判定
3	1	80	50	130	3	
4	2	90	80	170	1	合格
5	3	70	70	140	2	
6		合格者の合計		170		
7		合格者の平均		170		

（4）複数の条件付きカウント

=COUNTIFS（検索条件範囲１,検索条件１,[検索条件範囲２,検索条件２],…）

「検索条件範囲」の中で，「検索条件」をすべて満たすデータの個数を求める。

例１　判定が「合格」のセルの個数を求める。

F6 : =COUNTIFS(F3:F5,"合格")

例２　１回，２回とも「70以上」のセルの個数を求める。

F7 : =COUNTIFS(B3:B5,">=70",C3:C5,">=70")

	A	B	C	D	E	F
1	成績一覧表					
2	番号	1回	2回	合計	順位	判定
3	1	80	50	130	3	
4	2	90	80	170	1	合格
5	3	70	70	140	2	
6			合格者数			1
7			２回とも70以上の人数			2

（5）複数の条件付き合計

=SUMIFS（合計対象範囲,条件範囲１,条件１,[条件範囲２,条件２],…）

「合計対象範囲」の中で，「条件範囲」の「条件」をすべて満たすデータの合計を求める。

例１　判定が「合格」の合計の合計を求める。

F6 : =SUMIFS(D3:D5,F3:F5,"合格")

例２　１回，２回とも「70以上」の合計の合計を求める。

F7 : =SUMIFS(D3:D5,B3:B5,">=70",C3:C5,">=70")

	A	B	C	D	E	F
1	成績一覧表					
2	番号	1回	2回	合計	順位	判定
3	1	80	50	130	3	
4	2	90	80	170	1	合格
5	3	70	70	140	2	
6			合格者の合計の合計			170
7			２回とも70以上の合計の合計			310

（6）複数の条件付き平均

=AVERAGEIFS（平均対象範囲,条件範囲１,条件１,[条件範囲２,条件２],…）

「平均対象範囲」の中で，「条件範囲」の「条件」をすべて満たすデータの平均を求める。

例１　判定が「合格」の合計の平均を求める。

F6 : =AVERAGEIFS(D3:D5,F3:F5,"合格")

例２　１回，２回とも「70以上」の合計の平均を求める。

F7 : =AVERAGEIFS(D3:D5,B3:B5,">=70",C3:C5,">=70")

	A	B	C	D	E	F
1	成績一覧表					
2	番号	1回	2回	合計	順位	判定
3	1	80	50	130	3	
4	2	90	80	170	1	合格
5	3	70	70	140	2	
6			合格者の合計の平均			170
7			２回とも70以上の合計の平均			155

練習問題 1-1

解答 ⇨ P.31

【1】次の表は，第１回と第２回の数値を判定する表である。Ｃ３～Ｆ３には，次の式を設定し，６行目までコピーする。（１）～（16）に表示される文字を答えなさい。

	A	B	C	D	E	F
1						
2	第１回	第２回	判定１	判定２	判定３	判定４
3	60	80	(1)	(5)	(9)	(13)
4	50	40	(2)	(6)	(10)	(14)
5	80	90	(3)	(7)	(11)	(15)
6	90	70	(4)	(8)	(12)	(16)

C3：=IF(AND(A3>=80,B3>=80),"A","B")

D3：=IF(OR(A3>=80,B3>=80),"A","B")

E3：=IF(NOT(A3>=80),"A","B")

F3：=IF(NOT(AND(A3>=80,B3>=80)),"A","B")

(1)		(2)		(3)		(4)		(5)		(6)		(7)		(8)	
(9)		(10)		(11)		(12)		(13)		(14)		(15)		(16)	

【2】次の表は，販売員の売上を集計する表である。各問いに答えなさい。

	A	B	C	D	E	F	G	H
1								
2	売上表				売上集計表			
3	販売員	性別	売上数		性別	販売員数	合計売上数	平均売上数
4	A	男	13		男	5	55	11
5	B	男	6		女	3	75	25
6	C	女	27					
7	D	男	16					
8	E	女	19					
9	F	女	29					
10	G	男	9					
11	H	男	11					

(1) Ｆ４の「販売員数」は，売上表から「性別」が男の人数を求める。Ｆ４に設定する式を解答群から選び，記号で答えなさい。ただし，この式をＦ５にコピーするものとする。

(2) Ｇ４の「合計売上数」は，売上表から「性別」が男の売上数の合計を求める。Ｇ４に設定する式を解答群から選び，記号で答えなさい。ただし，この式をＧ５にコピーするものとする。

(3) Ｈ４の「平均売上数」は，売上表から「性別」が男の売上数の平均を求める。Ｈ４に設定する式を解答群から選び，記号で答えなさい。ただし，この式をＨ５にコピーするものとする。

解答群

ア．=AVERAGEIFS($C$4:$C$11,$B$4:$B$11,$E$4)
イ．=AVERAGEIFS($C$4:$C$11,$B$4:$B$11,E4)
ウ．=AVERAGEIFS($B$4:$B$11,$C$4:$C$11,E4)
エ．=COUNTIFS($B$4:$B$11,$E$4)
オ．=COUNTIFS($B$4:$B$11,E$4)
カ．=COUNTIFS($B$4:$B$11,E4)
キ．=SUMIFS($B$4:$B$11,$C$4:$C$11,E4)
ク．=SUMIFS($C$4:$C$11,$B$4:$B$11,E4)
ケ．=SUMIFS($C$4:$C$11,$B$4:$B$11,$E$4)

(1)		(2)		(3)	

検定問題 1-1

解答 ➡ P.31

第2章

【1】次の表は，ある農家のみかん出荷一覧表である。伝票別集計表の「総額」は，E列の「金額」を伝票番号ごとに合計している。I4に設定する式として適切なものを選び，記号で答えなさい。ただし，I5～I6にコピーするものとする。

［第40回一部修正］

	A	B	C	D	E	F	G	H	I
1									
2	みかん出荷一覧表						伝票別集計表		
3	伝票番号	コード	品種	数量	金額		伝票番号	合計数量	総額
4	1	11	いよかん	2	9,000		1	5	19,500
5	1	12	温州	3	10,500		2	2	10,000
6	2	13	ポンカン	2	10,000		3	3	12,000
7	3	12	温州	2	7,000				
8	3	13	ポンカン	1	5,000				
9									
10	品種一覧表								
11	コード	11	12	13					
12	品種	いよかん	温州	ポンカン					
13	価格	4,500	3,500	5,000					

ア．=SUMIFS($D$4:$D$8,$A$4:$A$8,G4)
イ．=SUMIFS($E$4:$E$8,$A$4:$A$8,G4)
ウ．=SUMIFS($E$4:$E$8,$B$4:$B$8,B11)

【2】次の表は，空港周辺の民間駐車場比較表である。E列の「備考」は，B列の「1泊2日の料金（円）」が，1,500円以下で，かつC列の「空港までの距離（km）」が2km以下で，D列の「送迎」が なし でない場合は ○ を表示する。E4に設定する次の式の空欄（a），（b）にあてはまる適切な組み合わせを答えなさい。　［第47回］

	A	B	C	D	E
1					
2	空港周辺の民間駐車場比較表				
3	駐車場名	1泊2日の料金(円)	空港までの距離(km)	送迎	備考
4	Aパーキング	1,500	1.5	随時	○
5	B駐車場	2,000	1.2	なし	
6	オートパークC	500	3.2	定時	
7	Dパーキング	900	2.7	随時	
8	E駐車場	1,200	1.6	定時	○
9	パーキングF	1,200	1.5	なし	

（注）D列の「送迎」は，随時，定時，なし のいずれかを入力するものとする。

=IF(AND(B4<=1500,C4 (a) 2,D4 (b) "なし"),"○","")

ア．(a) <= (b) =　　イ．(a) >= (b) <>　　ウ．(a) <= (b) <>

【3】次の表は，ドッジボール大会成績一覧表である。勝った場合は ○ で表し，勝ち点は2点，引き分けの場合は △ で表し，勝ち点は1点，負けた場合は × で表し，勝ち点はなしとする。勝ち点の合計を表示させるために，F4に設定する式として適切なものを選び，記号で答えなさい。

［第45回一部修正］

	A	B	C	D	E	F
1						
2	ドッジボール大会成績一覧表					
3	組	1組	2組	3組	4組	勝ち点
4	1組		○	○	○	6
5	2組	×		×	△	1
6	3組	×	○		×	2
7	4組	×	△	○		3

ア．=COUNTIFS(B4:E4,"○")+COUNTIFS(B4:E4,"△")
イ．=COUNTIFS(B4:E4,"△")*2+COUNTIFS(B4:E4,"○")
ウ．=COUNTIFS(B4:E4,"○")*2+COUNTIFS(B4:E4,"△")

2. 検索の関数

（1）列方向の検索

＝VLOOKUP(検索値,範囲,列番号,[検索方法])

「範囲」の左端列から，「検索値」と一致する値を検索し，その行の左から数えて「列番号」列目のデータを表示する。

※列番号は，１から数える。

検索方法は，FALSE（0）を指定すると，検索値と完全に一致する値だけを検索する。TRUE（0以外，省略）を指定すると，一致する値がない場合に，検索値未満の最大値を検索する。

例1　商品コードをもとに，商品表を参照して表示する（完全一致）。

B3：=VLOOKUP(A3,D3:E5,2,FALSE)

	A	B	C	D	E
1	商品名検索			商品表	
2	商品コード	商品名		商品コード	商品名
3	200	カメラ		100	パソコン
4				300	プリンタ
5				200	カメラ

例2　距離をもとに，グリーン料金表を参照して表示する（範囲一致）。

B3：=VLOOKUP(A3,D3:E5,2,TRUE)　　　※TRUEは省略可

	A	B	C	D	E
1	グリーン料金検索			グリーン料金表	
2	距離	料金		距離	料金
3	150	2,000		0	1,000
4				100	2,000
5				200	3,000

（注）D３の０は，０以上100未満を示している。

（2）行方向の検索

＝HLOOKUP(検索値,範囲,行番号,[検索方法])

「範囲」の上端行から，「検索値」と一致する値を検索し，その列の上から数えて「行番号」行目のデータを表示する。

例　商品コードをもとに，商品表を参照して表示する（完全一致）。

B3：=HLOOKUP(A3,E2:G3,2,FALSE)

	A	B	C	D	E	F	G
1	商品名検索			商品表			
2	商品コード	商品名		商品コード	100	200	300
3	200	カメラ		商品名	パソコン	カメラ	プリンタ

第2章

(3) 指定した文字のセルの位置

=MATCH(検査値,検査範囲,[照合の種類])

「検査範囲」を検索し,「検査値」と一致する相対的なセル位置を表す数値を求める。

例 科目名表を検索し,「科目名」が数学と一致する位置を求める。

B4：=MATCH(B3,D4:I4,0)

	A	B	C	D	E	F	G	H	I
1									
2	位置検索表			科目名表					
3	科目名	数学		科目名					
4	位置	4		国語	地理	歴史	数学	理科	英語

※照合の種類は,次のものを指定する。

照合の種類	意　味
0	検査値に一致する値を検索する。検査範囲は並べ替え不要。検査値にワイルドカード(＊,?)の使用可。
1	検査値以下の最大値を検索する。検査範囲は昇順。省略可。
－1	検査値以上の最小値を検索する。検査範囲は降順。

※検査値が見つからない場合は,エラー値#N/Aが返される。

(4) ワイルドカード

ワイルドカードは,文字列を検索するときに使用する記号である。

?	任意の1文字として一致する文字列を検索
＊	任意の数の文字として一致する文字列を検索

(5) 指定した位置のセルの参照

=INDEX(配列,行番号,[列番号])

「配列」の中で,上からの「行番号」と左からの「列番号」が交差する値を表示する。

例 「科目名」が理科,「番号」が2の点数を表示する。

B5：=INDEX(E5:J9,B4,MATCH(B3,E4:J4,0))

	A	B	C	D	E	F	G	H	I	J
1										
2	成績検索表			成績表						
3	科目名	理科		番号	科目名					
4	番号	2			国語	地理	歴史	数学	理科	英語
5	点数	48		1	92	97	58	68	36	21
6				2	71	83	34	29	48	71
7				3	90	74	34	68	85	92
8				4	79	63	81	30	81	84
9				5	32	62	65	52	31	27

練習問題 1-2

解答 ➡ P.31

【1】次の表は，作品番号をもとに，作品名と価格を表示する表である。各問いに答えなさい。

	A	B	C	D	E	F	G
1							
2	作品検索				作品一覧表		
3	作品番号	作品名	価格		作品番号	作品名	価格
4	D146	プロジェクトX	3,619		V201	大地の子	4,700
5					V455	英語であそぼ	2,800
6					D146	プロジェクトX	3,619
7					D318	映像の世紀	6,800

(1) Ｂ４の「作品名」は，Ａ４の「作品番号」をもとに，作品一覧表を参照して表示する。Ｂ４に設定する式を解答群から選び，記号で答えなさい。

解答群

ア．=VLOOKUP(A4,E4:G7,1,FALSE)　　イ．=VLOOKUP(A4,E4:G7,2,FALSE)
ウ．=VLOOKUP(A4,E4:G7,1,TRUE)　　エ．=VLOOKUP(A4,E4:G7,2,TRUE)
オ．=HLOOKUP(A4,E4:G7,1,FALSE)　　カ．=HLOOKUP(A4,E4:G7,2,FALSE)
キ．=HLOOKUP(A4,E4:G7,1,TRUE)　　ク．=HLOOKUP(A4,E4:G7,2,TRUE)

(2) Ｃ４の「価格」は，Ａ４の「作品番号」をもとに，作品一覧表を参照して表示する。Ｃ４に設定する式を答えなさい。

【2】次の表は，入力数をもとに，レベルを判定する表である。Ｂ４の「レベル」は，Ｂ３の「入力数」をもとに，レベル表を参照して表示する。Ｂ４に設定する式を解答群から選び，記号で答えなさい。なお，Ｅ３の「０」は，０以上200未満を示している。

	A	B	C	D	E	F	G	H	I	J
1										
2	レベル判定表			レベル表						
3	入力数	380		入力数	0	200	300	450	700	1,000
4	レベル	3級		レベル	初級	4級	3級	2級	1級	特級

解答群

ア．=VLOOKUP(B3,E3:J4,2,FALSE)　　イ．=VLOOKUP(B3,E3:J4,2,TRUE)
ウ．=HLOOKUP(B3,E3:J4,2,FALSE)　　エ．=HLOOKUP(B3,E3:J4,2,TRUE)

【3】次の表は，Ｂ６に下車駅を入力すると，Ｄ６に料金を求める表である。Ｄ６に設定する式の空欄を答えなさい。

	A	B	C	D	E	F	G	H	I	J
1										
2	新宿駅からの料金表									
3	駅名	代々木	千駄ヶ谷	信濃町	四ツ谷	市ヶ谷	飯田橋	水道橋	御茶ノ水	秋葉原
4	料金	130	130	130	150	150	150	160	160	160
5										
6		水道橋	駅は，	160	円です。					

D6：= INDEX((1) , (2) , (3))

(1)		(2)		(3)	

検定問題 1-2

解答 ➡ P.31

【1】次の表は，ある果物販売店の果物売上一覧表である。C列の「売上金額」は，A列の「果物名」をもとに，果物単価表を参照して求めた値に，B列の「売上数」をかけて求める。C４に設定する式として適切なものを選び，記号で答えなさい。ただし，この式をC５～C７にコピーするものとする。［第47回一部修正］

	A	B	C	D	E	F
1						
2	果物売上一覧表				果物単価表	
3	果物名	売上数	売上金額		果物名	単価
4	もも	2	600		みかん	50
5	ぶどう	3	900		洋なし	150
6	バナナ	1	200		バナナ	200
7	りんご	3	750		りんご	250
8		合計	2,450		もも	300
9					ぶどう	300

ア．=VLOOKUP(A4,$E$4:$F$8,2,TRUE)＊B4
イ．=VLOOKUP(A4,$E$4:$F$9,2,FALSE)＊B4
ウ．=VLOOKUP(E4,$A$4:$C$7,2,TRUE)＊F4

【2】次の表は，あるパソコンショップのPCパーツ売上表である。C列の「売上金額」は，A列の「パーツ名」をもとに，PCパーツ単価表を参照し，販売数をかけて求める。C４に設定する式として，適切なものを選び，記号で答えなさい。ただし，この式をC５～C７にコピーするものとする。［第43回］

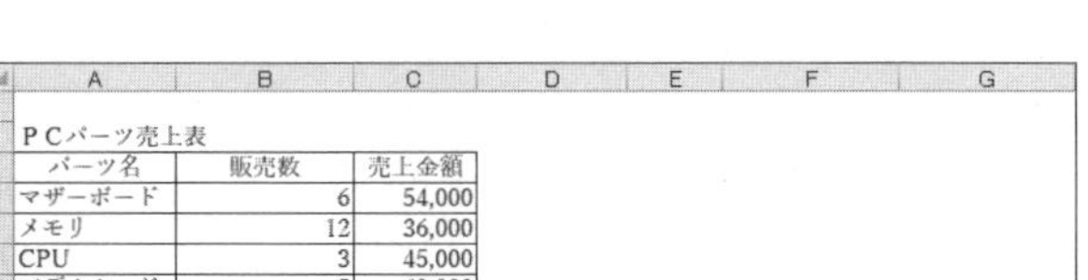

	A	B	C	D	E	F	G
1							
2	ＰＣパーツ売上表						
3	パーツ名	販売数	売上金額				
4	マザーボード	6	54,000				
5	メモリ	12	36,000				
6	CPU	3	45,000				
7	ビデオカード	5	60,000				
8		合計	195,000				
9							
10	ＰＣパーツ単価表						
11	パーツ名	マザーボード	メモリ	ＰＣケース	CPU	ビデオカード	電源ユニット
12	単価	9,000	3,000	7,000	15,000	12,000	6,000

（注）FALSE は 0 でも可。

ア．=HLOOKUP(A4,$B$11:$G$12,2,TRUE)＊B4
イ．=HLOOKUP(A4,$B$11:$G$12,2,FALSE)＊B4
ウ．=HLOOKUP(A4,$A$11:$G$12,2,TRUE)＊B4

【3】次の表は，ロッカー割り当て表である。F3に「ロッカー番号」を入力すると，F4に「会員番号」，F5に「会員名」を表示する。F4に設定する次の式の空欄(a)，(b)にあてはまる適切なものを選び，記号で答えなさい。［第57回］

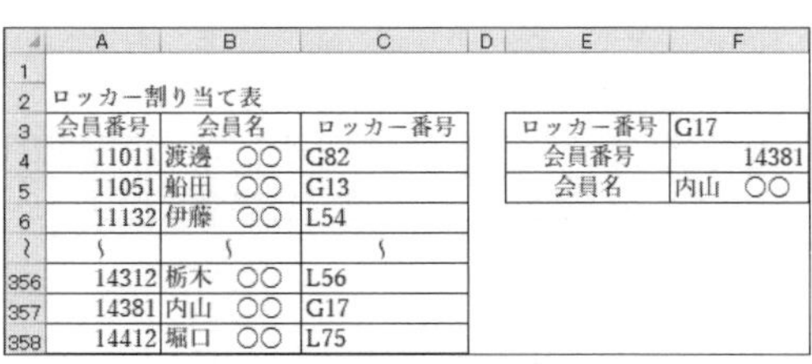

	A	B	C	D	E	F
1						
2	ロッカー割り当て表					
3	会員番号	会員名	ロッカー番号		ロッカー番号	G17
4	11011	渡邊　○○	G82		会員番号	14381
5	11051	船田　○○	G13		会員名	内山　○○
6	11132	伊藤　○○	L54			
≀	≀	≀	≀			
356	14312	栃木　○○	L56			
357	14381	内山　○○	G17			
358	14412	堀口　○○	L75			

=INDEX((a) ,MATCH(F3, (b) ,0),1)

ア．A4　　イ．B4　　ウ．F3
エ．A4:A358　　オ．B4:B358　　カ．C4:C358

(a)		(b)	

3. 文字列と数値の関数

（1） 整数化

＝INT（数値）

「数値」を切り捨てて，整数にした数値を求める。

例　「数値」を切り捨て，整数を求める。

B4：=INT(B3)

※INT 関数と ROUNDDOWN 関数との違いは，引数がマイナスの場合に異なる。INT 関数は，引数に指定した数値を超えない最大の整数を返すのに対して，ROUNDDOWN 関数は，単なる小数点以下の切り捨てとなる。

	A	B	C	D	E	F	G
1							
2	切り捨て表						
3	数値	2.5	1.5	0.5	-0.5	-1.5	-2.5
4	ＩＮＴ関数	2	1	0	-1	-2	-3
5	ＲＯＵＮＤＤＯＷＮ関数	2	1	0	0	-1	-2

（2） 剰余の算出

＝MOD（数値,除数）

「数値」÷「除数」の余りを求める。

例　番号の下 3 桁を求める。

B3：=MOD(A3,1000)

	A	B
1		
2	番号	下３けた
3	45678	678

（3） n 番目の数値

＝LARGE（配列,順位）

「配列」の中で，「順位」番目に大きい数値を求める。

例　数量の中から，上から 2 番目を求める。

J2：=LARGE(A3:G3,2)

	A	B	C	D	E	F	G	H	I	J
1										
2	数量								上から2番目	80
3	40	80	10	90	60	30	20		下から3番目	30

＝SMALL（配列,順位）

「配列」の中で，「順位」番目に小さい数値を求める。

例　数量の中から，下から 3 番目を求める。

J3：=SMALL(A3:G3,3)

（4）文字列結合

文字列1&文字列2・・・

「文字列1」と「文字列2」を結合する。

例 「姓」と「名」を1文字あけて結合して，姓名にする。

C3：=A3&" "&B3

	A	B	C
1			
2	姓	名	姓名
3	山田	花子	山田　花子

（5）指定した文字の文字位置

=SEARCH(検索文字列,対象,[開始位置])

「対象」の中から，「検索文字列」を検索し，最初に現れる位置を求める。

例 「文字列」の中のwを検索し，左から何文字目にあるかを求める。

B4：=SEARCH("w",A4)

※SEARCH関数は，大文字・小文字の区別不可。ワイルドカードを使用可。

=FIND(検索文字列,対象,[開始位置])

「対象」の中から，「検索文字列」を検索し，最初に現れる位置を求める。

例 「文字列」の中のwを検索し，左から何文字目にあるかを求める。

C4：=FIND("w",A4)

※FIND関数は，大文字・小文字の区別可。ワイルドカード使用不可。

	A	B	C
1			
2	「w」の位置		
3	文字列	SEARCH関数	FIND関数
4	Windows	1	6

練習問題 1-3

解答 ⇒ P.31

【1】次の文にあてはまる式を解答群から選び，記号で答えなさい。

(1) A1に入力されている文字列で最初に現れる小文字の f の位置を求める。

(2) A1に入力されている数値を 3 で割った余りを算出する。

(3) A1に入力されている数値の小数点以下を切り捨てた整数の値を求める。

(4) A1～A10に入力されている数値から大きいほうから 3 番目を求める。

(5) A1～A10に入力されている数値から小さいほうから 3 番目を求める。

解答群

ア．=FIND("f",A1)　イ．=LARGE(A1:A10,3)　ウ．=LEFT(A1,3)　エ．=LEN(A1)
オ．=INT(A1)　カ．=MID(A1,3,3)　キ．=MOD(A1,3)　ク．=RIGHT(A1,3)
ケ．=SMALL(A1:A10,3)　コ．=VALUE(A1)

(1)		(2)		(3)		(4)		(5)	

【2】次の式で表示される数値を答えなさい。

(1) =MOD(20,3)

(2) =SEARCH("A","ROYALMILKTEA")

(1)		(2)	

【3】次の式で表示される数値を答えなさい。

	A
1	My name is Ami.

(1) =SEARCH("M",A1)

(2) =FIND("M",A1)

(3) =SEARCH("m",A1)

(4) =FIND("m",A1)

(5) =SEARCH("A",A1)

(6) =FIND("A",A1)

(7) =SEARCH("a",A1)

(8) =FIND("a",A1)

(1)		(2)		(3)		(4)	
(5)		(6)		(7)		(8)	

検定問題 1-3　解答 ➡ P.31

【1】次の表は，ある国際駅伝大会における記録表である。G列の「タイム」は，C列の「タイム」の上位３位までの記録を表示する。Ｇ４に設定する式として適切なものを選び，記号で答えなさい。ただし，この式をＧ５～Ｇ６にコピーするものとする。また，同タイムはないものとする。 ［第49回］

	A	B	C	D	E	F	G
1							
2	国際駅伝大会記録表				上位タイム表		
3	チームNo.	チーム名	タイム			順位	タイム
4	1	日本	2:05:16			1 位	2:05:06
5	2	カナダ	2:11:01			2 位	2:05:16
6	3	ケニア	2:05:06			3 位	2:06:36
7	4	ニュージーランド	2:11:04				
8	5	ポーランド	2:13:02				
9	6	ルーマニア	2:13:14				
10	7	ロシア	2:09:13				
11	8	アメリカ	2:06:36				

ア．LARGE($C$4:$C$11,E4)
イ．SMALL($C$4:$C$11,E4)
ウ．MIN($C$4:$C$11,E4)

【2】次の表は，情報処理関連用語について，日本語名称と英略称をまとめた表である。次の条件にしたがって「英略称」を表示する。Ｂ４に設定する次の式の空欄にあてはまる適切なものを選び，記号で答えなさい。 ［第53回］

条件
①「英略称」は，「日本語名称と英略称」にある**英略称**を抽出して表示する。
②「日本語名称と英略称」では［ ］間にある文字列か**英略称**である。

	A	B
1		
2	情報処理関連用語表	
3	日本語名称と英略称	英略称
4	中央処理装置［CPU］	CPU
5	オペレーティングシステム［OS］	OS
6	電子発注システム［EOS］	EOS
7	電子商取引［EC］	EC
≀	≀	≀

=MID(A4,［　　　］,LEN(A4) − SEARCH("[",A4,1] − 1)

ア．SEARCH("[",A4,1) − 1
イ．SEARCH("[",A4,1)
ウ．SEARCH("[",A4,1)+1

【3】次の表は，干支検索表である。「西暦」に西暦を入力すると，その年の干支を「干支」に表示する。B4に設定する次の式の空欄にあてはまる適切なものを選び，記号で答えなさい。なお，2016年の干支は申である。 ［第54回］

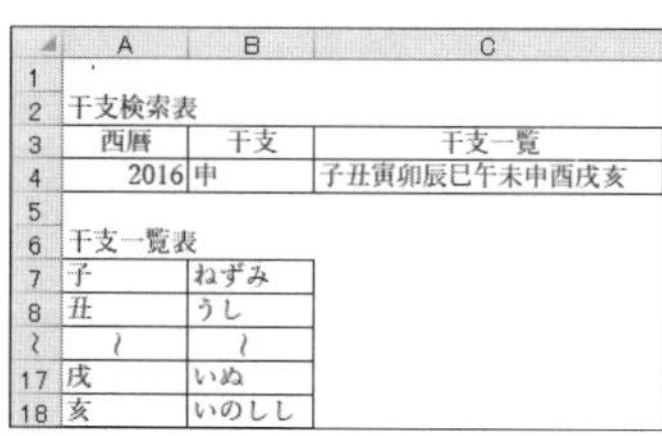

	A	B	C
1			
2	干支検索表		
3	西暦	干支	干支一覧
4	2016	申	子丑寅卯辰巳午未申酉戌亥
5			
6	干支一覧表		
7	子	ねずみ	
8	丑	うし	
≀	≀	≀	
17	戌	いぬ	
18	亥	いのしし	

=MID(C4,［　　　］,1)

ア．MOD(A4,12)+1
イ．MOD(A4+8,12)+1
ウ．MOD(A4+8,12)

【4】次の表は，あるおにぎり店のおにぎり販売数量報告表である。この店では「販売数量」の少ない方から順に２商品の入れ替えを行っている。「備考」は，入れ替えを行う場合は 入替対象 と表示しそれ以外の場合は何も表示しない。Ｃ４に設定する式として適切なものを選び，記号で答えなさい。ただし「販売数量」に同数はないものとする。 ［第56回］

	A	B	C
1			
2	おにぎり販売数量報告表		
3	商品名	販売数量	備考
4	さけ	950	
5	高菜	520	入替対象
6	明太子	968	
7	おかか	985	
8	ツナ	999	
9	野沢菜	680	入替対象
10	梅	986	
11	五目	860	
12	たらこ	786	
13	昆布	685	

ア．=IF(B4<=SMALL($B$4:$B$13,2),”入替対象”,””)
イ．=IF(B4<=LARGE($B$4:$B$13,2),”入替対象”,””)
ウ．=IF(B4<=SMALL($B$4:$B$13,8),”入替対象”,””)

【5】次の表は，ある町の長寿一覧表である。Ｅ４の「２番目」は，Ｂ列の「年齢」の中で２番目に高い年齢を表示する。Ｅ４に設定する式として適切なものを選び，記号で答えなさい。　［第40回］

	A	B	C	D	E
1					
2	長寿一覧表			長寿ベスト3	
3	氏名	年齢		最高齢	101
4	青山○○	90		2番目	94
5	飯田○○	93		3番目	93
6	大西○○	101			
7	武田○○	94			
8	山本○○	91			

ア．=LARGE(B4:B8,2)
イ．=SMALL(B4:B8,2)
ウ．=MAX(B4:B8)

【6】次の表は，ある企業のアンケート調査分担表である。
各班の「担当枚数」を均等に近づけるために，「担当班」は，「回収枚数」の降順に順位を求め，その値３で割った余りに１を加えて求める。Ｃ４に設定する次の式の空欄(a)，(b)にあてはまる適切なものを選び，記号で答えなさい。　［第59回］

=［(a)］(［(b)］(B4,$B$4:$B$12,0),3)+1

	A	B	C
1			
2	アンケート調査分担表		
3	区名	回収枚数	担当班
4	A区	885	2
5	B区	696	3
6	C区	751	2
7	D区	606	1
8	E区	1,040	1
9	F区	1,124	3
10	G区	800	3
11	H区	1,183	2
12	I区	782	1
13			
14	班	担当区数	担当枚数
15	1	3	2,428
16	2	3	2,819
17	3	3	2,620

ア．RANK　　イ．HLOOKUP　　ウ．SEARCH　　エ．MOD

(a)		(b)	

【7】次の表は，ある年の12月の降水量である。「最小降水量」は，「降水量(mm)」のうち０を除いた最小値を求める。Ｅ３に設定する式として適切なものを選び，記号で答えなさい。　［第62回］

ア．=MIN(B5:B35,0)
イ．= SMALL(B5:B35,COUNTIFS(B5:B35,0)+1)
ウ．= LARGE(B5:B35,COUNTIFS(B5:B35,0)+1)

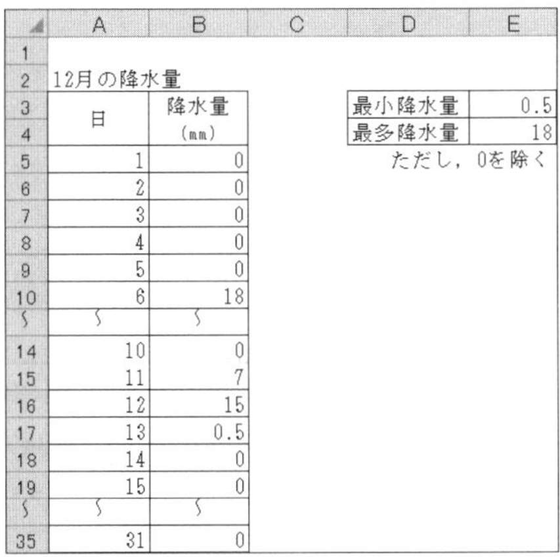

	A	B	C	D	E
1					
2	12月の降水量				
3	日	降水量 (mm)		最小降水量	0.5
4				最多降水量	18
5	1	0		ただし，0を除く	
6	2	0			
7	3	0			
8	4	0			
9	5	0			
10	6	18			
〜	〜	〜			
14	10	0			
15	11	7			
16	12	15			
17	13	0.5			
18	14	0			
19	15	0			
〜	〜	〜			
35	31	0			

4. 日時・曜日の関数

（1） 日時の関数

＝DATE（年,月,日）

「年」「月」「日」から「年月日」の日付のシリアル値を求める。

例 2030年1月20日のシリアル値を求める。

式：=DATE(2030,1,20) 答：47503

＝TIME（時,分,秒）

「時」「分」「秒」から「時分秒」の時刻のシリアル値を求める。

例 午前９時のシリアル値を求める。

式：=TIME(9,0,0) 答：0.375

＝HOUR（シリアル値）

シリアル値から「時」の値を求める。

例 現在の時刻から「時」の値を求める。

式：＝HOUR(NOW( ))

＝YEAR（シリアル値）

「シリアル値」の年を求める。

例 現在の日付の年を求める。

式：=YEAR(TODAY( ))

＝MINUTE（シリアル値）

シリアル値から「分」の値を求める。

例 現在の時刻から「分」の値を求める。

式：＝MINUTE(NOW( ))

＝MONTH（シリアル値）

「シリアル値」の月を求める。

例 現在の日付の月を求める。

式：＝MONTH(TODAY( ))

＝SECOND（シリアル値）

シリアル値から「秒」の値を求める。

例 現在の時刻から「秒」の値を求める。

式：＝SECOND(NOW( ))

＝DAY（シリアル値）

「シリアル値」の日を求める。

例 現在の日付の日を求める。

式：＝DAY(TODAY( ))

（2） 曜日の関数

＝WEEKDAY（シリアル値,[種類]）

「シリアル値」（日付文字列）の曜日を，数値で求める。

「種類」には１（日曜＝１～７＝土曜），２（月曜＝１～日曜＝７），３（月曜＝０～日曜＝６）の数字を指定する。省略は１とみなす。

例 2030年1月20日の曜日を示す数値を求める。

式：=WEEKDAY("2030/1/20",1) 答：１

=TEXT(値,表示形式)

「値」を「表示形式」で表示する。

※曜日の表示形式には，次のようなものがある。

表示形式	ddd	dddd	aaa	aaaa
表示例	Sun	Sunday	日	日曜日

例　現在の日付，日時，曜日を表示する。

A2：=NOW( )　　D2：=WEEKDAY(C2,1)

C2：=TODAY( )　　E2：=TEXT(WEEKDAY(C2,1),"aaaa")

	A	B	C	D	E
1	現在の日時		本日の日付	本日の曜日	本日の曜日
2	2030/1/20 10:00		2030/1/20	1	日曜日

※TEXT関数は，曜日の表示以外にも使用される。

例　=TEXT(12.3, "000.00")　→012.30

=TEXT(12.3, "###.##")　→12.3

=TEXT(12.3456, "???.??")　→△12.35（△は空白を表す）

=TEXT(12345, "###,###")　→12,345

=TEXT(0.12, "0%")　→12%

=TEXT(12345, "¥###,###")　→¥12,345

=TEXT(12345, "金###,###円也")　→金12,345円也

（3）日数の計算

年月日や時刻はシリアル値で表されているので，差を求めることにより，経過日数や経過時間を求めることができる。

経過日数 ＝ 終了日 － 開始日

① **片落とし**・・・・開始日か終了日を含めない。片落とし＝終了日－開始日

② **両端入れ**・・・・開始日と終了日を含める。両端入れ＝片落とし＋1

③ **両端落とし**・・・開始日と終了日を含めない。両端落とし＝片落とし－1

例　2030年1月13日から2030年1月20日までの日数を求める（片落とし）。

式：=DATE(2030,1,20)－DATE(2030,1,13)　　答：7日

（4）時間の計算

経過時間 ＝ 終了時刻 － 開始時刻

例　8時30分から同日の17時15分の経過時間を求める。

式：=TIME(17,15,0)－TIME(8,30,0)　　答：8時間45分

練習問題 1-4

解答 ➡ P.31

【1】次の各問いにおいて，利用する関数名を答えなさい。

(1) 現在の日付と時刻を表示する。
(2) 現在の日付を表示する。
(3) 時刻をシリアル値で表示する。
(4) シリアル値の曜日を示す数値を求める。
(5) シリアル値の年を求める。
(6) シリアル値の月を求める。

(1)		(2)	
(3)		(4)	
(5)		(6)	

第2章

検定問題 1-4

解答 ➡ P.31

【1】次の表は，製品出荷予定時刻一覧表である。「出荷可能時刻」は，「完成予定時刻」に「梱包時間（分）」を加えて表示する。E5に設定する次の式の空欄にあてはまる適切なものを選び，記号で答えなさい。 ［第53回］

	A	B	C	D	E
1					
2	製品出荷予定時刻一覧表				
3	製品名	完成予定時刻		梱包時間	出荷可能
4		時	分	（分）	時刻
5	製品A	14	10	20	14時30分
6	製品B	15	25	30	15時55分
7	製品C	15	45	15	16時00分

=［　　　］(B5,C5+D5,0)

ア．DATE
イ．TIME
ウ．NOW

［　　　］

【2】次の表は，あるスキー競技の男子20km結果表である。「総合タイム」は，「走行タイム」に「加算タイム（分）」を加えて表示する。E4に設定する次の式の空欄にあてはまる適切なものを選び，記号で答えなさい。 ［第55回］

	A	B	C	D	E	F
1						
2	男子20km結果表					
3	No	選手名	走行タイム	加算タイム(分)	総合タイム	順位
4	1	田中　〇〇	1:05:05	1	1:06:05	3
5	2	渡辺　〇〇	1:02:35	3	1:05:35	2
6	3	島田　〇〇	1:03:55	0	1:03:55	1
7	4	斉藤　〇〇	1:06:18	2	1:08:18	4

=C4+［　　　］

ア．TIME(0,0,D4)
イ．TIME(D4,0,0)
ウ．TIME(0,D4,0)

［　　　］

【3】次の表は，ラグビーW杯カウントダウン表である。A4は，本日から「開幕日」までの日数を算出し，日数の前に 開幕まであと を，日数の後ろに 日です。 を文字列結合して表示する。A4に設定する式として適切なものを選び，記号で答えなさい。なお，本日は2018年９月23日である。 ［第59回］

	A	B
1		
2	ラグビーW杯カウントダウン表	
3	開幕日	2019/9/20
4	開幕まであと362日です。	

ア．="開幕まであと"&MONTH(B3−TODAY( ))&"日です。"
イ．="開幕まであと"&DAY(B3−TODAY( ))&"日です。"
ウ．="開幕まであと"&B3−TODAY( )&"日です。"

［　　　］

関数のネスト

第2章

1. 関数のネスト

関数の中に関数を入れることを**関数のネスト（入れ子）**という。

例1　商品コードの左端から3文字目をもとに，色コード表を参照して表示する。

B4：=VLOOKUP(MID(A4,3,1),E4:F7,2,FALSE)

※検索方法は完全一致で，E列の「色コード」が昇順ではないので，FALSEを指定する。

	A	B	C	D	E	F	G	H	I
1									
2	価格検索				色コード表			価格表	
3	商品コード	色名	価格		色コード	色名		サイズ	価格
4	TVS32	シルバー	145,000		S	シルバー		20	85,000
5					B	ブラック		26	110,000
6					W	ホワイト		32	145,000
7					R	レッド		40	165,000

例2　商品コードの右端から2文字をもとに，価格表を参照して表示する。

C4：=VLOOKUP(VALUE(RIGHT(A4,2)),H4:I7,2)

※H列の「サイズ」が数値なので，VALUE関数で数値化する。

検索方法は完全一致だが，「サイズ」が昇順なのでFALSEを省略できる。

2. IF関数のネスト

例1　風速が10m未満の場合は 走行注意，20m未満の場合は 速度落とせ，それ以外の場合は 通行止め を表示する。

B3：=IF(A3<10,"走行注意",IF(A3<20,"速度落とせ","通行止め"))

	A	B
1		
2	風速	表示
3	10	速度落とせ

例2　点数が80以上の場合は 優，60以上の場合は 良，30以上の場合は 可，それ以外の場合は 不可 を表示する。

B3：=IF(A3>=80,"優",IF(A3>=60,"良",IF(A3>=30,"可","不可")))

	A	B
1		
2	点数	判定
3	65	良

練習問題2-1

解答 ➡ P.32

【1】次の表は，８けたの数値で入力されたＡ３の「日付コード」を，「年」「月」「日」に分けて数値として抽出する表である。Ｃ３～Ｅ３に設定する２種類の式の空欄を答えなさい。

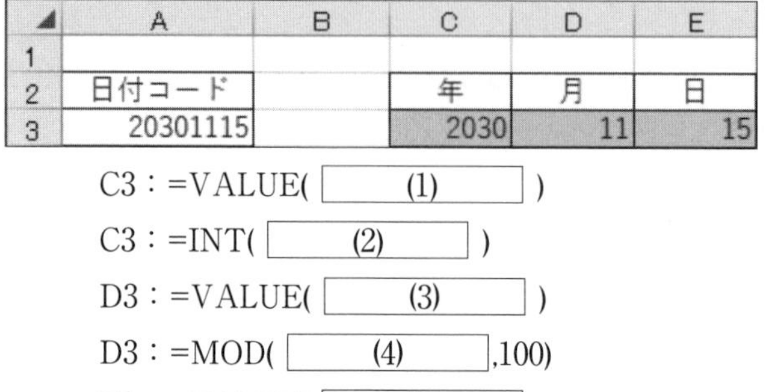

	A	B	C	D	E
1					
2	日付コード		年	月	日
3	20301115		2030	11	15

C3：=VALUE(　(1)　)

C3：=INT(　(2)　)

D3：=VALUE(　(3)　)

D3：=MOD(　(4)　,100)

E3：=VALUE(　(5)　)

E3：=MOD(A3,　(6)　)

(1)	
(2)	
(3)	
(4)	
(5)	
(6)	

【2】次の表は，本日から本年の12月31日までの日数を求める表である。Ｂ２に設定する式の空欄を答えなさい。

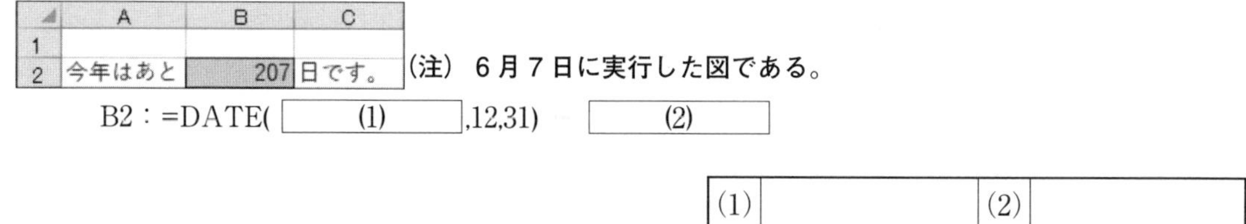

	A	B	C
1			
2	今年はあと	207	日です。

（注）６月７日に実行した図である。

B2：=DATE(　(1)　,12,31)　(2)

(1)		(2)	

【3】次の表は，包装コードをもとに，価格表を参照して，種類名，価格を表示する表である。Ｂ４～Ｃ４に設定する式の空欄を答えなさい。なお，包装コードの左端から２文字は種類コードを，右端の１文字はサイズを示している。

	A	B	C	D	E	F	G	H	I
1									
2	商品検索				価格表				
3	包装コード	種類名	価格		種類コード	種類名	サイズ別価格		
4	RB2	レジ袋	231				1	2	3
5					SB	透明ポリ袋	99	168	267
6					RB	レジ袋	120	231	441
7					CB	シティバッグ	372	666	1065
8					PB	紙袋	493	619	903
9					PX	紙箱	75	127	240

B4：=VLOOKUP(　(1)　,E5:I9,2,　(2)　)

C4：=VLOOKUP(　(1)　,E5:I9,　(3)　,　(2)　)

(1)		(2)		(3)	

【4】次の表は，筆記・実技・面接の成績を判定する表である。E５～H５には，次の式を設定し，９行目までコピーする。（１）～（20）に表示される文字を答えなさい。

	A	B	C	D	E	F	G	H
1								
2	成績判定表							
3								
4	番号	筆記	実技	面接	判定１	判定２	判定３	判定４
5	101	50	30	70	(1)	(6)	(11)	(16)
6	102	70	80	80	(2)	(7)	(12)	(17)
7	103	90	60	90	(3)	(8)	(13)	(18)
8	104	70	70	80	(4)	(9)	(14)	(19)
9	105	70	50	90	(5)	(10)	(15)	(20)

E5：=IF(AND(B5>=70,C5>=70,D5>=70),"A","B")

F5：=IF(OR(B5>=90,C5>=90,D5>=90),"A","B")

G5：=IF(B5>=80,"A",IF(C5>=80,"B",IF(D5>=80,"C","D")))

H5：=IF(AND(MAX(B5:D5)>=90,MIN(B5:D5)>50),"A",
　　IF(MIN(B5:D5)<=50,"C","B"))

(1)		(2)		(3)		(4)		(5)		(6)		(7)	
(8)		(9)		(10)		(11)		(12)		(13)		(14)	
(15)		(16)		(17)		(18)		(19)		(20)			

【5】次の表は，縦，横，高さの合計をチェックする表である。D４の「チェック欄」は，A４～C４が１つでもデータの入力がない場合は 未入力 ，A４～C４の合計が170以下の場合は 適合 ，それ以外の場合は 不適合 と表示する。D４に設定する式の空欄を答えなさい。

	A	B	C	D
1				
2	長さチェック表			
3	縦	横	高さ	チェック欄
4	50	60	40	適合

D4：=IF(　(1)　,"未入力",IF(　(2)　,"適合","不適合"))

(1)		(2)	

検定問題2-1

解答 ➡ P.32

【1】次の表は，ある陸上競技世界大会の男子ハンマー投げ決勝結果一覧表である。次の（1），（2）に答えなさい。

［第40回一部修正］

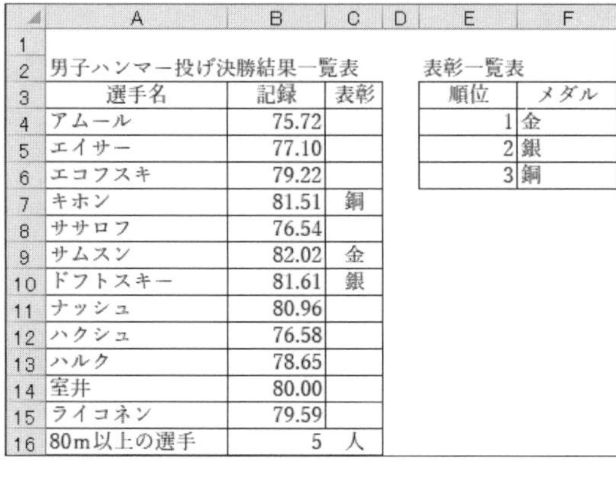

	A	B	C	D	E	F
1						
2	男子ハンマー投げ決勝結果一覧表				表彰一覧表	
3	選手名	記録	表彰		順位	メダル
4	アムール	75.72			1	金
5	エイサー	77.10			2	銀
6	エコフスキ	79.22			3	銅
7	キホン	81.51	銅			
8	ササロフ	76.54				
9	サムスン	82.02	金			
10	ドフトスキー	81.61	銀			
11	ナッシュ	80.96				
12	ハクシュ	76.58				
13	ハルク	78.65				
14	室井	80.00				
15	ライコネン	79.59				
16	80m以上の選手	5	人			

(1) B16は，B列の「記録」が80m以上の選手の人数を求める。B16に設定する式として適切なものを選び，記号で答えなさい。

ア．=COUNTIFS(B4:B15,">=80")

イ．=COUNTIFS(B4:B15,">=80m")

ウ．=COUNTIFS(B4:B15,"<=80")

(2) C列の「表彰」は，「記録」を基準として降順に順位をつけ，表彰一覧表を参照し，1位から3位までの選手にメダルの色を表示する。C4に設定する式として適切なものを選び記号で答えなさい。ただし，この式をC5～C15にコピーするものとする。

ア．=IF(RANK(B4,$B$4:$B$15,1)>4,"",VLOOKUP(RANK(B4,$B$4:$B$15,1),$E$4:$F$6,2))

イ．=IF(RANK(B4,$B$4:$B$15,1)<4,VLOOKUP(RANK(B4,$B$4:$B$15,1),$E$4:$F$6,2),"")

ウ．=IF(RANK(B4,$B$4:$B$15,0)<4,VLOOKUP(RANK(B4,$B$4:$B$15,0),$E$4:$F$6,2),"")

(1)		(2)	

【2】次の表は，ある動物園のネコ科動物飼育一覧表である。C列の「生息地域名」は，A列の「動物コード」の右端から２文字をもとに，生息地域表の「地域コード」を参照して表示する。C４に設定する次の式の空欄にあてはまる適切なものを選び，記号で答えなさい。ただし，この式をC５～C７にコピーするものとする。　［第40回］

=HLOOKUP(［　　　　］ (A4,2),$B$10:$D$11,2,FALSE)

	A	B	C	D
1				
2	ネコ科動物飼育一覧表			
3	動物コード	動物名	生息地域名	
4	NE01LIAF	ライオン	アフリカ	
5	NE02SUEA	スマトラトラ	東南アジア	
6	NE03OSSA	オセロット	南米	
7	NE04UNEA	ウンピョウ	東南アジア	
8				
9	生息地域表			
10	地域コード	EA	AF	SA
11	生息地域名	東南アジア	アフリカ	南米

ア．MID

イ．LEFT

ウ．RIGHT

（注）FALSEは0でも可。

【3】次の表は，ある学校の文化祭企画内容入力表である。Ｂ６の「文字数検査」は，Ｂ５の「内容」が未入力の場合は何も表示せず，文字数が２文字以上35文字以下の場合は 入力完了 を表示し，それ以外の場合は 再入力 を表示する。Ｂ６に設定する次の式の空欄にあてはまる関数として適切なものを選び，記号で答えなさい。なお，空欄には同じ関数が入るものとする。 ［第41回］

=IF(B5="","",IF(AND(　　　(B5)>=2,　　　(B5)<=35),"入力完了","再入力"))

	A	B
1		
2	文化祭企画内容入力表	
3	形態	模擬店
4	企画名	大したたい焼き
5	内容	あんこがいっぱい詰まったたい焼きを１００円ポッキリで販売します。
6	文字数検査	入力完了

ア．LEN
イ．COUNT
ウ．COUNTA

【4】次の表は，Tシャツデザインコンテストの一次審査結果である。E4には，二次審査に進出するTシャツを判定するために次の式が設定されている。この式をE13までコピーしたとき，「判定」に二次審査と表示される数を答えなさい。 ［第50回］

=IF(OR(B4>=$B$14,C4>=$C$14,D4>=10),"二次審査","")

	A	B	C	D	E
1					
2	Tシャツデザインコンテスト一次審査結果				
3	番号	色合い	独創性	合計	判定
4	1	6	3	9	※
5	2	5	5	10	※
6	3	5	4	9	※
7	4	4	4	8	※
8	5	9	9	18	※
9	6	8	10	18	※
10	7	10	7	17	※
11	8	5	3	8	※
12	9	3	6	9	※
13	10	7	8	15	※
14	平均	6.2	5.9		

（注）※印は，値の表記を省略している。

【5】次の表は，ある焼き肉店の価格表である。「販売価格」は，本日の曜日が月曜日，または日付が29日の場合は「定価」の３割引の値を，それ以外の場合は「定価」の値を表示する。Ｄ４に設定する式として適切なものを選び，記号で答えなさい。ただし，Ｄ２はTODAY関数が設定されており，2016年９月19日は月曜日である。 ［第55回］

	A	B	C	D
1				
2	価格表		本日の日付	2016/9/19
3	商品コード	商品名	定価	販売価格
4	S001	ロース	900	630
5	S002	カルビ	1,000	700
6	S003	タン	800	560
7	S004	ハラミ	700	490
8	≀	≀	≀	≀

（注）WEEKDAY関数の第２引数が１の場合，戻り値として，１（日曜日）～７（土曜日）を返す。

ア．=IF(OR(WEEKDAY($D$2,1)=2,DAY($D$2)=29),C4＊0.7,C4)
イ．=IF(AND(WEEKDAY($D$2,1)=2,DAY($D$2)=29),C4＊0.7,C4)
ウ．=IF(OR(WEEKDAY($D$2,1)=2,MONTH($D$2)=29),C4＊0.3,C4)

複合参照とマルチシート

1. 複合参照

数式をコピーした場合に，参照する番地を相対的な位置関係に自動的に調整したり，固定したままにしたりすることができる。

(1) 相対参照

相対参照しているセル番地で指定した式をコピーすると，行や列は相対的に自動調整される。

例　C 1 に「＝A1」を入力し，D 3 までコピーした場合

	A	B	C	D
1	10	40	=A1	=B1
2	20	50	=A2	=B2
3	30	60	=A3	=B3

	A	B	C	D
1	10	40	10	40
2	20	50	20	50
3	30	60	30	60

(2) 絶対参照

絶対参照しているセル番地で指定した式をコピーしても，行や列は固定され変化しない。

例　C 1 に「＝$A$1」を入力し，D 3 までコピーした場合

	A	B	C	D
1	10	40	=$A$1	=$A$1
2	20	50	=$A$1	=$A$1
3	30	60	=$A$1	=$A$1

	A	B	C	D
1	10	40	10	10
2	20	50	10	10
3	30	60	10	10

(3) 複合参照

複合参照しているセル番地で指定した式をコピーすると，行（または列）は固定され，列（または行）は相対的に自動調整される。

例　C 1 に「＝A$1」（行のみ固定）を入力し，D 3 までコピーした場合

	A	B	C	D
1	10	40	=A$1	=B$1
2	20	50	=A$1	=B$1
3	30	60	=A$1	=B$1

	A	B	C	D
1	10	40	10	40
2	20	50	10	40
3	30	60	10	40

例　C 1 に「＝$A1」（列のみ固定）を入力し，D 3 までコピーした場合

	A	B	C	D
1	10	40	=$A1	=$A1
2	20	50	=$A2	=$A2
3	30	60	=$A3	=$A3

	A	B	C	D
1	10	40	10	10
2	20	50	20	20
3	30	60	30	30

練習問題3-1　解答 ⇒ P.32

【1】次のような表に関する設問に答えなさい。

Ａ１～Ｃ２には，次のような数値が入力されている。Ａ３に各設問のような式を入力し，Ｂ３～Ｃ３にコピーした。Ｃ３に表示される数値を答えなさい。

	A	B	C
1	4	2	6
2	5	7	3
3	20	14	18

(1)　＝A1＊A2

(2)　＝$A$1＊A2

(3)　＝A$1＊A2

(4)　＝$A1＊A2

(1)		(2)		(3)		(4)	

第2章

【2】次の表は，売上金額に割引率を乗じて割引額を求める表である。Ｄ３に設定する式として適切なものをすべて選び，記号で答えなさい。ただし，この式をＦ３までコピーするものとする。

	A	B	C	D	E	F
1						
2	割引率		売上金額	6,800	23,000	14,500
3	0.05		割引額	340	1,150	725

解答群

ア．＝D2＊A3　　イ．＝D2＊A$3　　ウ．＝D2＊$A3　　エ．＝D2＊$A$3

【3】次の表は，１期の支店別売上高を基準とした支店別売上指数を求める表である。Ｂ５に設定する式として適切なものを選び，記号で答えなさい。ただし，この式をＦ６までコピーするものとする。

	A	B	C	D	E	F
1						
2	期数	1期	2期	3期	4期	5期
3	A支店売上高(万円)	860	880	910	960	950
4	B支店売上高(万円)	550	520	570	620	590
5	A支店売上指数	100.0	102.3	105.8	111.6	110.5
6	B支店売上指数	100.0	94.5	103.6	112.7	107.3

解答群

ア．＝B3/B3＊100　イ．＝B3/$B3＊100　ウ．＝B3/B$3＊100　エ．＝B3/$B$3＊100

2. マルチシートのセル参照

他のワークシートのセルを参照して，計算することができる。

ワークシート名！セル番地

他のワークシートのセルを参照する。

最初のワークシート名：最後のワークシート名！共通のセル番地

連続した複数のワークシートの共通のセル番地を参照する。

例　シート名「A社」～「C社」の評価をシート名「合計」に集計する。

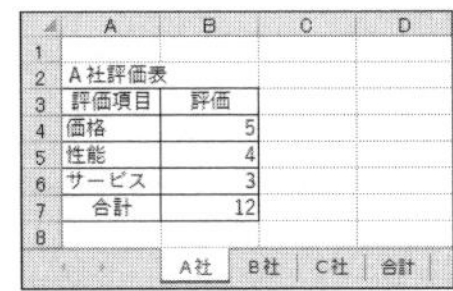

	A	B	C	D
1				
2	A社評価表			
3	評価項目	評価		
4	価格	5		
5	性能	4		
6	サービス	3		
7	合計	12		
8				

A社　B社　C社　合計

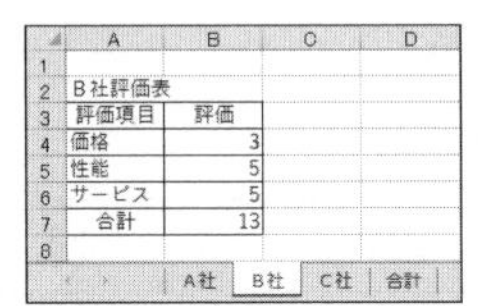

	A	B	C	D
1				
2	B社評価表			
3	評価項目	評価		
4	価格	3		
5	性能	5		
6	サービス	5		
7	合計	13		
8				

A社　B社　C社　合計

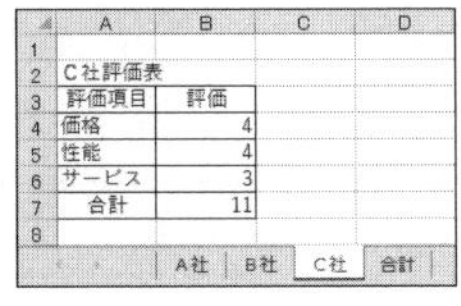

	A	B	C	D
1				
2	C社評価表			
3	評価項目	評価		
4	価格	4		
5	性能	4		
6	サービス	3		
7	合計	11		
8				

A社　B社　C社　合計

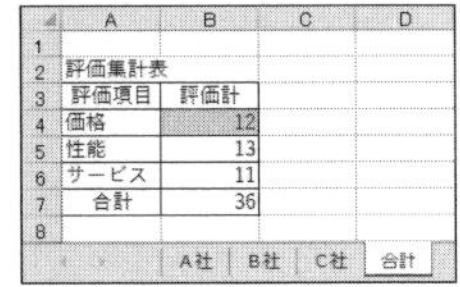

	A	B	C	D
1				
2	評価集計表			
3	評価項目	評価計		
4	価格	12		
5	性能	13		
6	サービス	11		
7	合計	36		
8				

A社　B社　C社　合計

シート名「合計」のB4：＝A社!B4＋B社!B4＋C社!B4

＝SUM(A社:C社!B4)

練習問題 3-2

解答 ➡ P.32

【1】次の表は，１月～３月の売上金額の合計を求める表である。シート名「合計」のＢ列の「売上金額」は，シート名「一月」～「三月」のＤ列の「売上金額」の合計を求める。シート名「合計」のＢ４に設定する２種類の式の空欄を答えなさい。

	A	B	C	D
1				
2	売上表			1月分
3	商品名	単価	売上数	売上金額
4	唐揚弁当	380	586	222,680
5	幕の内弁当	450	340	153,000
6	のり弁当	280	492	137,760
7				

一月　二月　三月　合計

	A	B	C	D
1				
2	売上集計表			
3	商品名	売上金額		
4	唐揚弁当	652,840		
5	幕の内弁当	477,450		
6	のり弁当	402,360		
7				

一月　二月　三月　合計

(1)　＝ [(a)] D4＋ [(b)] D4＋ [(c)] D4

(2)　＝SUM([(d)] D4)

(1)	(a)		(b)		(c)	
(2)	(d)					

検定問題 3-1　解答 ➡ P.32

【1】次の表は，ある高校の通学時間集計表である。F４は，「累計」を求めるため，次の式が設定されている。この式をF８までコピーしたとき，F７に表示される値を答えなさい。［第53回］

	A	B	C	D	E	F
1						
2	通学時間集計表					
3	区分	1年	2年	3年	合計	累計
4	1～ 10分	77	79	74	230	230
5	11～ 30分	73	81	78	232	462
6	31～ 60分	27	31	33	91	※
7	61～ 90分	25	9	8	42	※
8	91～120分	7	3	6	16	※
9		209	203	199	611	

=SUM(E 4 :E4)

【2】次の表は，ある植物園の入場料金早見表である。一人当たりの入園料金は大人500円，子供250円である。B４に設定する次の式の空欄（a），（b）に当てはまる適切なものを選び，記号で答えなさい。ただし，この式をG９までコピーするものとする。［第58回］

	A	B	C	D	E	F	G
1							
2	入園料金早見表						
3	大人＼子供	0	1	2	3	4	5
4	0	0	250	500	750	1,000	1,250
5	1	500	750	1,000	1,250	1,500	1,750
6	2	1,000	1,250	1,500	1,750	2,000	2,250
7	3	1,500	1,750	2,000	2,250	2,500	2,750
8	4	2,000	2,250	2,500	2,750	3,000	3,250
9	5	2,500	2,750	3,000	3,250	3,500	3,750

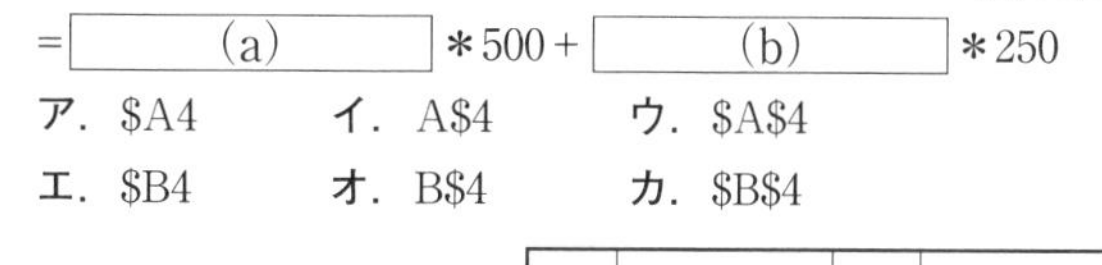
=（a）＊500＋（b）＊250

ア．$A4　　イ．A$4　　ウ．$A$4

エ．$B4　　オ．B$4　　カ．$B$4

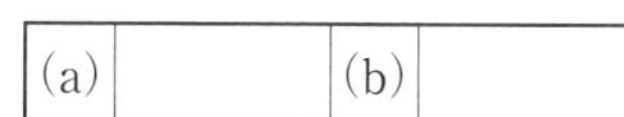
(a)　(b)

【3】次の表は，ある高校の持久走大会集計表である。シート名「持久走大会集計表」の「平均タイム」は，シート名「持久走大会結果表」を参照して「組」ごとに「タイム」の平均を求める。シート名「持久走大会集計表」のC４に設定する次の式の空欄（a），（b）に当てはまる適切なものを選び，記号で答えなさい。［第55回］

シート名「持久走大会集計表」

	A	B	C
1			
2	持久走大会集計表		
3	組	人数	平均タイム
4	1	30	0:47:57
5	2	30	0:48:31
6	3	30	0:47:42

シート名「持久走大会結果表」

	A	B	C	D
1				
2	持久走大会結果表			
3	組	番	氏名	タイム
4	1	1	浅津　○○	0:43:39
5	1	2	伊藤　○○	0:46:24
6	1	3	梅田　○○	0:53:58
7	1	4	狩俣　○○	0:47:51
≀	≀	≀	≀	≀
91	3	28	牧野　○○	0:47:35
92	3	29	吉中　○○	0:44:25
93	3	30	渡邊　○○	0:49:28

=（a）（（b）,A4,持久走大会結果表!$A$4:$A$93)

ア．(a)AVERAGE　　(b)持久走大会結果表!$D$4:$D$93

イ．(a)AVERAGEIFS　　(b)持久走大会結果表!$D$4:$D$93

ウ．(a)AVERAGEIFS　　(b)持久走大会結果表!$A$4:$D$93

【4】次の表は，ある動物園の入場料金早見表である。B4に設定する次の式の空欄(a)，(b)にあてはまる適切なものを選び，記号で答えなさい。ただし，この式をG9までコピーする。［第54回］

	A	B	C	D	E	F	G
1							
2	入場料金早見表						
3	子供＼大人	0	1	2	3	4	5
4	0	0	500	1,000	1,500	2,000	2,500
5	1	200	700	1,200	1,700	2,200	2,700
6	2	400	900	1,400	1,900	2,400	2,900
7	3	600	1,100	1,600	2,100	2,600	3,100
8	4	800	1,300	1,800	2,300	2,800	3,300
9	5	1,000	1,500	2,000	2,500	3,000	3,500

ア．(a) $B3　　(b) A$4

イ．(a) B$3　　(b) $A4

ウ．(a) $B3　　(b) $A4

エ．(a) B$3　　(b) A$4

=（a）＊500+（b）＊200

解答 ⇨ P.32

章末総合問題

【1】次の表は，動物園の団体入場者一覧表を表計算ソフトで作成したものである。各問いの答えをア，イ，ウの中から選び，記号で答えなさい。

	A	B	C	D	E	F	G	H
1								
2				パンダコパンダ動物園団体入場者一覧表				
3								
4	入場日	20XX年5月10日						
5								
6	受付番号	団体名	区分コード	人数	入園料	値引額	請求額	
7	1001	菜の花小学校	2	120	¥24,000	¥2,400	¥21,600	
8	1002	東部幼稚園	1	45	¥4,500	¥450	¥4,050	
9	1003	岬小学校	2	30	※	※	①	
10	1004	鴨川幼稚園	1	25	¥2,500	¥0	¥2,500	
11	1005	日立老人会	4	18	¥9,000	¥0	¥9,000	
12	1006	東金西小学校	1	60	¥6,000	¥600	¥5,400	
13	1007	大網幼稚園	2	29	¥5,800	¥0	¥5,800	
14			合　計	327	¥57,800	¥4,050	¥53,750	
15								
16		料金表・集計表						
17		区分コード	1	2	3	4		５０人以上
18		区分	幼稚園児	小学生	中学生	高校生		の団体数
19		入園料	¥100	¥200	¥300	¥500		2
20		合計人数	130	179	0	18		

（注）※印は，値の表記を省略している。

問１．Ｂ４の「入場日」は，本日の日付を表示する。Ｂ４に設定する式として適切なものを選び，記号で答えなさい。

ア．=DATE()　　イ．=TODAY()　　ウ．=WEEKDAY()

問２．Ｅ列の「入園料」は，Ｃ列の「区分コード」をもとに，料金表・集計表の「入園料」を参照し，その値にＤ列の「人数」を掛けて求める。E7に設定する式の空欄にあてはまる関数として適切なものを選び，記号で答えなさい。

=D7＊[　　　　](C7,$C$17:$F$19,3)

ア．HLOOKUP　　イ．INDEX　　ウ．VLOOKUP

問３．20行目の「合計人数」は，区分コード別の「人数」を集計する。C20に設定する式の空欄にあてはまる範囲として適切なものを選び，記号で答えなさい。ただし，この式をD20～F20にコピーするものとする。

=SUMIFS([　　　　],$C$7:$C$13,C17)

ア．$D$7:$D$13　　イ．D7:D13　　ウ．D$7:D$13

問４．H19の「50人以上の団体数」は，「人数」が50人以上の団体数を求める。H19に設定する式の空欄にあてはまる関数として適切なものを選び，記号で答えなさい。

=[　　　　](D7:D13,">=50")

ア．SUM　　イ．COUNTIFS　　ウ．COUNT

問５．Ｇ９の「請求額」①に表示される金額として適切なものを選び，記号で答えなさい。なお，Ｆ列の「値引額」は，人数が30人以上の場合に入園料の10％の金額を求める。

ア．¥6,000　　イ．¥3,000　　ウ．¥5,400

問1		問2		問3		問4		問5	

【2】次の表は，ある運送会社の貨物運送実績表である。各問いの答えをア，イ，ウの中から選び，記号で答えなさい。

	A	B	C	D	E	F	G	H	I	J
1										
2					貨物運送実績表					
3										
4	貨物番号	距離	荷扱い時間	荷待ち時間	距離料金	荷扱い料金	荷待ち料金	料金計		
5	11	14	22	27	2,800	1,000	0	3,800		
6	12	182	60	72	25,700	2,500	2,000	30,200		
7	13	62	48	42	※	※	※	①		
8	14	158	74	67	23,300	2,500	2,000	27,800		
9	15	6	8	3	2,000	500	0	2,500		
10										
11	距離料金表				荷扱い料金表					
12	距離	距離単価	加算額		時間（分）	料金		貨物運送集計表		
13	0	0	2,000		15	500		距離	>=100	<100
14	11	200	0					貨物数	2	3
15	51	150	2,500		荷待ち料金表（30分までは無料）			料金計合計	58,000	21,100
16	101	100	7,500		時間（分）	料金				
17					30	1,000				

（注）※印は，値の表記を省略している。　時間の単位はすべて「分」である。

問１．E列の「距離料金」は，B列の「距離」により，距離料金表の「距離単価」と「加算額」を参照して，**「距離　×　距離単価　＋　加算額」**の式で求める。E５に設定する式の空欄にあてはまる関数として適切なものを答えなさい。なお，A13の「0」は，「0以上11未満」を意味している。

= ［　　　　］(B5,$A$13:$C$16,2)＊B5+ ［　　　　］(B5,$A$13:$C$16,3)

ア．HLOOKUP　　イ．VLOOKUP　　ウ．SUMIFS

問２．F列の「荷扱い料金」は，C列の「荷扱い時間」により，荷扱い料金表の「時間（分）」ごとの「料金」（15分500円で，０～14分：500円，15～29分：1000円，…となる）で求める。F５に設定する式の空欄にあてはまる適切なものを答えなさい。なお，小数点以下は切り捨てる。

=INT(［　　　　］)＊$F$13

ア．C5/$E$13－1　　イ．C5/$E$13　　ウ．C5/$E$13+1

問３．H７の①は，「=SUM(E7:G7)」という式が設定されている。H７に表示される数値を答えなさい。なお，G列の「荷待ち料金」は，D列の「荷待ち時間」より，荷待ち料金表の「時間（分）」ごとの料金（30分までは無料で，30～59分：1000円，60～89分：2000円……となる）で求める。

ア．12,800　　イ．13,800　　ウ．14,800

問４．I14～J14の「貨物数」は，貨物運送実績表の「距離」ごとに貨物数を集計して求める。I14に設定する式の空欄にあてはまる関数として適切なものを答えなさい。

= ［　　　　］ ($B$5:$B$9,I13)

ア．SUMIFS　　イ．COUNTIFS　　ウ．COUNT

問５．I15～J15の「料金計合計」は，貨物運送実績表の「距離」ごとに「料金計」を集計して求める。I15に設定する式の空欄にあてはまる範囲として適切なものを答えなさい。ただし，その式をJ15にコピーするものとする。

=SUMIFS(［　(1)　］, ［　(2)　］ ,I13)

ア．(1) $B$5:$B$9　　(2) $H$5:$H$9

イ．(1) $H$5:$H$9　　(2) $B$5:$B$9

ウ．(1) $H5:$H9　　(2) $B5:$B9

問1		問2		問3		問4		問5	

【3】次の表は，ある百貨店の顧客会員に対する割引サービスの明細を表計算ソフトで作成したものである。各問いの答えをア，イ，ウの中から選び，記号で答えなさい。

	A	B	C	D	E	F	G	H
1								
2		会員売上明細書						
3								
4	日付	会員コード	氏名	商品金額	会員割引率	割引金額	加算ポイント	割引後金額
5	5/1	12001	高橋ケイ子	3,000	10%	300	3	2,700
6	5/4	12002	塚本　典子	28,000	3%	840	28	27,160
7	5/5	12001	高橋ケイ子	3,200	10%	320	3	2,880
8	5/10	11003	宮野　進	4,500	10%	450	4	4,050
9	5/12	11001	加藤　直	7,000	5%	350	7	6,650
10	5/15	11002	森下　優	12,400	3%	372	12	12,028
11	5/18	11001	加藤　直	2,300	5%	115	2	2,185
12	5/21	12002	塚本　典子	2,000	3%	60	2	1,940
13	5/24	12001	高橋ケイ子	10,000	10%	1,000	10	9,000
14	5/27	12002	塚本　典子	34,000	3%	1,020	34	32,980
15	5/30	11001	加藤　直	29,000	5%	1,450	2	27,550
16								
17								
18	会員データ表							
19	会員コード	11001	11002	11003	12001	12002		
20	会員名	加藤　直	森下　優	宮野　進	高橋ケイ子	塚本　典子		
21	先月ポイント	123	23	231	234	20		
22	加算ポイント	11	12	4	16	※		
23	合計ポイント	134	35	235	250	※		
24								
25	会員割引表							
26	先月までのポイント数			割引率				
27	0	～	99	3%				
28	100	～	199	5%				
29	200	～	299	10%				
30	300	以上		13%				

問1．会員売上明細書の「氏名」は「会員コード」をもとに，会員データ表より参照して表示したい。C5に設定する式の空欄にあてはまる範囲，数値の組み合わせとして適切なものを答えなさい。ただし，その式をC6～C15にコピーするものとする。

=HLOOKUP(B5,［　　　　］,［　　］)

ア．$B$19:$F$20と2　　イ．$B$18:$F$20と3　　ウ．$B$18:$F$23と3

問2．会員売上明細書の「会員割引率」は，先月までのポイント数により会員割引表に対応した基準で定めている。会員売上明細書の「会員コード」をもとに，会員データ表を参照し「先月ポイント」を求め,「先月ポイント」をもとに会員割引表を参照し「会員割引率」を表示させたい。E5に設定する式の空欄にあてはまる適切な関数の組み合わせとして適切なものを答えなさい。

=［　　　　］(［　　　　］(B5,$B$19:$F$21,3),$A$27:$D$30,4)

ア．VLOOKUPとVLOOKUP　　イ．VLOOKUPとHLOOKUP　　ウ．HLOOKUPとVLOOKUP

問3．会員データ表の22行目の「加算ポイント」は，会員売上明細書の「加算ポイント」を各会員ごとに集計して算出する。B22に設定する式の空欄にあてはまる適切な関数を答えなさい。ただし，その式をC22～F22にコピーするものとする。

=［　　　　］($G$5:$G$15,$B$5:$B$15,B19)

ア．SUMIFS　　イ．COUNTIFS　　ウ．SEARCH

問4．23行目の「合計ポイント」は，21行目の「先月ポイント」に22行目の「加算ポイント」を加えて求める。F23に表示される合計ポイントの数値を答えなさい。

ア．87　　イ．84　　ウ．92

問5．「高橋ケイ子」の来月の会員割引率を答えなさい。

ア．3％　　イ．5％　　ウ．10％

問1		問2		問3		問4		問5	

第2章

【4】ある店では，ファックスによる注文を受け付けており，表計算ソフトで作成した顧客別の集計表で管理を行っている。各問いの答えをア，イ，ウの中から選び，記号で答えなさい。

資料　ファックス注文票

ファックス注文票
顧客コード：A1003

商品コード	数量
ABM001900	5
ACM003900	2
BAS018000	1
BFL007800	3

	A	B	C	D	E	F	G
1							
2		ファックス注文集計表					
3						顧客コードA1003	
4	商品コード	商品名	サイズ	単価	数量	値引き金額	金額
5	ABM001900	AB商品	M	1,900	5	475	9,025
6	ACM003900	AC商品	M	3,900	2	0	7,800
7	BAS018000	BA商品	S	18,000	1	0	18,000
8	BFL007800	①	L	7,800	3	702	22,698
9							
10							
11						合計金額	57,523
12							
13	品名表						
14	品番	AB	AC	BA	BF		
15	商品名	AB商品	AC商品	BA商品	BF商品		
16							
17		割引率表					
18		数量	割引率				
19		0	0%				
20		3	3%				
21		5	5%				

問１．A列の「商品コード」の左端から２桁は「品番」，左端から３桁目は「サイズ」，右端から６桁は「単価」を示している。また，ファックス注文集計表の「商品名」は，「品番」をもとに品名表を参照して表示する。B５に設定する式の空欄にあてはまるものとして適切なものを答えなさい。

=IF(A5="","",HLOOKUP(［　　　］(A5,2),$B$14:$E$15,［　　　］))

ア．RIGHTと2　　イ．LEFTと2　　ウ．LEFTと3

問２．B８の①に表示されるものとして適切なものを答えなさい。

ア．AC商品　　イ．BA商品　　ウ．BF商品

問３．C列の「サイズ」は，A列の「商品コード」から抽出して表示する。C５に設定する式の空欄にあてはまる組み合わせとして適切なものを答えなさい。

=IF(A5="","",［　　　］(A5,［　　　］,1))

ア．MIDと３　　イ．LEFTと２　　ウ．RIGHTと２

問４．D列の「単価」は，A列の「商品コード」から抽出して表示する。D５に設定する式の空欄にあてはまる関数として適切なものを答えなさい。

=IF(A5="","",［　　　］(RIGHT(A5,6)))

ア．LEN　　イ．VALUE　　ウ．MOD

問５．F列の「値引き金額」は，**「単価　×　数量　×　割引率（%）」**の式で求める。「割引率」は，E列の「数量」をもとに割引率表を参照して求める。なお，B19の０は「０以上３未満」を意味している。また，小数点以下を切り捨てて計算する。F５に設定する式の空欄にあてはまる関数の組み合わせとして適切なものを答えなさい。

=IF(A5="","",［　　　］(D5＊E5＊［　　　］(E5,$B$19:$C$21,2),0))

ア．ROUNDUPとVLOOKUP

イ．ROUNDとHLOOKUP

ウ．ROUNDDOWNとVLOOKUP

問1		問2		問3		問4		問5	

【5】次の表は，ある電気店の売上一覧表を表計算ソフトで作成したものである。作成条件にしたがって，各問いの答えを解答群から選び，記号で答えなさい。

	A	B	C	D	E	F	G
1							
2			電気店売上一覧表				
3							
4	商品コード	支払区分	支払方法	金額	消費税	請求金額	ポイント
5	SO102	1	現金	¥15,982	¥1,598	¥17,580	1,598
6	AK503	1	現金	¥129,820	¥12,982	¥142,802	12,982
7	WA012	2	ｸﾚｼﾞｯﾄｶｰﾄﾞ	¥58,564	¥5,856	¥64,420	4,685
8	AT098	1	現金	¥45,758	¥4,575	¥50,333	4,576
9	NK011	2	ｸﾚｼﾞｯﾄｶｰﾄﾞ	¥138,700	¥13,870	¥152,570	11,096
10	TR726	3	ﾃﾞﾋﾞｯﾄｶｰﾄﾞ	¥32,555	¥3,255	¥35,810	2,604
11			合　計	¥421,379	¥42,136	¥463,515	37,541
12							
13	支払区分別売上集計表						
14	支払区分	1	2	3			
15	支払方法	現金	ｸﾚｼﾞｯﾄｶｰﾄﾞ	ﾃﾞﾋﾞｯﾄｶｰﾄﾞ			
16	売上金額	¥191,560	¥197,264	¥32,555			
17	売上割合	45.5%	46.8%	7.7%			

作成条件

1．C列の「支払方法」はB列の「支払区分」をもとに，支払区分別売上集計表を参照して求める。
2．E列の「消費税」は，**「金額　×　0.1」**の式で求め，小数点以下を切り捨てる。
3．F列の「請求金額」は，**「金額　＋　消費税」**の式で求める。
4．G列の「ポイント」は，C列の「支払方法」が現金の場合**「金額　×　0.1」**の式で求め，それ以外の場合は**「金額　×　0.08」**の式で求め，小数点以下を四捨五入する。
5．B16～D16の「売上金額」は，支払区分ごとの「金額」の合計を求める。
6．B17～D17の「売上割合」は，**「支払区分ごとの売上金額　÷　金額の合計」**の式で求める。

問1．C５に設定する式を答えなさい。ただし，その式をC６～C10にコピーするものとする。
問2．E５に設定する式を答えなさい。
問3．G５に設定する式は複数考えられる。２つ答えなさい。
問4．B16に設定する式を答えなさい。ただし，その式をC16～D16にコピーするものとする。
問5．B17に設定する式を答えなさい。ただし，その式をC17～D17にコピーするものとする。

解答群

ア．=B16/$D$11　　イ．=B16/D11
ウ．=IF(AND(B5=2,B5=3),ROUND(D5＊0.08,0),ROUND(D5＊0.1,0))
エ．=SUMIFS(D5:D10,B5:B10,B14)　　オ．=HLOOKUP(B5,$B$14:$D$15,2)
カ．=IF(B5=1,ROUND(D5＊0.1,0),ROUND(D5＊0.08,0))
キ．=SUMIFS($D$5:$D$10,$B$5:$B$10,B14)
ク．=IF(OR(B5=2,B5=3),ROUND(D5＊0.08,0),ROUND(D5＊0.1,0))
ケ．=VLOOKUP(B5,$B$14:$D$15,2)　　コ．=INT(D5＊0.1)　　サ．ROUND(D5＊0.1,0)

問1		問2		問3			問4		問5	

【6】次の表は，ある防災商品販売会社の売上状況を集計したものである。作成条件にしたがって，次の各問いの答えを解答群から選び，記号で答えなさい。

	A	B	C	D	E	F	G	H
1								
2		防災グッズ売上表						
3								
4	顧客コード	顧客名	商品コード	商品名	単価	数量	売上金額	割引金額
5	103	銚子市役所	1002	遭難セット	128,000	2	256,000	20,000
6	102	大津消防署	1001	テント	48,000	4	192,000	0
7	101	飯倉自治会	1002	遭難セット	128,000	5	640,000	40,000
8	103	銚子市役所	1001	テント	48,000	8	384,000	20,000
9	104	さざんか園	1003	ラクチン担架	29,000	7	203,000	20,000
10	103	銚子市役所	1004	発電機	78,000	3	234,000	20,000
11	104	さざんか園	1002	遭難セット	128,000	4	512,000	40,000
12	101	飯倉自治会	1003	ラクチン担架	29,000	4	116,000	0
13	102	大津消防署	1002	遭難セット	128,000	9	1,152,000	70,000
14	103	銚子市役所	1003	ラクチン担架	29,000	4	116,000	0
15	102	大津消防署	1004	発電機	78,000	3	234,000	20,000
16				合　　　計			4,039,000	250,000
17								
18	商品コード				割引額表			
19	コード	商品名	単価		売上金額		割引金額	
20	1001	テント	48,000		0 円以上		0	
21	1002	遭難セット	128,000		200,000 円以上		20,000	
22	1003	ラクチン担架	29,000		500,000 円以上		40,000	
23	1004	発電機	78,000		800,000 円以上		70,000	
24								
25								
26	顧客コード表							
27	顧客コード	101	102	103	104			
28	顧客名	飯倉自治会	大津消防署	銚子市役所	さざんか園			
29	売上金額	756,000	1,578,000	990,000	715,000			
30	割引金額	40,000	90,000	60,000	60,000			
31	備考		*	*	*			

作成条件

1．防災グッズ売上表のB列の「顧客名」は，A列の「顧客コード」をもとに，顧客コード表を参照して表示する。

2．防災グッズ売上表のD列の「商品名」とE列の「単価」は，C列の「商品コード」をもとに，商品コード表を参照して表示する。

3．防災グッズ売上表のH列の「割引金額」は，G列の「売上金額」をもとに，割引額表を参照して表示する。

4．29行目の「売上金額」は，防災グッズ売上表より顧客別に「売上金額」の合計を求める。

5．30行目の「割引金額」は，防災グッズ売上表より顧客別に「割引金額」の合計を求める。

6．31行目の「備考」は，29行目の「売上金額」が1,000,000円を超えるか，または30行目の「割引金額」が50,000円以上のとき，半角の*を表示する。

問1．B5に設定する式を答えなさい。

問2．E5に設定する式を答えなさい。

問3．H5に設定する式を答えなさい。

問4．B30に設定する式を答えなさい。

問5．B31に設定する式を答えなさい。

解答群

ア．=HLOOKUP(G5,$E$20:$G$23,3)
イ．=HLOOKUP(A5,$B$27:$E$28,2)
ウ．=IF(AND(B29>1000000,B30>=50000),"*","")
エ．=VLOOKUP(G5,$E$20:$G$23,3)
オ．=IF(OR(B29>1000000,B30>=50000),"*","")
カ．−SUMIFS($H$5:$H$15,$A$5:$A$15,B27)
キ．=VLOOKUP(A5,$B$27:$E$28,2)
ク．=HLOOKUP(C5,$A$20:$C$23,3)
ケ．=VLOOKUP(C5,$A$20:$C$23,3)
コ．=SUMIFS($A$5:$A$15,$H$5:$H$15,B27)

問1		問2		問3		問4		問5	

第2章

章末検定問題

【1】次の表は，ハウスクリーニング会社の比較についてまとめたものである。処理条件にしたがって，各問いに答えなさい。 ［第54回一部修正］

	A	B	C	D	E	F	G	H	I	J	K	L
1												
2		種類別価格比較表										
3												
4	会社名	顧客評価	満足度	換気扇		エアコン		浴室		トイレ		最安値
5				価格	順位	価格	順位	価格	順位	価格	順位	の数
6	A社	16.2	◎	13,400	2位	5,500	6位	8,800	7位	5,300	2位	0
7	B社	11.9	×	14,500	6位	5,300	5位	8,000	4位	6,000	7位	0
8	C社	13.0	○	14,300	4位	5,200	4位	8,400	5位	5,500	5位	0
9	D社	17.3	◎	14,400	5位	4,700	最安値	7,800	3位	5,900	6位	1
10	E社	11.8	×	13,500	3位	5,100	2位	7,500	最安値	5,400	3位	1
11	F社	14.0	○	13,300	最安値	5,150	3位	7,700	2位	5,250	最安値	2
12	G社	13.8	○	14,700	7位	5,600	7位	8,700	6位	5,450	4位	0
13	平均			14,014		5,221		8,129		5,543		
14												
15	会社選定参考表											
16	種類名	最安値	最安値 会社名	最安値 満足度	安値2位	安値2位 会社名	安値2位 満足度					
17	換気扇	13,300	F社	○	13,400	A社	◎					
18	エアコン	※	※	※	5,100	E社	×					
19	浴室	※	※	※	7,700	F社	○					
20	トイレ	※	※	※	5,300	A社	◎					
21												
22	アンケート集計表						顧客満足度基準表					
23	会社名	値ごろ感	技術	安心感	サポート		顧客評価		満足度			
24	A社	4.5	4.2	3.8	3.7		0 ～12未満		×			
25	B社	2.8	3.2	2.8	3.1		12 ～16未満		○			
26	C社	3.1	3.1	3.3	3.5		16 ～		◎			
27	D社	3.3	4.5	4.8	4.7							
28	E社	3.8	2.7	2.5	2.8							
29	F社	3.5	3.5	3.8	3.2							
30	G社	2.9	3.3	3.4	4.2							

(注) ※印は，値の表記を省略している。

処理条件

1．「種類別価格比較表」は，次のように作成する。ただし，各項目の「価格」に同額はないものとする。

（1）「顧客評価」は，「会社名」ごとに「アンケート集計表」の「値ごろ感」，「技術」，「安心感」，「サポート」の合計を求める。

（2）「満足度」は，「顧客評価」をもとに「顧客満足度基準表」を参照して表示する。

（3）「順位」は，各項目の「価格」が最小値の場合は 最安値 を表示し，それ以外の場合は「価格」の昇順に順位をつけ，順位に 位 を結合して表示する。また，文字位置を右寄せに設定する。

（4）「最安値の数」は，「会社名」ごとに 最安値 の件数を求める。

（5）「平均」は，「価格」の平均を求める。ただし，整数部のみ表示する。

2.「会社選定参考表」は，次のように作成する。

（1）「最安値」は，「種類別価格比較表」の「種類名」ごとに「価格」の最小値を表示する。

（2）「最安値会社名」は，「最安値」をもとに，「種類別価格比較表」を参照して「会社名」を表示する。

（3）「最安値満足度」は，「最安値会社名」をもとに，「種類別価格比較表」を参照して「満足度」を表示する。

（4）「安値2位」は，「種類別価格比較表」の「種類名」ごとに「価格」が2番目に安いものを表示する。

（5）「安値2位会社名」は，「安値2位」をもとに，「種類別価格比較表」を参照して「会社名」を表示する。

（6）「安値2位満足度」は，「安値2位会社名」をもとに，「種類別価格比較表」を参照して「満足度」を表示する。

問1．C6に設定する次の式の空欄にあてはまる適切なものを選び，記号で答えなさい。

=［　　　　］(B6, $G$24:$I$26,3,TRUE)

問2．E6には次の式が設定されている。この式と同等の結果が得られるものを選び，記号で答えなさい。

=IF(D6=MIN(D$6:D$12), "最安値", RANK(D6, D$6:D$12,1)&"位")

問3．L6に設定する次の式の空欄にあてはまる適切なものを選び，記号で答えなさい。

=［　　　　］(E6:K6, "最安値")

問4．D18に表示される適切なデータを答えなさい。

問5．E17に設定する式として適切なものを選び，記号で答えなさい。

解答群

ア．VLOOKUP　　イ．INDEX　　ウ．MATCH

エ．=IF(RANK(D6, D$6:D$12,1)=1, "最安値", RANK(D6, D$6:D$12,1)&"位")

オ．=IF(RANK(D6, D$6:D$12,1)>1, "最安値", RANK(D6, D$6:D$12,1)&"位")

カ．=IF(RANK(D6, D$6:D$12,0)>1, RANK(D6, D$6:D$12,1)&"位", "最安値")

キ．COUNT　　ク．COUNTA　　ケ．COUNTIFS

コ．=SMALL(B17:B20,2)　　サ．=SMALL(D6:D12,2)　　シ．=MIN(D6:D12)

問1		問2		問3		問4		問5	

【2】次の表は，あるスキージャンプ競技の成績表である。処理条件にしたがって，各問いに答えなさい。 ［第56回一部修正］

スキージャンプ成績表

選手No	国名	選手名	飛距離	飛距離点	飛型審判					飛型点	得点	備考
					A	B	C	D	E			
FI1	フィンランド	ヤコブソン	122	63.6	17.0	17.5	18.5	18.0	18.0	53.5	117.1	K点越え
NO1	ノルウェー	ネルドル	130	78.0	18.5	19.0	18.5	17.5	18.5	55.5	133.5	K点越え
AT1	オーストリア	フロイト	118	56.4	19.0	19.5	18.5	18.5	18.0	56.0	112.4	
JP1	日本	岡本	137	90.6	17.0	18.5	17.5	17.0	18.5	53.0	143.6	飛距離トップ3
FI2	フィンランド	レトネン	113	47.4	19.0	18.0	17.0	18.0	18.0	54.0	101.4	
NO2	ノルウェー	ホルスト	113	47.4	18.0	18.0	18.0	18.0	18.0	54.0	101.4	
AT2	オーストリア	ヘルツル	123	65.4	19.0	19.0	19.0	18.0	18.5	56.5	121.9	K点越え
JP2	日本	佐藤	124	67.2	18.5	19.5	19.0	19.0	19.5	57.5	124.7	K点越え
FI3	フィンランド	コスキネン	128	74.4	20.0	19.5	19.5	19.5	19.5	58.5	132.9	K点越え
NO3	ノルウェー	ハッセル	120	60.0	18.5	19.5	19.0	19.5	19.0	57.5	117.5	K点越え
AT3	オーストリア	ゲーテル	108	38.4	18.0	19.0	18.0	18.5	18.0	54.5	92.9	
JP3	日本	田原	137	90.6	17.5	17.0	16.5	17.5	16.5	51.0	141.6	飛距離トップ3
FI4	フィンランド	ニエミネン	131	79.8	16.5	17.0	17.0	18.0	17.0	51.0	130.8	K点越え
NO4	ノルウェー	ダール	121	61.8	19.0	19.0	19.0	19.0	20.0	57.0	118.8	K点越え
AT4	オーストリア	ヨークル	136	88.8	18.0	17.0	17.5	18.0	17.5	53.0	141.8	飛距離トップ3
JP4	日本	山木	125	69.0	19.5	19.0	19.0	19.0	18.5	57.0	126.0	K点越え

国別成績表

国コード	国名	得点合計
FI	フィンランド	482.2
NO	ノルウェー	471.2
AT	オーストリア	469.0
JP	日本	535.9

処理条件

1.「スキージャンプ成績表」は，次のように作成する。

（1）「国名」は，「選手No」の左端から2文字を抽出し，「国別成績表」を参照して表示する。

（2）「飛距離点」は，「飛距離」が120の場合は60.0とすることを基準とし，「飛距離」が1変化するごとに1.8を増減させて求める。

例：「飛距離」が 118 の場合　56.4
119 の場合　58.2
120 の場合　60.0
121 の場合　61.8
122 の場合　63.6

（3）「飛型点」は，「飛型審判」の合計から，最大値と最小値を引いて求める。

（4）「得点」は，「飛距離点」と「飛型点」の合計を求める。

（5）「備考」は，「飛距離」が降順で3位以内の場合は 飛距離トップ3 を表示し，そうでない場合，「飛距離」が120以上 の場合は K点越え を表示する。それ以外の場合は何も表示しない。

2.「国別成績表」の「得点合計」は，「国名」ごとに「スキージャンプ成績表」の「得点」の合計を求める。

問1．B6に設定する式として適切なものを選び，記号で答えなさい。

問2．E6に設定する式として適切なものを選び，記号で答えなさい。

問3．K6に設定する式として適切なものを選び，記号で答えなさい。ただし，この式をK21までコピーする。

問4．M6に設定する次の式の空欄にあてはまる適切なものを選び，記号で答えなさい。

=IF(［　　　　］,"飛距離トップ３",IF(D6>=120,"K点越え",""))

問5．C25に設定する次の式の空欄にあてはまる適切なものを選び，記号で答えなさい。

=［　　　　］($L$6:$L$21, $B$6:$B$21, B25)

解答群

ア．=VLOOKUP(LEFT(A6,2),$B$25:$C$28,2,FALSE)
イ．=HLOOKUP(LEFT(A6,2),$A$25:$B$28,2,FALSE)
ウ．=VLOOKUP(LEFT(A6,2),$A$25:$B$28,2,FALSE)
エ．=60+(D6－120)＊1.8　　オ．=(60+D6)－120＊1.8　　カ．=60+(D6－120＊1.8)
キ．=SUM(F6:J6)－H6－F6
ク．=SUM(F6:J6)+MAX(F6:J6)+MIN(F6:J6)
ケ．=SUM(F6:J6)－MAX(F6:J6)－MIN(F6:J6)
コ．RANK(D6,$D$6:$D$21,0)<=3
サ．RANK(D6,$D$6:$D$21,1)<=3
シ．AVERAGEIFS　　ス．SUMIFS　　セ．COUNTIFS

問1		問2		問3		問4		問5	

【3】次の表は，ある販売店における6か月分の液晶テレビ販売数と購入者による評価平均を表にまとめたものである。処理条件にしたがって，各問いに答えなさい。 ［第49回一部修正］

	A	B	C	D	E	F	G	H	I	J
1										
2		液晶テレビ販売数および評価一覧表								
3										
4	型番	サイズ	価格	1インチあたりの単価	販売数	評価平均			総合判定	備考
5						デザイン	機能性	操作性		
6	A19-M	19	28,000	1,473.7	749	2.8	3.0	2.7	B	※
7	A22-M	22	34,000	1,545.5	750	2.1	2.7	2.9	C	※
8	A32-M	32	36,700	1,146.9	118	2.3	2.6	2.8	C	※
9	C19-M	19	35,000	1,842.2	695	3.7	4.2	3.2	B	※
10	C22-M	22	32,400	1,472.8	538	4.1	3.8	4.2	A	※
11	C32-M	32	46,800	1,462.5	806	3.8	3.2	3.6	B	※
12	C40-M	40	60,200	1,505.0	420	3.6	3.7	4.2	B	※
13	C50-M	50	99,600	1,992.0	714	3.9	3.8	4.5	A	※
14	G32-M	32	47,500	1,484.4	1,095	4.3	4.8	3.5	A	※
15	G40-M	40	56,300	1,407.5	1,150	4.2	4.7	3.9	A	※
16	G50-M	50	117,000	2,340.0	1,057	4.0	4.3	3.6	B	※
17	N19-M	19	31,000	1,631.6	898	3.2	3.9	4.4	B	※
18	N22-M	22	35,800	1,627.3	927	3.1	4.5	4.7	A	※
19	N32-M	32	44,000	1,375.0	1,048	3.4	4.1	4.5	A	※
20	N40-M	40	58,600	1,465.0	828	2.9	3.5	4.1	B	※
21										
22	サイズ別販売数集計表				総合評価表					
23	サイズ	販売数計			評価平均合計		総合判定	件数		
24	19	2,342			0 ～8未満		C	2		
25	22	2,215			8 ～12未満		B	7		
26	32	3,067			12 ～		A	6		
27	40	2,398								
28	50	1,771								

(注)「サイズ」の単位はインチである。※印は，値の表記を省略している。

処理条件

1．「液晶テレビ販売数および評価一覧表」は，次のように作成する。
（1）「サイズ」は，「型番」の左端から2桁目より2文字を抽出し，数値に変換して求める。
（2）「1インチあたりの単価」は，**「価格 ÷ サイズ」**の式で求める。ただし，小数第1位未満を切り上げる。
（3）「総合判定」は，「デザイン」，「機能性」，「操作性」の合計をもとに，「総合評価表」を参照して表示する。
（4）「備考」は，「1インチあたりの単価」が1,500円未満で，かつ「総合判定」がAの場合は○を表示し，それ以外の場合は何も表示しない。
2．「サイズ別販売数集計表」の「販売数計」は，「サイズ」ごとに「販売数」の合計を求める。
3．「総合評価表」の「件数」は，「総合判定」ごとに件数を求める。

問1．B6に設定する式として適切なものを選び，記号で答えなさい。
問2．I6に設定する式として適切なものを選び，記号で答えなさい。
問3．J6～J20に表示される ○ の数を答えなさい。
問4．B24に設定する式として適切なものを選び，記号で答えなさい。
問5．H24に設定する式として適切なものを選び，記号で答えなさい。

解答群

ア．=VALUE(RIGHT(A6,2))
イ．=VALUE(LEFT(A6,2))
ウ．=VALUE(MID(A6,2,2))
エ．=VLOOKUP(SUM(F6:H6),$E$24:$G$26,3,TRUE)
オ．=VLOOKUP(SUM(F6:H6),$E$24:$G$26,3,FALSE)
カ．=HLOOKUP(SUM(F6:H6),$E$24:$G$26,3,TRUE)
キ．=SUMIFS($D$6:$D$20,$B$6:$B$20,A24)
ク．=SUMIFS($E$6:$E$20,$B$6:$B$20,A24)
ケ．=SUMIFS($B$6:$B$20,$E$6:$E$20,A24)
コ．=COUNTIFS($I$6:$I$20,E24)
サ．=COUNTIFS($J$6:$J$20,G24)
シ．=COUNTIFS($I$6:$I$20,G24)

問1		問2		問3		問4		問5	

第3章

コンピュータの関連知識

1 ハードウェア・ソフトウェアに関する知識

2 通信ネットワークに関する知識

3 情報モラルとセキュリティに関する知識

章末総合問題

章末検定問題

ハードウェア・ソフトウェアに関する知識

1. ハードウェアの構成

(1) 補助記憶装置

① **磁気ディスク装置**

表面に磁性材料を塗布した円盤（磁気ディスク）を高速回転させ，磁気ヘッドを移動させて読み書きする装置。一般に磁気ディスク機構とアクセス機構が一体化されたハードディスク装置のことをいう。

磁気ディスクのトラック・セクタ

トラック

セクタ　セクタ　セクタ

② **磁気ディスク装置の構造**

ア　**磁気ヘッド**

磁気ディスク装置の磁気ディスクにデータを読み書きする部分。

イ　**アクセスアーム**

先端に付いている磁気ヘッドを所定の位置まで移動させる部品。

ウ　**トラック**

磁気ディスクの記録単位で，磁気ディスクを同心円状に分割したもの。

エ　**セクタ**

磁気ディスクの最小記録単位で，トラックを放射状に分割した部分。

オ　**シリンダ**

磁気ディスクの記録単位で，アクセスアームを動かさないで読み書きできる（同じ半径の）円筒状のトラックの集まり。

磁気ディスク装置の構造

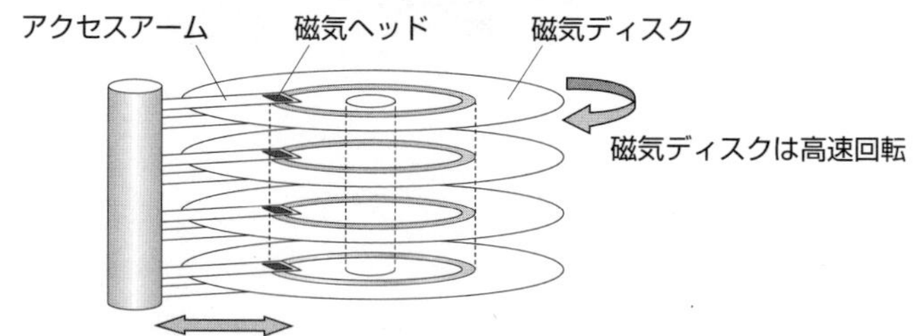

磁気ディスクを読み書きする**磁気ヘッド**は，**アクセスアーム**の先端にあり，アクセスアームを移動させて読み書きをする。ディスクは，同心円状の**トラック**に分割されており，トラックをさらに放射状に分割した**セクタ**を単位として読み書きが行われる。通常，複数枚のディスクを一定の間隔で重ねた構造になっており，各ディスクの間にあるアクセスアームと磁気ヘッドは同時に作動する。アクセスアームを動かさないで読み書きできる円筒状のトラックの集まりを**シリンダ**という。

（2）入力装置

① OCR［Optical Character Reader　光学式文字読取装置］

手書きの文字や印刷された文字を光学的に読み取る装置。スキャナで読み取った画像から文字を認識して，変換するOCRソフトもある。

② OMR［Optical Mark Reader　光学式マーク読取装置］

マークシートに塗られたマークを光学的に読み取る装置。

（3）UPS［Uninterruptible Power Supply：無停電電源装置］

バックアップ用の充電池により，停電時でも一定時間コンピュータを稼働できるようにする装置。停電時にはシステムと連携し，安全にシステムを終了させる機能を持つ製品が多い。

シュナイダーエレクトリック株式会社

練習問題 1-1

解答 ⇨ P.33

【1】次の文に最も関係の深い語を答えなさい。

(1) 磁気ディスクを複数枚重ねた構造を持ち，磁気ヘッドでデータを読み書きする記憶装置。
(2) 複数枚の磁気ディスクで，磁気ヘッドを動かすことなくアクセスできるトラックの集まり。
(3) 手書きの文字や印刷された文字を光学的に読み取る装置。
(4) マークシートに塗られたマークを光学的に読み取る装置。
(5) 磁気ディスク装置のデータを読み書きする部分。
(6) 磁気ディスク装置の磁気ヘッドを移動させる部分。
(7) 磁気ディスクの同心円状の部分。
(8) 磁気ディスクの同心円状の部分を分割した部分。
(9) 停電時でも一定時間コンピュータを稼働できるようにする装置。

(1)		(2)		(3)	
(4)		(5)		(6)	
(7)		(8)		(9)	

2. ソフトウェアに関する知識

(1) 画像のデジタル表現

コンピュータではさまざまな文字や画像をデジタルデータとして扱い，ディスプレイやプリンタなどを利用して表現している。

① ドット [dot]

文字や画像を構成する小さな点で，ディスプレイ表示やプリンタで印刷する際の画像を構成する最小単位。ドットは「点」を意味し，白と黒の２階調（点があるかないか）である。ドットの密度が大きいほど，細かな文字や絵を表現することができる。

ドットの密度が大きい

ドットの密度が小さい

② ピクセル（画素）[pixel]

画像を構成する小さな点で，色情報（色調や階調）を持つ最小単位。画素ともいう。一般的に単なる点情報を表すドットとは区別される。

ピクセルの拡大図

③ 解像度

画像の質や情報量を表す基準で，単位幅をいくつの点の集合として表現するかを表す単位。ディスプレイの場合は，「1600×1200」のように，横×縦で表示するドット数で表すが，一般的に１インチあたり最大いくつの点を表示できるかを，dpiやppiの単位で表現する。この値が高いほど，より細かな画質が得られる。

ア　dpi [ディーピーアイ：dots per inch]

１インチを何個のドットの集まりとして表現できるかを表す。たとえば，300dpiなら，１インチあたり300個の点があることになる。この値が大きいほど，解像度が高いことを示す。

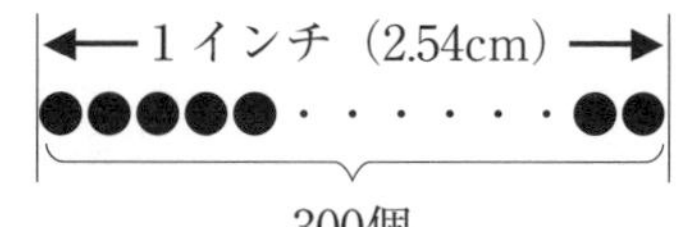

イ　ppi［ピーピーアイ：pixels per inch］

1インチを何個のピクセル（画素）の集まりとして表現できるかを表す単位。主にビットマップデータ（ペイント系グラフィックデータ）の解像度を表すのに用いられる。

④　RGB［アールジービー］

Red（赤），Green（緑），Blue（青）のことで，光の三原色とも呼ばれる。コンピュータでは，この3色の組み合わせでさまざまな色を表現し，保存する。

⑤　CMYK［シーエムワイケー］

Cyan（シアン）（藍色），Magenta（マゼンタ）（深紅色），Yellow（イエロー）（黄），blacK（ブラック）（黒）のことで，カラー印刷で利用される原色。カラー印刷では，この4色の組み合わせにより印刷時の色を表現する。

⑥　画像容量の計算

画像容量は，画像の画素数と色を表現するために必要な容量（ビットカラー）によって決まる。

ア　ビットカラー

コンピュータ上での色表現方法で，1つの画素（ドット・ピクセル）について何ビットの色情報を持たせるかを表す。

1ビットで表示できる色数は

○ ●の2パターンで2通り（$2^1=2$）である。

2ビットで表示できる色数は

○○ ○● ●○ ●●の4通り（$2^2=4$）である。

ビットカラーは次の計算式で表すことができる。

$2^{ビット数}$ ＝ 表示できる色数

ビット数と表示できる色数

8ビットカラー →	2^8	＝	256色
16ビットカラー →	2^{16}	＝	65,536色
24ビットカラー →	2^{24}	＝	約1,677万色

イ　画像容量の計算

例　**画像サイズが横1,600×縦1,200ピクセルで256色を表現する画像の容量は約何Mバイトか。**

解法①画像のピクセル数は1,600×1,200である。各ピクセルに256色表示するためには，256＝2^8であるので，8ビット必要である。

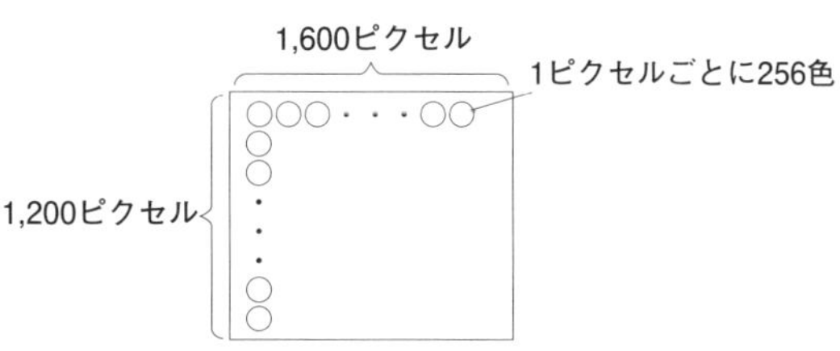

②画像容量を計算すると，1,600 × 1,200 × 8＝15,360,000（ビット）となる。

③バイトで答える必要があるので，バイトに直す。**1バイト＝8ビット**であるので，15,360,000 ÷ 8 = 1,920,000（バイト）となる。

④最後にMバイトに直すと，1,920,000 ÷10^6= 1.92 となる。

答　約1.92Mバイト

ウ　画像容量の計算式

画像容量の計算は次の式で求めることができる。

$$\text{画像に必要なバイト数} = \frac{\text{横のピクセル数} \times \text{縦のピクセル数} \times \text{1ピクセルに必要なビット数}}{8}$$

（2）圧縮・解凍ソフトウェア

コンピュータで扱われるデータは膨大である。それらのデータを保存や転送する際に，データ容量を小さくしたり，小さくしたデータ容量を元の状態に戻したりすることができる。

① **圧縮**

一定の手順にしたがって，データの意味を保ったまま，容量を削減する処理のこと。圧縮ソフトウェアを使用して圧縮する。サイズの大きいファイルを転送する場合や，ハードディスクの容量を節約したい場合に行う。

② **解凍**

圧縮されたデータを元のデータに復元する処理のこと。「展開」「伸張」などともいう。自己解凍形式以外の圧縮ファイルは，解凍ソフトウェアを使用して解凍する。

③ **アーカイバ**

複数のファイルをまとめたり，まとめたファイルから元のファイルを取り出したりするソフトウェア。まとめたファイルをアーカイブという。ファイルを圧縮する機能，圧縮したファイルを解凍する機能も持つものが一般的である。代表的なアーカイバとしては，ZIPなどがある。

（3）プラグアンドプレイ［plug and play］

コンピュータに周辺機器を追加する際，ハードウェアをコネクタに差し込むだけで，OSが自動的にソフトウェアをインストールして設定を行い，ユーザが手動で設定作業をしなくても使用できるようにするシステム。

練習問題 1-2

解答 ⇨ P.33

【1】次の文に最も関係の深い語を答えなさい。

(1) データの性質を保ったまま，データ量を減らした別のファイルにすること。

(2) ディスプレイ表示やプリンタで印刷する際の画像を構成する最小単位。

(3) 画像を構成する小さな点で，色情報を持つ最小単位。

(4) ディスプレイの画面やプリンタの印刷，スキャナの読み取りの精度を表す尺度のこと。ディスプレイは「1600×1200」のように，横×縦で表す。

(5) 1インチを何個のドットの集まりとして表現できるかを表す単位。

(6) 1インチを何個のピクセル（画素）の集まりとして表現できるかを表す単位。

(7) 赤，緑，青で色を表現する方式。光の三原色とも呼ばれる。

(8) シアン，マゼンタ，イエロー，ブラックで色を表現する方式。カラー印刷で利用される。

(9) いくつものファイルをひとつにまとめたり，まとめられたファイルから元のファイルを取り出すソフトウェア。

(10) コンピュータに周辺機器を追加する際，ハードウェアをコネクタに差し込むだけで，OSが自動的に設定を行い，使用できるようにするシステム。

(1)		(2)		(3)		(4)	
(5)		(6)		(7)		(8)	
(9)		(10)					

【2】次の各問いの答えを解答群から選び，記号で答えなさい。

(1) 1ピクセルを8ビットで表現することができる色は何色か。

(2) 1ピクセルに16色を表現するためには何ビット必要か。

(3) 画像サイズが横1,024×縦768ピクセルで，65,536色（16ビットカラー）表示させた場合の画像容量は約何MBか。ただし，1KB=1,000Bとする。

(4) 画像サイズが横1,280×1,024ピクセルで，256色表示させた場合の画像容量は約何MBか。

(5) 横1,600ドット，縦1,200ピクセルで，24ビットの色情報を持つ画像を撮影できるデジタルカメラがある。このカメラに128MBの記録用メモリを使用すると，圧縮していない画像は何枚記録できるか。

解答群

ア．1.3	イ．1.6	ウ．4
エ．16	オ．22	カ．256

(1)		(2)		(3)		(4)		(5)	

第3章

3. ディレクトリとファイル

(1) ディレクトリ(フォルダ)

ディレクトリの階層構造図

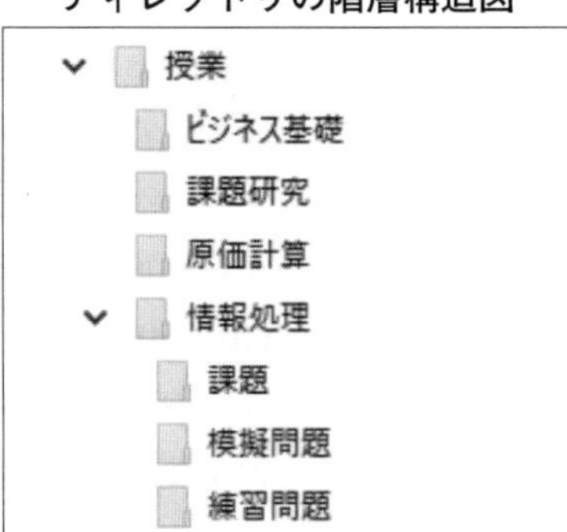

ディレクトリとは，記憶装置の中でファイルを分類して保存するために作られた記憶場所のことをいう。OSによっては**フォルダ**とも呼ばれる。ディレクトリ名を付けて関連する複数のファイルを1つのディレクトリに入れることにより，ファイルを効率的に管理することができる。ディレクトリ（フォルダ）の中に新たなディレクトリ（フォルダ）を作成することにより，より細かくファイルを分類して保存することができる。このような構造を階層構造という。

右図は，ディレクトリの階層構造を示した例であり，授業の中にはビジネス基礎と課題研究と原価計算と情報処理の4つのディレクトリがあり，情報処理のディレクトリの中には，課題と模擬問題と練習問題の3つのディレクトリが存在していることを意味している。

① **ルートディレクトリ**

ディレクトリの階層構造の中で最上位にあるディレクトリ。ディレクトリの階層構造図の中では，ローカルディスク（C:）がルートディレクトリである。

② **サブディレクトリ**

ディレクトリの中にあるディレクトリ。ルートディレクトリ以外は，すべてサブディレクトリである。

(2) ファイル

ファイルとは，プログラムやデータなど，一定の目的を持った情報の集まりである。

ファイル名
kadail.xlsx
拡張子

① **ファイル名**

プログラムやデータを特定するための名称。

② **拡張子**

ファイル名の一部であり，ファイルの種類や内容を識別するために，ファイル名の最後に付ける文字列。

③ **ワイルドカード（*，？）**

文字列やファイル名を検索するときに，任意の文字や文字列の代わりに使用する特別な記号。「*」と「？」がある。

*	任意の長さの文字列を表す
?	任意の1文字を表す

例　ファイル名を「a*.*」の条件で検索したら，4つのファイルを検索できた。

<ファイル一覧>

agt15.gif	apps.exe	atm.sys
admp.gif	back.exe	boot.gif
calc.gif	dialer.bmp	dijoy.gif

「a*.*」で検索 ⇨

<検索結果>

agt15.gif	apps.exe
atm.sys	admp.gif

ファイル名の最初に「a」の文字が付くファイルをすべて検索することができる。

例　ファイル名を「a???.???」の条件で検索したら，2つのファイルを検索できた。

<ファイル一覧>

agt15.gif	apps.exe	atm.sys
admp.gif	back.exe	boot.gif
calc.gif	dialer.bmp	dijoy.gif

「a???.???」で検索 ⇨

<検索結果>

apps.exe	admp.gif

ファイル名の最初に「a」の文字が付き，条件と同じ文字数のファイルをすべて検索することができる。

第3章

④　**テキストファイル**

内容が文字データだけからなるファイル。ほとんどのソフトウェアで利用できる。

⑤　**バイナリファイル**

データが文字として呼び出すことができない2進数のコードに変換されたままのファイル。対応したソフトウェアでのみ利用できる。

（3）ファイル形式

①　**画像ファイルの形式**

ア　BMP［ビットマップ：BitMaP］

Windows標準の画像形式で，静止画像を点の集まり（ビットマップ）で表現し，記録したフルカラー（24ビット，約1677万色）ファイル形式。非圧縮なので画質はよいが，データ量が多くなる。

イ　JPEG［ジェーペグ：Joint Photographic Experts Group］

フルカラー静止画像を圧縮したファイル形式。圧縮率が高いのでインターネットで広く使われている。人間の目には気づかない色の変化の情報を間引きして圧縮をするが，伸張したときに画質は劣化する。

ウ　GIF［ジフ：Graphic Interchange Format］

従来からインターネットで広く使われてきた代表的な画像圧縮ファイル形式。扱える色が256色と少なく，イラストやロゴ，アイコンに向いている。動画のアニメーションGIFや，透明色を利用して背景イメージと重ね合わせる透過GIFなどの拡張仕様がある。圧縮による画質劣化がない。

エ　PNG［ピング：Portable Network Graphics］

インターネット上で利用するために作られた画像圧縮ファイル形式。48ビットの高画質でカラー表現できるうえ，圧縮による画質劣化がない。

② 動画像ファイルの形式

ア　MPEG［エムペグ：Moving Picture Experts Group］

動画や音声を圧縮したファイル形式。MPEG 1 はCDやビデオCD，MPEG 2 はデジタルテレビやDVDビデオ，MPEG 4 は携帯電話などで利用されている。

③ 音声・音楽ファイルの形式

ア　MIDI［ミディ：Musical Instruments Digital Interface］

電子ピアノなどの電子楽器を制御するための規格。また，その規格で記録された音楽ファイル。

イ　MP3［エムピースリー：MPEG Audio Layer-3］

MPEG 1 を利用して音声をCD並の高品質で圧縮するファイル形式。

④ 圧縮ソフトのファイル形式

ア　ZIP［ジップ］

複数のファイルをまとめて，1つのファイルとして扱うためのファイル形式。複数のファイルを電子メールで送信したり，インターネットからダウンロードしたりする場合などに利用される。世界中で広く利用されており，データ圧縮や暗号化などの機能も備えている。

⑤ その他のファイル形式

ア　CSV［シーエスブイ：Comma Separated Values］

データをコンマ「,」で区切って並べたファイル形式。表計算ソフトやデータベースソフトがデータを保存する形式で，行データを1行として扱い，列のデータをコンマ「,」で区切って記録する。汎用性が高く，多くのアプリケーションソフト間で利用できる。

エクセルデータ

	A	B	C	D	E
1	北海道	本州	四国	九州	沖縄
2	60	50	70	40	10
3	15	25	20	25	45

→

エクセルデータをCSV形式で保存したデータ

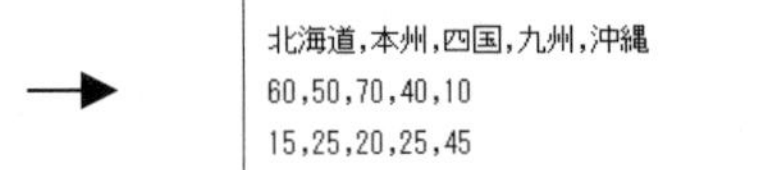
北海道,本州,四国,九州,沖縄
60,50,70,40,10
15,25,20,25,45

イ　PDF［ピーディーエフ：Portable Document Format］

米国Adobe Systems社によって開発された，電子文書表示用のファイル形式。コンピュータのOSの違いや使用フォントの違いなどに影響されず同一の文書を表示できる。PDF文書を見るためには，インターネット上で無料配布されている アドビリーダー［Adobe Reader］を使用する。

練習問題 1-3

解答 ⇨ P.33

【1】次の文に最も関係の深い語を答えなさい。

(1) データの意味を保ったまま，容量を削減する処理。
(2) 圧縮されたデータを元のデータに復元する処理。
(3) ファイルの圧縮をしたり，複数のファイルを1つにまとめたりするソフトウェア。
(4) 記憶装置の中でファイルを分類して保存するために作る記憶場所。
(5) ディレクトリの階層構造の中で最上層にあるディレクトリ。
(6) ディレクトリの中にあるディレクトリ。
(7) プログラムやデータを特定するための名称。
(8) ファイルの種類を区別するためにファイル名の後ろに付けるもの。
(9) コンピュータが処理するために2進化されたファイル。
(10) 文字列などを検索するときに，任意の文字や文字列の代わりに使用する特別な記号。

(1)		(2)		(3)		(4)	
(5)		(6)		(7)		(8)	
(9)		(10)					

【2】次の文に最も関係の深い語を解答群から選び，記号で答えなさい。

(1) 静止画像を点の集まりで表現し記録したファイル形式。
(2) 電子文書表示用のファイル形式。
(3) 電子楽器を制御するための規格。
(4) 世界的に広く使われているファイル圧縮形式。
(5) 動画像を圧縮したファイル形式。デジタルテレビや携帯電話などで利用されている。
(6) ネットワークで利用するために作られた画像圧縮ファイル形式。48ビットの高画質で，圧縮による劣化がない。
(7) フルカラー静止画像を圧縮したファイル形式。圧縮率が高い反面，伸張時に劣化する。
(8) 256色まで保存でき，インターネットで広く使われている静止画像圧縮ファイル形式。
(9) MPEG 1を利用して音声を高品質で圧縮するファイル形式。
(10) データをコンマで区切って並べたファイル形式。

解答群

ア．GIF	イ．PNG	ウ．PDF	エ．MP3	オ．BMP
カ．JPEG	キ．MPEG	ク．MIDI	ケ．CSV	コ．ZIP

(1)		(2)		(3)		(4)		(5)	
(6)		(7)		(8)		(9)		(10)	

第3章

4. 関連知識

（1）情報関連規格

① ISO［アイエスオー：International Organization for Standardization］

国際標準化機構。工業製品の国際標準化を推進する国際機関。略称が「IOS」ではなくて「ISO」となっている。

② IEEE［アイトリプルイー：Institute of Electrical and Electronics Engineers］

電気電子学会。アメリカに本部を持つ電気・電子分野の世界最大の学会。ネットワークや各種インタフェースの規格を決めるなどの活動を行っている。

IEEE1394ケーブル

③ JIS［ジス：Japanese Industrial Standards］

日本産業規格。日本国内における製品，データ，サービスなどについて規格や測定法などを定めた国家規格。文字コードなど，コンピュータや情報処理に関する規格もJISに定められている。

JISマーク

④ ANSI［アンシー：American National Standards Institute］

米国規格協会。アメリカの工業製品に関する規格を制定する団体。日本のJISと同じような役割を持つ。

（2）文字コード

コンピュータで文字や記号を利用するために，それぞれに割り当てられた固有の数字を**文字コード**という。文字コードは世界の各言語に存在するが，代表的なものにJISコード，ASCIIコード，Unicodeがある。

① JISコード［ジスコード：Japanese Industrial Standards Code］

JISで規格化された日本語文字コードで，ASCIIコードを拡張し，かな，漢字なども使えるようにした文字コード。

② ASCIIコード［アスキーコード：American Standard Code for Information Interchange］

ANSIが定めた文字コードで，英数字の最も標準的な文字コード。

③ Unicode［ユニコード］

各国が独自に使っているコードを統一する目的で作られた文字コードで，世界の主要な文字が収録されている。

0600								Arabic								06FF
	060	061	062	063	064	065	066	067	068	069	06A	06B	06C	06D	06E	06F
0	؀ 0600	◌ؐ 0610	ؠ 0620	ذ 0630	ـ 0640	◌ِ 0650	٠ 0660	◌ٰ 0670	ڀ 0680	ڐ 0690	ڠ 06A0	ڰ 06B0	ۀ 06C0	ې 06D0	◌۠ 06E0	۰ 06F0
1	؁ 0601	◌ؑ 0611	ء 0621	ر 0631	ف 0641	◌ّ 0651	١ 0661	ٱ 0671	ځ 0681	ڑ 0691	ڡ 06A1	ڱ 06B1	ہ 06C1	ۑ 06D1	◌ۡ 06E1	۱ 06F1
2	؂ 0602	◌ؒ 0612	آ 0622	ز 0632	ق 0642	◌ْ 0652	٢ 0662	ٲ 0672	ڂ 0682	ڒ 0692	ڢ 06A2	ڲ 06B2	ۂ 06C2	ے 06D2	◌ۢ 06E2	۲ 06F2
3	؃ 0603	◌ؓ 0613	أ 0623	س 0633	ك 0643	◌ٓ 0653	٣ 0663	ٳ 0673	ڃ 0683	ړ 0693	ڣ 06A3	ڳ 06B3	ۃ 06C3	ۓ 06D3	◌ۣ 06E3	۳ 06F3

アラビア語のUnicode（一部）（http://www.unicode.org/charts/より）

（3）システムにかかる費用

① **イニシャルコスト**

新規にコンピュータやシステムを導入・構築する際に必要となる費用。

② **ランニングコスト**

コンピュータやシステムの運用，または保守や管理に必要な費用。たとえば，使っていくうえで必要となるプリンタのインク代，印刷用紙代などの運用費，または，ウイルスなどからコンピュータを守るための保守費用などがある。

③ **TCO（総保有コスト）［Total Cost of Ownership］**

イニシャルコストとランニングコストを含めた費用の総額。導入時のイニシャルコストが低くてもランニングコストが高かったり，またその逆もあるためシステム導入時にはトータルでかかる総コストを算定する。システム導入の可否を検討する材料として使われる。

（4）２進数の計算

０と１の２種類を使って数を表す方法を２進数という。コンピュータでは，「電気が通る，通らない」といった状態を表現するので，２進数が適している。この２進数の１桁をビットといい，情報表現の最小単位である。

① **10進数から２進数への変換**

10進数を２で割り切れなくなるまで割り，その余りを逆に読む。

例　10進数14を２進数にしなさい。

```
2）14        余り ↑
2） 7・・・0      │
2） 3・・・1      │
    1・・・1 ─────┘
```

答　1110

10進数と２進数の対応表

10進数	２進数
0	0
1	1
2	10
3	11
4	100
5	101
6	110
7	111
8	1000
9	1001
10	1010
11	1011
12	1100
13	1101
14	1110
15	1111
16	10000
17	10001
18	10010
19	10011
20	10100

第３章

② **2進数から10進数への変換**

2進数の各桁に，桁ごとの重みを乗じてその和を求める。

例 2進数1011を10進数にしなさい。

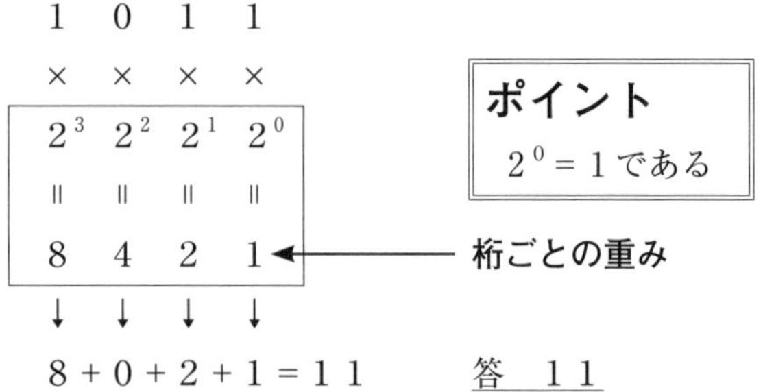

③ **2進数の加算**

例 2進数1110と2進数1011の和を求めなさい。

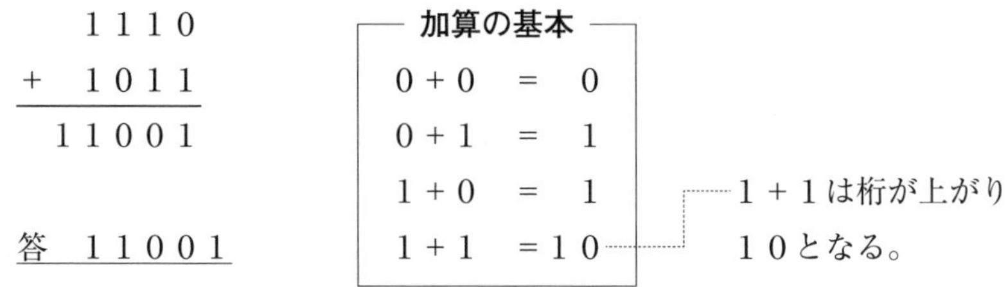

④ **2進数の減算**

例 2進数1110と2進数1011の差を求めなさい。

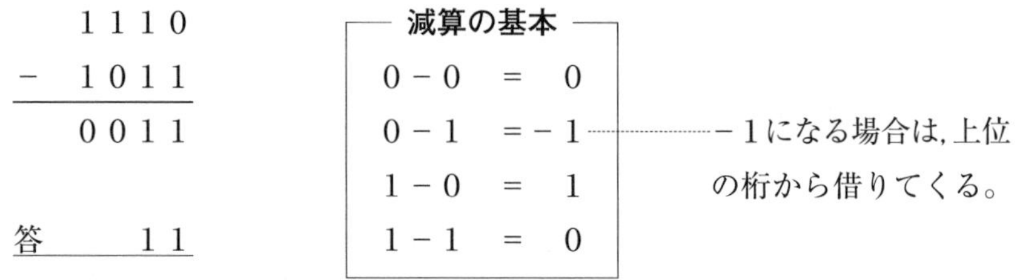

⑤ **2進数の乗算**

例 2進数1110と2進数1011の積を求めなさい。

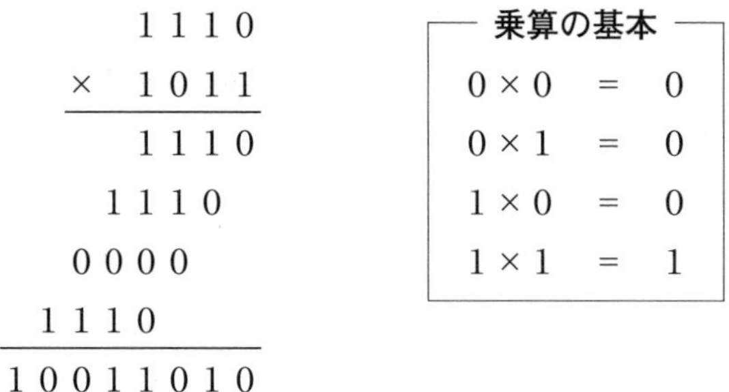

答 10011010

練習問題 1-4

解答 ⇨ P.33

【1】次の文に最も関係の深い語を解答群から選び，記号で答えなさい。

(1) 日本産業規格。
(2) 米国規格協会。
(3) 電気電子学会。
(4) 国際標準化機構。
(5) JISで規格化された日本語文字コード。
(6) ANSIが定めた文字コード。
(7) 各国が独自に使っているコードを統一する目的で作られた文字コード。
(8) コンピュータやシステムの運用，または保守や管理に必要な費用。
(9) ランニングコストとイニシャルコストを含めた費用。
(10) コンピュータやシステムを新規に導入する際に必要な費用。

(1)	
(2)	
(3)	
(4)	
(5)	
(6)	
(7)	
(8)	
(9)	
(10)	

解答群

ア．Unicode	イ．ANSI	ウ．JISコード	エ．ISO
オ．ASCIIコード	カ．IEEE	キ．JIS	ク．TCO
ケ．イニシャルコスト		コ．ランニングコスト	

【2】次の10進数を２進数にしなさい。

(1) 13　　(2) 21　　(3) 37

(1)		(2)		(3)	

【3】次の２進数を10進数にしなさい。

(1) 1010　　(2) 11001　　(3) 110110

(1)		(2)		(3)	

【4】次の計算をしなさい。

(1) ２進数1010と２進数1101の和を表す２進数
(2) ２進数1011と２進数1110の和を表す10進数
(3) ２進数1101と２進数1001の差を表す２進数
(4) ２進数10010と２進数111の差を表す10進数
(5) ２進数101と２進数11の積を表す２進数
(6) ２進数110と２進数111の積を表す10進数
(7) ２進数1010と10進数22の和を表す２進数
(8) ２進数1101と10進数20の和を表す10進数

(1)	
(2)	
(3)	
(4)	
(5)	
(6)	
(7)	
(8)	

第3章

通信ネットワークに関する知識

1．ネットワークの構成

（1）LAN［Local Area Network：ローカルエリアネットワーク］

LANとは，学校や企業などの建物や敷地など，限られた範囲を結んだネットワークのことをいう。LANを利用すれば，パソコンどうしで簡単にファイルの受け渡しを行ったり，１台のプリンタをネットワーク内で共有して使用したりすることができる。

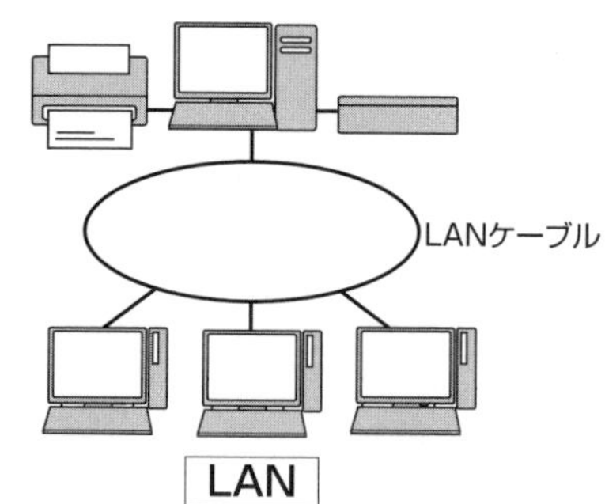

（2）通信回線の種類

インターネットや外部のネットワークなどに接続するためには，通信回線を利用して接続する。通信回線には次のようなものがある。

① **アナログ回線**

音の振幅の大小や電流の強弱などのように，連続的に変化する物理量の信号（アナログ信号）を利用する回線。

② **デジタル回線**

「OFF」と「ON」のように２進数（０と１）の信号（デジタル信号）を利用する回線。

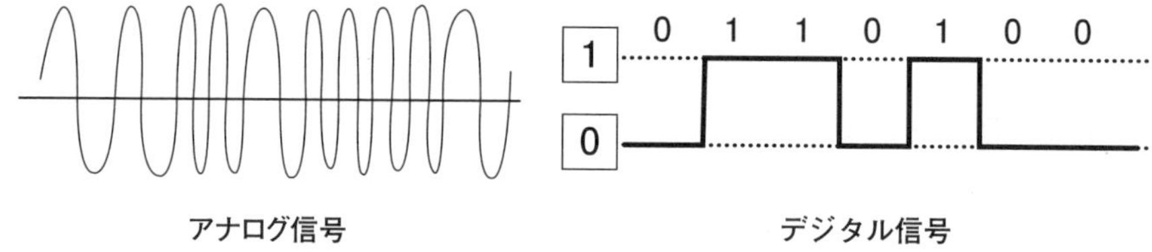

アナログ信号　　デジタル信号

（3）パケット［packet］

ネットワーク上に送信するデータを一定の大きさに分割したもの。packetは「小包」の意味。パケットには，分割したデータと送信先の宛名などの情報が含まれる。パケットを用いてデータをやりとりする方式をパケット通信と呼ぶ。複数のデータを並行して送信することができ，回線の使用効率を高めることができる。携帯電話などでのデータ通信でも利用されている。

(4) 有線LAN［ワイヤードLAN：Wired LAN］

有線LANは，LANケーブルを使って機器を接続し，データの送受信をするシステムである。有線LANは，ケーブルを使っているので電波が安定して使用できるが，ケーブルの届く範囲でしか通信ができない。光ファイバ回線を利用すると動画などのデータ量が多い情報でも短時間で送受信ができる。

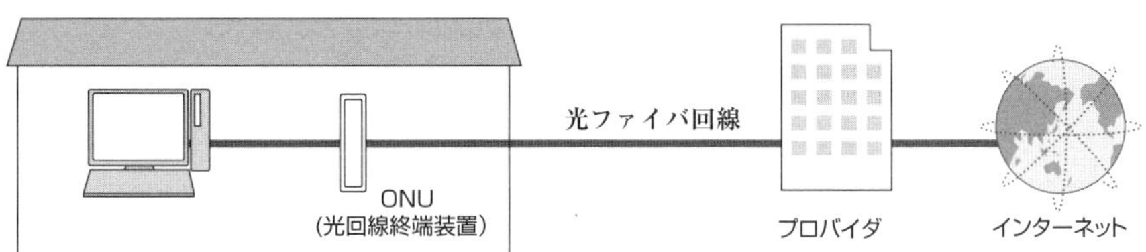

(5) 無線LAN［ワイヤレスLAN：Wireless LAN］

無線LANは，ケーブルを使わず，赤外線や電波や光などの無線通信を利用してデータの送受信を行うシステムである。ワイヤレスLANともいう。無線LANの規格は，「IEEE802.11」として標準化されている。

① Wi-Fi［ワイファイ：Wireless Fidelity］

米国の業界団体であるWi-Fi Alliance（ワイファイ　アライアンス）が機器間の相互接続性を認定したことを示す無線LAN製品のブランド名，または無線LANの接続方式。パソコン関連製品から，携帯型ゲーム機や携帯電話などにも搭載が進んでおり，アクセスポイント等を経由してインターネット等へ接続することができる。

② SSID［エスエスアイディー：Service Set Identifier］

無線LANにおけるアクセスポイントの識別子。無線LANのアクセスポイントが複数ある場合に，どのアクセスポイントに接続するかを指定する必要があり，SSIDは，そのために利用される。最大32文字までの英数字が設定できる。

③ テザリング［tethering］

スマートフォンなどの通信機能を使って，パソコンやタブレット，ゲーム機などのモバイル端末をインターネットへ常時接続する機能。Tetheringには「つなぐ」という意味がある。Wi-Fiや赤外線などの無線LAN，USBケーブルなどを使って手軽にインターネットを利用することができる。

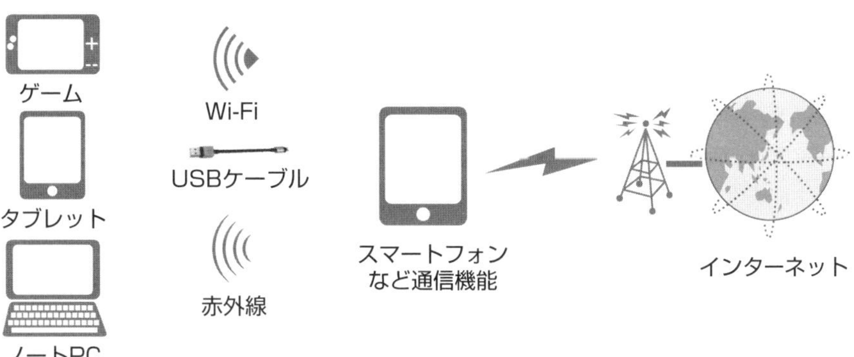

2. ネットワークの活用

（1）LAN形態の種類

LANに接続したときにサービスを提供するコンピュータを**サーバ**，サービスを依頼するコンピュータを**クライアント**という。LANは，サーバとクライアントの関係から大きく次の２種類に分類される。

① ピアツーピア［peer to peer］

互いのコンピュータが対等の立場のLANをいう。数台のコンピュータを接続する場合に利用する。お互いが場面に応じてクライアントになったり，サーバになったりし，どちらかがサーバ専用というように決められていないLANである。たとえば次の図では，コンピュータAが印刷をしたい場合，コンピュータAがクライアント，コンピュータBがサーバとなる。またコンピュータBがインターネットに接続する場合には，コンピュータBがクライアント，コンピュータAがサーバとなる。

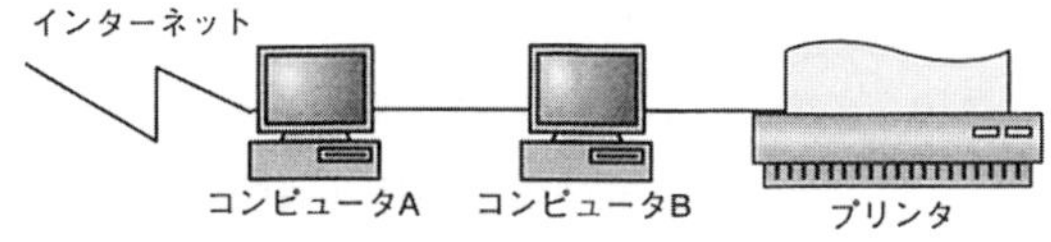

② クライアントサーバシステム［client server system］

大規模なLANで利用される形態であり，コンピュータが数台のサーバ専用コンピュータと，何台ものクライアントに分かれるシステムをいう。サーバは複数のサービスを同時に提供してもよい。またそのサーバにない機能は他のサーバに依頼することもできる。

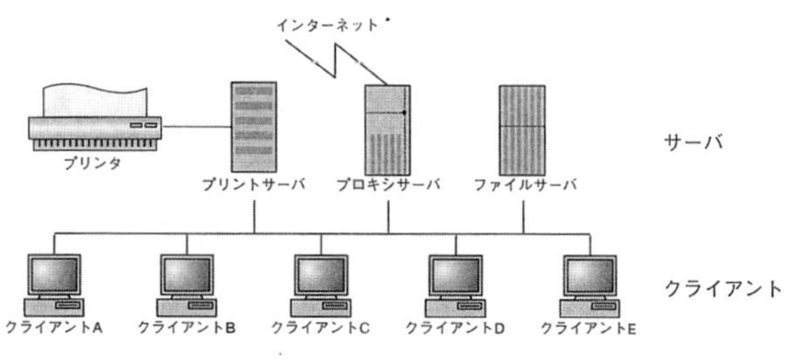

（2）ストリーミング［streaming］

インターネット上で動画や音声などを受信しながら同時に再生する方式。全データのダウンロード完了を待たずに視聴でき，データを端末側に蓄積しないため端末の記憶容量を消費しない。

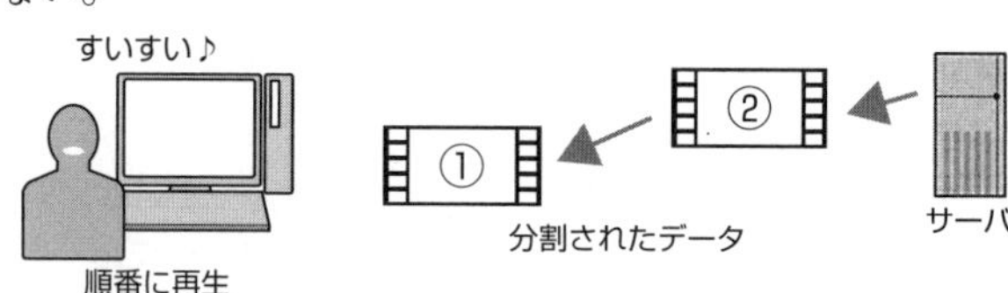

（3）グループウェア［groupware］

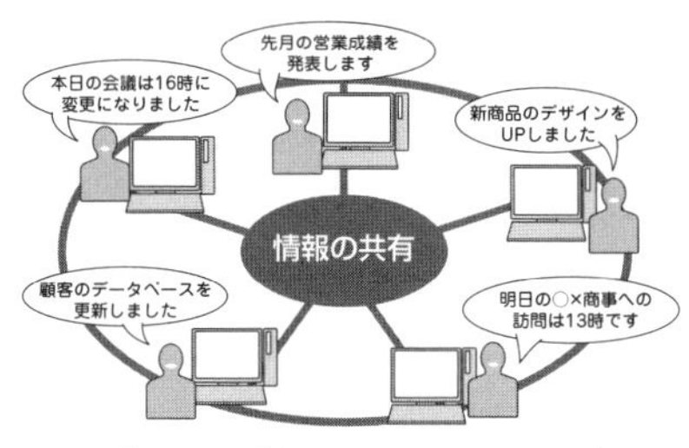

グループウェアのイメージ

ネットワークを利用して，グループでの情報共有やコミュニケーションの効率化を図り，グループによる共同作業を支援するソフトウェア。主な機能としては，電子会議室，電子メール，スケジュール管理，ドキュメント管理などで，メッセージの伝達や情報の共有化を行う。従来，電話や文書でやりとりしていた情報交換を端末の前にいながらにして行えるようになった。

練習問題2-1

解答 ➡ P.33

【1】次の文に最も関係の深い語を答えなさい。

(1) 有線ケーブルを使わず，電波や赤外線などを利用してネットワーク通信を行う形態のLAN。
(2) インターネットで動画や音声を視聴する際，データを受信しながら再生する方式。
(3) スケジュール管理，ドキュメント管理などの機能を持ち，ネットワークによるグループの作業を効率的に行うためのソフトウェア。
(4) 米国のWi-Fi Allianceが認定した無線LAN接続方式。
(5) 無線LANによる通信を行う際，アクセスポイントを識別するために付けられた名前。
(6) 接続されたコンピュータが対等の立場にあるネットワークの形態。
(7) 音の振幅の大小や電流の強弱などのように，連続的に変化する物理量の信号を利用する回線。
(8) スマートフォンなどの通信機能を使って，タブレットなどのモバイル端末をインターネットへ常時接続する機能。
(9) ネットワーク上に送信するデータを一定の大きさに分割したもの。
(10) 学校や企業などの建物や敷地など，限られた範囲を結んだネットワーク。
(11)「OFF」と「ON」のような信号を利用する回線。
(12) 大規模なLANで利用される形態で，サーバ専用のコンピュータを置くシステム。

(1)		(2)		(3)	
(4)		(5)		(6)	
(7)		(8)		(9)	
(10)		(11)		(12)	

第3章

情報モラルとセキュリティに関する知識

1．権利の保護と管理

（1）知的財産権

知的財産権とは，知的創作活動によって生み出されたものを，創作した人の財産として保護するための権利。知的財産権には特許権，実用新案権，意匠権，商標権，著作権などがあり，知的財産基本法のもと，それぞれの法律で保護されている。

知的財産権	
産業財産権 特許権（特許法） 実用新案権（実用新案法） 意匠権（意匠法） 商標権（商標法）	著作権（著作権法） 商号（会社法・商法）など

① **産業財産権**

産業の発展を図るため，新しい技術やデザイン，ネーミングなどを，特許庁に出願し登録されることによって，一定期間独占的に使用できる権利。知的財産権のうち，特許権，実用新案権，意匠権，商標権の４つが該当する。

② **著作権**

小説，講演，音楽，美術，映画，コンピュータプログラム，データベースなどの著作物を創作したことにより著作者に発生する権利。著作者の死後70年まで保護される。著作権は，著作物を創作した時点で自動的に発生するので，文化庁に登録したり，作品を納品するなどの手続きは必要ない。

（2）肖像権

肖像権は，本人の承諾なしに無断で写真やビデオに撮られたり，それらを無断で公表されたり利用されないよう主張できる権利である。Webページなどで写真等を掲載する場合には，本人の承諾を得る必要がある。現在のところ，肖像権に関することを法律で明文化したものはないが，民法上の不法行為とされる場合が多い。

(3) 情報の保護や管理に関する法律

私たちが安全に情報を活用して生活することができるように，次のような法律が制定されている。

① **著作権法**

著作権などについて定めた，著作者などの権利の保護を図ることを目的とする法律。

② **個人情報保護法**

個人情報の保護に関する法律。本人の意図しない個人情報の不正な流用や，個人情報を扱う事業者がずさんなデータ管理をしないように，個人情報を取り扱うすべての事業者を対象に義務を果たすよう定めている。

③ **不正アクセス禁止法**

コンピュータの不正利用を禁止する法律。正式には「不正アクセス行為の禁止等に関する法律」という。他人のユーザIDやパスワードを使って，利用する権限を持たない者がコンピュータを不正に使用する行為や，アプリケーションソフトやOSなどのセキュリティ上の弱点をついてコンピュータを不正利用したり，保存されているプログラムやデータを改ざんしたりする行為を禁じている。

(4) ソフトウェア利用の形態

① **フリーウェア**

著作権は放棄されていないが，無償で使用できるソフトウェア。インターネット上で提供されるソフトをダウンロードするか，雑誌の付録CD-ROMなどで提供されることが多い。

② **シェアウェア**

一定期間は無償で試用し，期間終了後も使い続ける場合には著作者に規定の料金を支払うソフトウェア。フリーウェアと同様，インターネット上や雑誌の付録CD-ROMなどで提供されることが多い。

③ **サイトライセンス**

企業や学校で，大量に同じソフトウェアを導入する場合に利用できる一括導入ライセンス契約。一括導入する数が多くなるにしたがって単価が安くなる。また，ライセンスのみを購入するために，ソフトウェアの解説書などは1冊であり，保管場所を多くとることもない。

④ **OSS［オーエスエス：Open Source Software：オープンソースソフトウェア］**

ソフトウェアのソースコードが無償で公開され，改良や再配布が誰に対しても許可されているソフトウェア。

2. セキュリティ管理

インターネットなどで外部のネットワークと接続する場合，データやプログラムの盗み見・改ざん・破壊などのコンピュータ犯罪が行われないようにするためには，セキュリティ管理が必要になる。セキュリティ管理の一部として次のような対策がとられている。

① **アクセス許可**

複数のユーザが1つのコンピュータを共有したり，ネットワークを通じて複数のユーザがファイルやフォルダを共有したりする環境では，ファイルやフォルダへのセキュリティ管理が必要となる。現在のマルチユーザ対応のOSでは，ユーザやグループごとに，ファイルやフォルダへのアクセス権限を設定することができる。アクセス権限には「読み取り」，「書き込み」などがある。ファイルやフォルダへアクセスできる権限を与えることを**アクセス許可**という。

ア　読み取り

ファイル内容や属性などの読み取り許可を与えること。

イ　書き込み

ファイル内容の書き込み，ファイルへのデータの追加，属性の書き込みなどの許可を与えること。

ウ　フルコントロール

ファイル内容の読み取りや書き込みなど，すべてのアクセス権限を与えること。

② **セキュリティホール**

コンピュータのOSやソフトウェアにおいて，プログラムの不具合や設計上のミスが原因となって発生するセキュリティ上の欠陥をいう。セキュリティホールから，ハッキングに利用されたり，ウイルスに感染したりする可能性がある。セキュリティホールが発見されると，多くの場合，ソフトウェア開発メーカーはパッチという修正プログラムを開発して提供する。

③ **バックアップ**

プログラムやデータのファイルをコピーして，別の記録メディアに保存すること。重要なプログラムやデータは，不正アクセスによって改ざんされたりウイルスの侵入によって破壊されても困らないように，定期的にバックアップをとる必要がある。

④ **暗号化・復号**

メールの内容やWebページに送信する内容などは，送受信の間に第三者に盗み見される可能性がある。見られたくないものは，送信する内容を第三者には理解できないように暗号化することで安全性を保つ必要がある。送信する内容を第三者には理解できない形に変換することを**暗号化**という。なお，受信者はそのままでは内容を理解できないので，暗号化された文を変換し，元の文に戻す。これを**復号**という。

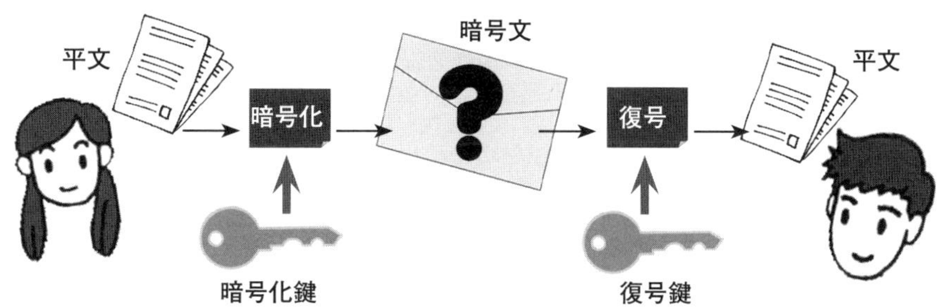

⑤　**ファイアウォール**

「防火壁」という意味で，外部のネットワークから不正アクセスやコンピュータウイルスの侵入を防ぐしくみ。企業などのLANと外部のネットワーク（インターネットなど）の間に立ち，やりとりされるデータすべてを監視し，不正なアクセスやデータを検出・遮断する。

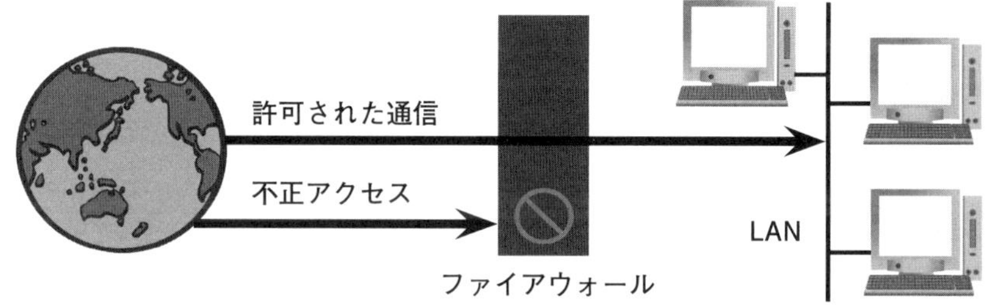

⑥　**多要素認証**

本人しか知らない知識情報（パスワードや秘密の質問等）だけでなく，本人しか持っていない所有物情報（ICカードやスマートフォン等）や本人固有の生体情報（顔や静脈等）などを２つ以上組み合わせてセキュリティを高める認証方法。

⑦　**多段階認証**

複数の認証段階を経て利用者認証を行う方法。ID・パスワードを使った認証を行った後，スマートフォンなどに送られたワンタイムパスワードを利用して，再度認証するなどの手法がある。ID・パスワードを不正に取得されても不正アクセスがされにくくなる。

⑧　**ワンタイムパスワード**

一度限り，短時間のみ有効なパスワードを利用して利用者認証を行うしくみ。長期間にわたって利用される通常の固定のパスワードよりセキュリティが高い。ショートメッセージサービス（SMS）で配付される方式がある。

⑨　**シングルサインオン（SSO）**

一度の利用者認証で複数のコンピュータやソフトウェアを使用するためのしくみ。異なるコンピュータやソフトウェアを利用するたびに利用者認証をする手間がなくなり，利便性が向上する。

⑩ **キーロガー**

キーボードの操作を記録するソフトウェア。有益なものとして利用されることもあるが，攻撃者が不正にコンピュータにインストールして個人情報やパスワードを盗むために利用することもある。

⑪ **ランサムウェア**

コンピュータに保存されているファイルを不正に暗号化して利用できなくし，元に戻すために金銭を要求するマルウェア。Ransom（身代金）とSoftware（ソフトウェア）を組み合わせた造語である。

⑫ **ガンブラー**

管理者用アカウントを盗んでサーバに侵入し，通常利用している正規のウェブサイトを改ざんして，閲覧するだけでマルウェアに感染するように仕組む攻撃手法。訪問者は，正規のウェブサイトにアクセスするだけでマルウェアに感染させられるため，感染を防ぎにくい。

第3章

練習問題3-1

解答 ➡ P.34

【1】 A群の語句に最も関係の深い語句をB群から選び，記号で答えなさい。

A群

1．OSS
2．産業財産権
3．シェアウェア
4．肖像権
5．サイトライセンス

B群

ア． 個人情報保護法。
イ． 特許権，実用新案権，意匠権，商標権。
ウ． 大量に一括導入する契約。
エ． 不正アクセス禁止法。
オ． 無断で本人の写真を公表されないように主張できる。
カ． 一定期間終了後，著作者に一定の料金を支払う。
キ． ソースコードの公開。
ク． 情報の共有やコミュニケーションの効率化。
ケ． 第三者に理解できない形に変換。
コ． 重要なデータを別の記録メディアに保存。

1		2		3		4		5	

【2】次の文に最も関係の深い語を解答群から選び，記号で答えなさい。

(1)　知的創作活動によって生み出されたものを，創作した人の財産として保護するための権利。

(2)　産業の発展を図るため，特許庁に出願し登録されることによって，一定期間独占的に使用できる権利。

(3)　一般の人が誰でも持っている権利で，むやみに自分の写真などを公表されないように主張できる権利。

(4)　音楽，コンピュータプログラム，データベースなどの著作物を創作したことにより著作者に発生する権利。

(5)　著作権などについて定めた，著作者などの権利の保護をする法律。

(6)　コンピュータ全般を不正利用する行為を禁止するための法律。

(7)　個人の情報が知らないうちに使われたり，大量の情報が外にもれたりすることのないように個人情報を適正に取り扱うように定めた法律。

解答群

ア．不正アクセス禁止法	イ．知的財産権	ウ．著作権	エ．肖像権
オ．産業財産権	カ．著作権法	キ．個人情報保護法	

(1)		(2)		(3)		(4)		(5)		(6)		(7)	

【3】次の文に最も関係の深い語を答えなさい。

(1)　組織内のコンピュータネットワークへ外部から侵入されるのを防ぐシステム。

(2)　一定期間ソフトウェアを試用することができ，継続して使用する場合には後から料金を支払うソフトウェア。

(3)　第三者が利用できないように決まった規則にしたがってデータを変換すること。

(4)　ソースコードが公開されており，誰でもそのソフトウェアの変更，配付ができる。

(5)　暗号化されたデータを変換し元のデータに戻すこと。

(6)　大量に同じソフトウェアを導入する場合に利用できる一括導入ライセンス契約。

(7)　重要なプログラムやデータを別の記録メディアにコピーして保存すること。

(8)　著作権は放棄されていないが，無償で利用できるソフトウェア。

(9)　コンピュータシステムに存在する安全上の欠陥。

(10)　一度しか使用できない使い捨てのパスワード。

(11)　知識情報，所有情報，生体情報のうち，2つ以上を組み合わせた認証方法。

(12)　一度のユーザ認証によって複数のシステムに接続できるしくみ。

(13)　要素数にかかわらず，複数回の認証すべてにパスすると認証成功とする方法。

(14)　ウェブサイトを改ざんし，サイト閲覧者をウイルスに感染させる攻撃手法。

(15)　感染したコンピュータを正常に利用できないようにし，復元のために金品を要求する手法。

(1)		(2)		(3)	
(4)		(5)		(6)	
(7)		(8)		(9)	
(10)		(11)		(12)	
(13)		(14)		(15)	

解答 ⇨ P.34

章末総合問題

【1】次の文に最も関係の深い語を解答群から選び，記号で答えなさい。

1．インターネットに接続したコンピュータやネットワークからの侵入を防ぐためのソフトウェア。
2．ハードウェアをコネクタに差し込むだけで，自動的に使用できるようにするシステム。
3．静止画像を点の集まりで表現し記録したもので通常は無圧縮のファイル。
4．コンピュータで電子楽器の音楽データの入出力や制御を行うインタフェースの規格。
5．２進数の1001と101の和を10進数で表す。

解答群

ア．JPEG	イ．BMP	ウ．プラグアンドプレイ	エ．MP3
オ．ファイアウォール	カ．セキュリティホール	キ．アクセスアーム	ク．MIDI
ケ．14	コ．15		

1		2		3		4		5	

【2】次の文に最も関係の深い語を解答群から選び，記号で答えなさい。

1．各国が独自に使っているコードを統一する目的で作られたコード。
2．停電時などに，一定時間コンピュータを稼働できるようにする装置。
3．マークシートに塗られたマークを光学的に読み取り，コンピュータに入力する装置。
4．新規にコンピュータやシステムを導入・構築する際に必要となる費用。
5．アクセスポイントを識別するための名前で，32文字までの英数字が設定できる。

解答群

ア．JISコード	イ．ランニングコスト	ウ．磁気ディスク装置	エ．SSID
オ．Unicode	カ．OCR	キ．OMR	ク．ASCIIコード
ケ．イニシャルコスト	コ．UPS		

(1)		(2)		(3)		(4)		(5)	

【3】次の説明文に最も適した答えをア，イ，ウの中から選び，記号で答えなさい。

1．プログラムやデータを違法コピーから守る。
　ア．個人情報保護法　イ．不正アクセス禁止法　ウ．著作権法
2．磁気ディスク装置で，磁気ヘッドを所定の位置まで移動させる部品。
　ア．アクセスアーム　イ．シリンダ　ウ．セクタ
3．どのディレクトリにも属さない最上位のディレクトリ。
　ア．サブディレクトリ　イ．フォルダ　ウ．ルートディレクトリ
4．画像圧縮による画像劣化がないファイル形式。
　ア．MP3　イ．PNG　ウ．JPEG
5．世界的に広く普及しているファイル圧縮形式。
　ア．CSV　イ．ZIP　ウ．PDF

1		2		3		4		5	

【4】次の文に最も関係の深い語を解答群から選び，記号で答えなさい。

1．大切なプログラムやデータが何かの原因で壊れても困らないように，別の記録メディアに保存しておくこと。
2．画像を構成する小さな点で，色情報も持つ。
3．扱える色が256色なので，イラストやロゴに向いている。
4．文字データだけで構成されているファイル。
5．２進数の1011と110の積を10進数で表す。

解答群

ア．ドット	イ．バックアップ	ウ．アップデート	エ．MPEG	オ．GIF
カ．ピクセル	キ．バイナリファイル	ク．34	ケ．テキストファイル	コ．66

1		2		3		4		5	

【5】A群の語句に最も関係の深い語句をB群から選び，記号で答えなさい。

A群

1．シリンダ
2．OCR
3．MP3
4．ANSI
5．肖像権

B群

ア．個人情報の保護を目的としている。
イ．国際標準化機構のことで，工業製品の国際標準化を推進する。
ウ．米国規格協会のことで，日本のJISと同じような働きをする。
エ．アクセスアームを動かさないで読み書きできるトラックの集まり。
オ．文字の読み取り。
カ．動画圧縮ファイル。
キ．自分の写真を公開することを拒否する権利。
ク．音声ファイル。
ケ．マークの読み取り。
コ．トラックを等間隔に分割したデータ保存の最小単位。

1		2		3		4		5	

【6】次の文に最も関係の深い語を解答群から選び，記号で答えなさい。

1．データをコンマで区切って並べたファイル形式。
2．複数のファイルをまとめたり，ファイルを圧縮したりするソフトウェア。
3．カラー静止画像を圧縮したファイル形式。
4．インターネット上で無料配布されている電子文書表示用のファイル形式。
5．画像サイズが横800×縦600ピクセルで65,536色（16ビットカラー）を表現する画像の容量は何MBか。

解答群

ア．JPEG	イ．MPEG	ウ．CSV	エ．BMP	オ．ZIP
カ．PDF	キ．アーカイバ	ク．7.68MB	ケ．0.96MB	コ．ワイルドカード

1		2		3		4		5	

解答 ⇨ P.34

章末検定問題

【1】次の説明文に最も適した答えを解答群から選び，記号で答えなさい。 [第54回]

1．カラー印刷において色を表現する方式。色の三原色に黒色を加えることで，黒を鮮明に表現することができる。
2．1963年に発足した電気・電子技術分野における世界最大の技術者学会。コンピュータ関連ではインタフェースやLANの通信規格などが国際標準規格となっている。
3．磁気ディスク装置において，ディスクにデータを直接書き込み，読み込みをする部分。
4．実行形式であるプログラムのファイルなど，文字として読み出すことができない２進数形式のファイル。
5．機能や試用期間に制限があり，利用者は対価を支払うことで制限が解除され，利用することができるソフトウェア。

解答群

ア． CMYK	**イ．** シェアウェア	**ウ．** RGB	**エ．** フリーウェア	**オ．** アクセスアーム
カ． 磁気ヘッド	**キ．** JIS	**ク．** IEEE	**ケ．** テキストファイル	**コ．** バイナリファイル

1		2		3		4		5	

【2】次の説明文に最も適した答えを解答群から選び，記号で答えなさい。 [第56回]

1．ファイルやフォルダへのアクセス権の一種であり，すべての操作が行える権限。
2．記憶領域の効率化や伝送時間の短縮などを目的にサイズが縮小されたファイルを，元の状態に戻すこと。
3．階層型ファイル管理構造において，最も上位にあるディレクトリ。
4．コンピュータ機器やソフトウェアの購入代金など，コンピュータシステムを導入したときに発生する費用。
5．鉛筆などで塗りつぶされたマークを光学的に読み取る装置。

解答群

ア． ルートディレクトリ	**イ．** OMR	**ウ．** サブディレクトリ	**エ．** OCR	**オ．** 書き込み
カ． フルコントロール	**キ．** 暗号化	**ク．** イニシャルコスト	**ケ．** ランニングコスト	**コ．** 解凍

1		2		3		4		5	

【3】次の説明文に最も適した答えを解答群から選び，記号で答えなさい。 [第58回]

1．ハードディスク装置などにおいて，トラックを分割した最小の記録単位。
2．ネットワークを通じてアクセス制御機能のあるコンピュータにアクセスし，他人のパスワードを入力するなどして，本来制限されている機能を利用可能な状態にする行為などを禁止した法律。
3．試用期間などの制約がなく，無料で利用することができるソフトウェア。
4．ソフトウェアの不具合などによる安全機能上の欠陥。コンピュータウイルスの侵入や，利用権限のないユーザに権限を越えた操作をされる危険性がある。
5．データを送受信する際，０と１で数値化された信号を用いる通信回線。

解答群

ア． 個人情報保護法	**イ．** セクタ	**ウ．** フリーウェア	**エ．** アナログ回線
オ． セキュリティホール	**カ．** ファイアウォール	**キ．** 不正アクセス禁止法	**ク．** シェアウェア
ケ． デジタル回線	**コ．** シリンダ		

1		2		3		4		5	

【4】次の説明文に最も適した答えを解答群から選び，記号で答えなさい。 ［第59回］

1．手書きや印刷された文字など，光学的に読み取り，テキストデータに変換する装置。
2．情報の漏えいや改ざんを防止することを目的に，第三者が読み取ることができないようにしたデータを，元の状態に戻すこと。
3．項目間をコンマで区切った形式のテキストファイル。様々なアプリケーションソフトウェアでデータを読み込むことができ，データ変換などに用いられる。
4．磁気ディスク装置において，データを読み書きする部分。
5．インターネットに接続できるスマートフォンなどをアクセスポイントにして，他の通信機器をインターネットに接続する方法。接続する手段として，Wi－Fiを利用することが多い。

解答群

ア．磁気ヘッド	**イ**．暗号化	**ウ**．OMR	**エ**．シリンダ	**オ**．CSV
カ．LAN	**キ**．OCR	**ク**．PDF	**ケ**．復号	**コ**．テザリング

1		2		3		4		5	

【5】次のA群の語句に最も関係の深い説明文をB群から選び，記号で答えなさい。 ［第61回］

A群

1．サイトライセンス
2．拡張子
3．フルコントロール
4．無線LAN
5．ISO

B群

ア．内部にICやアンテナを内蔵し，外部からの電波を利用して，データの送受信を行うカード。端末と接触をしないため，正確な位置合わせも不要で，交通機関の乗降時などに利用される。
イ．256色までを表現できる可逆圧縮の画像ファイル形式。Webページにおけるボタンアイコンなどに利用されている。
ウ．ファイルの種類の識別などに用いられる文字列で，ファイル名の末尾につけられる。
エ．国際間の取引を促進させるため，工業分野をはじめ，さまざまな産業における製品等の標準化を目的とした規格。
オ．産業標準化法に基づいて，日本国内における工業製品や情報処理に関する規定などの標準化を目的とした規格。
カ．ファイルやフォルダへアクセスできる権限の一つで，読み取り，書き込みなど，すべての操作が行える。
キ．ソースコードが公開され，改変や再配布などが認められるソフトウェア。
ク．ソフトウェアの安全機能上の欠陥や不具合。コンピュータウイルスの侵入などを防ぐため，更新プログラムを適用する必要がある。
ケ．電波などを利用して通信が行われるネットワーク。利用する周波数帯域などにより，通信速度や障害物による影響に違いがある。
コ．組織や部署単位でソフトウェアを導入する際など，一括契約することで，複数の同時利用を可能とする利用許諾契約。

1		2		3		4		5	

【6】次のA群の語句に最も関係の深い説明文をB群から選び，記号で答えなさい。　[第51・60回より一部修正]

A群

1. 不正アクセス禁止法
2. RGB
3. MP3
4. セキュリティホール
5. アクセスアーム

B群

ア. シアン，マゼンタ，イエロー，ブラックの4色により，カラー印刷の色を表現する方式。
イ. 磁気ディスク装置において，データを読み書きする部分を，特定の位置へ移動させるための部品。
ウ. コンピュータシステムの使用権限を持たない者が，他人のユーザIDやパスワードを無断で使用してアクセスすることなどを禁止した法律。
エ. 音声データを，音楽CDと同程度の音質で圧縮して保存できるファイル形式。
オ. 電子楽器を制御するために必要な，音の長さや音程などの演奏データを記録したファイル形式。
カ. 組織内のネットワークに対する外部からの不正な侵入を防ぐことを目的としたシステム。
キ. 個人情報を取り扱う事業者に対して，個人情報の不正な利用やずさんな管理をしないように，事業者が守るべき義務などを定めた法律。
ク. ソフトウェアの設計上のミスや不具合などによる安全機能上の欠陥。
ケ. 磁気ディスク装置において，ディスク上のデータを直接読み書きする部分。
コ. 赤，緑，青の光の三原色により，ディスプレイなどで色を表現する方式。

1		2		3		4		5	

【7】次のA群の語句に最も関係の深い説明文をB群から選び，記号で答えなさい。　[第55回一部修正]

A群

1. ランニングコスト
2. 個人情報保護法
3. ファイアウォール
4. クライアントサーバシステム
5. 復号

B群

ア. LANの形態の一つで，サービスを提供するコンピュータと，そのサービスを利用するコンピュータとで構成されているネットワークシステム。
イ. 本来見えるべきでないデータが見えてしまうなど，コンピュータシステム上の不具合，ぜい弱性。
ウ. 機器やシステムなどの導入に必要な費用のこと。購入代金や設置費用などが該当する。
エ. 個人情報の有用性に配慮し，個人の権利や利益を保護することを目的として，個人情報を取り扱う事業者に対して守るべき義務などを定めた法律。
オ. 第三者に内容を判読されないようにする目的で，平文を一定の規則にしたがって変換すること。
カ. 組織内のネットワークと外部ネットワークとの境界に設置され，外部からの不正な侵入を防ぐことを目的としたソフトウェアやハードウェア。
キ. 他人のユーザIDや，パスワードを使用してコンピュータシステムに不正にアクセスすることなどを禁止した法律。
ク. 第三者に内容を判読されないようにする目的で変換されたデータを，平文に戻すこと。
ケ. 機器やシステムなどの導入後，その運用や維持のために必要な費用のこと。消耗品を購入する費用や保守費用などが該当する。
コ. LANの形態の一つで，通信を行うコンピュータが互いに対等な関係をもって構成されているネットワークシステム。

1		2		3		4		5	

【8】次のA群の語句に最も関係の深い説明文をB群から選び，記号で答えなさい。　[第57回]

A群

1．RGB
2．産業財産権
3．暗号化
4．ASCII コード
5．バックアップ

B群

ア．ハードウェアやソフトウェアの障害などによる，データの消失や破損に備え，同一のデータを別の記憶媒体に保存しておくこと。
イ．国際標準化機構が定めた，世界中で使われている多くの文字を一つのコード体系にしたもの。
ウ．カラー印刷などで利用される色の表現方式の一つ。色の三原色に黒色を加えて表現する。
エ．アメリカ規格協会が定めた，アルファベットや数字などを一つのコード体系にしたもの。
オ．インターネットと内部ネットワークの境界にあり，外部からの攻撃などを防止することを目的とし，正当な通信だけを通過させ，不正な通信は遮断する機能をもつ。
カ．情報漏えい防止を目的として，重要なデータを第三者が容易に判読できない状態に変換すること。
キ．自分の容姿を他人によって無許可で撮影されたり，使用されたりしないよう主張できる権利。みだりに他人を撮影したり，公開したりしてはいけない。
ク．ディスプレイ表示などで利用される色の表現方式の一つ。光の三原色を組み合わせて表現する。
ケ．情報漏えい防止を目的として，第三者が容易に判読できない状態になっているデータを，元の状態に戻すこと。
コ．新しい技術やデザインなどを一定期間独占的に使用できる権利。特許権や商標権などがある。

1		2		3		4		5	

【9】次の説明文に最も適した答えをア，イ，ウの中から選び，記号で答えなさい。　[第49・62回より一部修正]

1．10進数の12と２進数の101の差を表す10進数。
　ア．5　イ．7　ウ．17

2．複数のファイルを一つのファイルにまとめたり，まとめたファイルから元のファイルを取り出したりするためのソフトウェア。
　ア．暗号化　イ．復号　ウ．アーカイバ

3．ファイルの種類を識別する目的で使われる，ファイル名の後ろに置かれる文字列。
　ア．バイナリファイル　イ．主キー　ウ．拡張子

4．学校や企業などにおいて，複数のコンピュータで同一のソフトウェアを使用するために一括購入する際の契約。
　ア．OSS　イ．サイトライセンス　ウ．アクセス許可

5．新規にコンピュータシステムを導入する際に必要なコスト。
　ア．イニシャルコスト　イ．TCO　ウ．ランニングコスト

1		2		3		4		5	

【10】次の説明文に最も適した答えをア，イ，ウの中から選び，記号で答えなさい。 **［第56回一部修正］**

1．10進数の13と2進数の101の積を表す2進数。
ア． 10010　**イ．** 100000　**ウ．** 1000001

2．コンピュータで使用する日本語を表現するために，日本産業規格によって定められている文字コード。
ア． JISコード　**イ．** ASCIIコード　**ウ．** Unicode

3．横500画素，縦350画素の画像をフルカラーで圧縮しないで保存する場合，画像1枚の記憶容量。ただし，フルカラーは24ビットカラーとし，$1KB=10^3B$とする。
ア． 175KB　**イ．** 525KB　**ウ．** 4,200KB

4．自己の容姿を無断で撮影されたり，あるいは公開されたりしないように主張できる権利。
ア． 肖像権　**イ．** 不正アクセス禁止法　**ウ．** 産業財産権

5．インターネット上で，動画や音声などを受信しながら同時再生する方法。
ア． ピアツーピア　**イ．** ストリーミング　**ウ．** OSS

第3章

1		2		3		4		5	

【11】次の説明文に最も適した答えをア，イ，ウの中から選び，記号で答えなさい。 **［第57・64回より一部修正］**

1．2進数の11001と2進数の111の差を表す2進数。
ア． 10000　**イ．** 10010　**ウ．** 1110

2．コンピュータシステムの導入，運用，保守などにかかる，すべての費用。
ア． ランニングコスト　**イ．** イニシャルコスト　**ウ．** TCO

3．縦2インチ，横3インチの写真を，解像度が200dpiのイメージスキャナで取り込み，その画像をフルカラーで圧縮せずに保存する場合，画像1枚の記憶容量。ただし，フルカラーは24ビットカラーとし，$1KB=10^3B$とする。
ア． 240KB　**イ．** 720KB　**ウ．** 5,760KB

4．ソースコードが公開されており，改良や再配布などを誰でも自由に行うことができるソフトウェア。
ア． OSS　**イ．** シェアウェア　**ウ．** フリーウェア

5．図やイラストなどに適しているファイル形式。フルカラーにも対応し，ピクセルごとに透明度を指定でき，Webページにも使用されている。
ア． PNG　**イ．** BMP　**ウ．** MP3

1		2		3		4		5	

第4章

データベースソフトウェアの活用

 リレーショナル型データベース

 SQL

章末総合問題

章末検定問題

リレーショナル型データベース

1. データベースとDBMS

(1) データベース

① データベース

一定の目的に従って，関連性のあるデータを，検索しやすいように蓄積管理したデータの集合体を**データベース**という。

② 情報検索

データベースから必要なデータを取り出して利用することを**情報検索**という。企業のそれぞれの業務では，データベースから必要なデータを取り出し，関連付けて組み合わせるなどして，さまざまな目的に利用する。

(2) DBMS（DataBase Management System）

データの共有や関連付けを行う，データベースの作成・運用・管理をするソフトウェアを総称して**DBMS（データベース管理システム）**と呼ぶ。

2. リレーショナル型データベース

(1) リレーショナル型データベース

現在最も普及しているデータベースで，データをすべて二次元のテーブル（表）の形で扱い，複数の表の間に共通の項目を相互に関係付けたもので，**関係データベース**とも呼ばれる。

(2) 基本表と仮想表

実際にデータが保存されている表を**基本表（実表）**といい，**抽出**してできた表を，**仮想表（ビュー表）**という。仮想表は，基本表のデータを参照しているだけで，データが保存されているわけではない。

基本表

商品番号	商品名	単価	カロリー
B01	焼肉弁当	500	990
B02	中華弁当	450	660
B03	のり弁当	400	590
B04	牛丼	480	745
B05	カツ丼	550	790

仮想表

商品名	単価
焼肉弁当	500
中華弁当	450
のり弁当	400
牛丼	480
カツ丼	550

（3）テーブルの構成要素

① **テーブル（表）**

リレーショナル型データベースにおいてデータは二次元の表形式で管理される。その1つの表のことを**テーブル（表）**と呼ぶ。

② **レコード（行）**

リレーショナル型データベースにおけるテーブルの行方向をいう。1行が1件分のデータを示す。

③ **フィールド（列）**

リレーショナル型データベースにおけるテーブルの列方向をいう。レコード（1件分のデータ）を構成する単位。

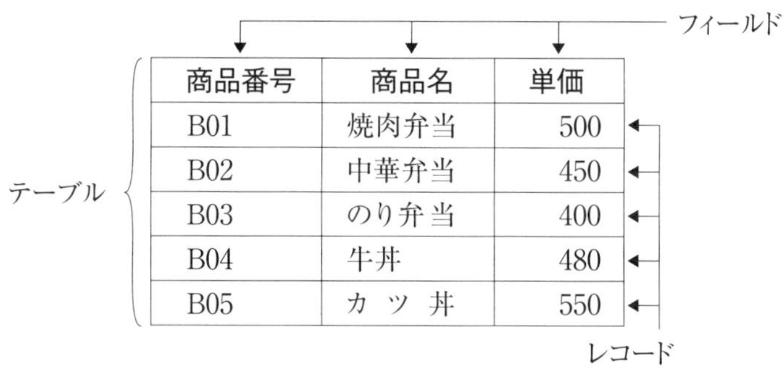

商品番号	商品名	単価
B01	焼肉弁当	500
B02	中華弁当	450
B03	のり弁当	400
B04	牛丼	480
B05	カツ丼	550

（4）データ型

テーブルを作成する場合，入力するデータの目的や内容によりテーブルのフィールドを定義する。データ型はフィールドに格納されているデータの性質やサイズを指定する。

① **数値型**

計算に用いる数値で，右詰めで表示される。

② **文字型**

文字列や計算の必要のない数値で，左詰めで表示される。テキスト型ともいう。

③ **日付/時刻型**

日付や時刻に用いる数値で，右詰めで表示される。日付や時刻の差などを求めることができる。

＜フィールド定義の例＞

注文表

フィールド名	データ型
注文番号	数値型
注文日	日付/時刻型
商品番号	短いテキスト
数量	数値型

標準　ルックアップ

フィールドサイズ	長整数型
書式	
小数点以下表示桁数	自動
定型入力	
標題	
既定値	0
入力規則	
エラーメッセージ	
値要求	いいえ
インデックス	いいえ
文字配置	標準

(5) リレーショナル型データベースの関係演算

リレーショナル型データベースでは，次のような操作を通じてさまざまな表を関係付けることができる。

① **選択**

基本表から条件を満たすレコード（行）だけを取り出して新たに表を作成すること。

例 「単価」が500円以上の条件を満たすレコードを取り出す

基本表

商品番号	商品名	単価
B01	焼肉弁当	500
B02	中華弁当	450
B03	のり弁当	400
B04	牛丼	480
B05	カツ丼	550

➡

商品番号	商品名	単価
B01	焼肉弁当	500
B05	カツ丼	550

② **射影**

基本表から条件を満たすフィールド（列）だけを取り出して新たに表を作成すること。

例 「商品名」と「単価」のフィールドを取り出す

基本表

商品番号	商品名	単価
B01	焼肉弁当	500
B02	中華弁当	450
B03	のり弁当	400
B04	牛丼	480
B05	カツ丼	550

➡

商品名	単価
焼肉弁当	500
中華弁当	450
のり弁当	400
牛丼	480
カツ丼	550

③ **結合**

複数の基本表から共通項目をもとに新しい表を作成すること。

例 2つの表の共通項目である「商品番号」をもとにして，重複しているフィールドを除いた表を作成する

基本表1

商品番号	商品名	単価
B01	焼肉弁当	500
B02	中華弁当	450
B03	のり弁当	400
B04	牛丼	480
B05	カツ丼	550

基本表2

商品番号	カロリー
B01	990
B02	660
B03	590
B04	745
B05	790

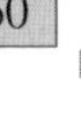

商品番号	商品名	単価	カロリー
B01	焼肉弁当	500	990
B02	中華弁当	450	660
B03	のり弁当	400	590
B04	牛丼	480	745
B05	カツ丼	550	790

(6) リレーショナル型データベースの集合演算

集合演算とは，同じ構造を持つ2つの表から新しい表を作り出すことで，次のような種類がある。

① **和**

2つの表にあるすべてのレコードを作成すること。同じレコードは1つにする。

A

商品番号	商品名
B01	焼肉弁当
B02	中華弁当
B03	のり弁当

B

商品番号	商品名
B03	のり弁当
B04	牛丼
B05	カツ丼

商品番号	商品名
B01	焼肉弁当
B02	中華弁当
B03	のり弁当
B04	牛丼
B05	カツ丼

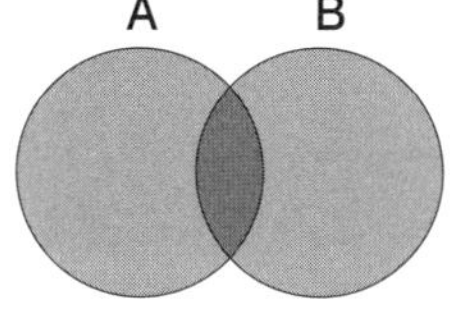

② **差**

一方の表から他方の表のレコードだけを取り除くこと。

A

商品番号	商品名
B01	焼肉弁当
B02	中華弁当
B03	のり弁当
B04	牛丼
B05	カツ丼

B

商品番号	商品名
B03	のり弁当
B04	牛丼
B05	カツ丼

商品番号	商品名
B01	焼肉弁当
B02	中華弁当

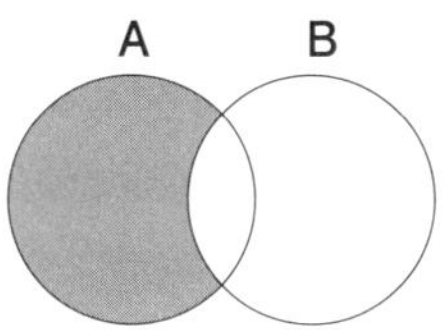

③ **積**

2つの表の共通のレコードだけを取り出すこと。

A

商品番号	商品名
B01	焼肉弁当
B02	中華弁当
B03	のり弁当

B

商品番号	商品名
B03	のり弁当
B04	牛丼
B05	カツ丼

商品番号	商品名
B03	のり弁当

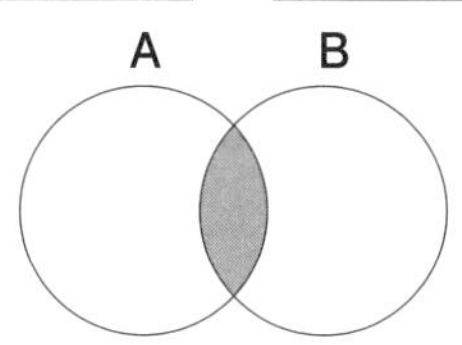

第4章

3. キーの種類

テーブル（表）から特定のデータを検索するとき，データを見つけ出すことができる項目（列）を**キー項目**という。

（1）主キー

ある項目の値が決まれば，他の値も一意に決まるという項目を**主キー**という。商品番号が決まれば，商品名・単価・カロリーが決まる。

商品番号	商品名	単価	カロリー
B01	焼肉弁当	500	990

（2）複合キー（連結キー）

複数の項目の値が決まれば，他の値も一意に決まるという項目を**複合キー（連結キー）**という。注文番号と商品番号が決まれば，数量が決まる。

注文番号	商品番号	数量
1001	B01	8
1001	B04	3

（3）外部キー

注文表の商品番号は，商品表の商品番号を参照している。このように別の表の主キーを参照する項目を，**外部キー**という。

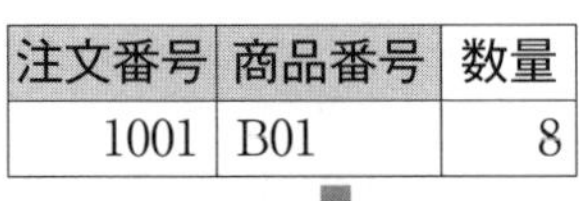

注文番号	商品番号	数量
1001	B01	8

商品番号	商品名	単価	カロリー
B01	焼肉弁当	500	990

練習問題 1-1

解答 ➡ P.35

【1】次の文に最も関係の深い語を解答群から選び，記号で答えなさい。

(1) リレーショナル型データベースにおける表の行方向のこと。

(2) データベースにおいてフィールドに入れられるデータのサイズや性質を指定する。

(3) 実際にデータが保存された表をもとに，関係演算を使って作成された表のこと。

(4) 表の中の各レコードをほかのレコードと区別するための項目のこと。

(5) データベースの作成・運用・管理をするソフトを総称してデータベース管理システムという。

解答群

ア．フィールド	イ．テーブル	ウ．主キー	エ．仮想表
オ．DBMS	カ．基本表	キ．レコード	ク．データ型
ケ．外部キー	コ．リレーショナル型データベース		

(1)		(2)		(3)		(4)		(5)	

【2】次の説明文に最も適した答えをア，イ，ウの中から選び，記号で答えなさい。

(1) リレーショナル型データベースのもとになる各データ間の関係を表した二次元の表。
　ア．テーブル　　イ．フィールド　　ウ．レコード

(2) データベースで，複数の表から必要とする項目を取り出し，まとめて新しい情報を作る方法。
　ア．選択　　イ．射影　　ウ．結合

(3) 同じ構造を持つ2つの表から新しい表を作り出すこと。
　ア．関係演算　　イ．集合演算　　ウ．結合

(4) リレーショナル型データベースの表で，その列方向のこと。
　ア．複合キー　　イ．フィールド　　ウ．レコード

(5) データベースの表の中から，指定した条件に一致するレコードを抽出すること。
　ア．選択　　イ．射影　　ウ．結合

(1)		(2)		(3)		(4)		(5)	

【3】次の文の空欄に適する語句を解答群から選び，記号で答えなさい。

関連性のあるデータを蓄積管理したデータの集合体を（ 1 ）と呼ぶ。そして（ 1 ）を構築し管理するための統合的なソフトウェア群を（ 2 ）と呼ぶ。現在最も普及している（ 1 ）は，データをすべて表の形式で扱う（ 3 ）である。（ 3 ）の表は，その列方向を（ 4 ）と呼び，行方向を（ 5 ）と呼ぶ。

解答群

ア．主キー　イ．リレーショナル型データベース　ウ．検索
エ．DBMS　オ．テーブル　カ．レコード
キ．データベース　ク．フィールド

(1)		(2)		(3)		(4)		(5)	

【4】次の表は，A表とB表に集合演算を行いC表・D表・E表を作成したものである。C表・D表・E表の集合演算をそれぞれ答えなさい。

A表

取扱番号	商品番号
100106	S02
100107	S01
100108	S02
100109	S03
100110	S01

B表

取扱番号	商品番号
100105	S02
100108	S02
100110	S01

C表

取扱番号	商品番号
100105	S02
100106	S02
100107	S01
100108	S02
100109	S03
100110	S01

D表

取扱番号	商品番号
100108	S02
100110	S01

E表

取扱番号	商品番号
100106	S02
100107	S01
100109	S03

C表		D表		E表	

2 SQL

SQLとは，Structured Query Languageの略で，リレーショナル型データベースを設計したり，効率よく操作するための言語である。

1. SELECT文

テーブル（表）から指定した条件を満たすレコード（行）を抽出するときは，SELECT文で記述する。

```
SELECT フィールド名1, フィールド名2,･･･ FROM テーブル名 WHERE 検索条件
```

フィールド名は，抽出するフィールド（項目）を指定する。複数のフィールドを抽出するときはコンマで区切り，全フィールドを抽出するときは「*」で指定する。

テーブル名は，抽出するもとになるテーブル（表）を指定する。

検索条件は，フィールド名が，文字型は「'」（シングルコーテーション）で囲み，数値型は囲まない。

例）商品番号='B01'　商品名='焼肉弁当'　数量<=10　カロリー>=700

例1　商品表から，商品番号がB04のすべてのフィールドを抽出する。

```
SELECT ＊ FROM 商品表 WHERE 商品番号 = 'B04'
```

例2　商品表から，単価が500円未満の商品名と単価を抽出する。

```
SELECT 商品名, 単価　FROM 商品表　WHERE 単価 < 500
```

例3　商品表から，単価が500円以下で，カロリーが700kcalより大きい商品名，単価，カロリーを抽出する。

```
SELECT 商品名, 単価, カロリー FROM 商品表
        WHERE 単価 <= 500 AND カロリー > 700
```

商品表

商品番号	商品名	単価	カロリー
B01	焼肉弁当	500	990
B02	中華弁当	450	660
B03	のり弁当	400	590
B04	牛丼	480	745
B05	カツ丼	550	790

例1

商品番号	商品名	単価	カロリー
B04	牛丼	480	745

例2

商品名	単価
中華弁当	450
のり弁当	400
牛丼	480

例3

商品名	単価	カロリー
焼肉弁当	500	990
牛丼	480	745

第4章

2. 比較演算子（=,>,>=,<,<=,<>）

比較演算子	使用例	意味
＝	単価 =500	単価が 500 と等しい
＜＞	単価 <>500	単価が 500 と等しくない
＞	単価 >500	単価が 500 より大きい
＜	単価 <500	単価が 500 より小さい
＞＝	単価 >=500	単価が 500 以上
＜＝	単価 <=500	単価が 500 以下

3. 論理演算子（AND,OR,NOT）

論理演算子	優先順位	使用例	意味
AND	2	商品番号 ='B01' AND 数量 >=5	商品番号が B01 で，しかも数量が 5 以上
OR	3	商品番号 ='B01' OR 数量 >=5	商品番号が B01 か，または数量が 5 以上
NOT	1	NOT 商品番号 ='B01'	商品番号が B01 でない

4. 算術演算子（＋,－,＊,／,＾）

算術演算子	優先順位	使用例	計算結果の例（数量が９の場合）
＋（加算）	3	数量＋３	１２
－（減算）	3	数量－３	６
＊（乗算）	2	数量＊３	２７
／（除算）	2	数量／３	３
＾（べき乗）	1	数量＾３	７２９

5. 複数のテーブル（表）の結合

複数のテーブル（表）に共通しているフィールドの値が同じもの同士を結び付けることを**結合**という。

```
SELECT フィールド名 1, フィールド名 2,… FROM テーブル名 1, テーブル名 2
         WHERE テーブル名 1. フィールド名 = テーブル名 2. フィールド名
            AND 検索条件
```

FROMのあとに結合するテーブル名，WHEREのあとに結合する条件を指定する。フィールド名が同じ場合は，どのテーブルのフィールドなのかを区別するために，テーブル名.フィールド名で指定する。

結合の手順

例 注文表と商品表の商品番号で結合し，注文番号が1002の注文番号，商品名，数量，単価を抽出する。

```
SELECT 注文番号, 商品名, 数量, 単価 FROM 注文表, 商品表
    WHERE 注文表.商品番号=商品表.商品番号
     AND 注文番号=1002
```

注文表

注文番号	商品番号	数量
1001	B01	8
1001	B04	3
1002	B02	1
1002	B05	2
1003	B04	1
1004	B01	2
1005	B02	5
1005	B03	5

商品表

商品番号	商品名	単価	カロリー
B01	焼肉弁当	500	990
B02	中華弁当	450	660
B03	のり弁当	400	590
B04	牛丼	480	745
B05	カツ丼	550	790

注文表の8行と商品表の5行をつなぎあわせて8行×5行=40行,3列と4列をあわせて3列+4列=7列の表が作成される。

注文番号	注文表.商品番号	数量	商品表.商品番号	商品名	単価	カロリー
1001	B01	8	B01	焼肉弁当	500	990
1001	B01	8	B02	中華弁当	450	660
1001	B01	8	B03	のり弁当	400	590
1001	B01	8	B04	牛丼	480	745
1001	B01	8	B05	カツ丼	550	790
≀	≀	≀	≀	≀	≀	≀

注文表.商品番号=商品表.商品番号を満たすレコードが抽出される。

注文番号	注文表.商品番号	数量	商品表.商品番号	商品名	単価	カロリー
1001	B01	8	B01	焼肉弁当	500	990
1004	B01	2	B01	焼肉弁当	500	990
1002	B02	1	B02	中華弁当	450	660
1005	B02	5	B02	中華弁当	450	660
1005	B03	5	B03	のり弁当	400	590
1001	B04	3	B04	牛丼	480	745
1003	B04	1	B04	牛丼	480	745
1002	B05	2	B05	カツ丼	550	790

注文番号=1002を満たすレコードから,指定されたフィールドが抽出される。

注文番号	商品名	数量	単価
1002	中華弁当	1	450
1002	カツ丼	2	550

6. 関数

次のような集計関数を利用し，データの集計を行う。

関数名	意　　味
SUM(フィールド名)	ある項目の合計を求める
AVG(フィールド名)	ある項目の平均を求める
MAX(フィールド名)	ある項目の最大値を求める
MIN(フィールド名)	ある項目の最小値を求める
COUNT(＊)	ある条件に合致した行の数を求める

① SUM　数値の合計を求める

例　注文表の「数量」の合計を求める。

SELECT SUM(数量) FROM 注文表

27

② AVG　数値の平均を求める

例　注文表の「商品番号」がB02の「数量」の平均を求める。

SELECT AVG(数量) FROM 注文表
WHERE 商品番号 = 'B02'

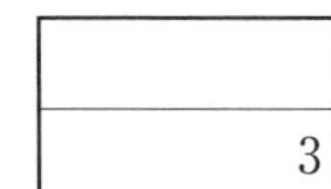

③ MAX　数値の最大値を求める

例　商品表の「カロリー」の最大値と商品名を求める。

SELECT MAX(カロリー) FROM 商品表

商品名	
焼肉弁当	990

④ MIN　数値の最小値を求める

例　商品表の「単価」の最小値を求める。

SELECT MIN(単価) FROM 商品表

400

⑤ COUNT　数値の個数を求める

例　注文表の「数量」が５以上の個数を求める。

SELECT COUNT(＊) FROM 注文表 WHERE 数量 >= 5

3

7. 列名の別名指定（AS）

集計関数や計算式で求めたフィールドには，「Expr○○○○」などの名前が付けられるが，抽出したフィールドに別名を指定することができる。

例　注文表の「数量」の合計を求め，「数量の合計」という名前を付ける。

SELECT SUM（数量）AS 数量の合計 FROM 注文表

数量の合計
27

練習問題2-1

解答 ⇨ P.35

【1】次の表は，防災用品の商品一覧表である。各問いの内容を実行するSQL文を解答群から選び，記号で答えなさい。

商品一覧表

商品番号	商品名	単価	分類
1001	懐中電灯	1000	避難
1002	救急箱	2000	避難
1003	コンロ	5000	避難
1004	シート	1000	避難
1005	ジャッキ	8000	救助
1006	スコップ	2000	救助
1007	調理セット	10000	避難
1008	テント	20000	避難
1009	バール	1000	救助
1010	梯子	10000	救助
1011	ハンマー	2000	救助
1012	保存食1日セット	2000	保存食
1013	保存食3日セット	4000	保存食
1014	保存水1日セット	1000	保存食
1015	保存水3日セット	2000	保存食

問1．すべての商品の商品番号を抽出する。

問2．商品名が救急箱の商品番号を抽出する。

問3．単価が10,000円以上の商品番号を抽出する。

問4．分類が避難の中で，一番安い単価を抽出し，項目名を 安い単価 とする。

問5．分類が救助か避難の商品番号を抽出する。

解答群

ア．SELECT ＊　FROM 商品一覧表
イ．SELECT 商品番号　FROM 商品一覧表
ウ．SELECT 商品番号　FROM 商品一覧表　WHERE　救急箱 = '商品名'
エ．SELECT MIN（単価）AS 安い単価　FROM 商品一覧表　WHERE　分類 = '避難'
オ．SELECT 単価 AS 安い単価　FROM 商品一覧表　WHERE　分類 = '避難'
カ．SELECT 商品番号　FROM 商品一覧表　WHERE　商品名 = '救急箱'
キ．SELECT 商品番号　FROM 商品一覧表　WHERE　単価 >= 10000
ク．SELECT 商品番号　FROM 商品一覧表　WHERE　単価 > 10000
ケ．SELECT 商品番号　FROM 商品一覧表　WHERE　分類 = '救助'　AND 分類 = '避難'
コ．SELECT 商品番号　FROM 商品一覧表　WHERE　分類 = '救助'　OR 分類 = '避難'

問1		問2		問3		問4		問5	

【2】次の表は，ゲームソフトの売上数を表したものである。各問いのSQL文を実行したときに表示されるデータ数を解答群から選び，記号で答えなさい。

売上表

ソフト名	メーカー	機種	売上数
THE BASEBALL	オオナミ	BS2	68
とっとこハム次郎	参天堂	GBB	158
どうぶつの森々	参天堂	GCB	502
クラッシュ・バーディ	オオナミ	BS2	200
シャイニング・ソウリ	ソガ	GBB	71
スーパーマリコ	参天堂	GBB	727
ゼノシーガ	ナムナム	BS2	423
パニックアドベンチャー	ソガ	GCB	176
テニスの女王様	オオナミ	GBB	197
バーチャファイアー	ソガ	BS2	526
ヒカルの将棋	オオナミ	GBB	183
ピクミンミン	参天堂	GCB	480
マリコカート	参天堂	GBB	791
メタルギアギア	オオナミ	BS2	798
ワールドフットボール	オオナミ	BS2	974
ワリコランド	参天堂	GBB	412
巨人のドッシン	参天堂	GCB	118
実況パワフル高校野球	オオナミ	BS2	108
鋼拳	ナムナム	BS2	300
熱チュー！高校野球	ナムナム	BS2	211
遊戯王様	オオナミ	GBB	264

問1．SELECT ソフト名 FROM 売上表 WHERE メーカー = 'オオナミ'

問2．SELECT ソフト名 FROM 売上表 WHERE 売上数 >= 300

問3．SELECT ソフト名 FROM 売上表 WHERE メーカー = '参天堂' AND 機種 = 'GCB'

問4．SELECT ソフト名 FROM 売上表 WHERE メーカー = 'ソガ' OR メーカー = 'ナムナム'

問5．SELECT ソフト名 FROM 売上表
WHERE (メーカー = '参天堂' OR メーカー = 'ソガ') AND 機種 = 'GBB'

解答群

ア．1　　イ．2　　ウ．3　　エ．4　　オ．5
カ．6　　キ．7　　ク．8　　ケ．9　　コ．10

問1		問2		問3		問4		問5	

第4章

【3】次の表は，中古車の販売価格一覧表である。各問いのような抽出結果になるSQL文を解答群から選び，記号で答えなさい。

中古車表

車コード	メーカー	車名	年式	走行距離	価格
1001	トヨダ	マークⅢ	14	26600	2200000
1002	オッサン	スカイサイン	12	31000	2200000
1003	ホントダ	オデセイコ	14	10000	2160000
1004	トヨダ	イプイプー	13	28500	2100000
1005	オッサン	オリビア	11	20000	2000000
1006	トヨダ	マークⅢ	12	25000	1950000
1007	ホントダ	オデセイコ	12	27000	1700000
1008	オッサン	スカイサイン	10	41000	1500000
1009	トヨダ	マークⅢ	10	35000	1200000
1010	トヨダ	イプイプー	10	52000	1200000
1011	トヨダ	イプイプー	8	25000	1000000
1012	トヨダ	マークⅢ	7	63000	850000
1013	ホントダ	オデセイコ	9	76000	800000
1014	オッサン	スカイサイン	6	51000	700000
1015	ホントダ	プレリューダ	7	56000	500000

問 1.

1003
1007
1013

問 2.

1001
1002
1003
1004
1005

問 3.

2

問 4.

1006
1007
1011

問 5.

1002
1008
1014
1015

解答群

ア. SELECT 車コード FROM 中古車表 WHERE メーカー = 'ホントダ'
イ. SELECT 車コード FROM 中古車表 WHERE 車名 = 'オデセイコ'
ウ. SELECT 車コード FROM 中古車表 WHERE 年式 >= 11
エ. SELECT 車コード FROM 中古車表 WHERE 価格 >= 2000000
オ. SELECT COUNT(*) FROM 中古車表 WHERE 車名 = 'マークⅢ' AND 走行距離 > 40000
カ. SELECT COUNT(*) FROM 中古車表 WHERE 車名 = 'マークⅢ' AND 年式 > 10
キ. SELECT 車コード FROM 中古車表 WHERE 年式 > 10 AND 走行距離 < 30000
ク. SELECT 車コード FROM 中古車表 WHERE 走行距離 < 30000 AND 価格 < 2000000
ケ. SELECT 車コード FROM 中古車表
　　WHERE 車名 = 'スカイサイン' OR 車名 = 'プレリューダ'
コ. SELECT 車コード FROM 中古車表
　　WHERE メーカー = 'オッサン' OR 車名 = 'プレリューダ'

問1		問2		問3		問4		問5	

解答 ⇨ P.35

章末総合問題

【1】次の表は，マンション情報を間取り表，駅表，物件表からなるリレーショナル型データベースで示したものである。各問いの答えを解答群から選び，記号で答えなさい。

間取り表

間取りコード	間取り
11	1K
12	1DK
21	2K
22	2DK

駅表

駅コード	駅名	線名
C01	中野	中央線
S01	千葉	総武線
S02	津田沼	総武線
Y01	渋谷	山手線
Y02	池袋	山手線

物件表

物件コード	駅コード	徒歩	賃料	間取りコード
1001	S01	14	83000	22
1002	Y02	7	56000	11
1003	Y01	11	120000	12
1004	C01	10	62000	11
1005	S02	5	95000	22
1006	C01	5	81000	12
1007	Y01	18	108000	11
1008	Y02	12	80000	12
1009	C01	6	138000	22
1010	Y02	8	143000	22
1011	S01	9	41000	11
1012	Y02	10	130000	22

第4章

問1．次の（1）～（2）のSELECT文によって抽出されるデータを解答群から選び，記号で答えなさい。

（1）SELECT 物件コード FROM 物件表 WHERE 徒歩 <= 10 AND 賃料 <= 80000

（2）SELECT 物件コード FROM 駅表, 物件表
WHERE 駅表.駅コード = 物件表.駅コード AND 駅名 = '中野'

解答群

ア．1001 / 1005 / 1011　　イ．1002 / 1004 / 1007　　ウ．1002 / 1004 / 1008　　エ．1002 / 1004 / 1011

オ．1004 / 1006 / 1009　　カ．1004 / 1008 / 1011　　キ．1004 / 1009 / 1011

問2．次の表は，物件表から駅が池袋で間取りが2DKのデータを取り出したものである。このようなリレーショナル型データベースの操作を解答群から選び，記号で答えなさい。

物件コード	駅コード	徒歩	賃料	間取りコード
1010	Y02	8	143000	22
1012	Y02	10	130000	22

解答群

ア．射影　　イ．選択　　ウ．結合

問3．次の表のように賃料が80000円以下の物件の数を求める場合，空欄にあてはまる適切なものを答えなさい。

物件数
4

SELECT ［　　　　　］ AS 物件数 FROM 物件表 WHERE 賃料 <= 80000

ア．COUNT（＊）　　イ．SUM（賃料）　　ウ．COUNT（物件数）

問4．次の表は，A表とB表に集合演算を行いC表を作成したものである。このような集合演算を答えなさい。

A表

物件コード	駅コード	徒歩
1003	Y01	11
1007	Y01	18
1009	C01	6
1011	S01	9
1012	Y02	10

B表

物件コード	駅コード	徒歩
1007	Y01	18
1012	Y02	10

C表

物件コード	駅コード	徒歩
1003	Y01	11
1009	C01	6
1011	S01	9

ア．和　　イ．差　　ウ．積

問1	(1)		(2)		問2		問3		問4	

【2】次の表は，中古車販売会社の車種表，タイプ表，保有表からなるリレーショナル型データベースを示したものである。各問いの答えを解答群から選び，記号で答えなさい。

車種表

車種コード	車種名	タイプコード	定員
S01	ウイングドーロ	T21	5
S02	エレナ	T22	8
S03	ジーマ	T12	5
S04	フローラ	T11	5
S05	マークⅢ	T12	5
S06	ミニラ	T11	4
S07	ローエース	T22	10
S08	ワゴンでR	T21	4

タイプ表

タイプコード	タイプ名	クラス名
T11	乗用車	ベーシック
T12	乗用車	ラグジュアリー
T21	ワゴン	ステーション
T22	ワゴン	ワンボックス

保有表

保有番号	車種コード	シフト	カーナビ	色
H01	S01	AT	有	レッド
H02	S05	MT	有	ホワイト
H03	S04	MT	有	レッド
H04	S03	AT	有	ホワイト
H05	S05	AT	有	ブルー
H06	S06	AT	無	レッド
H07	S07	AT	有	ブルー
H08	S08	AT	無	ホワイト
H09	S04	AT	有	ブルー
H10	S02	AT	有	ホワイト
H11	S08	AT	有	ホワイト
H12	S05	AT	無	ホワイト
H13	S03	MT	有	ホワイト
H14	S02	AT	有	レッド
H15	S04	AT	無	ホワイト

問1．次の（1）～（3）のSELECT文によって抽出されるデータを解答群から選び，記号で答えなさい。

（1）SELECT 保有番号 FROM 保有表 WHERE シフト = 'MT'

（2）SELECT 保有番号 FROM 保有表 WHERE カーナビ = '有' AND 色 = 'ホワイト'

（3）SELECT 保有番号 FROM 保有表, 車種表
　　　WHERE 保有表.車種コード = 車種表.車種コード AND 定員 > 5

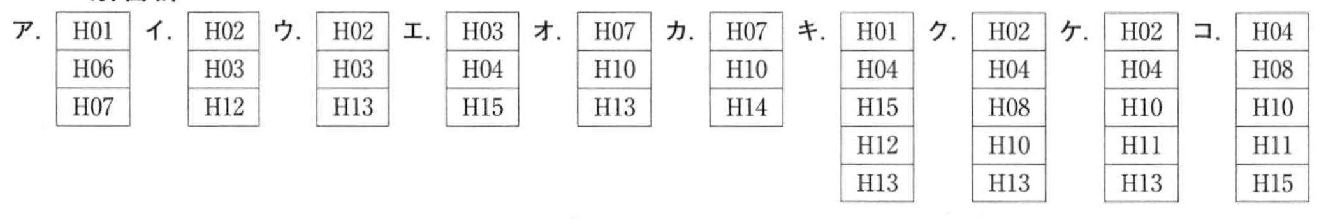

解答群

ア. H01, H06, H07
イ. H02, H03, H12
ウ. H02, H03, H13
エ. H03, H04, H15
オ. H07, H10, H13
カ. H07, H10, H14
キ. H01, H04, H15, H12, H13
ク. H02, H04, H08, H10, H13
ケ. H02, H04, H10, H11, H13
コ. H04, H08, H10, H11, H15

問2．上の表から，次のような新しい表（ビュー表）を作成するためのSELECT文の空欄（1），（2）にあてはまる適切なものを解答群から選び，記号で答えなさい。

保有番号	車種名	定員
H08	ワゴンでR	4
H10	エレナ	8
H11	ワゴンでR	4

SELECT 保有番号, 車種名, 定員 FROM [(1)]
　　WHERE 保有表.車種コード = 車種表.車種コード
　　　AND 車種表.タイプコード = タイプ表.タイプコード
　　　AND タイプ名 = 'ワゴン' AND [(2)]

解答群

ア. 保有表, 車種表　　イ. 車種表, タイプ表　　ウ. 保有表, 車種表, タイプ表
エ. カーナビ = '有'　　オ. シフト = 'AT'　　カ. 色 = 'ホワイト'

問1	(1)		(2)		(3)		問2	(1)		(2)	

解答 ⇨ P.35

章末検定問題

【1】ある釣り情報誌では，釣果記録についてリレーショナル型データベースを利用して管理している。各問いの答えを解答群から選び，記号で答えなさい。 ［第40回］

魚種表

魚種コード	魚種名	水域コード
G01	イワナ	S01
G02	コイ	S01
G03	ブラックバス	S01
G04	ワカサギ	S01
G05	アジ	S02
G06	カワハギ	S02
G07	スズキ	S02
G08	ブリ	S02
G09	マダイ	S02

釣果記録表

番号	釣行日	場所コード	魚種コード	匹	最大サイズ
1	20080906	B04	G07	8	82
2	20080913	B01	G01	30	36
3	20080920	B04	G09	55	27
4	20080927	B02	G04	52	13
5	20081004	B05	G07	5	83
6	20081011	B04	G08	6	85
7	20081018	B03	G03	29	50
8	20081101	B05	G06	50	21
9	20081115	B02	G03	32	47
10	20081122	B04	G05	61	19
11	20081206	B03	G03	8	38
12	20081213	B03	G02	2	86
13	20081220	B05	G09	38	34
14	20090110	B05	G08	9	92
15	20090117	B02	G04	73	10

(cm)

水域表

水域コード	水域
S01	川・湖
S02	海

場所表

場所コード	場所
B01	渓流
B02	湖
B03	下流
B04	防波堤
B05	乗合船

(注) 釣行日のデータ型は数値型である。
例：20080906は2008年9月6日を表す。

問1．次の（1）～（3）のSELECT文によって抽出されるデータを解答群から選び，記号で答えなさい。

（1）SELECT 場所 FROM 場所表 WHERE 場所コード = 'B04'

（2）SELECT 番号, 魚種コード FROM 釣果記録表 WHERE 釣行日 >= 20081101 AND 匹 > 50

（3）SELECT 番号, 魚種名 FROM 魚種表, 釣果記録表
WHERE 魚種表.魚種コード = 釣果記録表.魚種コード
AND 釣果記録表.魚種コード = 'G08' AND 最大サイズ < 90

解答群

ア．| 海 |

イ．| 防波堤 |

ウ．| 乗合船 |

エ．

10	G05
15	G04

オ．

10	アジ
15	ワカサギ

カ．

8	G06
10	G05
15	G04

キ．| 6 | G08 |

ク．| 6 | ブリ |

ケ．

6	ブリ
14	ブリ

問2．上の表から，次のような新しい表（仮想表）を作成するためのSELECT文の空欄（1），（2）にあてはまる適切なものを解答群から選び，記号で答えなさい。

釣行日	魚種名	最大サイズ	水域
20081004	スズキ	83	海
20090110	ブリ	92	海

SELECT 釣行日,魚種名,最大サイズ,水域 FROM （1）
WHERE 魚種表.魚種コード = 釣果記録表.魚種コード
AND 魚種表.水域コード = 水域表.水域コード
AND （2） AND 匹 <= 10

解答群

ア．魚種表，釣果記録表　イ．魚種表，水域表，場所表　ウ．魚種表，水域表，釣果記録表
エ．水域 = '海'　オ．場所コード = 'B05'　カ．最大サイズ > 30

問1	(1)		(2)		(3)		問2	(1)		(2)	

【2】ある家具販売会社では，売上状況を次のようなリレーショナル型データベースを利用し管理している。次の各問いに答えなさい。 ［第51回］

販売員表

販売員コード	名前	年齢
H001	西田　○○	44
H002	堀木　○○	29
H003	川口　○○	35
H004	佐竹　○○	25
H005	植村　○○	32

商品表

商品コード	商品名	単価	分類コード
F001	シングルベッド	9900	BD
F002	ダブルベッド	29900	BD
F003	マットレスS	14600	BD
F004	マットレスW	25000	BD
F005	シングルソファ	24600	SF
F006	コーナーソファ	55000	SF
F007	リクライニングソファ	46000	SF
F008	リビングテーブル	45500	TB
F009	ダイニングテーブル	65500	TB

分類表

分類コード	分類名
BD	ベッド
SF	ソファ
TB	テーブル

売上表

売上日	販売員コード	商品コード	数量
2014/9/22	H001	F003	3
2014/9/22	H001	F009	4
2014/9/22	H002	F001	7
2014/9/22	H002	F004	5
2014/9/22	H003	F002	2
2014/9/22	H004	F005	6
2014/9/22	H004	F007	5
2014/9/23	H001	F001	9
2014/9/23	H001	F005	5
2014/9/23	H001	F006	4
2014/9/23	H002	F001	3
2014/9/23	H002	F002	4
2014/9/23	H002	F004	7
2014/9/23	H003	F005	2
2014/9/23	H003	F008	6
2014/9/23	H004	F001	1
2014/9/23	H004	F003	5
2014/9/23	H005	F007	4
2014/9/23	H005	F009	6
2014/9/24	H001	F005	2
2014/9/24	H002	F001	3
2014/9/24	H002	F004	3
2014/9/24	H003	F008	2
2014/9/24	H004	F007	1
2014/9/24	H005	F007	3

問１．次の表は，商品表と分類表をもとに作成したものである。このようなリレーショナル型データベースの操作として適切なものを選び，記号で答えなさい。

ア．射影
イ．選択
ウ．結合

商品コード	商品名	単価	分類コード	分類名
F001	シングルベッド	9900	BD	ベッド
F002	ダブルベッド	29900	BD	ベッド
F003	マットレスS	14600	BD	ベッド
F004	マットレスW	25000	BD	ベッド
F005	シングルソファ	24600	SF	ソファ
F006	コーナーソファ	55000	SF	ソファ
F007	リクライニングソファ	46000	SF	ソファ
F008	リビングテーブル	45500	TB	テーブル
F009	ダイニングテーブル	65500	TB	テーブル

第4章

問2．次の（1）～（3）のSQL文によって抽出されるデータを解答群から選び，記号で答えなさい。

```
（1）SELECT 販売員コード
       FROM 販売員表
      WHERE 年齢 >= 35
（2）SELECT 商品コード
       FROM 商品表
      WHERE 単価 < 25000 AND 分類コード = 'BD'
（3）SELECT 名前，商品名
       FROM 販売員表，商品表，売上表
      WHERE 販売員表.販売員コード = 売上表.販売員コード
        AND 商品表.商品コード = 売上表.商品コード
        AND 年齢 < 30 AND 数量 > 4
```

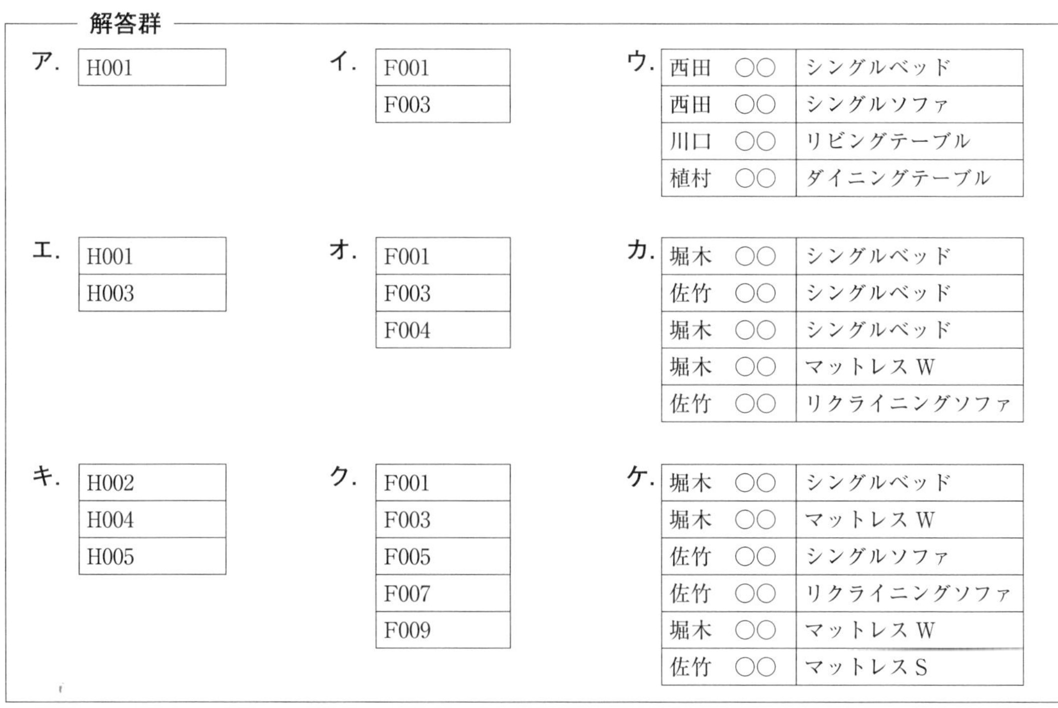

解答群

ア．

H001

イ．

F001
F003

ウ．

西田　○○	シングルベッド
西田　○○	シングルソファ
川口　○○	リビングテーブル
植村　○○	ダイニングテーブル

エ．

H001
H003

オ．

F001
F003
F004

カ．

堀木　○○	シングルベッド
佐竹　○○	シングルベッド
堀木　○○	シングルベッド
堀木　○○	マットレスW
佐竹　○○	リクライニングソファ

キ．

H002
H004
H005

ク．

F001
F003
F005
F007
F009

ケ．

堀木　○○	シングルベッド
堀木　○○	マットレスW
佐竹　○○	シングルソファ
佐竹　○○	リクライニングソファ
堀木　○○	マットレスW
佐竹　○○	マットレスS

問3．次のSQL文を実行した結果として適切なものを選び，記号で答えなさい。

```
SELECT MAX(数量) AS 実行結果
  FROM 売上表
 WHERE 販売員コード <> 'H001'
```

ア．1　　　イ．7　　　ウ．9

問1		問2	(1)		(2)		(3)		問3	

【3】ある工芸体験施設では，受付状況を次のようなリレーショナル型データベースで管理している。次の各問いに答えなさい。 ［第55回］

講座表

講座コード	講座名	時間	料金	分類コード
M01	吹きガラス	20	3240	GA
M02	フュージング	15	1080	GA
M03	竹とんぼ	30	540	TA
M04	竹かご編み	60	3240	TA
M05	手回しろくろ	30	2000	TO
M06	電動ろくろ	40	2700	TO

（分）

講師表

講師コード	講師名	経験年数	分類コード
K001	森川　〇〇	7	TO
K002	笹森　〇〇	8	TO
K003	市村　〇〇	10	TA
K004	野田　〇〇	5	GA
K005	田中　〇〇	4	GA
K006	原田　〇〇	12	TO
K007	木村　〇〇	20	TA
K008	野村　〇〇	18	TA
K009	尾木　〇〇	25	GA

分類表

分類コード	分類名
GA	ガラス
TA	竹細工
TO	陶芸

受付表

受付番号	体験日	講座コード	講師コード	人数
1	2016/10/03	M03	K008	8
2	2016/10/09	M05	K002	2
3	2016/10/08	M01	K004	6
4	2016/10/04	M06	K006	5
5	2016/10/08	M04	K003	4
6	2016/10/03	M02	K009	7
7	2016/10/03	M05	K002	3
8	2016/10/07	M04	K003	2
9	2016/10/09	M01	K005	4
10	2016/10/03	M04	K007	3
11	2016/10/05	M04	K008	10
12	2016/10/06	M05	K002	4
13	2016/10/05	M01	K005	6
14	2016/10/03	M02	K009	3
15	2016/10/08	M05	K001	3
16	2016/10/08	M02	K004	6
17	2016/10/05	M02	K005	12
18	2016/10/07	M01	K004	4
19	2016/10/08	M04	K008	8
20	2016/10/07	M03	K007	3
21	2016/10/03	M05	K006	7
22	2016/10/09	M06	K001	2
23	2016/10/06	M02	K009	6

問１．次の表は，受付表から体験日が2016/10/03で，かつ講座コードがM05のデータを取り出して作成したものである。このようなリレーショナル型データベースの操作として適切なものを選び，記号で答えなさい。

ア．結合
イ．選択
ウ．射影

受付番号	体験日	講座コード	講師コード	人数
7	2016/10/03	M05	K002	3
21	2016/10/03	M05	K006	7

第4章

問２．次の（１）～（３）のSQL文によって抽出されるデータを解答群から選び，記号で答えなさい。

```
（１）SELECT  講座名
        FROM  講座表
       WHERE  時間 < 30
（２）SELECT  講師名
        FROM  講師表
       WHERE  経験年数 >= 10 OR 分類コード = 'TO'
（３）SELECT  受付番号，講座名，講師名
        FROM  講座表，講師表，受付表
       WHERE  講座表.講座コード = 受付表.講座コード
         AND  講師表.講師コード = 受付表.講師コード
         AND  人数 > 5
         AND  料金 >= 2000
```

解答群

ア．

吹きガラス
フュージング

イ．

森川　〇〇
笹森　〇〇
原田　〇〇
木村　〇〇
野村　〇〇
尾木　〇〇

ウ．

3	吹きガラス	野田　〇〇
11	竹かご編み	野村　〇〇
13	吹きガラス	田中　〇〇
19	竹かご編み	野村　〇〇
21	手回しろくろ	原田　〇〇

エ．

吹きガラス
フュージング
竹とんぼ
手回しろくろ

オ．

森川　〇〇
笹森　〇〇
市村　〇〇
原田　〇〇
木村　〇〇
野村　〇〇
尾木　〇〇

カ．

3	吹きガラス	野田　〇〇
11	竹かご編み	野村　〇〇
13	吹きガラス	田中　〇〇
19	竹かご編み	野村　〇〇

キ．

竹かご編み
電動ろくろ

ク．

原田　〇〇

ケ．

3	吹きガラス	野田　〇〇
4	電動ろくろ	原田　〇〇
11	竹かご編み	野村　〇〇
13	吹きガラス	田中　〇〇
19	竹かご編み	野村　〇〇
21	手回しろくろ	原田　〇〇

問３．受付表から人数の最大を求め，列名を 最大人数 として表示したい。次のSQL文の空欄にあてはまる適切なものを選び，記号で答えなさい。

```
SELECT  MAX(人数) [        ] 最大人数
  FROM  受付表
```

最大人数
12

ア．AVG　　　イ．NOT　　　ウ．AS

問1		問2	(1)		(2)		(3)		問3	

3級関数一覧

	関数の書式	説明
数学／三角	=SUM(数値1,[数値2],…)	指定した「数値」の合計を求める。
	=ROUND(数値,桁数)	「数値」(または計算結果）の，指定した「桁数」未満を四捨五入する。
	=ROUNDUP(数値,桁数)	「数値」(または計算結果）の，指定した「桁数」未満を切り上げる。
	=ROUNDDOWN(数値,桁数)	「数値」(または計算結果）の，指定した「桁数」未満を切り捨てる。
統計	=AVERAGE(数値1,[数値2],…)	指定した「数値」の平均を求める。
	=COUNT(値1,[値2],…)	「値」で示した範囲の中で，数値が入力されているセルの個数を求める。
	=COUNTA(値1,[値2],…)	「値」で示した範囲の中で，データが入力されているセルの個数を求める。
	=MAX(数値1,[数値2],…)	指定した「数値」の中で最大値を求める。
	=MIN(数値1,[数値2],…)	指定した「数値」の中で最小値を求める。
	=RANK(数値,参照,[順序])	「数値」が「参照」(範囲）の中で何番目かを求める。
論理	=IF(論理式,[値が真の場合],[値が偽の場合])	「論理式」を判定し，論理式の条件が成立した(真）場合は「値が真の場合」の処理を行い，条件が成立しなかった(偽）場合は「値が偽の場合」の処理を行う。
文字列操作	=LEFT(文字列,[文字数])	「文字列」の左端から「文字数」文字分の文字列を取り出す。
	=RIGHT(文字列,[文字数])	「文字列」の右端から「文字数」文字分の文字列を取り出す。
	=MID(文字列,開始位置,文字数)	「文字列」の「開始位置」文字目から「文字数」文字分の文字列を取り出す。
	=VALUE(文字列)	「文字列」として入力されている数字を，数値に変換する。
	=LEN(文字列)	「文字列」の文字数を求める。
日時／時刻	=NOW()	現在の日付と時刻のシリアル値を求める。
	=TODAY()	現在の日付のシリアル値を求める。

2級関数一覧

	関数の書式	説明	ページ
数学／三角	=INT(数値)	「数値」を切り捨てて，整数にした数値を求める。	37・127
	=MOD(数値,除数)	「数値」÷「除数」の余りを求める。	37・127
	=SUMIFS(合計対象範囲,条件範囲1, 条件1,[条件範囲2, 条件2],…)	「合計対象範囲」の中で，「条件範囲」の「条件」をすべて満たすデータの合計を求める。	17・120
	=SUMIF(範囲,検索条件,[合計範囲])	「範囲」の中で「検索条件」に一致したセルを検索し，対応する合計範囲のデータの合計を求める。	12・119
統計	=AVERAGEIFS(平均対象範囲,条件範囲1,条件1,[条件範囲2,条件2],…)	「平均対象範囲」の中で，「条件範囲」の「条件」をすべて満たすデータの平均を求める。	18・120
	=AVERAGEIF(範囲,条件,[平均対象範囲])	「範囲」の中で「条件」に一致したセルを検索し，対応する平均範囲のデータの平均を求める。	13・119
	=COUNTIFS(検索条件範囲1,検索条件1,[検索条件範囲2,検索条件2],…)	「検索条件範囲」の中で，「検索条件」をすべて満たすデータの個数を求める。	16・120
	=COUNTIF(範囲,検索条件)	「範囲」の中で「検索条件」に一致したセルの個数を求める。	11・119
	=LARGE(配列,順位)	「配列」の中で，「順位」番目に大きい数値を求める。	38・127
	=SMALL(配列,順位)	「配列」の中で，「順位」番目に小さい数値を求める。	39・127
検索／行列	=VLOOKUP(検索値,範囲,列番号,[検索方法])	「範囲」の左端列から，「検索値」と一致する値を検索し，その行の左から数えて「列番号」列目のデータを表示する。	23・123
	=HLOOKUP(検索値,範囲,行番号,[検索方法])	「範囲」の上端行から，「検索値」と一致する値を検索し，その列の上から数えて「行番号」行目のデータを表示する。	30・123
	=INDEX(配列,行番号,[列番号])	「配列」の中で，上からの「行番号」と左からの「列番号」が交差する値を表示する。	33・124
	=MATCH(検査値,検査範囲,[照合の種類])	「検査範囲」を検索し，「検査値」と一致する相対的なセル位置を表す数値を求める。	32・124

	関数の書式	説明	ページ
論理	=AND(論理式1,[論理式2],…)	複数の「論理式」がすべて「真」の場合に「真」となる。	8・118
	=OR(論理式1,[論理式2],…)	複数の「論理式」のうちいずれかが「真」の場合に,「真」となる。	7・118
	=NOT(論理式)	「論理式」が「偽」の場合に,「真」となる。	9・118
文字列操作	=TEXT(値,表示形式)	「値」を「表示形式」で表示する。	47・133
	=FIND(検索文字列,対象,[開始位置])	「対象」の中から,「検索文字列」を検索し,最初に現れる位置を求める。 ※大文字・小文字の区別可。ワイルドカード使用不可。	41・128
	=SEARCH(検索文字列,対象,[開始位置])	「対象」の中から,「検索文字列」を検索し,最初に現れる位置を求める。 ※大文字・小文字の区別不可。ワイルドカード使用可。	40・128
日付と時刻	=DATE(年,月,日)	「年」「月」「日」から「年月日」の日付のシリアル値を求める。	43・132
	=YEAR(シリアル値)	「シリアル値」の年を求める。	46・132
	=MONTH(シリアル値)	「シリアル値」の月を求める。	46・132
	=DAY(シリアル値)	「シリアル値」の日を求める。	46・132
	=WEEKDAY(シリアル値,[種類])	「シリアル値」(日付文字列)の曜日を,数値で求める。	47・132
	=TIME(時,分,秒)	「時」「分」「秒」から「時分秒」の時刻のシリアル値を求める。	44・132
	=HOUR(シリアル値)	シリアル値から「時」の値を求める。	44・132
	=MINUTE(シリアル値)	シリアル値から「分」の値を求める。	45・132
	=SECOND(シリアル値)	シリアル値から「秒」の値を求める。	45・132

ふろく　とりはずしておつかいください。

計算せんもんドリル

2年

2年　　　組（くみ）	

特色と使い方

- このドリルは、計算力を付けるための計算問題をせんもんにあつかったドリルです。
- 教科書ぴったりトレーニングに、このドリルの何ページをすればよいのかが書いてあります。教科書ぴったりトレーニングにあわせてお使いください。

もくじ

おうちのかたへ

・お子さまがお使いの教科書や学校の学習状況により、ドリルのページが前後したり、学習されていない問題が含まれている場合がございます。お子さまの学習状況に応じてお使いください。
・お子さまがお使いの教科書により、教科書ぴったりトレーニングと対応していないページがある場合がございますが、お子さまの興味・関心に応じてお使いください。

1 100までの　たし算の　ひっ算①

★できた　もんだいには、「た」を　かこう！
1 できた　2 でき

1 つぎの　たし算の　ひっ算を　しましょう。

月　　日

① 57
＋41

② 22
＋64

③ 13
＋78

④ 25
＋47

⑤ 29
＋27

⑥ 48
＋38

⑦ 28
＋30

⑧ 44
＋46

⑨ 48
＋ 5

⑩ 4
＋55

2 つぎの　たし算を　ひっ算で　しましょう。

月　　日

① 17＋64

② 46＋18

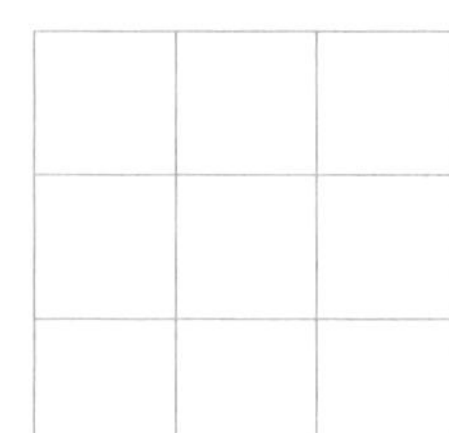

③ 21＋6

④ 8＋42

2 100までの　たし算の　ひっ算②

★できた　もんだいには、「た」を　かこう！
できた 1　できた 2

1 つぎの　たし算の　ひっ算を　しましょう。　月　日

① $\begin{array}{r} 32 \\ +33 \\ \hline \end{array}$　② $\begin{array}{r} 22 \\ +56 \\ \hline \end{array}$　③ $\begin{array}{r} 27 \\ +36 \\ \hline \end{array}$　④ $\begin{array}{r} 32 \\ +19 \\ \hline \end{array}$

⑤ $\begin{array}{r} 46 \\ +26 \\ \hline \end{array}$　⑥ $\begin{array}{r} 18 \\ +37 \\ \hline \end{array}$　⑦ $\begin{array}{r} 27 \\ +60 \\ \hline \end{array}$　⑧ $\begin{array}{r} 47 \\ +33 \\ \hline \end{array}$

⑨ $\begin{array}{r} 61 \\ +\ \ 4 \\ \hline \end{array}$　⑩ $\begin{array}{r} 9 \\ +71 \\ \hline \end{array}$

2 つぎの　たし算を　ひっ算で　しましょう。

月　日

① 57＋12

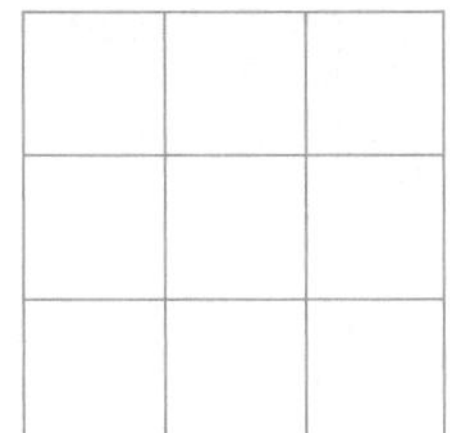

② 66＋24

③ 69＋5

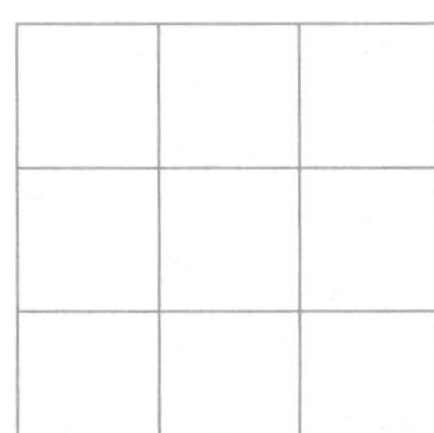

④ 3＋79

3 100までの　たし算の　ひっ算③

★できた　もんだいには、「た」を　かこう！

でき 1　でき 2

1 つぎの　たし算の　ひっ算を　しましょう。　　月　　日

① 58 ＋11

② 23 ＋73

③ 19 ＋39

④ 35 ＋56

⑤ 58 ＋34

⑥ 36 ＋59

⑦ 70 ＋26

⑧ 31 ＋49

⑨ 16 ＋ 7

⑩ 5 ＋49

2 つぎの　たし算を　ひっ算で　しましょう。　　月　　日

① 68＋16

② 54＋38

③ 63＋7

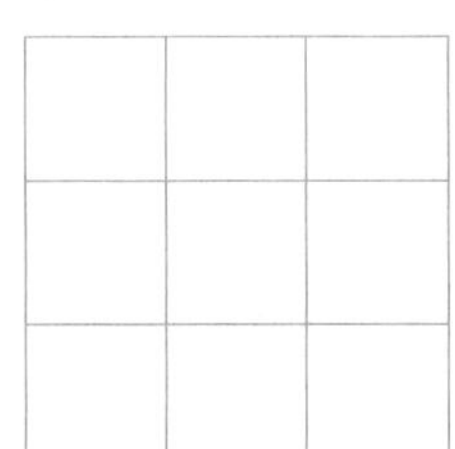

④ 4＋52

4 100までの　ひき算の　ひっ算①

★できた　もんだいには、「た」を　かこう！

1 でき　2 でき

1 つぎの　ひき算の　ひっ算を　しましょう。

月　日

①
```
  56
－33
```

②
```
  68
－50
```

③
```
  89
－83
```

④
```
  37
－ 6
```

⑤
```
  36
－17
```

⑥
```
  93
－68
```

⑦
```
  61
－34
```

⑧
```
  52
－29
```

⑨
```
  40
－24
```

⑩
```
  33
－ 4
```

2 つぎの　ひき算を　ひっ算で　しましょう。

月　日

① 72−53

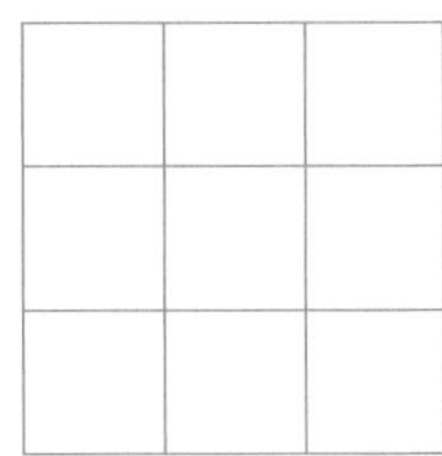

```
 72
－ 53
```

ダメ!!

② 81−79

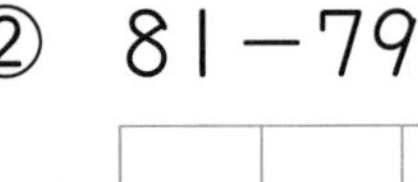

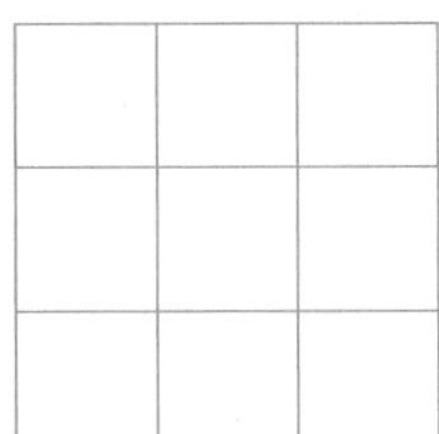

③ 60−32

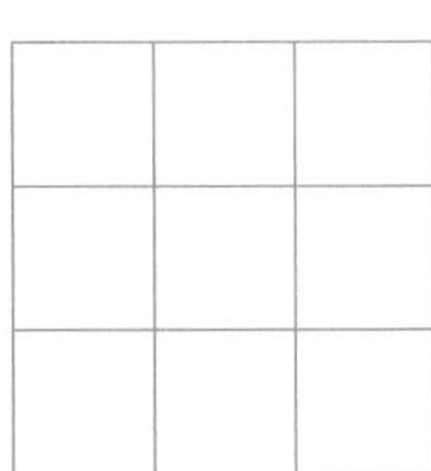

④ 56−8

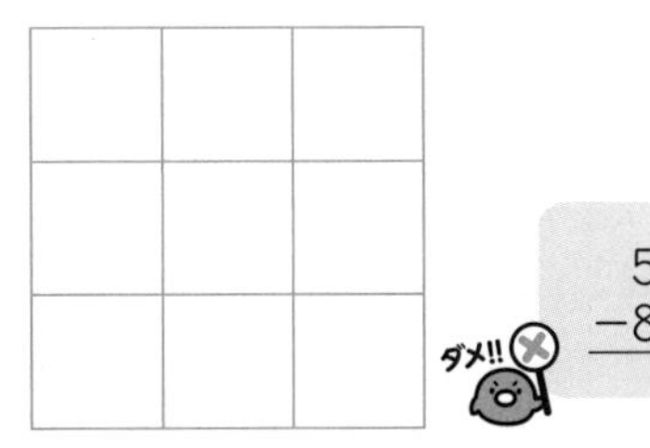

5 100までの ひき算の ひっ算②

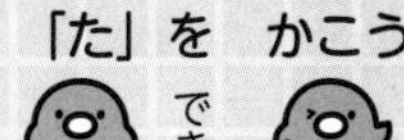

1 つぎの ひき算の ひっ算を しましょう。

月 日

① $\begin{array}{r} 87 \\ -24 \\ \hline \end{array}$ ② $\begin{array}{r} 73 \\ -13 \\ \hline \end{array}$ ③ $\begin{array}{r} 69 \\ -60 \\ \hline \end{array}$ ④ $\begin{array}{r} 48 \\ -\ \ 5 \\ \hline \end{array}$

⑤ $\begin{array}{r} 74 \\ -36 \\ \hline \end{array}$ ⑥ $\begin{array}{r} 68 \\ -49 \\ \hline \end{array}$ ⑦ $\begin{array}{r} 92 \\ -37 \\ \hline \end{array}$ ⑧ $\begin{array}{r} 75 \\ -46 \\ \hline \end{array}$

⑨ $\begin{array}{r} 21 \\ -17 \\ \hline \end{array}$ ⑩ $\begin{array}{r} 30 \\ -\ \ 2 \\ \hline \end{array}$

2 つぎの ひき算を ひっ算で しましょう。

① 96－47

② 61－55

③ 40－31

④ 92－5

6 100までの　ひき算の　ひっ算③

月　　日

1 つぎの　ひき算の　ひっ算を　しましょう。

①
$$\begin{array}{r} 59 \\ -44 \\ \hline \end{array}$$

②
$$\begin{array}{r} 96 \\ -20 \\ \hline \end{array}$$

③
$$\begin{array}{r} 71 \\ -61 \\ \hline \end{array}$$

④
$$\begin{array}{r} 56 \\ -\ \ 5 \\ \hline \end{array}$$

⑤
$$\begin{array}{r} 65 \\ -37 \\ \hline \end{array}$$

⑥
$$\begin{array}{r} 93 \\ -19 \\ \hline \end{array}$$

⑦
$$\begin{array}{r} 75 \\ -16 \\ \hline \end{array}$$

⑧
$$\begin{array}{r} 33 \\ -15 \\ \hline \end{array}$$

⑨
$$\begin{array}{r} 32 \\ -26 \\ \hline \end{array}$$

⑩
$$\begin{array}{r} 37 \\ -\ \ 9 \\ \hline \end{array}$$

2 つぎの　ひき算を　ひっ算で　しましょう。

① 92－69

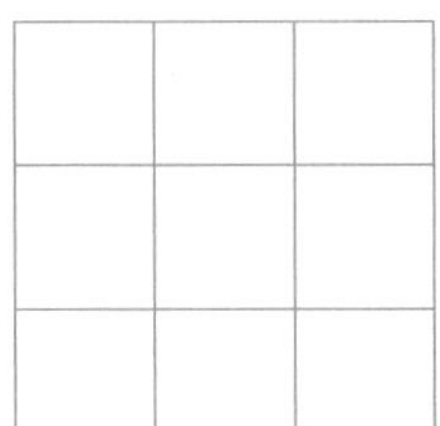

② 97－88

③ 80－78

④ 50－4

7 何十の　計算

★できた　もんだいには、「た」を　かこう！

できた 1　できた 2

1 つぎの　計算を　しましょう。　　月　　日

① 80＋50＝　　② 40＋90＝

③ 60＋60＝　　④ 90＋80＝

⑤ 50＋70＝　　⑥ 90＋20＝

⑦ 70＋80＝　　⑧ 30＋80＝

⑨ 60＋90＝　　⑩ 90＋50＝

2 つぎの　計算を　しましょう。　　月　　日

① 120－80＝　　② 140－50＝

③ 150－90＝　　④ 140－70＝

⑤ 110－40＝　　⑥ 130－80＝

⑦ 170－80＝　　⑧ 120－30＝

⑨ 180－90＝　　⑩ 130－90＝

8 何百の　計算

★できた　もんだいには、「た」を　かこう！

1 でき　2 でき

1 つぎの　計算を　しましょう。

月　日

① 600＋200＝

② 300＋600＝

③ 100＋700＝

④ 200＋300＝

⑤ 500＋200＝

⑥ 300＋400＝

⑦ 700＋200＝

⑧ 400＋500＝

⑨ 800＋100＝

⑩ 500＋500＝

2 つぎの　計算を　しましょう。

月　日

① 500－100＝

② 900－600＝

③ 300－200＝

④ 800－300＝

⑤ 600－500＝

⑥ 900－200＝

⑦ 700－100＝

⑧ 800－400＝

⑨ 900－500＝

⑩ 1000－700＝

9 たし算の　あん算

★できた　もんだいには、「た」を　かこう！

1 でき　2 でき

1 つぎの　たし算を　しましょう。

月　日

① 11+9=☐　② 34+6=☐

③ 55+5=☐　④ 64+6=☐

⑤ 43+7=☐　⑥ 26+4=☐

⑦ 89+1=☐　⑧ 27+3=☐

⑨ 72+8=☐　⑩ 59+1=☐

2 つぎの　たし算を　しましょう。

月　日

① 15+6=☐　② 26+9=☐

③ 57+8=☐　④ 74+9=☐

⑤ 37+7=☐　⑥ 24+7=☐

⑦ 83+9=☐　⑧ 59+5=☐

⑨ 45+8=☐　⑩ 68+4=☐

10 ひき算の　あん算

★できた　もんだいには、「た」を　かこう！

できき 1　できき 2

1 つぎの　ひき算を　しましょう。

月　　日

① 20－7＝□　② 80－2＝□

③ 40－9＝□　④ 70－5＝□

⑤ 50－3＝□　⑥ 60－6＝□

⑦ 30－1＝□　⑧ 90－8＝□

⑨ 40－5＝□　⑩ 20－4＝□

2 つぎの　ひき算を　しましょう。

月　　日

① 25－8＝□　② 33－4＝□

③ 72－6＝□　④ 47－8＝□

⑤ 52－3＝□　⑥ 36－9＝□

⑦ 65－6＝□　⑧ 78－9＝□

⑨ 82－7＝□　⑩ 31－4＝□

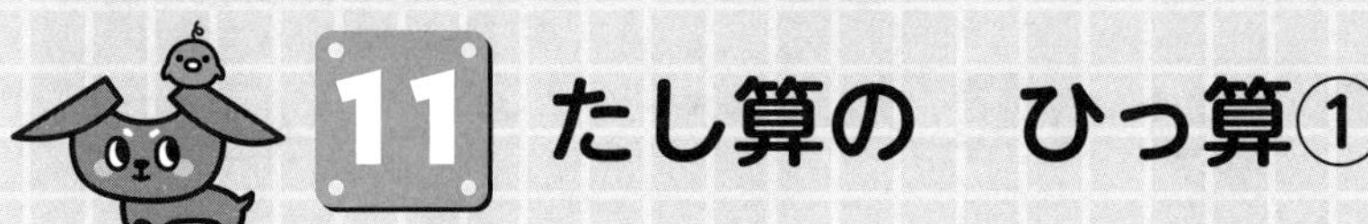

11 たし算の　ひっ算①

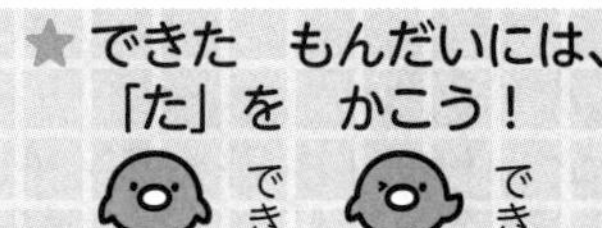

1 つぎの　たし算の　ひっ算を　しましょう。

月　　日

① $\begin{array}{r} 43 \\ +71 \\ \hline \end{array}$　② $\begin{array}{r} 54 \\ +65 \\ \hline \end{array}$　③ $\begin{array}{r} 80 \\ +67 \\ \hline \end{array}$　④ $\begin{array}{r} 23 \\ +84 \\ \hline \end{array}$

⑤ $\begin{array}{r} 38 \\ +95 \\ \hline \end{array}$　⑥ $\begin{array}{r} 73 \\ +89 \\ \hline \end{array}$　⑦ $\begin{array}{r} 29 \\ +99 \\ \hline \end{array}$　⑧ $\begin{array}{r} 74 \\ +36 \\ \hline \end{array}$

⑨ $\begin{array}{r} 12 \\ +89 \\ \hline \end{array}$　⑩ $\begin{array}{r} 5 \\ +97 \\ \hline \end{array}$

2 つぎの　たし算を　ひっ算で　しましょう。

月　　日

① 76＋57

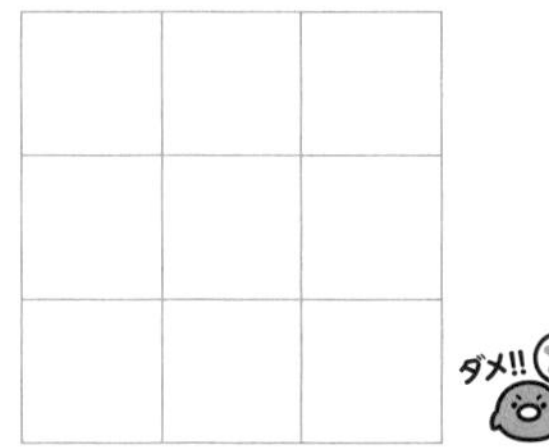

② 31＋89

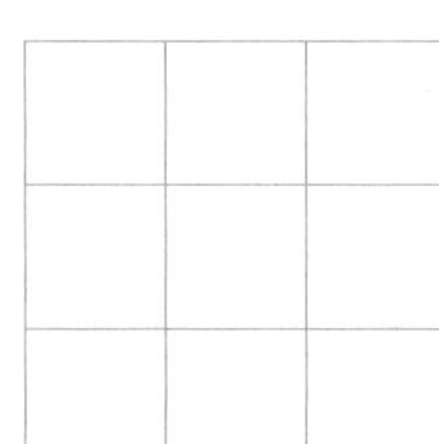

③ 67＋35

④ 95＋6

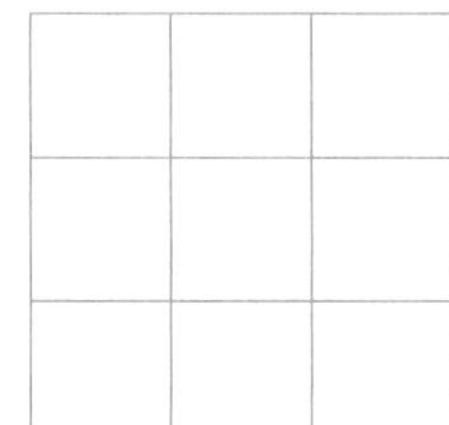

12 たし算の　ひっ算②

★できた　もんだいには、「た」を　かこう！

1 でき　2 でき

1 つぎの　たし算の　ひっ算を　しましょう。

月　日

① 98 ＋21

② 82 ＋36

③ 40 ＋71

④ 74 ＋33

⑤ 47 ＋84

⑥ 93 ＋28

⑦ 85 ＋39

⑧ 81 ＋49

⑨ 17 ＋86

⑩ 98 ＋ 4

2 つぎの　たし算を　ひっ算で　しましょう。

月　日

① 67＋87

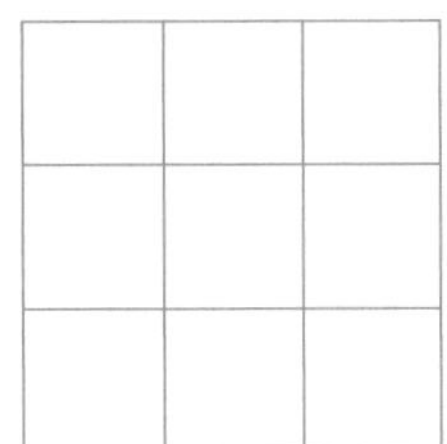

② 68＋42

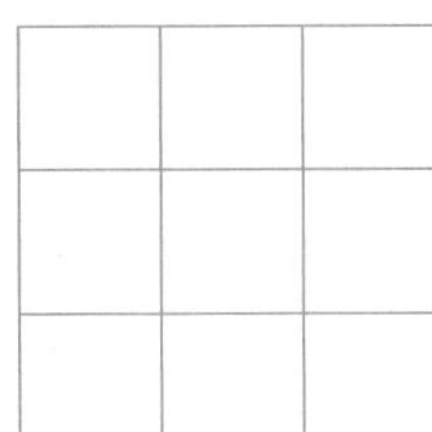

③ 59＋49

④ 6＋97

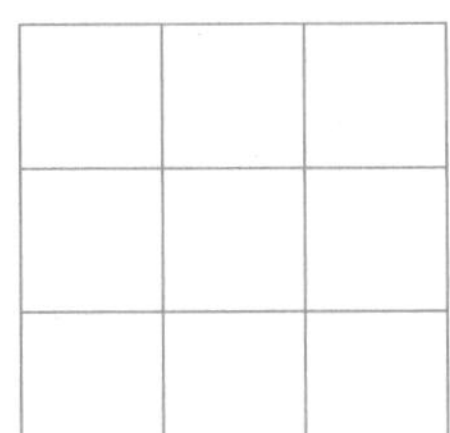

13 たし算の　ひっ算③

2

1 つぎの　たし算の　ひっ算を　しましょう。　　月　日

① 　81
+37

② 　81
+75

③ 　99
+50

④ 　87
+22

⑤ 　69
+65

⑥ 　85
+38

⑦ 　68
+75

⑧ 　92
+38

⑨ 　87
+16

⑩ 　　4
+99

2 つぎの　たし算を　ひっ算で　しましょう。　　月　日

① 57+69

② 77+73

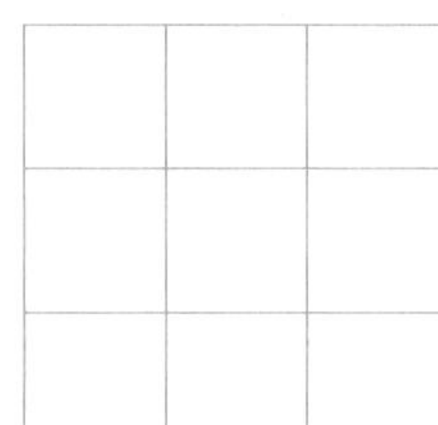

③ 66+38

④ 93+8

14 たし算の　ひっ算④

★できた　もんだいには、「た」を　かこう！

でき 1　でき 2

1 つぎの　たし算の　ひっ算を　しましょう。　　月　日

① $\begin{array}{r} 74 \\ +41 \\ \hline \end{array}$　② $\begin{array}{r} 91 \\ +81 \\ \hline \end{array}$　③ $\begin{array}{r} 90 \\ +33 \\ \hline \end{array}$　④ $\begin{array}{r} 72 \\ +35 \\ \hline \end{array}$

⑤ $\begin{array}{r} 66 \\ +56 \\ \hline \end{array}$　⑥ $\begin{array}{r} 78 \\ +63 \\ \hline \end{array}$　⑦ $\begin{array}{r} 82 \\ +49 \\ \hline \end{array}$　⑧ $\begin{array}{r} 95 \\ +45 \\ \hline \end{array}$

⑨ $\begin{array}{r} 59 \\ +46 \\ \hline \end{array}$　⑩ $\begin{array}{r} 97 \\ +\ \ 7 \\ \hline \end{array}$

2 つぎの　たし算を　ひっ算で　しましょう。

月　日

① 37＋84

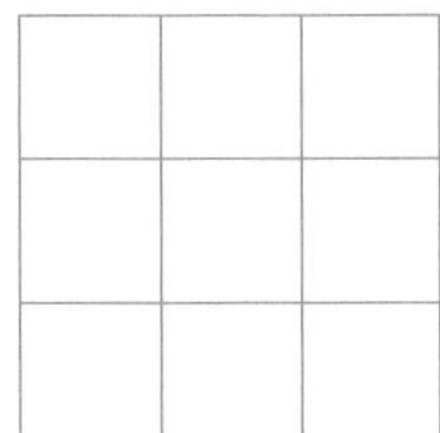

② 64＋36

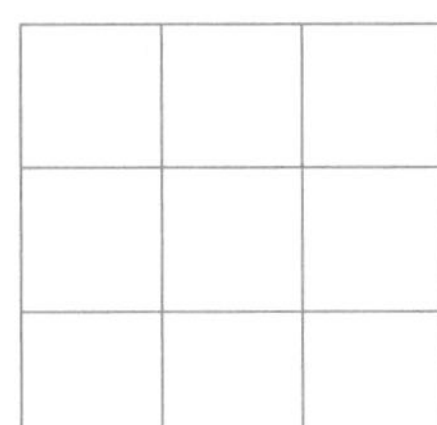

③ 87＋15

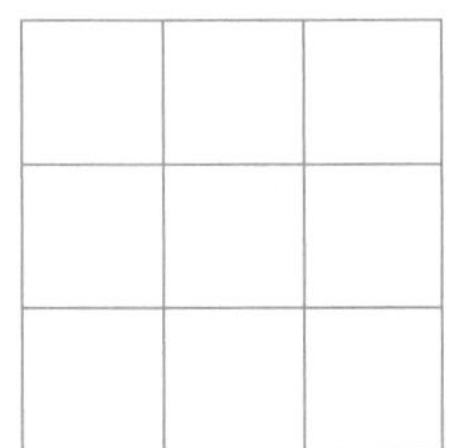

④ 9＋93

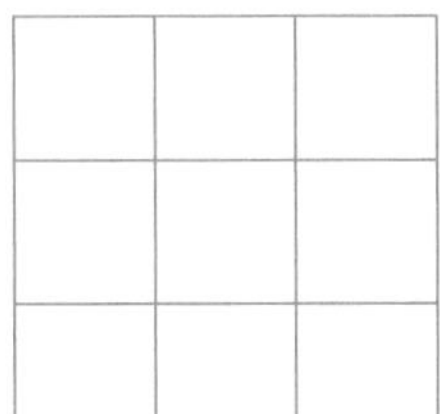

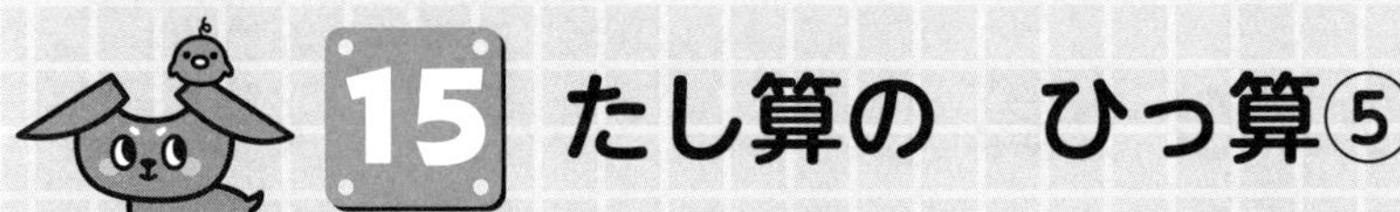

15 たし算の　ひっ算⑤

★できた　もんだいには、「た」を　かこう！

1 でき　2 でき

1 つぎの　たし算の　ひっ算を　しましょう。

月　日

① $\begin{array}{r} 73 \\ +55 \\ \hline \end{array}$

② $\begin{array}{r} 54 \\ +92 \\ \hline \end{array}$

③ $\begin{array}{r} 58 \\ +70 \\ \hline \end{array}$

④ $\begin{array}{r} 20 \\ +89 \\ \hline \end{array}$

⑤ $\begin{array}{r} 66 \\ +58 \\ \hline \end{array}$

⑥ $\begin{array}{r} 94 \\ +59 \\ \hline \end{array}$

⑦ $\begin{array}{r} 35 \\ +97 \\ \hline \end{array}$

⑧ $\begin{array}{r} 87 \\ +13 \\ \hline \end{array}$

⑨ $\begin{array}{r} 49 \\ +55 \\ \hline \end{array}$

⑩ $\begin{array}{r} 5 \\ +99 \\ \hline \end{array}$

2 つぎの　たし算を　ひっ算で　しましょう。

① 84＋68

② 62＋78

③ 35＋66

④ 96＋8

16 ひき算の　ひっ算①

★できた　もんだいには、「た」を　かこう！

1 でき　2 でき

1 つぎの　ひき算の　ひっ算を　しましょう。

月　　日

① 117 − 55

② 122 − 31

③ 178 − 88

④ 106 − 93

⑤ 154 − 88

⑥ 173 − 99

⑦ 161 − 95

⑧ 103 − 54

⑨ 105 − 97

⑩ 100 − 6

2 つぎの　ひき算を　ひっ算で　しましょう。

① 132−84

② 102−85

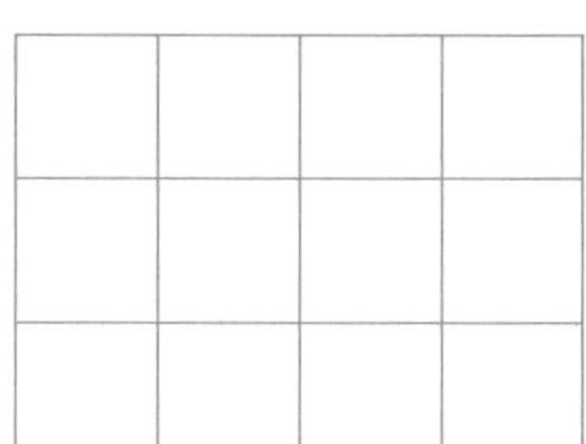

③ 106−8

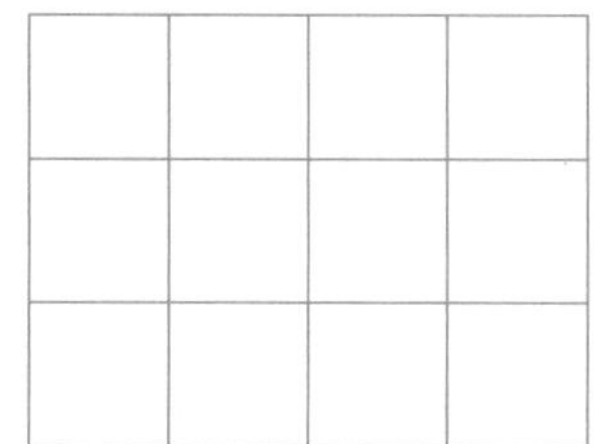

④ 100−72

17 ひき算の　ひっ算②

★できた　もんだいには、「た」を　かこう！

できた 1　できた 2

1 つぎの　ひき算の　ひっ算を　しましょう。

月　　日

① 139 − 68

② 145 − 80

③ 142 − 82

④ 102 − 31

⑤ 151 − 73

⑥ 117 − 68

⑦ 133 − 64

⑧ 105 − 7

⑨ 102 − 96

⑩ 100 − 53

2 つぎの　ひき算を　ひっ算で　しましょう。

月　　日

① 141−87

② 108−29

③ 104−48

④ 100−7

18 ひき算の　ひっ算③

1 つぎの　ひき算の　ひっ算を　しましょう。　　月　　日

① 124 − 33

② 113 − 41

③ 119 − 29

④ 103 − 22

⑤ 115 − 38

⑥ 131 − 77

⑦ 136 − 89

⑧ 102 − 46

⑨ 106 − 98

⑩ 100 − 3

2 つぎの　ひき算を　ひっ算で　しましょう。

① 121−72

② 106−18

③ 102−5

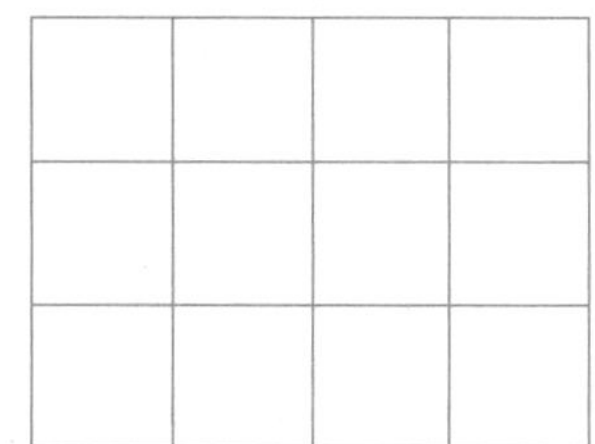

④ 100−14

19 ひき算の　ひっ算④

★できた　もんだいには、「た」を　かこう！

1 でき　2 でき

1 つぎの　ひき算の　ひっ算を　しましょう。　　月　　日

① 159 − 87

② 123 − 60

③ 141 − 81

④ 108 − 27

⑤ 112 − 39

⑥ 115 − 28

⑦ 151 − 65

⑧ 104 − 6

⑨ 103 − 99

⑩ 100 − 85

2 つぎの　ひき算を　ひっ算で　しましょう。　　月　　日

① 146−97

② 108−39

③ 101−53

④ 100−2

20 ひき算の　ひっ算⑤

1 つぎの　ひき算の　ひっ算を　しましょう。　　月　　日

①
$$\begin{array}{r} 138 \\ -\ \ 54 \\ \hline \end{array}$$

②
$$\begin{array}{r} 135 \\ -\ \ 93 \\ \hline \end{array}$$

③
$$\begin{array}{r} 124 \\ -\ \ 34 \\ \hline \end{array}$$

④
$$\begin{array}{r} 106 \\ -\ \ 55 \\ \hline \end{array}$$

⑤
$$\begin{array}{r} 155 \\ -\ \ 76 \\ \hline \end{array}$$

⑥
$$\begin{array}{r} 126 \\ -\ \ 48 \\ \hline \end{array}$$

⑦
$$\begin{array}{r} 131 \\ -\ \ 74 \\ \hline \end{array}$$

⑧
$$\begin{array}{r} 107 \\ -\ \ 58 \\ \hline \end{array}$$

⑨
$$\begin{array}{r} 104 \\ -\ \ 95 \\ \hline \end{array}$$

⑩
$$\begin{array}{r} 100 \\ -\ \ \ \ 5 \\ \hline \end{array}$$

2 つぎの　ひき算を　ひっ算で　しましょう。

① 122−45

② 103−69

③ 103−4

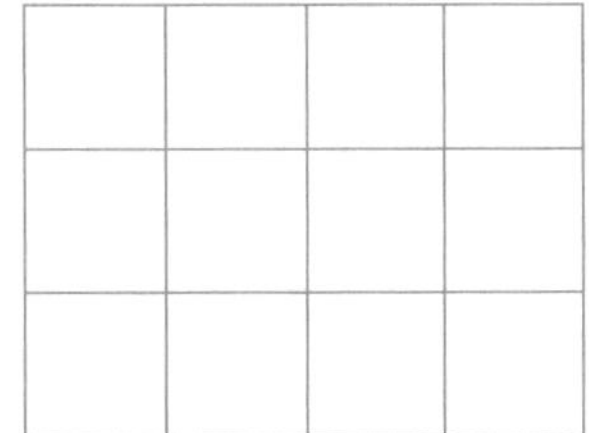

④ 100−93

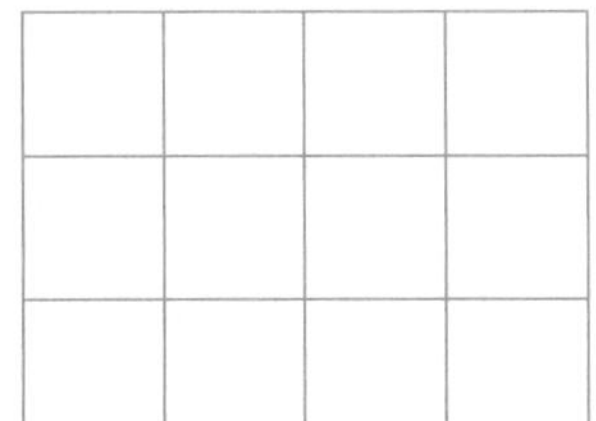

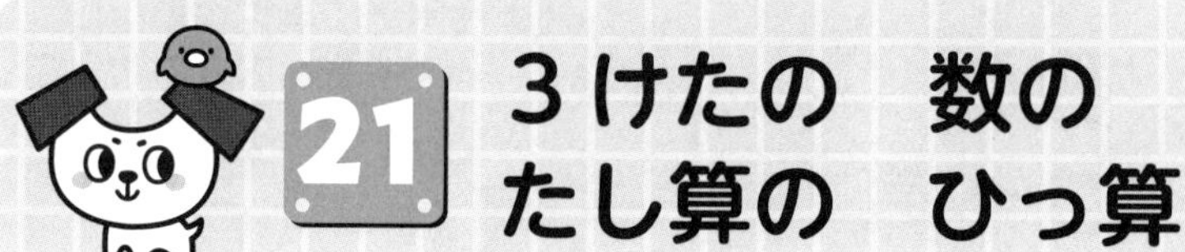

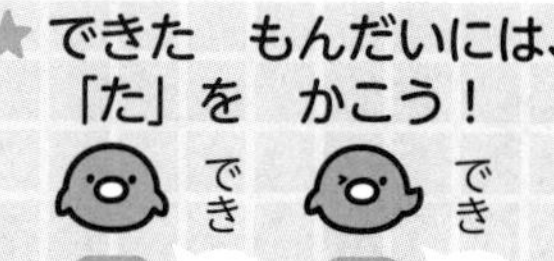

1 つぎの　たし算の　ひっ算を　しましょう。

月　　日

① 243 + 36

② 516 + 61

③ 358 + 38

④ 459 + 33

⑤ 358 + 35

⑥ 205 + 77

⑦ 338 + 52

⑧ 259 + 20

⑨ 249 + 5

⑩ 666 + 8

2 つぎの　たし算を　ひっ算で　しましょう。

月　　日

① 535＋46

② 315＋80

③ 487＋6

④ 353＋7

22 3けたの　数の　ひき算の　ひっ算

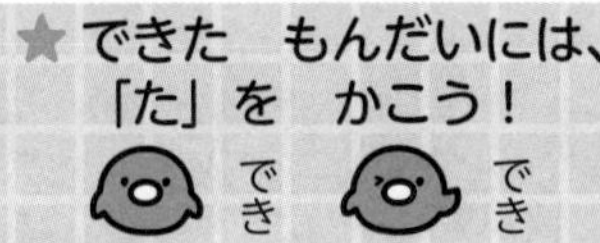

1 つぎの　ひき算の　ひっ算を　しましょう。　　月　　日

① $\begin{array}{r} 535 \\ -\ \ 23 \\ \hline \end{array}$　② $\begin{array}{r} 759 \\ -\ \ 12 \\ \hline \end{array}$　③ $\begin{array}{r} 278 \\ -\ \ 59 \\ \hline \end{array}$　④ $\begin{array}{r} 696 \\ -\ \ 28 \\ \hline \end{array}$

⑤ $\begin{array}{r} 573 \\ -\ \ 47 \\ \hline \end{array}$　⑥ $\begin{array}{r} 881 \\ -\ \ 46 \\ \hline \end{array}$　⑦ $\begin{array}{r} 424 \\ -\ \ 19 \\ \hline \end{array}$　⑧ $\begin{array}{r} 695 \\ -\ \ 95 \\ \hline \end{array}$

⑨ $\begin{array}{r} 757 \\ -\ \ \ 9 \\ \hline \end{array}$　⑩ $\begin{array}{r} 414 \\ -\ \ \ 8 \\ \hline \end{array}$

2 つぎの　ひき算を　ひっ算で　しましょう。

① 775－26

② 531－31

③ 362－5

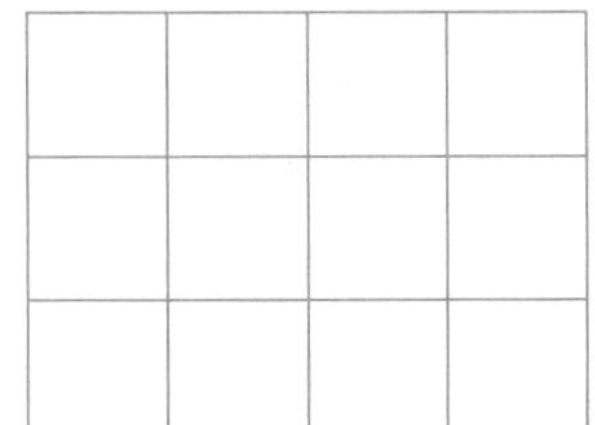

④ 813－7

23 九九①

★できた　もんだいには、「た」を　かこう！

1 できた　2 できた

1 つぎの　計算を　しましょう。

月　日

① $8\times5=$ □　② $5\times2=$ □

③ $6\times3=$ □　④ $9\times8=$ □

⑤ $7\times5=$ □　⑥ $1\times6=$ □

⑦ $2\times9=$ □　⑧ $3\times3=$ □

⑨ $4\times1=$ □　⑩ $9\times4=$ □

2 つぎの　計算を　しましょう。

月　日

① $4\times8=$ □　② $5\times6=$ □

③ $6\times9=$ □　④ $7\times2=$ □

⑤ $1\times2=$ □　⑥ $6\times7=$ □

⑦ $8\times6=$ □　⑧ $9\times1=$ □

⑨ $2\times4=$ □　⑩ $3\times5=$ □

24 九九②

★できた もんだいには、「た」を かこう！

1 できた　2 できた

1 つぎの 計算を しましょう。　　月　日

① 7×6＝□　② 4×3＝□

③ 5×9＝□　④ 2×8＝□

⑤ 8×8＝□　⑥ 1×4＝□

⑦ 3×9＝□　⑧ 6×5＝□

⑨ 8×1＝□　⑩ 9×6＝□

2 つぎの 計算を しましょう。　　月　日

① 6×8＝□　② 7×4＝□

③ 2×5＝□　④ 3×6＝□

⑤ 6×2＝□　⑥ 4×5＝□

⑦ 2×1＝□　⑧ 8×4＝□

⑨ 7×9＝□　⑩ 9×9＝□

25 九九③

★できた　もんだいには、「た」を　かこう！

1 でき　2 でき

1 つぎの　計算を　しましょう。　　月　　日

① 4×2＝□　　② 1×8＝□

③ 9×5＝□　　④ 6×6＝□

⑤ 7×3＝□　　⑥ 2×6＝□

⑦ 4×9＝□　　⑧ 5×5＝□

⑨ 3×4＝□　　⑩ 6×1＝□

2 つぎの　計算を　しましょう。　　月　　日

① 1×1＝□　　② 4×7＝□

③ 7×7＝□　　④ 5×1＝□

⑤ 6×4＝□　　⑥ 8×7＝□

⑦ 3×1＝□　　⑧ 9×3＝□

⑨ 8×2＝□　　⑩ 5×8＝□

26 九九④

★できた　もんだいには、「た」を　かこう！

1 できた　2 できた

1 つぎの　計算を　しましょう。

月　日

① 3×2=

② 5×4=

③ 4×6=

④ 2×9=

⑤ 7×1=

⑥ 7×8=

⑦ 6×7=

⑧ 4×3=

⑨ 1×3=

⑩ 3×7=

2 つぎの　計算を　しましょう。

月　日

① 8×6=

② 5×5=

③ 9×6=

④ 9×8=

⑤ 6×2=

⑥ 3×6=

⑦ 7×4=

⑧ 8×2=

⑨ 2×5=

⑩ 1×9=

27 九九⑤

★できた　もんだいには、「た」を　かこう！

できた 1　できた 2

1 つぎの　計算を　しましょう。　　月　　日

① $4 \times 2 =$ □　　② $9 \times 5 =$ □

③ $8 \times 4 =$ □　　④ $5 \times 3 =$ □

⑤ $6 \times 9 =$ □　　⑥ $3 \times 4 =$ □

⑦ $2 \times 7 =$ □　　⑧ $1 \times 5 =$ □

⑨ $8 \times 9 =$ □　　⑩ $9 \times 7 =$ □

2 つぎの　計算を　しましょう。　　月　　日

① $8 \times 3 =$ □　　② $2 \times 8 =$ □

③ $2 \times 2 -$ □　　④ $3 \times 9 =$ □

⑤ $9 \times 1 =$ □　　⑥ $4 \times 9 =$ □

⑦ $5 \times 7 =$ □　　⑧ $7 \times 6 =$ □

⑨ $8 \times 8 =$ □　　⑩ $1 \times 8 =$ □

28 九九⑥

★できた　もんだいには、「た」を　かこう！

1 でき　2 でき

1 つぎの　計算を　しましょう。　　月　　日

① 3×3=

② 5×8=

③ 1×7=

④ 6×1=

⑤ 3×8=

⑥ 7×9=

⑦ 4×5=

⑧ 9×2=

⑨ 6×8=

⑩ 5×6=

2 つぎの　計算を　しましょう。　　月　　日

① 9×4=

② 6×6=

③ 7×2=

④ 3×1=

⑤ 8×4=

⑥ 5×2=

⑦ 1×4=

⑧ 2×3=

⑨ 4×8=

⑩ 7×7=

29 九九⑦

★できた もんだいには、「た」を かこう！

1 でき 2 でき

1 つぎの 計算を しましょう。

月　日

① 2×2=

② 5×4=

③ 8×6=

④ 1×3=

⑤ 6×7=

⑥ 3×9=

⑦ 8×3=

⑧ 4×6=

⑨ 7×1=

⑩ 9×8=

2 つぎの 計算を しましょう。

月　日

① 6×3=

② 2×7=

③ 7×4=

④ 4×1=

⑤ 1×6=

⑥ 3×7=

⑦ 4×4=

⑧ 2×4=

⑨ 3×5=

⑩ 5×7=

30 九九⑧

★できた　もんだいには、「た」を　かこう！

1 でき　2 でき

1 つぎの　計算を　しましょう。

月　　日

① 4×3=□　② 6×5=□

③ 1×2=□　④ 7×7=□

⑤ 9×3=□　⑥ 2×6=□

⑦ 5×1=□　⑧ 7×3=□

⑨ 3×2=□　⑩ 9×7=□

2 つぎの　計算を　しましょう。

月　　日

① 1×1=□　② 7×8=□

③ 2×8=□　④ 3×6=□

⑤ 9×2=□　⑥ 4×9=□

⑦ 8×5=□　⑧ 6×9=□

⑨ 9×9=□　⑩ 5×3=□

31 九九⑨

★できた　もんだいには、「た」を　かこう！

1 でき　2 でき

1 つぎの　計算を　しましょう。　月　日

① 2×5＝□　② 3×8＝□

③ 9×4＝□　④ 4×7＝□

⑤ 1×5＝□　⑥ 6×2＝□

⑦ 8×7＝□　⑧ 2×3＝□

⑨ 5×8＝□　⑩ 7×6＝□

2 つぎの　計算を　しましょう。　月　日

① 5×6＝□　② 6×4＝□

③ 1×7＝□　④ 2×1＝□

⑤ 5×9＝□　⑥ 7×2＝□

⑦ 4×8＝□　⑧ 8×1＝□

⑨ 3×3＝□　⑩ 8×9＝□

32 九九⑩

★できた　もんだいには、「た」を　かこう！

できた 1　できた 2

1 つぎの　計算を　しましょう。

月　日

① 7×3=

② 9×7=

③ 4×4=

④ 2×9=

⑤ 6×1=

⑥ 3×4=

⑦ 8×3=

⑧ 1×4=

⑨ 9×3=

⑩ 5×7=

2 つぎの　計算を　しましょう。

月　日

① 4×6=

② 2×2=

③ 7×8=

④ 9×5=

⑤ 1×9=

⑥ 6×4=

⑦ 5×4=

⑧ 3×5=

⑨ 8×8=

⑩ 7×4=

答え

1 100までの　たし算の　ひっ算①

1 ①98　②86　③91　④72　⑤56　⑥86　⑦58　⑧90　⑨53　⑩59

2

①

	1	7
+	6	4
	8	1

②

	4	6
+	1	8
	6	4

③

	2	1
+		6
	2	7

④

		8
+	4	2
	5	0

2 100までの　たし算の　ひっ算②

1 ①65　②78　③63　④51　⑤72　⑥55　⑦87　⑧80　⑨65　⑩80

2

①

	5	7
+	1	2
	6	9

②

	6	6
+	2	4
	9	0

③

	6	9
+		5
	7	4

④

		3
+	7	9
	8	2

3 100までの　たし算の　ひっ算③

1 ①69　②96　③58　④91　⑤92　⑥95　⑦96　⑧80　⑨23　⑩54

2

①

	6	8
+	1	6
	8	4

②

	5	4
+	3	8
	9	2

③

	6	3
+		7
	7	0

④

		4
+	5	2
	5	6

4 100までの　ひき算の　ひっ算①

1 ①23　②18　③6　④31　⑤19　⑥25　⑦27　⑧23　⑨16　⑩29

2

①

	7	2
−	5	3
	1	9

②

	8	1
−	7	9
		2

③

	6	0
−	3	2
	2	8

④

	5	6
−		8
	4	8

5 100までの　ひき算の　ひっ算②

1 ①63　②60　③9　④43　⑤38　⑥19　⑦55　⑧29　⑨4　⑩28

2

①

	9	6
−	4	7
	4	9

②

	6	1
−	5	5
		6

③

	4	0
−	3	1
		9

④

	9	2
−		5
	8	7

6 100までの　ひき算の　ひっ算③

1 ①15　②76　③10　④51　⑤28　⑥74　⑦59　⑧18　⑨6　⑩28

2

①

	9	2
−	6	9
	2	3

②

	9	7
−	8	8
		9

③

	8	0
−	7	8
		2

④

	5	0
−		4
	4	6

7 何十の　計算

1 ①130　②130　③120　④170　⑤120　⑥110　⑦150　⑧110　⑨150　⑩140

2 ①40　②90　③60　④70　⑤70　⑥50　⑦90　⑧90　⑨90　⑩40

8 何百の　計算

1 ①800　②900　③800　④500　⑤700　⑥700　⑦900　⑧900　⑨900　⑩1000

2 ①400　②300　③100　④500　⑤100　⑥700　⑦600　⑧400　⑨400　⑩300

9 たし算の　あん算

1 ①20　②40　③60　④70　⑤50　⑥30　⑦90　⑧30　⑨80　⑩60

2 ①21　②35　③65　④83　⑤44　⑥31　⑦92　⑧64　⑨53　⑩72

10 ひき算の　あん算

1 ①13　②78　③31　④65　⑤47　⑥54　⑦29　⑧82　⑨35　⑩16

2 ①17　②29　③66　④39　⑤49　⑥27　⑦59　⑧69　⑨75　⑩27

11 たし算の　ひっ算①

1 ①114　②119　③147　④107　⑤133　⑥162　⑦128　⑧110　⑨101　⑩102

2

①

	7	6
+	5	7
1	3	3

②

	3	1
+	8	9
1	2	0

③

	6	7
+	3	5
1	0	2

④

	9	5
+		6
1	0	1

12 たし算の　ひっ算②

1 ①119　②118　③111　④107　⑤131　⑥121　⑦124　⑧130　⑨103　⑩102

2

①

	6	7
+	8	7
1	5	4

②

	6	8
+	4	2
1	1	0

③

	5	9
+	4	9
1	0	8

④

		6
+	9	7
1	0	3

13 たし算の　ひっ算③

1 ①118　②156　③149　④109　⑤134　⑥123　⑦143　⑧130　⑨103　⑩103

2

①

	5	7
+	6	9
1	2	6

②

	7	7
+	7	3
1	5	0

③

	6	6
+	3	8
1	0	4

④

	9	3
+		8
1	0	1

14 たし算の　ひっ算④

1 ①115　②172　③123　④107　⑤122　⑥141　⑦131　⑧140　⑨105　⑩104

2

①

	3	7
+	8	4
1	2	1

②

	6	4
+	3	6
1	0	0

③

	8	7
+	1	5
1	0	2

④

		9
+	9	3
1	0	2

15 たし算の　ひっ算⑤

1 ①128　②146　③128　④109　⑤124　⑥153　⑦132　⑧100　⑨104　⑩104

2 ①

	8	4
＋	6	8
1	5	2

②

	6	2
＋	7	8
1	4	0

③

	3	5
＋	6	6
1	0	1

④

	9	6
＋		8
1	0	4

16 ひき算の　ひっ算①

1 ①62　②91　③90　④13　⑤66　⑥74　⑦66　⑧49　⑨8　⑩94

2 ①

	1	3	2
−		8	4
		4	8

②

	1	0	2
−		8	5
		1	7

③

	1	0	6
−			8
		9	8

④

	1	0	0
−		7	2
		2	8

17 ひき算の　ひっ算②

1 ①71　②65　③60　④71　⑤78　⑥49　⑦69　⑧98　⑨6　⑩47

2 ①

	1	4	1
−		8	7
		5	4

②

	1	0	8
−		2	9
		7	9

③

	1	0	4
−		4	8
		5	6

④

	1	0	0
−			7
		9	3

18 ひき算の　ひっ算③

1 ①91　②72　③90　④81　⑤77　⑥54　⑦47　⑧56　⑨8　⑩97

2 ①

	1	2	1
−		7	2
		4	9

②

	1	0	6
−		1	8
		8	8

③

	1	0	2
−			5
		9	7

④

	1	0	0
−		1	4
		8	6

19 ひき算の　ひっ算④

1 ①72　②63　③60　④81　⑤73　⑥87　⑦86　⑧98　⑨4　⑩15

2 ①

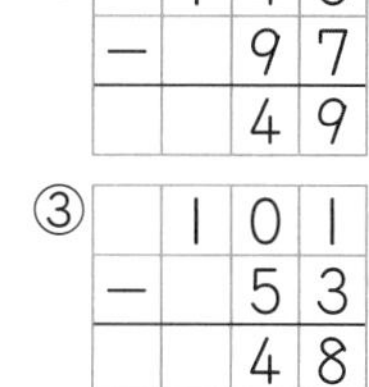

	1	4	6
−		9	7
		4	9

②

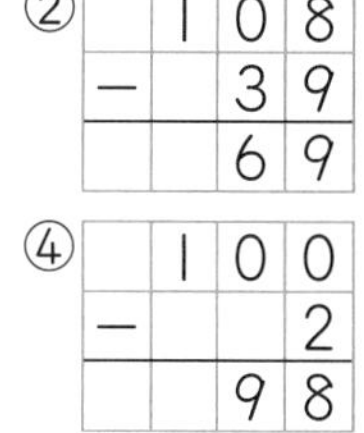

	1	0	8
−		3	9
		6	9

③

	1	0	1
−		5	3
		4	8

④

	1	0	0
−			2
		9	8

20 ひき算の　ひっ算⑤

1 ①84　②42　③90　④51　⑤79　⑥78　⑦57　⑧49　⑨9　⑩95

2 ①

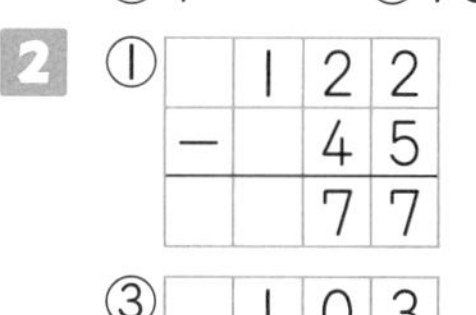

	1	2	2
−		4	5
		7	7

②

	1	0	3
−		6	9
		3	4

③

	1	0	3
−			4
		9	9

④

	1	0	0
−		9	3
			7

21 3けたの　数の　たし算の　ひっ算

1 ①279　②577　③396　④492　⑤393　⑥282　⑦390　⑧279　⑨254　⑩674

2 ①

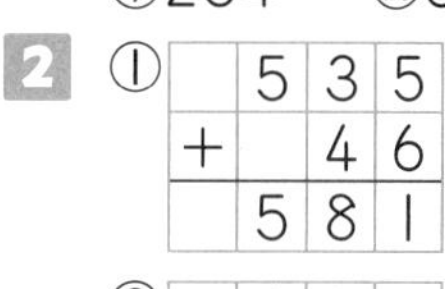

	5	3	5
＋		4	6
	5	8	1

②

	3	1	5
＋		8	0
	3	9	5

③

	4	8	7
＋			6
	4	9	3

④

	3	5	3
＋			7
	3	6	0

22 3けたの　数の　ひき算の　ひっ算

1 ①512　②747　③219　④668　⑤526　⑥835　⑦405　⑧600　⑨748　⑩406

2

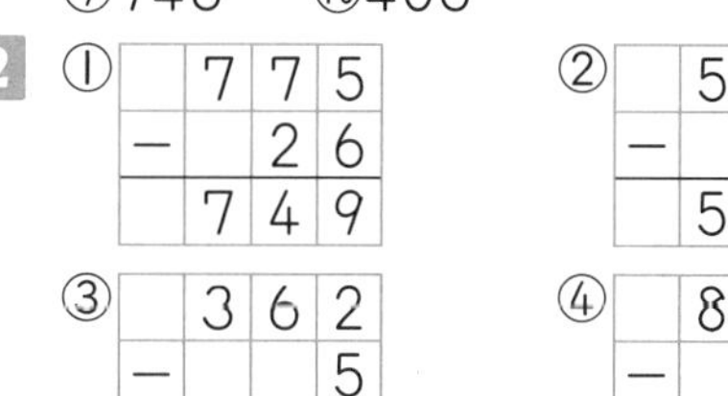

①

	7	7	5
−		2	6
	7	4	9

②

	5	3	1
−		3	1
	5	0	0

③

	3	6	2
−			5
	3	5	7

④

	8	1	3
−			7
	8	0	6

23 九九①

1 ①40 ②10
③18 ④72
⑤35 ⑥6
⑦18 ⑧9
⑨4 ⑩36

2 ①32 ②30
③54 ④14
⑤2 ⑥42
⑦48 ⑧9
⑨8 ⑩15

24 九九②

1 ①42 ②12
③45 ④16
⑤64 ⑥4
⑦27 ⑧30
⑨8 ⑩54

2 ①48 ②28
③10 ④18
⑤12 ⑥20
⑦2 ⑧32
⑨63 ⑩81

25 九九③

1 ①8 ②8
③45 ④36
⑤21 ⑥12
⑦36 ⑧25
⑨12 ⑩6

2 ①1 ②28
③49 ④5
⑤24 ⑥56
⑦3 ⑧27
⑨16 ⑩40

26 九九④

1 ①6 ②20
③24 ④18
⑤7 ⑥56
⑦42 ⑧12
⑨3 ⑩21

2 ①48 ②25
③54 ④72
⑤12 ⑥18
⑦28 ⑧16
⑨10 ⑩9

27 九九⑤

1 ①8 ②45
③32 ④15
⑤54 ⑥12
⑦14 ⑧5
⑨72 ⑩63

2 ①24 ②16
③4 ④27
⑤9 ⑥36
⑦35 ⑧42
⑨64 ⑩8

28 九九⑥

1 ①9 ②40
③7 ④6
⑤24 ⑥63
⑦20 ⑧18
⑨48 ⑩30

2 ①36 ②36
③14 ④3
⑤32 ⑥10
⑦4 ⑧6
⑨32 ⑩49

29 九九⑦

1 ①4 ②20
③48 ④3
⑤42 ⑥27
⑦24 ⑧24
⑨7 ⑩72

2 ①18 ②14
③28 ④4
⑤6 ⑥21
⑦16 ⑧8
⑨15 ⑩35

30 九九⑧

1 ①12 ②30
③2 ④49
⑤27 ⑥12
⑦5 ⑧21
⑨6 ⑩63

2 ①1 ②56
③16 ④18
⑤18 ⑥36
⑦40 ⑧54
⑨81 ⑩15

31 九九⑨

1 ①10 ②24
③36 ④28
⑤5 ⑥12
⑦56 ⑧6
⑨40 ⑩42

2 ①30 ②24
③7 ④2
⑤45 ⑥14
⑦32 ⑧8
⑨9 ⑩72

32 九九⑩

1 ①21 ②63
③16 ④18
⑤6 ⑥12
⑦24 ⑧4
⑨27 ⑩35

2 ①24 ②4
③56 ④45
⑤9 ⑥24
⑦20 ⑧15
⑨64 ⑩28

2024

全国商業高等学校協会主催

情報処理検定試験

PASSPORT

パスポート

Excel 2016 2019 対応

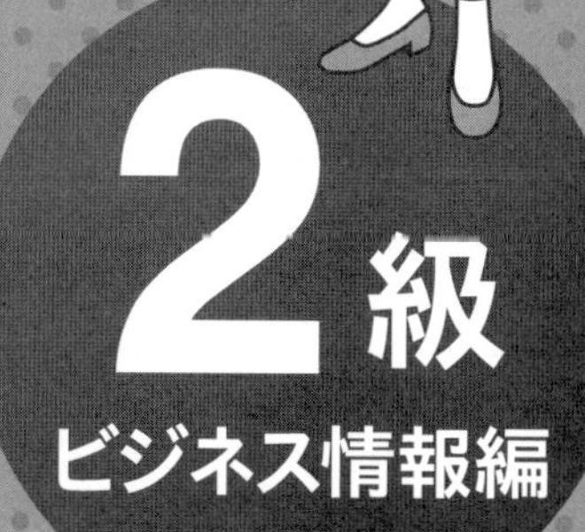

解 答

2級

ビジネス情報編

東京法令 とうほう

第１章　表計算ソフトウェアの活用

ヒントでは，セルの計算式の例やグラフ等の設定例を示しています。

練習問題 1-5 以降は，COUNTIF，AVERAGEIF，SUMIF関数については検定基準外となるため，COUNTIFS，AVERAGEIFS，SUMIFS関数を掲載しています。

練習問題 1-1 (P.10)

	A	B	C	D	E	F	G
1							
2	フィギア選手権大会予選結果表						
3							
4	No	選手名	FS	SP	TOTAL	順位	結果
5	1	アーロン	169.54	101.23	270.77	4	予選通過
6	2	アボット	166.88	92.45	259.33	6	予選通過
7	3	ウノ	162.65	88.64	251.29	7	
8	4	エイモズ	160.56	90.22	250.78	8	予選通過
9	5	カギヤマ	159.98	99.53	259.51	5	
10	6	ハギュウ	193.72	109.32	303.04	2	予選通過
11	7	サドフスキー	135.62	86.35	221.97	11	
12	8	チェン	203.13	107.09	310.22	1	予選通過
13	9	セメネンコ	133.56	72.36	205.92	12	
14	10	ジョンソン	139.81	85.41	225.22	10	
15	11	コリヤダ	146.32	91.42	237.74	9	
16	12	マイナー	180.23	98.35	278.58	3	予選通過

ヒント　[E5]　=SUM(C5:D5)

[F5]　=RANK(E5,$E$5:$E$16,0)

[G5]　=IF(AND(C5>=160,D5>=90),"予選通過","")

練習問題 1-2 (P.14)

	A	B	C	D	E	F	G
1							
2	フィギア選手権大会予選結果表						
3							
4	No	選手名	FS	SP	TOTAL	順位	結果
5	1	アーロン	169.54	101.23	270.77	4	予選通過
6	2	アボット	166.88	92.45	259.33	6	予選通過
7	3	ウノ	162.65	88.64	251.29	7	
8	4	エイモズ	160.56	90.22	250.78	8	予選通過
9	5	カギヤマ	159.98	99.53	259.51	5	
10	6	ハギュウ	193.72	109.32	303.04	2	予選通過
11	7	サドフスキー	135.62	86.35	221.97	11	
12	8	チェン	203.13	107.09	310.22	1	予選通過
13	9	セメネンコ	133.56	72.36	205.92	12	
14	10	ジョンソン	139.81	85.41	225.22	10	
15	11	コリヤダ	146.32	91.42	237.74	9	
16	12	マイナー	180.23	98.35	278.58	3	予選通過
17		標準記録達成数	7	8		通過数	6

ヒント　[C17]　=COUNTIF(C5:C16,">=160")

[D17]　=COUNTIF(D5:D16,">=90")

[G17]　=COUNTIF(G5:G16,"予選通過")

練習問題 1-3 （P.14）

	A	B	C	D	E	F	G
1							
2	市民野球大会順位表						
3							
4	チーム名	第１回	第２回	第３回	優勝	Aクラス	Bクラス
5	コンドルズ	4	1	2	あり		
6	サンダース	5	4	5			3年連続
7	スターズ	2	5	3			
8	ビクトリーズ	1	2	1	あり	3年連続	
9	ベアーズ	6	6	4			3年連続
10	レインボーズ	3	3	6			
11				優勝あり	2		
12				優勝なし	4		

ヒント [E5] =IF(OR(B5=1,C5=1,D5=1),"あり","")

[F5] =IF(AND(B5<=3,C5<=3,D5<=3),"3年連続","")

[G5] =IF(AND(B5>=4,C5>=4,D5>=4),"3年連続","")

[E11] =COUNTIF(E5:E10,"あり")

[E12] =COUNTIF(E5:E10,"")

練習問題 1-4 （P.19）

	A	B	C	D	E	F	G	H
1								
2	セミナー参加者表						分析表	
3								
4	社員コード	性別	年齢	参加回数	備考		男性人数	4
5	3501	女	24	1	新入社員		女性参加回数合計	11
6	2508	男	34	3			新人社員平均年齢	23
7	3103	男	27	2			３回以上参加の女性社員数	2
8	3522	女	22	2	新入社員		30歳未満男性の参加回数合計	3
9	2709	女	30	3			２回以上参加の男性平均年齢	32
10	2406	男	35	4				
11	3017	女	26	5				
12	3508	男	23	1	新入社員			

ヒント [E5] =IF(A5>=3500,"新入社員","")

[H4] =COUNTIFS(B5:B12,"男")　または　=COUNTIF(B5:B12,"男")

[H5] =SUMIFS(D5:D12,B5:B12,"女")　または　=SUMIF(B5:B12,"女",D5:D12)

[H6] =AVERAGEIFS(C5:C12,E5:E12,"新入社員")　または　=AVERAGEIF(E5:E12,"新入社員",C5:C12)

[H7] =COUNTIFS(D5:D12,">=3",B5:B12,"女")

[H8] =SUMIFS(D5:D12,C5:C12,"<30",B5:B12,"男")

[H9] =AVERAGEIFS(C5:C12,D5:D12,">=2",B5:B12,"男")

練習問題 1-5 (P.19)

	A	B	C	D	E	F	G	H	I
1									
2				情報処理検定集計表					
3									
4	クラス	番号	筆記	実技		クラス	合格数	筆記平均	実技平均
5	A	3	68	82		A	1	73.5	71.5
6	C	2	75	67		B	3	74.5	89.5
7	B	5	64	80		C	1	72.5	68.5
8	A	7	86	66					
9	A	8	68	68					
10	B	9	76	91					
11	A	10	72	70					
12	C	5	70	70					
13	B	12	73	95					
14	B	12	85	92					

ヒント [G5] =COUNTIFS($C$5:$C$14,">=70",$D$5:$D$14,">=70",$A$5:$A$14,F5)

[H5] =AVERAGEIFS($C$5:$C$14,$A$5:$A$14,F5) または =AVERAGEIF($A$5:$A$14,F5,$C$5:$C$14)

[I5] =AVERAGEIFS($D$5:$D$14,$A$5:$A$14,F5) または =AVERAGEIF($A$5:$A$14,F5,$D$5:$D$14)

練習問題 1-6 (P.22)

①［データ］リボンのフィルターボタンをクリックしてフィルターを設定する。

②F列の「順位」の▼ボタンをクリックする。

③［数値フィルター］→［指定の値以下］をクリックする。

④［抽出条件の指定］に「6」を入力し，OKボタンをクリックする。

⑤G列の「結果」も同様に設定する。

⑥F列の「順位」の▼ボタンをクリックする。

⑦［昇順］を指定する。

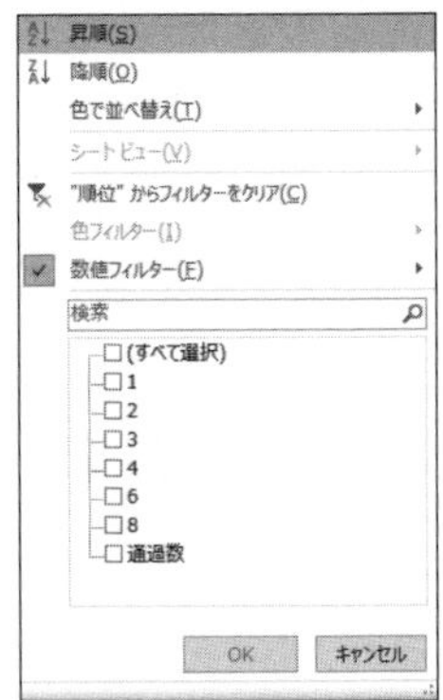

練習問題 1-7 (P.22)

（表1）

	A	B	C	D	E	F	G	H	I	J	K
1											
2					漢字テスト成績表						
3											
4	番号	第1回	第2回	第3回	第4回	第5回	合計	平均	順位	80点以上	表彰
5	1	92	88	80	78	78	416	83.2	3	3	
6	2	44	62	30	65	56	257	51.4	8	0	
7	3	68	45	62	54	52	281	56.2	7	0	
8	4	85	92	72	84	84	417	83.4	2	4	○
9	5	62	64	60	80	56	322	64.4	6	1	
10	6	92	90	88	90	96	456	91.2	1	5	○
11	7	80	80	80	86	76	402	80.4	4	4	○
12	8	70	65	80	78	60	353	70.6	5	1	

ヒント

[G5] =SUM(B5:F5)

[H5] =AVERAGE(B5:F5)

[I5] =RANK(G5,$G$5:$G$12,0)

[J5] =COUNTIFS(B5:F5,">=80")

[K5] =IF(AND(H5>=80,J5>=4),"○","")

（表2）

	A	B	C	D	E	F	G	H	I	J	K
1											
2						漢字テスト成績表					
3											
4	番号	第1回	第2回	第3回	第4回	第5回	合計	平均	順位	80点以	表彰
6	3	68	45	62	54	52	281	56.2	7	0	
7	2	44	62	30	65	56	257	51.4	8	0	

フィルターを設定し，H列の「平均」の▼ボタンから，［数値フィルター］→［指定の値以下］をクリックし，［抽出条件の指定］に「65」を入力する。J列の「80以上」も同様に求める。I列の「順位」の▼ボタンをクリックし，［昇順］を指定する。

練習問題 2-1 (P.26)

	A	B	C	D	E	F	G	H	I	J
1										
2								メニュー表		
3			立喰いそば処　食　券					コード	メニュー名	金額
4								KAS	かけそば	250
5			コード	メニュー名	金額			KAU	かけうどん	250
6			TES	天そば	350			TUS	月見そば	300
7								TUU	月見うどん	300
8								TES	天そば	350
9								TEU	天うどん	350

ヒント [D6] =VLOOKUP(C6,H4:J9,2,FALSE)　[E6] =VLOOKUP(C6,H4:J9,3,FALSE)

練習問題 2-2 (P.26)

	A	B	C	D	E
1					
2		売上明細書			
3					
4	割引券				
5	1				
6					
7	商品コード	商品名	単価	数量	金額
8	FB24	フォトブック24P	1,800	2	3,600
9	PL	Lサイズ	20	47	940
10	P2L	2Lサイズ	80	5	400
11					
12					
13				合計金額	4,940
14					
15	商品一覧表				
16	商品コード	商品名	通常単価	割引単価	
17	FB16	フォトブック16P	1,500	1,200	
18	FB20	フォトブック20P	1,800	1,400	
19	FB24	フォトブック24P	2,100	1,800	
20	PL	Lサイズ	25	20	
21	PKG	KGサイズ	50	40	
22	PP	パノラマ	80	70	
23	P2L	2Lサイズ	90	80	

ヒント

[B8] =IF(A8−"","",VLOOKUP(A8,$A$17:$D$23,2,FALSE))

[C8] =IF(A8="","",VLOOKUP(A8,$A$17:$D$23,3+$A$5,FALSE))

または =IF(A8="","",IF($A$5=0,VLOOKUP(A8,$A$17:$D$23,3,FALSE),VLOOKUP(A8,$A$17:$D$23,4,FALSE)))

[E8] =IF(A8="","",C8＊D8)

[E13] =SUM(E8:E12)

練習問題 2-3 (P.28)

	A	B	C	D	E	F	G	H
1								
2		レンタカー料金検索表						
3		クラス	車名	時間	料金			
4		B	マークIII	20	9,000			
5								
6		車種表			料金表			
7		クラス	車名		時間			料金
8		A	グラウン		以上		未満	
9		B	マークIII		0	～	6	5,000
10		C	コローラ		6	～	12	7,000
11		D	ウィッツ		12	～	24	9,000
12					24	～	48	15,000
13					48	～	72	21,000
14					72	～	96	27,000

ヒント [C4] =VLOOKUP(B4,B8:C11,2,FALSE)

[E4] =IF(D4>=96,"設定なし",VLOOKUP(D4,E9:H14,4,TRUE))

練習問題 2-4 (P.31)

	A	B	C	D	E	F	G	H
1								
2								
3			立喰いそば処　食　券					
4								
5			コード	メニュー名	金額			
6			TES	天そば	350			
7								
8								
9		メニュー表						
10		コード	KAS	KAU	TUS	TUU	TES	TEU
11		メニュー名	かけそば	かけうどん	月見そば	月見うどん	天そば	天うどん
12		金額	250	250	300	300	350	350

ヒント [D6] =HLOOKUP(C6,C10:H12,2,FALSE)

[E6] =HLOOKUP(C6,C10:H12,3,FALSE)

練習問題 2-5 (P.31)

	A	B	C	D	E	F	G	H
1								
2			請　求　書					
3								
4	商品コード	商品名	単価	数量	金額			
5	B10	ﾋﾞｰﾑ	6,720	10	67,200			
6	D20	ﾂｱｰｽﾍﾟｼｬﾙ	7,680	30	230,400			
7	T10	ﾌﾟﾛ　V1	4,980	20	99,600			
8								
9								
10				小計	397,200			
11				消費税	39,720			
12				請求金額	436,920			
13								
14	商品一覧表							
15	商品コード	N10	B10	B20	B30	D10	D20	T10
16	商品名	ﾂｱｰｱｷｭﾗｼｰ	ﾋﾞｰﾑ	ﾆｭｰｲﾝｸﾞ	ﾂｱｰｽﾃｰｼﾞ	ﾊｲﾌﾞﾘｯﾄﾞ	ﾂｱｰｽﾍﾟｼｬﾙ	ﾌﾟﾛ　V1
17	単価	3,980	6,720	2,980	7,680	6,720	7,680	4,980

ヒント [B5] =IF(A5="","",HLOOKUP(A5,$B$15:$H$17,2,FALSE))

[C5] =IF(A5="","",HLOOKUP(A5,$B$15:$H$17,3,FALSE))

[E5] =IF(A5="","",C5＊D5)

[E10] =SUM(E5:E9)

[E11] =ROUND(E10＊0.1,0)

[E12] =SUM(E10:E11)　または　=E10＋E11

練習問題 2-6 (P.34)

	A	B	C	D	E	F	G	H	I	J
1										
2	レンタル料検索表									
3	サイズ(号)	3								
4	日数(日)	5								
5	料金	2,100								
6										
7	スーツケースレンタル料金表									
8	サイズ	レンタル期間								
9		1泊2日	2泊3日	3泊4日	4泊5日	5泊6日	6泊7日	7泊8日	8泊9日	9泊10日
10	1号	840	1,180	1,520	1,860	2,200	2,540	2,880	3,220	3,560
11	2号	860	1,220	1,580	1,940	2,300	2,660	3,020	3,380	3,740
12	3号	900	1,300	1,700	2,100	2,500	2,900	3,300	3,700	4,100

ヒント　[B5]　=INDEX(B10:J12,B3,B4－1)

練習問題 2-7 (P.34)

	A	B	C	D	E	F	G	H	I
1									
2	宅配便料金検索表								
3	行先名	関西	5						
4	サイズ名	100	3						
5	料金	1,260							
6									
7	料金表								
8	サイズ名	行先名							
9		北海道	東北	関東	中部	関西	中国	四国	九州
10	60	1,160	840	740	740	840	950	1,050	1,160
11	80	1,370	1,050	950	950	1,050	1,160	1,260	1,370
12	100	1,580	1,260	1,160	1,160	1,260	1,370	1,470	1,580
13	120	1,790	1,470	1,370	1,370	1,470	1,580	1,680	1,790
14	140	2,000	1,680	1,580	1,580	1,680	1,790	1,890	2,000
15	160	2,210	1,890	1,790	1,790	1,890	2,000	2,100	2,210

ヒント　[C3]　=MATCH(B3,B9:I9,0)

[C4]　=MATCH(B4,A10:A15,0)

[B5]　=INDEX(B10:I15,C4,C3)

練習問題 2-8 (P.35)

	A	B	C	D	E	F	G	H	I
1									
2	宅配便料金検索表								
3	行先名	四国							
4	サイズ名	80							
5	料金	1,260							
6									
7	料金表								
8	サイズ名	行先名							
9		北海道	東北	関東	中部	関西	中国	四国	九州
10	60	1,160	840	740	740	840	950	1,050	1,160
11	80	1,370	1,050	950	950	1,050	1,160	1,260	1,370
12	100	1,580	1,260	1,160	1,160	1,260	1,370	1,470	1,580
13	120	1,790	1,470	1,370	1,370	1,470	1,580	1,680	1,790
14	140	2,000	1,680	1,580	1,580	1,680	1,790	1,890	2,000
15	160	2,210	1,890	1,790	1,790	1,890	2,000	2,100	2,210

ヒント　[B5]　=VLOOKUP(B4,A10:I15,MATCH(B3,B9:I9,0)＋1,FALSE)

練習問題 2-9 (P.35)

ヒント　[B5]　=HLOOKUP(B3,B9:I15,MATCH(B4,A10:A15,0)＋1,FALSE)

練習問題 2-10 (P.35)

ヒント [B5] =INDEX(B10:I15,MATCH(B4,A10:A15,0),MATCH(B3,B9:I9,0))

練習問題 3-1-1 (P.36)

	A	B	C	D	E
1					
2	ユーザ名	組織名	属性	地域名	メールアドレス
3	suzuki	yapoo	co	jp	suzuki@yapoo.co.jp

ヒント [E3] =A3&"@"&B3&"."&C3&"."&D3

練習問題 3-1-2 (P.36)

	A	B	C	D	E
1					
2	郵便コード	氏	名	郵便番号	氏名
3	1235678	青島	優香	〒123-5678	青島 優香

ヒント [D3] ="〒"&LEFT(A3,3)&"－"&RIGHT(A3,4)

[E3] =B3&" "&C3

練習問題 3-2 (P.38)

	A	B	C	D	E	F	G	H	I	J	K	L	M	N	O	P	Q	R	S	T	U
1																					
2	班数	4																			
3																					
4	出席番号	1	2	3	4	5	6	7	8	9	10	11	12	13	14	15	16	17	18	19	20
5	班番号	2	3	4	1	2	3	4	1	2	3	4	1	2	3	4	1	2	3	4	1

ヒント [B5] =MOD(B4,$B$2)+1

練習問題 3-3 (P.39)

	A	B	C	D	E	F	G	H	I	J	K	L	M	N	O	P
1																
2	選手No.	1	2	3	4	5	6	7	8	9	10	11	12		賞	該当打数
3	打数	75	79	94	89	96	82	74	77	83	89	103	80		とび賞	80
4															BB賞	96

ヒント [P3] =SMALL(B3:M3,5)　　[P4] =LARGE(B3:M3,2)

練習問題 3-4 (P.42)

	A	B	C	D	E
1					
2	県名市名分離表				
3	住所	県の位置	市の位置	県名	市名
4	福島県郡山市	3	6	福島県	郡山市
5	千葉県千葉市	3	6	千葉県	千葉市
6	神奈川県横浜市	4	7	神奈川県	横浜市
7	兵庫県神戸市	3	6	兵庫県	神戸市
8	鹿児島県鹿児島市	4	8	鹿児島県	鹿児島市

ヒント [B4] =SEARCH("県",A4)　〔別解〕 =FIND("県",A4)

[C4] =SEARCH("市",A4)　〔別解〕 =FIND("市",A4)

[D4] =LEFT(A4,B4)

[E4] =RIGHT(A4,C4－B4)　〔別解〕 =MID(A4,B4+1,C4－B4)

練習問題 3-5 (P.42)

	A	B	C
1			
2	Visitor list		
3	Name	First name	Second name
4	Michael Furlan	Michael	Furlan
5	Christopher Hill	Christopher	Hill
6	Matthew Smith	Matthew	Smith
7	Joshua Brooke	Joshua	Brooke
8	Daniel Aaderson	Daniel	Aaderson
9	David Boone	David	Boone

ヒント [B4] =LEFT(A4,SEARCH(" ",A4) − 1)

〔別解〕=LEFT(A4,FIND(" ",A4) − 1)

[C4] =RIGHT(A4,LEN(A4) − SEARCH(" ",A4))

〔別解〕=RIGHT(A4,LEN(A4) − FIND(" ",A4))

練習問題 4-1 (P.50)

	A	B
1		
2	受付日	完成日
3	6月20日	6月25日

ヒント

[A3] 「6/20」と入力する。

[B3] =A3+5

練習問題 4-2 (P.50)

	A	B	C
1			
2	開始日	月数	終了日
3	6月24日	6	12月24日

ヒント

[C3] =DATE(YEAR(A3),MONTH(A3)+B3,DAY(A3))

練習問題 4-3 (P.50)

	A	B
1		
2	日付	部活動
3	2022/8/1	あり
4	2022/8/2	あり
5	2022/8/3	あり
6	2022/8/4	あり
7	2022/8/5	あり
8	2022/8/6	あり
9	2022/8/7	なし

ヒント

[B3] =IF(WEEKDAY(A3,1)=1,"なし","あり")

練習問題 5-1 (P.53)

	A	B	C	D	E	F	G	H	I	J	K
1											
2	注文表					基本料金表			追加料金単価表		
3	注文コード	基本料金	追加料金	合計料金		基本コード	基本料金		追加数		追加料金単価
4	BL13	3,300	1,040	4,340		BK	3,000		0	～ 9	100
5	RD05	3,200	500	3,700		RD	3,200		10	～ 19	80
6	BK32	3,000	1,600	4,600		BL	3,300		20	～ 29	60
7	RD27	3,200	1,620	4,820					30	～	50

ヒント [B4] =VLOOKUP(LEFT(A4,2),$F$4:$G$6,2,FALSE)

[C4] =VLOOKUP(VALUE(RIGHT(A4,2)),$I$4:$K$7,3) * RIGHT(A4,2)

[D4] =SUM(B4:C4)

練習問題 5-2 (P.54)

	A	B	C	D	E	F	G	H	I
1									
2	宅配料金計算表								
3	サイズ	120							
4	地域	近畿							
5	料金	1,380							
6									
7	料金表								
8	サイズ	北海道	東北	関東	中部	近畿	中国	四国	九州
9	60	1,100	800	700	750	780	800	820	1,100
10	80	1,200	1,000	900	950	980	1,000	1,020	1,200
11	100	1,500	1,200	1,100	1,150	1,180	1,200	1,220	1,500
12	120	1,700	1,400	1,300	1,350	1,380	1,400	1,420	1,700
13	160	2,000	1,600	1,500	1,550	1,580	1,600	1,620	2,000

ヒント [B5] =INDEX(B9:I13,MATCH(B3,A9:A13,0),MATCH(B4,B8:I8,0))

〔別解〕=VLOOKUP(B3,A9:I13,MATCH(B4,B8:I8,0)+1,FALSE)

=HLOOKUP(B4,B8:I13,MATCH(B3,A9:A13,0)+1,FALSE)

練習問題 5-3 (P.54)

	A	B	C	D	E	F	G
1							
2	会員表			区分表			
3	会員コード	区分		区分コード	1	2	3
4	121	学生		区分	学生	主婦	会社員
5	233	会社員					
6	212	主婦					

ヒント [B4] =HLOOKUP(VALUE(RIGHT(A4,1)),$E$3:$G$4,2)

練習問題 5-4 (P.56)

	A	B
1		
2	バス配車表	
3	参加者数	136
4	大型バス台数	2
5	乗車できない人数	36
6	追加バスの種類	大型バス

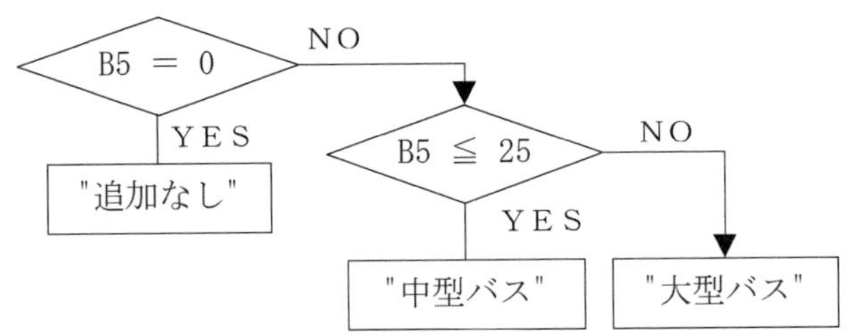

ヒント [B4] =INT(B3/50)

[B5] =MOD(B3,50)

[B6] =IF(B5=0,"追加なし",IF(B5<=25,"中型バス","大型バス"))

練習問題 5-5 (P.56)

	A	B	C	D
1				
2	本日の予約状況表			
3	ホテル名	部屋数	予約数	空室情報
4	パークホテル	96	92	空室あり
5	プリンスホテル	181	180	あとわずか
6	パシフィックホテル	155	138	空室あり
7	グランドホテル	44	44	満室
8	プリンセスホテル	137	134	あとわずか

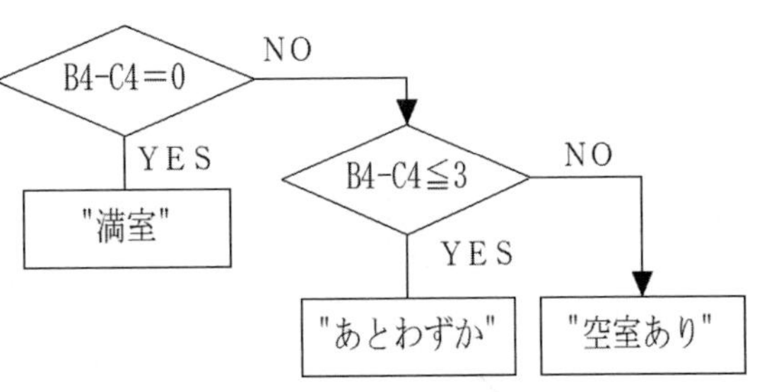

ヒント [D4] =IF(B4－C4=0,"満室",IF(B4－C4<=3,"あとわずか","空室あり"))

練習問題 5-6 （P.57）

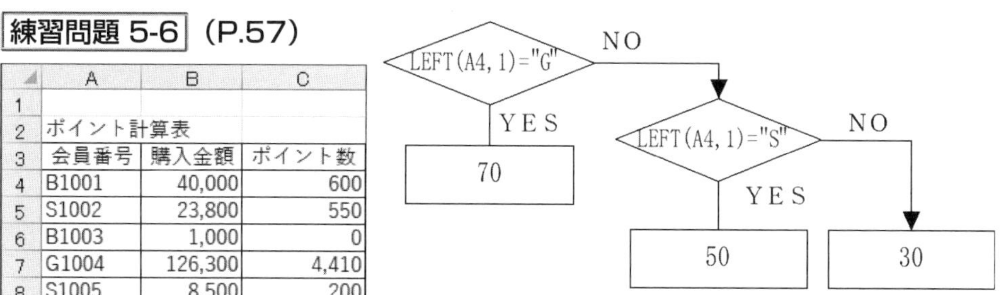

	A	B	C
1			
2	ポイント計算表		
3	会員番号	購入金額	ポイント数
4	B1001	40,000	600
5	S1002	23,800	550
6	B1003	1,000	0
7	G1004	126,300	4,410
8	S1005	8,500	200

ヒント　[C4]　=INT(B4/2000)＊IF(LEFT(A4,1)="G",70,IF(LEFT(A4,1)="S",50,30))

練習問題 5-7 （P.57）

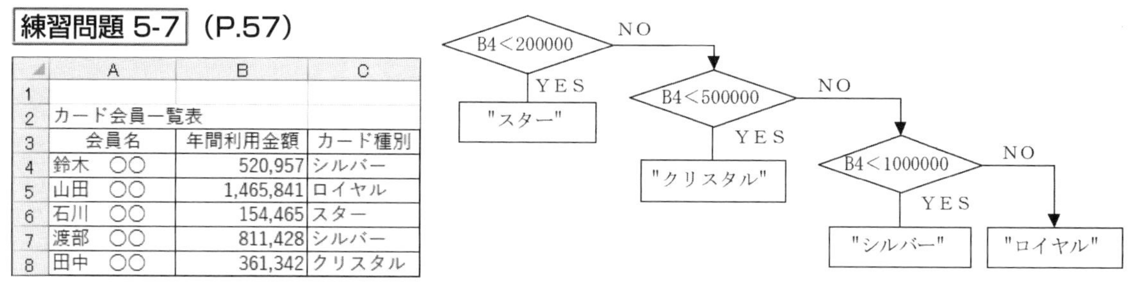

	A	B	C
1			
2	カード会員一覧表		
3	会員名	年間利用金額	カード種別
4	鈴木　○○	520,957	シルバー
5	山田　○○	1,465,841	ロイヤル
6	石川　○○	154,465	スター
7	渡部　○○	811,428	シルバー
8	田中　○○	361,342	クリスタル

ヒント　[C4]　=IF(B4<200000,"スター",IF(B4<500000,"クリスタル",
IF(B4<1000000,"シルバー","ロイヤル")))

練習問題 6-1 （P.59）

	A	B	C	D	E	F	G	H	I	J
1										
2					かけ算九九表					
3										
4		1	2	3	4	5	6	7	8	9
5	1	1	2	3	4	5	6	7	8	9
6	2	2	4	6	8	10	12	14	16	18
7	3	3	6	9	12	15	18	21	24	27
8	4	4	8	12	16	20	24	28	32	36
9	5	5	10	15	20	25	30	35	40	45
10	6	6	12	18	24	30	36	42	48	54
11	7	7	14	21	28	35	42	49	56	63
12	8	8	16	24	32	40	48	56	64	72
13	9	9	18	27	36	45	54	63	72	81

ヒント　[B5]　=$A5＊B$4

練習問題 6-2 （P.59）

	A	B	C	D	E	F	G	H
1								
2				販売価格計算表				
3								
4	商品名	仕入原価			利益率			
5			50%	60%	70%	80%	90%	100%
6	ばら	94	150	160	160	170	180	190
7	カーネーション	59	90	100	110	110	120	120
8	デンファレ	67	110	110	120	130	130	140
9	ゆり	188	290	310	320	340	360	380

ヒント　[C6]　=ROUNDUP($B6＊(1+C$5),－1)

練習問題 6-3 （P.59）

	A	B	C	D	E	F	G
1							
2			円換算早見表				
3		為替相場					
4	$1=	¥83.64					
5	商品名	価格	個数				
6			1個	2個	3個	5個	10個
7	マカデミアナッツ	$8.50	¥711	¥1,422	¥2,133	¥3,555	¥7,109
8	パイナップルクッキー	$9.95	¥832	¥1,664	¥2,497	¥4,161	¥8,322
9	Tシャツ	$20.00	¥1,673	¥3,346	¥5,018	¥8,364	¥16,728
10	ビーフジャーキー	$7.50	¥627	¥1,255	¥1,882	¥3,137	¥6,273

ヒント　[C7]　=$B$4＊$B7＊LEFT(C$6,LEN(C$6)－1)

練習問題 6-4 （P.65）

	A	B	C	D	E
1					
2		売上一覧表			
3					東京支店
4	商品コード	商品名	単価	売上数量	売上金額
5	1001	オリジナルブレンド	350	62	21,700
6	1003	ハワイコナブレンド	360	42	15,120
7	1004	リッチブレンド	400	24	9,600
8	1006	コロンビア	450	13	5,850
9	1009	ブルーマウンテン	480	38	18,240
10			合計	179	70,510
11					

東京　大阪　集計

	A	B	C	D	E
1					
2		売上一覧表			
3					大阪支店
4	商品コード	商品名	単価	売上数量	売上金額
5	1001	オリジナルブレンド	350	52	18,200
6	1003	ハワイコナブレンド	360	43	15,480
7	1004	リッチブレンド	400	24	9,600
8	1006	コロンビア	450	19	8,550
9	1009	ブルーマウンテン	480	18	8,640
10			合計	156	60,470
11					

東京　大阪　集計

	A	B	C	D	E
1					
2		売上集計表			
3					全支店
4	商品コード	商品名	単価	売上数量	売上金額
5	1001	オリジナルブレンド	350	114	39,900
6	1003	ハワイコナブレンド	360	85	30,600
7	1004	リッチブレンド	400	48	19,200
8	1006	コロンビア	450	32	14,400
9	1009	ブルーマウンテン	480	56	26,880
10			合計	335	130,980
11					

東京　大阪　集計

ヒント　シート名「東京」「大阪」「集計」

[E5]　=C5＊D5　　[D10]　=SUM(D5:D9)

シート名「集計」：[D5]　=東京!D5＋大阪!D5　〔別解〕　=SUM(東京:大阪!D5)

練習問題 6-5 （P.66）

	A	B	C	D	E
1					
2	製造販売一覧表				
3				金曜日	
4	品名	製造数	売上数	廃棄数	
5	中華バーガー	250	220	30	
6	雪見バーガー	380	375	5	
7	テリヤキビーフ	185	166	19	
8	ヘルシーチキン	194	165	29	
9	サラダフィッシュ	249	249	0	
10	合計	1,258	1,175	83	
11					

金曜日 | 土曜日 | 日曜日 | 集計

	A	B	C	D	E
1					
2	製造販売一覧表				
3				土曜日	
4	品名	製造数	売上数	廃棄数	
5	中華バーガー	156	156	0	
6	雪見バーガー	240	236	4	
7	テリヤキビーフ	260	180	80	
8	ヘルシーチキン	121	100	21	
9	サラダフィッシュ	98	86	12	
10	合計	875	758	117	
11					

金曜日 | 土曜日 | 日曜日 | 集計

	A	B	C	D	E
1					
2	製造販売一覧表				
3				日曜日	
4	品名	製造数	売上数	廃棄数	
5	中華バーガー	365	320	45	
6	雪見バーガー	182	160	22	
7	テリヤキビーフ	172	166	6	
8	ヘルシーチキン	155	145	10	
9	サラダフィッシュ	126	111	15	
10	合計	1,000	902	98	
11					

金曜日 | 土曜日 | 日曜日 | 集計

	A	B	C	D	E	F
1						
2	製造販売集計表					
3						
4	品名	製造数	売上数	廃棄数	売上単価	売上金額
5	中華バーガー	771	696	75	180	125,280
6	雪見バーガー	802	771	31	220	169,620
7	テリヤキビーフ	617	512	105	220	112,640
8	ヘルシーチキン	470	410	60	200	82,000
9	サラダフィッシュ	473	446	27	240	107,040
10	合計	3,133	2,835	298		596,580
11						

金曜日 | 土曜日 | 日曜日 | 集計

ヒント　シート名　「金曜日」「土曜日」「日曜日」

[D5]　=B5－C5　　[B10]　=SUM(B5:B9)

シート名　「集計」

[B5]　=SUM(金曜日:日曜日!B5)　　[F5]　=C5＊E5

[C5]　=SUM(金曜日:日曜日!C5)　　[B10]　=SUM(B5:B9)

[D5]　=B5－C5

練習問題 7-1 （P.70）

	A	B	C	D	E	F	G	H	I
1									
2	売上集計表								
3									
4	月	日	売上CO	得意先名	割引率	商品名	単価	数量	売上金額
5	11	19	KSOB15	ケース電気	7%	オーブン	14,500	15	202,275
6	10	15	KSFX15	ケース電気	7%	ファックス	8,000	15	111,600
7	12	22	KSSG15	ケース電気	7%	掃除機	13,000	15	181,350
8	10	1	KSRZ05	ケース電気	7%	冷蔵庫	65,000	5	302,250
9				**ケース電気 集計**				50	797,475
10	10	1	TDOB15	たかだネット	5%	オーブン	14,500	15	206,625
11	11	19	TDFX25	たかだネット	5%	ファックス	8,000	25	190,000
12	11	6	TDSG10	たかだネット	5%	掃除機	13,000	10	123,500
13	12	20	TDRZ05	たかだネット	5%	冷蔵庫	65,000	5	308,750
14				**たかだネット 集計**				55	828,875
15	11	6	YDOB10	やだま電気	10%	オーブン	14,500	10	130,500
16	12	19	YDFX15	やだま電気	10%	ファックス	8,000	15	108,000
17	10	3	YDSG10	やだま電気	10%	掃除機	13,000	10	117,000
18	12	14	YDSG05	やだま電気	10%	掃除機	13,000	5	58,500
19	11	6	YDRZ10	やだま電気	10%	冷蔵庫	65,000	10	585,000
20				**やだま電気 集計**				50	999,000
21	11	8	SOOB15	島岡電気	7%	オーブン	14,500	15	202,275
22	12	19	SOOB15	島岡電気	7%	オーブン	14,500	15	202,275
23	12	19	SOFX10	島岡電気	7%	ファックス	8,000	10	74,400
24	10	10	SORZ05	島岡電気	7%	冷蔵庫	65,000	5	302,250
25	11	13	SORZ05	島岡電気	7%	冷蔵庫	65,000	5	302,250
26				**島岡電気 集計**				50	1,083,450
27				**総計**				205	3,708,800

ヒント　[D5]　=VLOOKUP(LEFT($C5,2),データ表!$A$4:$C$7,2,FALSE)

[E5]　=VLOOKUP(LEFT($C5,2),データ表!$A$4:$C$7,3,FALSE)

[F5]　=HLOOKUP(MID($C5,3,2),データ表!$F$3:$I$5,2,FALSE)

[G5]　=HLOOKUP(MID($C5,3,2),データ表!$F$3:$I$5,3,FALSE)

[H5]　=VALUE(RIGHT(C5,2))

[I5]　=G5＊H5＊(1－E5)

練習問題 7-2 （P.75）

	A	B	C	D	E	F
1						
2						
3	**合計 / 数量**	**商品名**				
4	**得意先名**	**ファックス**	**冷蔵庫**	**オーブン**	**掃除機**	**総計**
5	やだま電気	15	10	10	15	50
6	島岡電気	10	10	30		50
7	ケース電気	15	5	15	15	50
8	たかだネット	25	5	15	10	55
9	**総計**	**65**	**30**	**70**	**40**	**205**
10						
11						
12	**合計 / 売上金額**	**商品名**				
13	**得意先名**	**ファックス**	**冷蔵庫**	**オーブン**	**掃除機**	**総計**
14	やだま電気	108000	585000	130500	175500	999000
15	島岡電気	74400	604500	404550		1083450
16	ケース電気	111600	302250	202275	181350	797475
17	たかだネット	190000	308750	206625	123500	828875
18	**総計**	**484000**	**1800500**	**943950**	**480350**	**3708800**

練習問題 7-3 （P.76）

	A	B	C	D	E	F	G
1							
2		芸術選択科目希望調査表					
3						芸術選択科目希望集計表	
4	番号	希望CO	第一希望	第二希望		**人数集計**	**個数 / 番号**
5	1	13	音楽	書道		**⊟音楽**	**10**
6	2	21	美術	音楽		書道	5
7	3	12	音楽	美術		美術	5
8	4	31	書道	音楽		**⊟美術**	**11**
9	5	12	音楽	美術		音楽	7
10	6	23	美術	書道		書道	4
11	7	13	音楽	書道		**⊟書道**	**9**
12	8	32	書道	美術		音楽	3
13	9	21	美術	音楽		美術	6
14	10	32	書道	美術		**総計**	**30**
15	11	12	音楽	美術			
16	12	13	音楽	書道			
17	13	21	美術	音楽			
18	14	21	美術	音楽			
19	15	31	書道	音楽			
20	16	31	書道	音楽			
21	17	23	美術	書道			
22	18	13	音楽	書道			
23	19	32	書道	美術			
24	20	23	美術	書道			
25	21	32	書道	美術			
26	22	32	書道	美術			
27	23	23	美術	書道			
28	24	12	音楽	美術			
29	25	12	音楽	美術			
30	26	21	美術	音楽			
31	27	32	書道	美術			
32	28	13	音楽	書道			
33	29	21	美術	音楽			
34	30	21	美術	音楽			

ヒント [C5] =VLOOKUP(INT($B5/10),科目表!$A$4:$B$6,2)

[D5] =VLOOKUP(MOD($B5,10),科目表!$A$4:$B$6,2)

データアイテムは「番号」で作成し，名前を「人数集計」，集計の方法を「個数」に変更する。科目名は，音楽・美術・書道の順になるようにドラッグして移動する。

練習問題 7-4 (P.77)

特売家電製品売上表

月	日	売上CO	店名	商品名	単価	数量	合計
4	1	AK102	秋葉原店	冷蔵庫	145,000	2	290,000
4	7	SJ207	新宿店	テレビ	89,000	7	623,000
4	9	AK217	秋葉原店	テレビ	89,000	17	1,513,000
4	14	SJ305	新宿店	パソコン	128,000	5	640,000
4	15	SJ308	新宿店	パソコン	128,000	8	1,024,000
4	19	AK307	秋葉原店	パソコン	128,000	7	896,000
4	20	SJ112	新宿店	冷蔵庫	145,000	12	1,740,000
5	6	AK309	秋葉原店	パソコン	128,000	9	1,152,000
5	12	SJ210	新宿店	テレビ	89,000	10	890,000
5	15	SJ103	新宿店	冷蔵庫	145,000	3	435,000
5	18	AK111	秋葉原店	冷蔵庫	145,000	11	1,595,000
5	23	AK106	秋葉原店	冷蔵庫	145,000	6	870,000
5	26	SJ310	新宿店	パソコン	128,000	10	1,280,000
5	28	AK304	秋葉原店	パソコン	128,000	4	512,000
5	30	AK216	秋葉原店	テレビ	89,000	16	1,424,000
6	3	AK312	秋葉原店	パソコン	128,000	12	1,536,000
6	4	SJ215	新宿店	テレビ	89,000	15	1,335,000
6	10	SJ206	新宿店	テレビ	89,000	6	534,000
6	10	SJ314	新宿店	パソコン	128,000	14	1,792,000
6	17	SJ302	新宿店	パソコン	128,000	2	256,000
6	18	SJ110	新宿店	冷蔵庫	145,000	10	1,450,000
6	24	AK111	秋葉原店	冷蔵庫	145,000	11	1,595,000
6	25	AK215	秋葉原店	テレビ	89,000	15	1,335,000

売上集計表

合計 / 合計	商品名			
店名	冷蔵庫	テレビ	パソコン	総計
⊟新宿店	**3625000**	**3382000**	**4992000**	**11999000**
4	1740000	623000	1664000	4027000
5	435000	890000	1280000	2605000
6	1450000	1869000	2048000	5367000
⊟秋葉原店	**4350000**	**4272000**	**4096000**	**12718000**
4	290000	1513000	896000	2699000
5	2465000	1424000	1664000	5553000
6	1595000	1335000	1536000	4466000
総計	**7975000**	**7654000**	**9088000**	**24717000**

ヒント [D5] =VLOOKUP(LEFT(C5,2),店コード表!$A$4:$B$5,2,FALSE)

[E5] =VLOOKUP(VALUE(MID($C5,3,1)),商品コード表!$A$4:$C$6,2)

[F5] =VLOOKUP(VALUE(MID($C5,3,1)),商品コード表!$A$4:$C$6,3)

[G5] =VALUE(RIGHT(C5,2)) [H5] =F5＊G5

練習問題 8-1 (P.79)

残り35打数で17安打打てば，４割になる。

頑張れ、S選手！ ～4割打者への道～

	打数	安打	打率
昨日までの成績	605	239	0.395
残り試合の成績	35	17	0.486
トータル	640	256	0.400

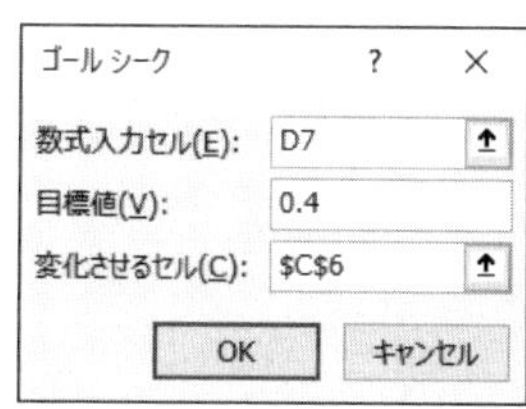

ヒント [B7] =SUM(B5:B6) [D5] =C5/B5

章末総合問題

【1】(P.91)

	A	B	C	D	E	F	G	H	I	J
1										
2	学習塾の成績別クラス分け表									
3										
4	生徒番号	氏名	第1回	第2回	第3回	第4回	合計	順位	クラス	判定
5	102	桜井恭子	80	96	89	94	359	2	A	***
6	106	松下大吾	91	98	100	100	389	1	A	***
7	101	中野浩二	77	88	86	85	336	3	B	**
8	103	岩上晴美	69	71	68	82	290	5	B	**
9	104	加藤新太郎	65	55	70	73	263	6	B	**
10	108	鈴木　修	73	80	79	84	316	4	B	**
11	105	三木江里子	44	42	48	51	185	8	C	*
12	107	佐野あゆみ	48	49	64	70	231	7	C	*
13	合計点		547	579	604	639	2369			
14	平均点		68.4	72.4	75.5	79.9	296.1			
15	最高点		91	98	100	100	389			
16	最低点		44	42	48	51	185			
17										
18		成績別クラス表								
19		合計		クラス	人数					
20		0 ～250		C	2					
21		251 ～350		B	4					
22		351 ～		A	2					

ヒント
[G5]　=SUM(C5:F5)
[H5]　=RANK(G5,$G$5:$G$12,0)
[I5]　=VLOOKUP(G5,$B$20:$D$22,3,TRUE)
[J5]　=IF(I5="A","***",IF(I5="B","**","*"))
[C13]　=SUM(C5:C12)
[C14]　=AVERAGE(C5:C12)
[C15]　=MAX(C5:C12)
[C16]　=MIN(C5:C12)
[E20]　=COUNTIFS($I$5:$I$12,D20)
　または　=COUNTIF($I$5:$I$12,D20)

【2】(P.92)

	A	B	C	D	E	F
1						
2	会社別売上高一覧表（5月分）					
3						
4	会社名	A商品	B商品	C商品	売上高計	順位
5	相川商事	115,000	320,000	4,050,000	4,485,000	1
6	飯島商事	46,000	128,000	162,000	336,000	8
7	植草商事	230,000	640,000	810,000	1,680,000	3
8	栄光商事	115,000	320,000	405,000	840,000	5
9	及川商事	575,000	1,600,000	2,025,000	4,200,000	2
10	甲斐商事	184,000	512,000	648,000	1,344,000	4
11	木内商事	92,000	256,000	324,000	672,000	7
12	草刈商事	103,500	288,000	364,500	756,000	6
13	合　　計	1,460,500	4,064,000	8,788,500	14,313,000	
14						
15	分類別集計表					
16	分類	上位3社	その他			
17	売上高合計	10,365,000	3,948,000			
18	売上高平均	3,455,000	789,600			
19	売上高割合	72%	28%			

ヒント
[E5]　=SUM(B5:D5)
[F5]　=RANK(E5,$E$5:$E$12,0)
[B13]　=SUM(B5:B12)
[B17]　=SUMIFS(E5:E12,F5:F12,"<=3")
　または　=SUMIF(F5:F12,"<=3",E5:E12)
[C17]　=SUMIFS(E5:E12,F5:F12,">3")
　または　=SUMIF(F5:F12,">3",E5:E12)
[B18]　=AVERAGEIFS(E5:E12,F5:F12,"<=3")
　または　=AVERAGEIF(F5:F12,"<=3",E5:E12)
[C18]　=AVERAGEIFS(E5:E12,F5:F12,">3")
　または　=AVERAGEIF(F5:F12,">3",E5:E12)
[B19]　=B17/$E$13

【3】(P.93)

	A	B	C	D	E
1					
2	コピー用紙売上日計表				
3					
4	受注先	規格	価格(1箱)	数量	金額
5	A小学校	A3	¥24,500	5	¥122,500
6	A小学校	A4	¥12,000	5	¥60,000
7	B社	B5	¥9,500	10	¥95,000
8	D高校	B5	¥9,500	5	¥47,500
9	E役場	A4	¥12,000	15	¥180,000
10	F社	A4	¥12,000	20	¥240,000
11	G工務店	B4	¥18,000	10	¥180,000
12	G工務店	A3	¥24,500	3	¥73,500
13	H中学校	A4	¥12,000	8	¥96,000
14	H中学校	B5	¥9,500	5	¥47,500
15					
16	価格・集計表				
17	規格	B5	B4	A4	A3
18	価格(1箱)	¥9,500	¥18,000	¥12,000	¥24,500
19	合　計	¥190,000	¥180,000	¥576,000	¥196,000
20	平　均	¥63,333	¥180,000	¥144,000	¥98,000
21	件　数	3	1	4	2

ヒント [C5] =HLOOKUP(B5,$B$17:$E$18,2,FALSE)

[E5] =C5＊D5

[B19] =SUMIFS($E$5:$E$14,$B$5:$B$14,B17)

または =SUMIF($B$5:$B$14,B17,$E$5:$E$14)

[B20] =ROUND(AVERAGEIFS($E$5:$E$14,$B$5:$B$14,B17),0)

または =ROUND(AVERAGEIF($B$5:$B$14,B17,$E$5:$E$14),0)

[B21] =COUNTIFS($B$5:$B$14,B17)

または =COUNTIF($B$5:$B$14,B17)

【4】(P.94)

	A	B	C	D	E	F	G
1							
2	ガソリン利用明細票(4月分)						
3							
4	月日	利用コード	種類	単価	数量	金額	ポイント数
5	4月1日	R53	レギュラー	130	53	7,579	14
6	4月3日	K60	軽油	110	60	7,260	14
7	4月11日	R47	レギュラー	130	47	6,721	12
8	4月15日	K58	軽油	110	58	7,018	14
9	4月16日	H45	ハイオク	140	45	6,930	12
10	4月22日	R55	レギュラー	130	55	7,865	14
11	4月29日	R26	レギュラー	130	26	3,718	6
12					合計	47,091	86
13	集計表						
14	種類コード	R	K	H			
15	種　　類	レギュラー	軽油	ハイオク			
16	単　　価	130	110	140			
17	利用金額	25,883	14,278	6,930			
18	利用回数	4	2	1			

ヒント [C5] =HLOOKUP(LEFT(B5,1),$B$14:$D$15,2,FALSE)

[D5] =HLOOKUP(LEFT(B5,1),$B$14:$D$16,3,FALSE)

[E5] =VALUE(RIGHT(B5,2)) [F5] =ROUND(D5＊E5＊1.1,0)

[G5] =ROUNDDOWN(F5/1000,0)＊2

[F12] =SUM(F5:F11) [G12] =SUM(G5:G11)

[B17] =SUMIFS($F$5:$F$11,$C$5:$C$11,B15) または =SUMIF($C$5:$C$11,B15,$F$5:$F$11)

[B18] =COUNTIFS($C$5:$C$11,B15) または =COUNTIF($C$5:$C$11,B15)

【5】(P.95)

	A	B	C	D	E	F	G
1							
2			ボウリング大会成績一覧表				
3							
4	選手番号	年齢	1ゲーム目	2ゲーム目	3ゲーム目	合計	順位
5	11	45	172	152	156	348	7
6	12	28	171	151	194	365	6
7	13	31	208	205	209	417	1
8	14	41	178	184	179	383	5
9	15	18	175	187	197	384	4
10	16	52	153	164	140	337	8
11	17	25	188	189	198	387	3
12	18	43	210	185	180	415	2
13							
14			優勝スコア	417	点		
15			準優勝スコア	415	点		
16							
17			全ゲーム180以上				
18			年齢	40歳未満	40歳以上		
19			人数	2	1		

ヒント [F5] =LARGE(C5:E5,1)+LARGE(C5:E5,2)+IF(B5>=40,20,0)

または =IF(B5>=40,SUM(C5:E5) − SMALL(C5:E5,1) + 20,SUM(C5:E5) − SMALL(C5:E5,1))

[G5] =RANK(F5,$F$5:$F$12,0)

[D14] =LARGE($F$5:$F$12,1)

[D15] =LARGE($F$5:$F$12,2)

[D19] =COUNTIFS(B5:B12,"<40",C5:C12,">=180",D5:D12,">=180",E5:E12,">=180")

[E19] =COUNTIFS(B5:B12,">=40",C5:C12,">=180",D5:D12,">=180",E5:E12,">=180")

【6】(P.96)

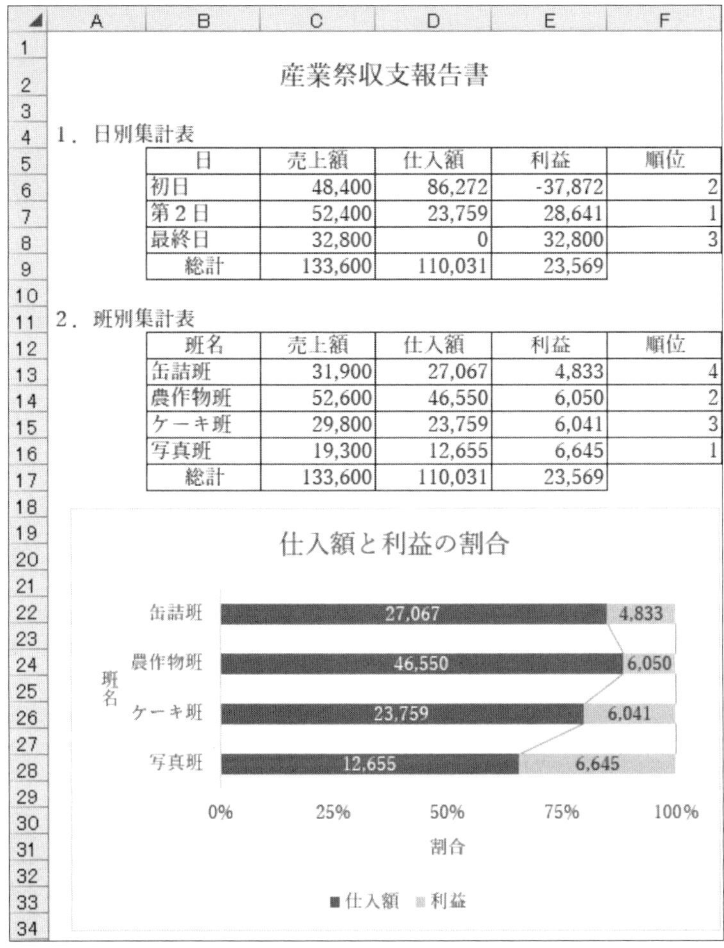

産業祭収支報告書

1．日別集計表

日	売上額	仕入額	利益	順位
初日	48,400	86,272	-37,872	2
第2日	52,400	23,759	28,641	1
最終日	32,800	0	32,800	3
総計	133,600	110,031	23,569	

2．班別集計表

班名	売上額	仕入額	利益	順位
缶詰班	31,900	27,067	4,833	4
農作物班	52,600	46,550	6,050	2
ケーキ班	29,800	23,759	6,041	3
写真班	19,300	12,655	6,645	1
総計	133,600	110,031	23,569	

ヒント シート2

[B4] =VLOOKUP(VALUE(LEFT(A4,1)),シート1!$A$4:$B$6,2,FALSE)

[C4] =VLOOKUP(RIGHT(A4,1),シート1!$A$10:$B$13,2,FALSE)

シート3

[C6] =SUMIFS(シート2!D$4:D$13,シート2!$B$4:$B$13,$B6)

または =SUMIF(シート2!$B$4:$B$13,$B6,シート2!D$4:D$13)

[D6] =SUMIFS(シート2!$E$4:$E$13,シート2!$B$4:$B$13,$B6)

または =SUMIF(シート2!$B$4:$B$13,$B6,シート2!$E$4:$E$13)

[E6] =C6－D6

[F6] =RANK(C6,$C$6:$C$8,0)

[C9] =SUM(C6:C8)

[C13] =SUMIFS(シート2!D$4:D$13,シート2!$C$4:$C$13,$B13)

または =SUMIF(シート2!$C$4:$C$13,$B13,シート2!D$4:D$13)

[D13] =SUMIFS(シート2!$E$4:$E$13,シート2!$C$4:$C$13,$B13)

または =SUMIF(シート2!$C$4:$C$13,$B13,シート2!$E$4:$E$13)

[E13] =C13－D13

[F13] =RANK(E13,$E$13:$E$16,0)

[C17] =SUM(C13:C16)

【7】(P.98)

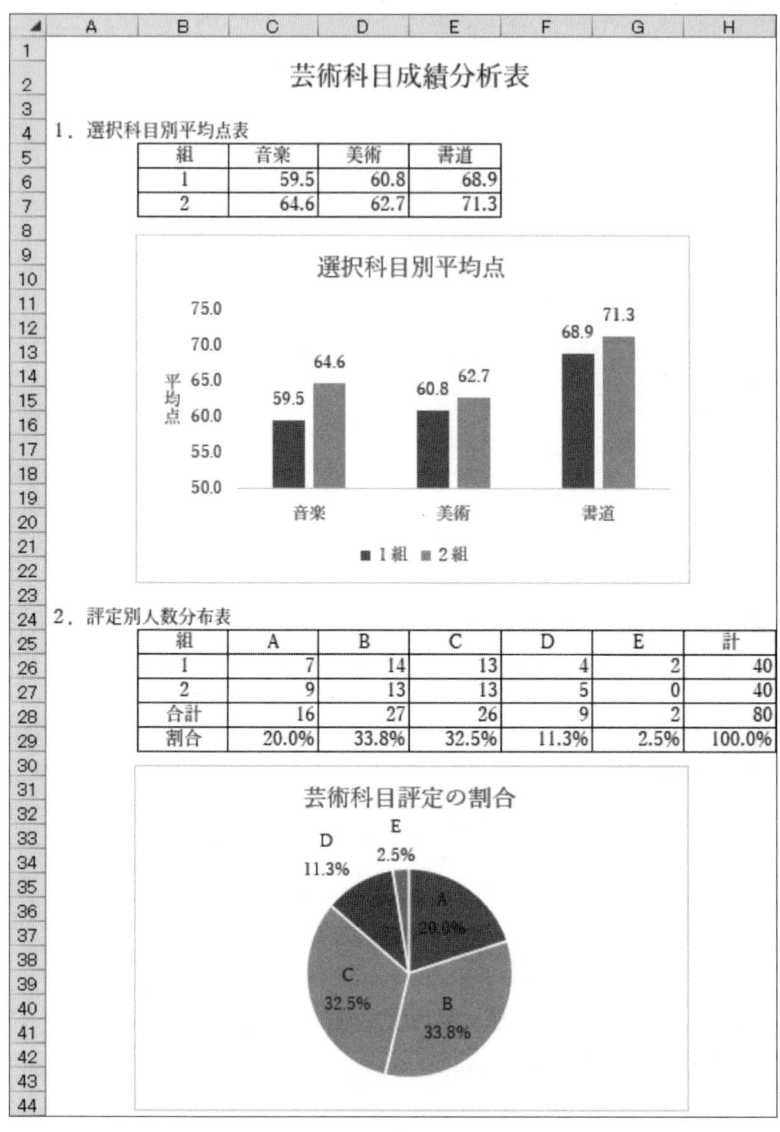

芸術科目成績分析表

1．選択科目別平均点表

組	音楽	美術	書道
1	59.5	60.8	68.9
2	64.6	62.7	71.3

2．評定別人数分布表

組	A	B	C	D	E	計
1	7	14	13	4	2	40
2	9	13	13	5	0	40
合計	16	27	26	9	2	80
割合	20.0%	33.8%	32.5%	11.3%	2.5%	100.0%

ヒント　シート2

[B4]　=INT(A4/100)　〔別解〕 =ROUNDDOWN(A4/100,0)

[D4]　=HLOOKUP(C4,シート1!$B$3:$D$4,2,FALSE)

[F4]　=HLOOKUP(E4,シート1!$B$8:$F$9,2,TRUE)

シート3

[C6]　=AVERAGEIFS(シート2!$E$4:$E$83,シート2!$B$4:$B$83,$B6,シート2!$D$4:$D$83,C$5)

[C26]　=COUNTIFS(シート2!$B$4:$B$83,$B26,シート2!$F$4:$F$83,C$25)

[H26]　=SUM(C26:G26)

[C28]　=SUM(C26:C27)

[C29]　=C28/$H$28

【8】(P.100)

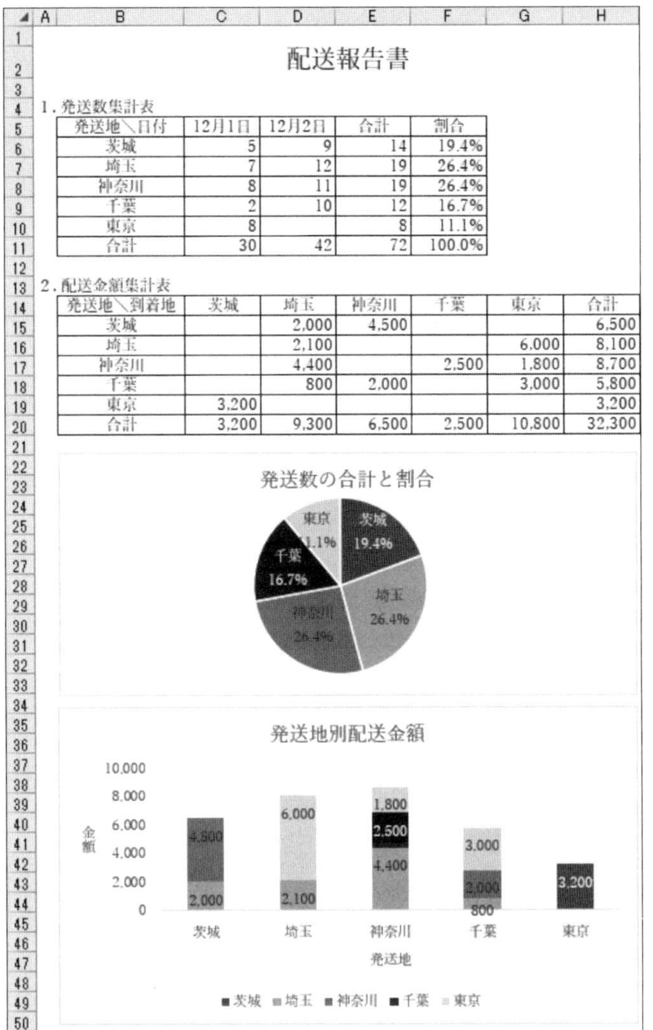

配送報告書

1．発送数集計表

発送地＼日付	12月1日	12月2日	合計	割合
茨城	5	9	14	19.4%
埼玉	7	12	19	26.4%
神奈川	8	11	19	26.4%
千葉	2	10	12	16.7%
東京	8		8	11.1%
合計	30	42	72	100.0%

2．配送金額集計表

発送地＼到着地	茨城	埼玉	神奈川	千葉	東京	合計
茨城		2,000	4,500			6,500
埼玉		2,100			6,000	8,100
神奈川		4,400		2,500	1,800	8,700
千葉		800	2,000		3,000	5,800
東京	3,200					3,200
合計	3,200	9,300	6,500	2,500	10,800	32,300

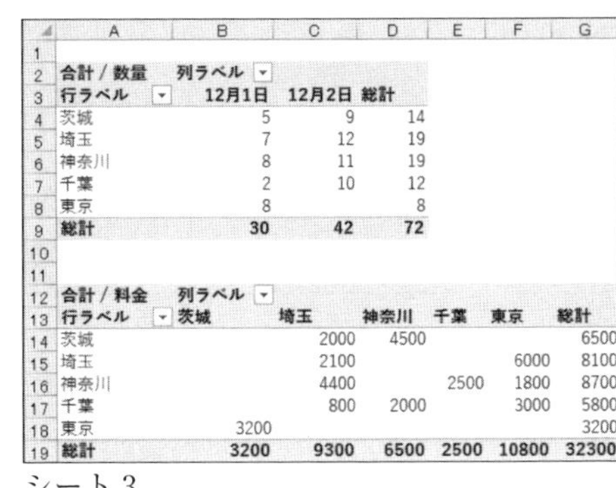

合計 / 数量	列ラベル		
行ラベル	12月1日	12月2日	総計
茨城	5	9	14
埼玉	7	12	19
神奈川	8	11	19
千葉	2	10	12
東京	8		8
総計	30	42	72

合計 / 料金	列ラベル					
行ラベル	茨城	埼玉	神奈川	千葉	東京	総計
茨城		2000	4500			6500
埼玉		2100			6000	8100
神奈川		4400		2500	1800	8700
千葉		800	2000		3000	5800
東京	3200					3200
総計	3200	9300	6500	2500	10800	32300

シート3

ヒント　シート2

[C4]　=VALUE(LEFT(B4,1))

[D4]　=VALUE(MID(B4,2,1))

[E4]　=VLOOKUP(C4,シート1!$A$4:$B$8,2,FALSE)

[F4]　=VLOOKUP(D4,シート1!$A$4:$B$8,2,FALSE)

[G4]　=VLOOKUP(C4,シート1!$A$4:$G$8,D4+2,FALSE)　〔別解〕　=INDEX($C$4:$G$8,C4,D4)

[H4]　=VALUE(RIGHT(B4,2))

[I4]　=G4＊H4

シート4

[F6]　=E6/$E$11

【9】(P.102)

改修費負担計画書

1．改修費

改修費総額	1,000,000	市負担分	700,000
		利用者負担分	300,000

2．利用回数による負担表

負担総額	150,000	負担単価	7,500

団体コード	団体名	利用回数	負担額
S	外房高校	4	30,000
H	俳句会	10	75,000
K	コーラスクラブ	6	45,000
		合計	150,000

3．利用人数による負担表

負担総額	150,000	負担単価	474

団体コード	団体名	利用人数	負担額
S	外房高校	116	54,984
H	俳句会	80	37,920
K	コーラスクラブ	121	57,354
		合計	150,258

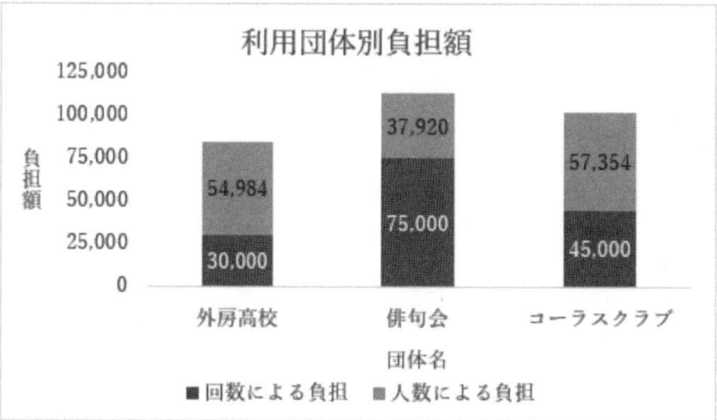

利用団体別負担額

125,000
100,000
75,000
50,000
25,000
0
負担額
54,984
30,000
37,920
75,000
57,354
45,000
外房高校
俳句会
コーラスクラブ
団体名
■回数による負担 ■人数による負担

行ラベル	個数 / 人数
外房高校	4
俳句会	10
コーラスクラブ	6
総計	**20**

行ラベル	合計 / 人数
外房高校	116
俳句会	80
コーラスクラブ	121
総計	**317**

シート3

ヒント　シート2

[C4]　=VLOOKUP(LEFT(B4,1),シート1!$A$4:$B$6,2,FALSE)

[D4]　=VALUE(RIGHT(B4,2))

シート4

[E5]　=C5＊0.7

[E6]　=C5＊0.3

[C9]　=$E$6＊0.5

[E9]　=ROUNDUP(C9/SUM(D12:D14),0)

[E12]　=$E$9＊D12

[E15]　=SUM(E12:E14)

グラフの作成

（1）データの選択

① C12～C14とE12～E14をドラッグする。

8	2．利用回数による負担表			
9	負担総額	150,000	負担単価	7,500
10				
11	団体コード	団体名	利用回数	負担額
12	S	外房高校	4	30,000
13	H	俳句会	10	75,000
14	K	コーラスクラブ	6	45,000
15			合計	150,000
16				
17	3．利用人数による負担表			
18	負担総額	150,000	負担単価	474
19				
20	団体コード	団体名	利用人数	負担額
21	S	外房高校	116	54,984
22	H	俳句会	80	37,920
23	K	コーラスクラブ	121	57,354
24			合計	150,258

② ［挿入］リボンの縦棒/横棒グラフの挿入ボタンから積み上げ縦棒をクリックする。

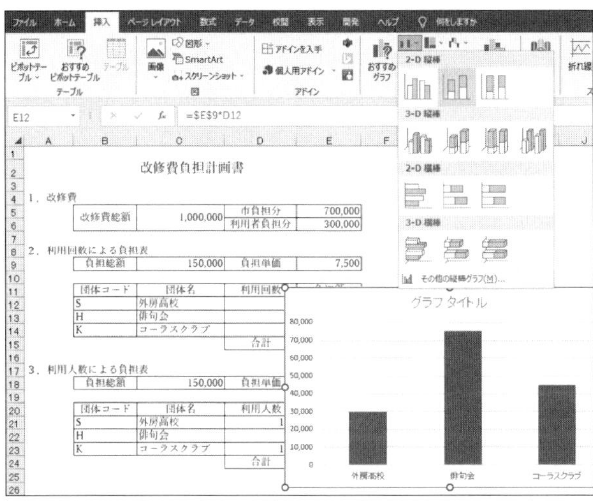

③ ［グラフのデザイン］リボンのデータの選択ボタンをクリックし，［凡例項目］の追加ボタンをクリックする。

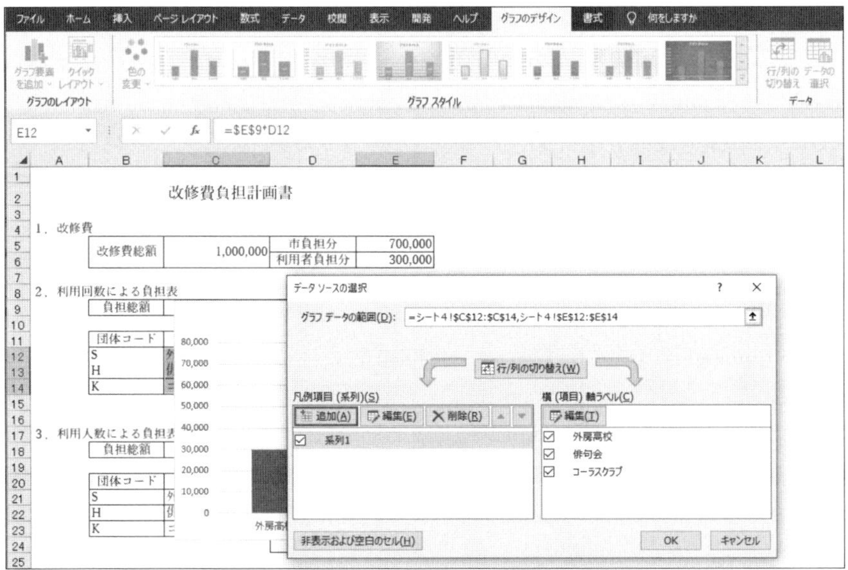

④ ［系列値］にＥ21～Ｅ23をドラッグして入力し，OKボタンをクリックする。

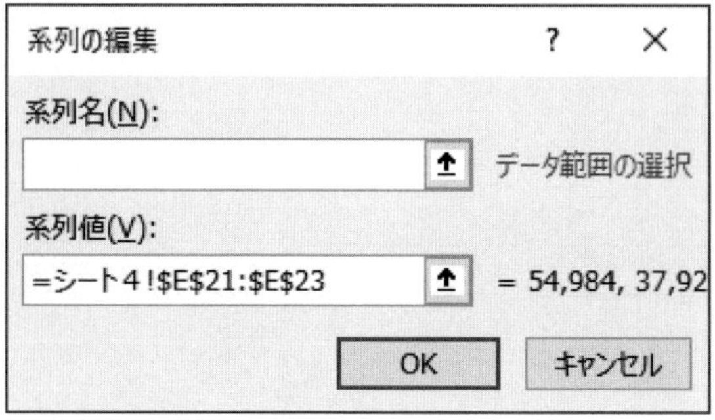

（２）系列の追加

① ［系列１］を選択し，編集ボタンをクリックする。

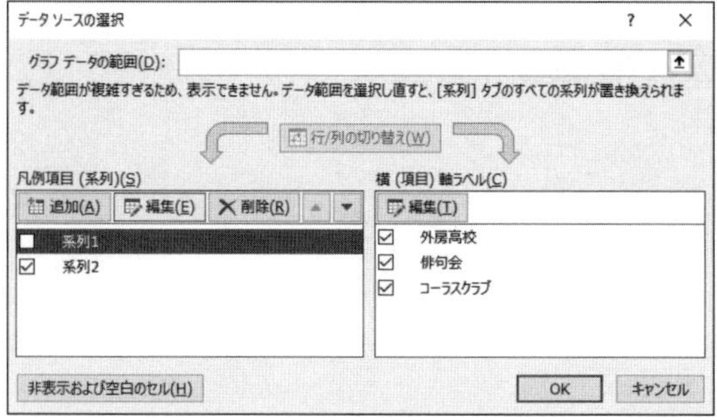

② ［系列名］に「回数による負担」を入力してOKボタンをクリックする。

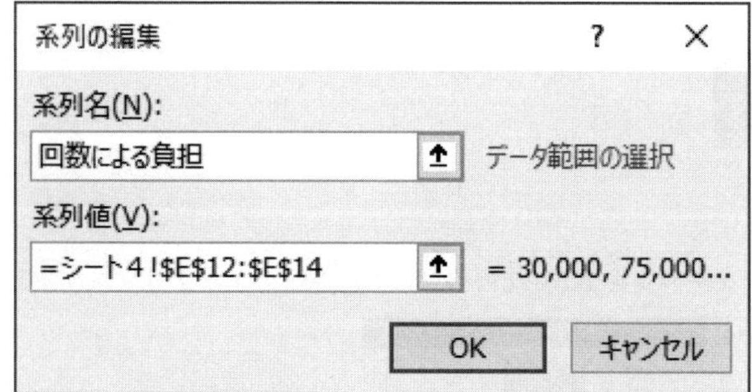

③ 同様に［系列２］に「人数による負担」を入力してOKボタンをクリックする。

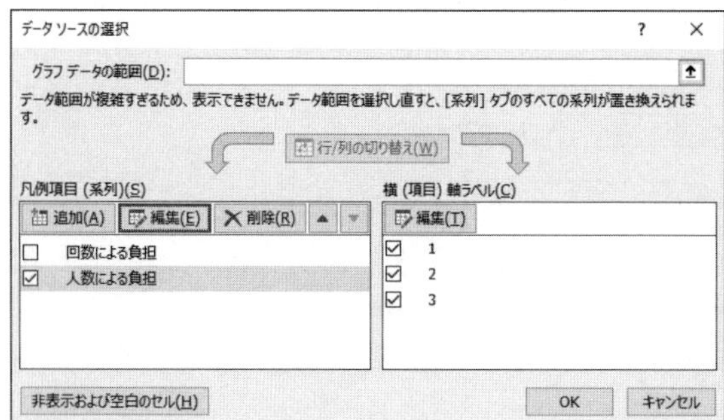

【10】(P.104)

売上報告書

1．売上金額計上位１０支店　　　　単位：千円

支店コード	支店名	数量計	金額計	平均金額	備考
A111	津支店	503	2,599.0	152.9	○
A101	秋田支店	519	2,072.5	121.9	
A104	水戸支店	461	1,908.0	173.5	○
A103	仙台支店	422	1,827.0	166.1	○
A115	奈良支店	326	1,506.0	94.1	
A102	盛岡支店	206	1,208.0	201.3	◎
A105	宇都宮支店	301	1,191.0	85.1	
A106	前橋支店	189	1,052.0	80.9	
A109	岐阜支店	190	921.0	92.1	
A113	神戸支店	124	620.0	41.3	

2.商品別集計表　　　　単位：千円

商品名	件数	金額計	割合	順位
コーヒーギフト	39	1,663.0	10.6%	5
ワインセット	43	4,256.0	27.2%	1
海鮮ギフト	21	3,612.0	23.1%	2
高級国産牛三昧	24	3,493.0	22.3%	3
十割そばセット	38	2,580.0	16.5%	4

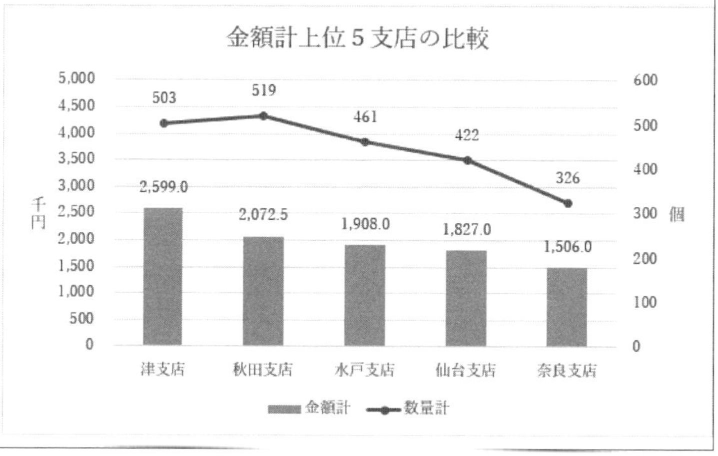

ヒント　シート名「報告書」

[C6]　=VLOOKUP(B6,支店表!$A$4:$B$19,2,FALSE)

[D6]　=SUMIFS(売上データ表!$F$4:$F$168,売上データ表!$C$4:$C$168,B6)

[E6]　=SUMIFS(売上データ表!$G$4:$G$168,売上データ表!$C$4:$C$168,B6)

[F6]　=AVERAGEIFS(売上データ表!$G$4:$G$168,売上データ表!$C$4:$C$168,B6)

[G6]　−IF(F6>=200,"◎",IF(F6>=150,"○",""))

[C19]　=COUNTIFS(売上データ表!$E$4:$E$168,B19)

[D19]　=SUMIFS(売上データ表!$G$4:$G$168,売上データ表!$E$4:$E$168,B19)

[E19]　=ROUNDDOWN(D19/SUM(売上データ表!$G$4:$G$168),3)

[F19]　=RANK(D19,$D$19:$D$23,0)

章末検定問題

【1】(P.106)

遊園地に関する報告書

1．月別集計表

区分	月	入場者数 計 (千人)	営業収入 計 (百万円)	構成比率	客単価 (円)	備考
繁忙期	8	113,766	790,447	12.1%	6,948	○
通常期	12	76,950	669,856	10.2%	8,705	○
	3	75,836	624,929	9.6%	8,241	○
	5	71,129	519,585	8.0%	7,305	
	11	70,981	598,281	9.2%	8,429	
	10	68,444	609,910	9.3%	8,911	○
	9	65,954	573,423	8.8%	8,694	○
	7	63,875	508,848	7.8%	7,966	
	4	59,368	461,347	7.1%	7,771	
閑散期	1	50,399	384,725	5.9%	7,634	
	6	48,993	433,157	6.6%	8,841	○
	2	45,616	394,563	6.1%	8,650	○
	合計	811,311	6,569,071			
	最大	113,766	790,447			
	最小	45,616	384,725			

2．四半期別集計表

期コード	期名	入場者数平均	営業収入平均
K2	4－6月期	5,983	47,136
K3	7－9月期	8,120	62,424
K4	10－12月期	7,213	62,602
K1	1－3月期	5,728	46,807
	平均	6,761	54,742

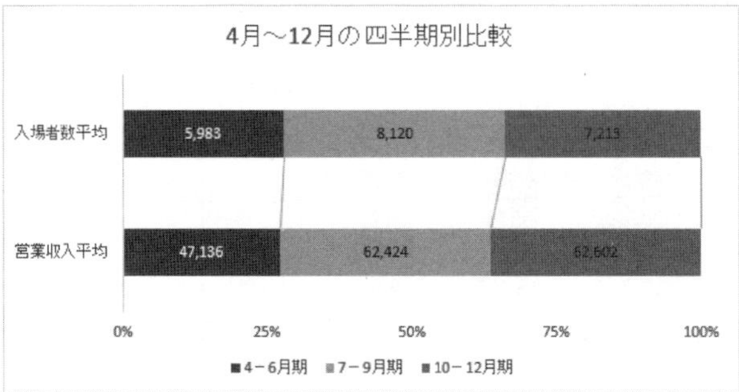

4月～12月の四半期別比較

入場者数平均 5,983 8,120 7,213

営業収入平均 47,136 62,424 62,602

0% 25% 50% 75% 100%

■4－6月期 ■7－9月期 ■10－12月期

ヒント

[D6] =SUMIFS(営業データ表!$D$4:$D$123,営業データ表!$C$4:$C$123,C6)

[E6] =SUMIFS(営業データ表!$E$4:$E$123,営業データ表!$C$4:$C$123,C6)

[F6] =ROUNDUP(E6/SUM($E$6:$E$17),3)

[G6] =E6/D6＊1000

[H6] =IF(OR(E6>=600000,G6>=8500),"○","")

[D18] =SUM(D6:D17)

[D19] =MAX(D6:D17)

[D20] =MIN(D6:D17)

[D24] =AVERAGEIFS(営業データ表!$D$4:$D$123,営業データ表!$B$4:$B$123,B24)

[E24] =AVERAGEIFS(営業データ表!$E$4:$E$123,営業データ表!$B$4:$B$123,B24)

[D28] =AVERAGE(D24:D27)

【2】(P.108)

販売報告書（8月公演分）

1．公演日別販売表

公演コード	公演種別	販売数	販売額	順位	備考
190803T	定例公演	200	268,200	2	◎
190807F	普及公演	200	164,200	8	
190810T	定例公演	177	205,700	6	
190814K	企画公演	188	273,200	1	
190817T	定例公演	199	247,300	4	◎
190821F	普及公演	200	161,400	9	
190824T	定例公演	187	250,100	3	◎
190828K	企画公演	176	244,200	5	
190831T	定例公演	158	205,400	7	

2．区分別販売表

区分コード	区分	販売件数	販売数	販売額	割合
M01	団体	30	683	581,700	28.8%
M02	会員	170	472	627,900	31.0%
M03	一般	179	530	810,100	40.1%
	合計	379	1,685	2,019,700	

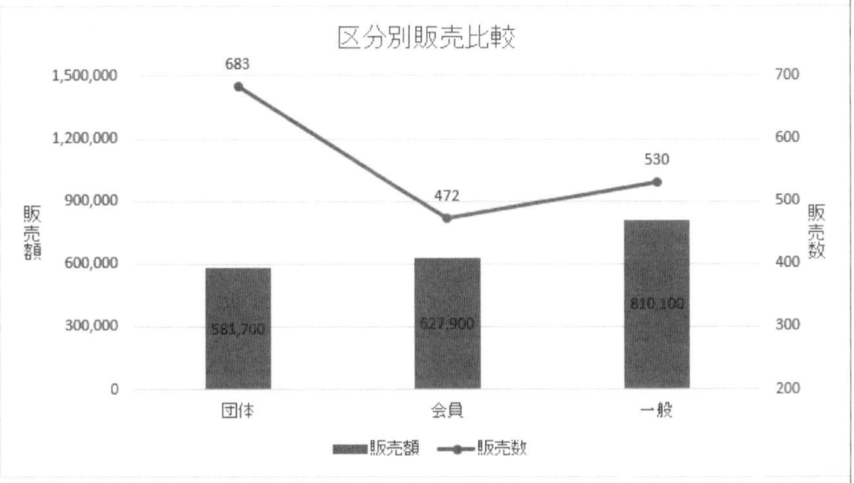

ヒント [C6] =HLOOKUP(RIGHT(B6,1),料金表!$C$4:$E$5,2,FALSE)

[D6] =SUMIFS(販売データ表!$E$4:$E$382,販売データ表!$C$4:$C$382,報告書!B6)

[E6] =SUMIFS(販売データ表!$F$4:$F$382,販売データ表!$C$4:$C$382,報告書!B6)

[F6] =RANK(E6,$E$6:$E$14,0)

[G6] =IF(AND(C6="定例公演",D6>=180),"◎","")

[D18] =COUNTIFS(販売データ表!$D$4:$D$382,報告書!B18)

[E18] =SUMIFS(販売データ表!$E$4:$E$382,販売データ表!$D$4:$D$382,報告書!B18)

[F18] =SUMIFS(販売データ表!$F$4:$F$382,販売データ表!$D$4:$D$382,報告書!B18)

[G18] =ROUNDDOWN(F18/$F$21,3)

【3】(P.110)

家庭用エアコン販売実績表

1．機種別販売実績表

機種	グレード	販売数計	販売額計	1台あたり売価	価格	1台あたり値引率	備考
X18	エクストラ	67	7,941,520	118,530	138,000	14.1%	
X12	エクストラ	68	6,761,580	99,435	118,000	15.7%	
X06	エクストラ	92	7,375,420	80,167	98,000	18.2%	○
M18	ミドル	77	6,361,200	82,612	114,000	27.5%	
M12	ミドル	82	5,654,100	68,952	94,000	26.6%	
M06	ミドル	115	6,491,100	56,444	77,000	26.7%	○
B18	ベーシック	72	5,555,000	77,152	101,000	23.6%	
B12	ベーシック	107	6,605,550	61,734	81,000	23.8%	○
B06	ベーシック	116	5,334,450	45,986	61,000	24.6%	

2．販売店別販売実績表

販売店	販売数計	販売額計
A店	286	19,705,650
B店	272	22,027,570
C店	238	16,346,700
合計	796	58,079,920

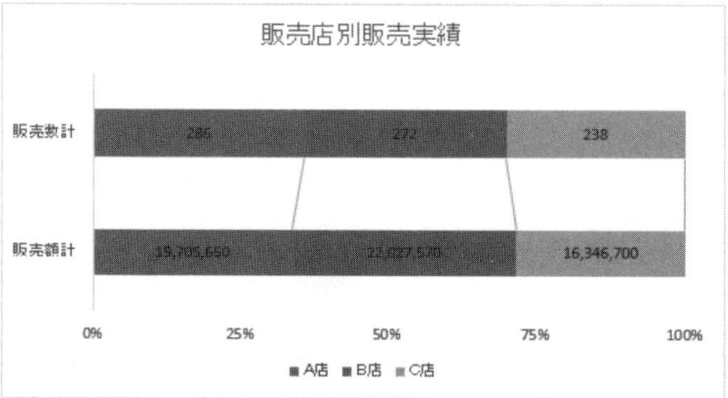

販売店別販売実績

販売数計 286 272 238

販売額計 19,705,650 22,027,570 16,346,700

0% 25% 50% 75% 100%

■A店 ■B店 ■C店

3．最多販売数計の機種および最少販売数計の機種

内容	販売数計	機種
最多	116	B06
最少	67	X18

ヒント

[C6] =VLOOKUP(B6,価格表!$A$4:$B$12,2,FALSE)

[D6] =SUMIFS(販売データ表!$E$4:$E$497,販売データ表!$C$4:$C$497,報告書!B6)

[E6] =SUMIFS(販売データ表!$F$4:$F$497,販売データ表!$C$4:$C$497,報告書!B6)

[F6] =ROUNDDOWN(E6/D6,0)

[G6] =VLOOKUP(B6,価格表!$A$4:$D$12,4,FALSE)

[H6] =1-F6/G6

[I6] =IF(AND(G6<100000,E6>=AVERAGE($E$6:$E$14)),"○","")

[C18] =SUMIFS(販売データ表!$E$4:$E$497,販売データ表!$D$4:$D$497,報告書!B18)

[D18] =SUMIFS(販売データ表!$F$4:$F$497,販売データ表!$D$4:$D$497,報告書!B18)

[C42] =MAX(D6:D14)

[C43] =MIN(D6:D14)

[D42] =INDEX($B$6:$B$14,MATCH(C42,$D$6:$D$14,0),1)

【4】(P.112)

	A	B	C	D	E	F	G
1							
2				販売成績報告書			
3							
4	1．球場別販売成績表						
5		球場コード	球場名	入場者数計	販売数計	販売率	備考
6		ES	E球場	1,919,375	180,695	9.4%	重点
7		FS	F球場	1,724,539	172,525	10.0%	
8		LS	L球場	1,576,091	175,360	11.1%	
9		BS	B球場	1,562,654	152,442	9.7%	重点
10		GS	G球場	2,324,948	231,220	9.9%	重点
11		SS	S球場	1,823,346	192,688	10.5%	
12			総合計	10,930,953	1,104,930		
13							
14	2．リーグ別販売成績表						
15		リーグ名	平均入場者数	平均販売数	平均販売員数	一人あたり販売数	
16		Xリーグ	27,766	2,812	8.8	321.3	
17		Yリーグ	30,540	3,082	10.9	282.5	
18		全体	29,149	2,946	9.8	299.8	

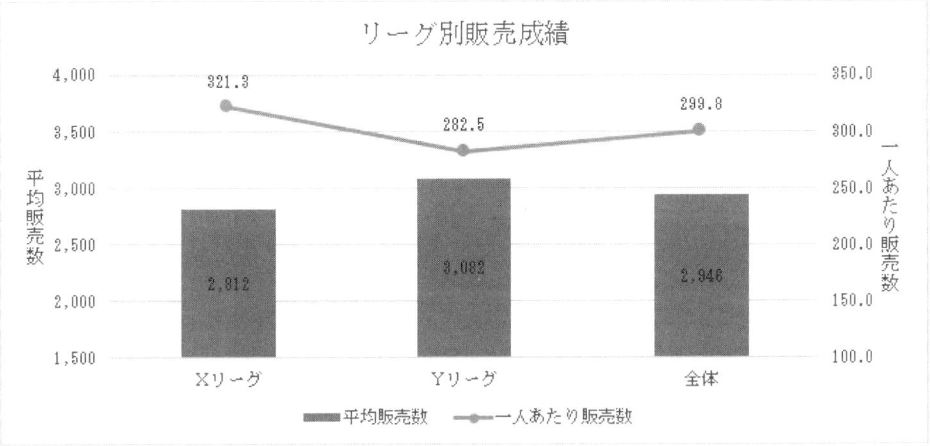

ヒント
[C6] =VLOOKUP(B6,球場表!$A$4:$B$9,2,FALSE)

[D6] =SUMIFS(販売データ表!$E$4:$E$378,販売データ表!$C$4:$C$378,報告書!B6)

[E6] =SUMIFS(販売データ表!$F$4:$F$378,販売データ表!$C$4:$C$378,報告書!B6)

[F6] =ROUNDDOWN(E6/D6,3)

[G6] =IF(AND(E6>=150000,F6<10%),"重点","")

[C16] =AVERAGEIFS(販売データ表!$E$4:$E$378,販売データ表!$D$4:$D$378,報告書!B16)

[D16] =AVERAGEIFS(販売データ表!$F$4:$F$378,販売データ表!$D$4:$D$378,報告書!B16)

[E16] =AVERAGEIFS(販売データ表!$G$4:$G$378,販売データ表!$D$4:$D$378,報告書!B16)

[F16] =D16/E16

[C18] =AVERAGE(販売データ表!E4:E378)

【5】(P.114)

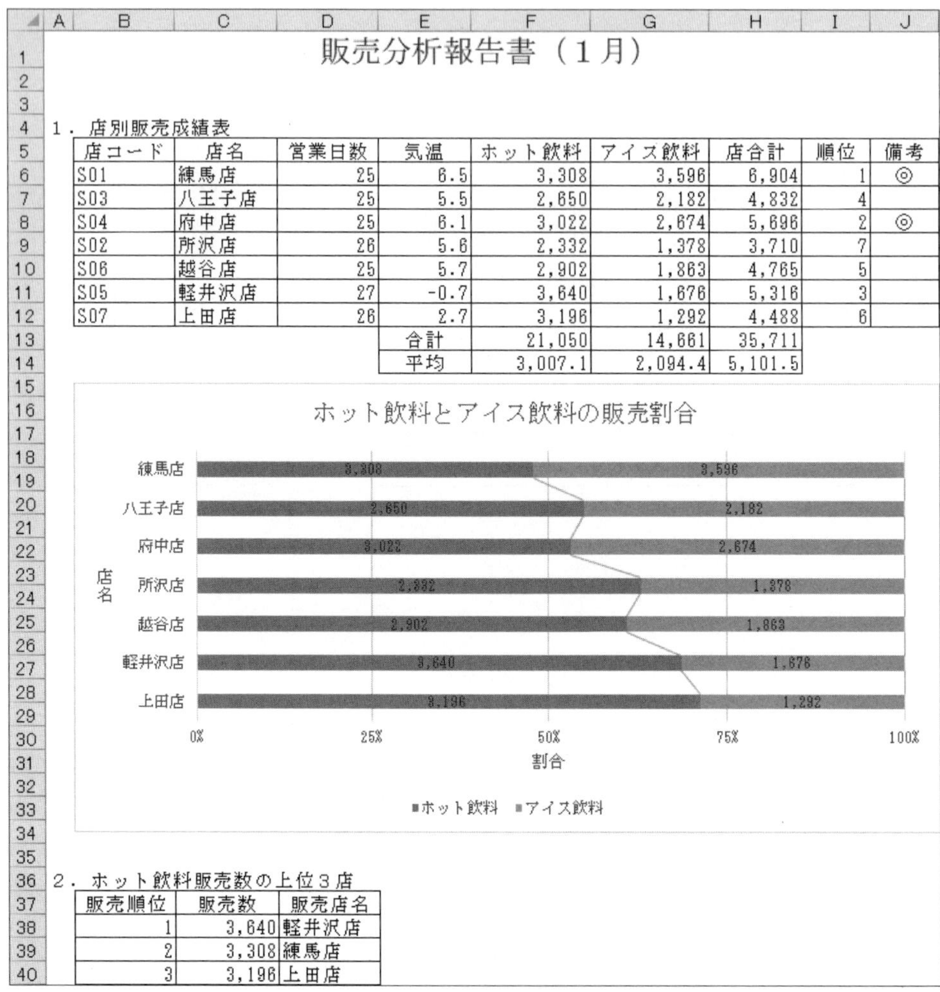

販売分析報告書（1月）

1．店別販売成績表

店コード	店名	営業日数	気温	ホット飲料	アイス飲料	店合計	順位	備考
S01	練馬店	25	6.5	3,308	3,596	6,904	1	◎
S03	八王子店	25	5.5	2,650	2,182	4,832	4	
S04	府中店	25	6.1	3,022	2,674	5,696	2	◎
S02	所沢店	26	5.6	2,332	1,378	3,710	7	
S06	越谷店	25	5.7	2,902	1,863	4,765	5	
S05	軽井沢店	27	-0.7	3,640	1,676	5,316	3	
S07	上田店	26	2.7	3,196	1,292	4,488	6	
			合計	21,050	14,661	35,711		
			平均	3,007.1	2,094.4	5,101.5		

2．ホット飲料販売数の上位3店

販売順位	販売数	販売店名
1	3,640	軽井沢店
2	3,308	練馬店
3	3,196	上田店

ヒント

[C6]　=VLOOKUP(B6,販売店表!$A$4:$B$10,2,FALSE)

[D6]　=COUNTIFS(販売データ表!$D$4:$D$182,報告書!B6)

[E6]　=AVERAGEIFS(販売データ表!$E$4:$E$182,販売データ表!$D$4:$D$182,報告書!B6)

[F6]　=SUMIFS(販売データ表!$F$4:$F$182,販売データ表!$D$4:$D$182,報告書!B6)

[G6]　=SUMIFS(販売データ表!$G$4:$G$182,販売データ表!$D$4:$D$182,報告書!B6)

[H6]　=SUM(F6:G6)

[I6]　=RANK(H6,$H$6:$H$12,0)

[J6]　=IF(AND(F6>=AVERAGE($F$6:$F$12),G6>=AVERAGE($G$6:$G$12)),"◎","")

[F13]　=SUM(F6:F12)

[F14]　=ROUNDDOWN(AVERAGE(F6:F12),1)

[C38]　=LARGE($F$6:$F$12,B38)

[D38]　=INDEX($C$6:$C$12,MATCH(C38,$F$6:$F$12,0),1)

第２章　表計算ソフトウェアに関する知識

1 関数の利用

練習問題 1-1 (P.121)

【1】 (1) B (2) B (3) A (4) B (5) A (6) B (7) A (8) A (9) A (10) A
(11) B (12) B (13) A (14) A (15) B (16) A

【2】 (1) カ (2) ク (3) イ

検定問題 1-1 (P.122)

【1】 イ

【2】 ウ

【3】 ウ

練習問題 1-2 (P.125)

【1】 (1) イ (2) =VLOOKUP(A4,E4:G7,3,FALSE)

【2】 エ

【3】 (1) B3:J4 (2) 2 (3) MATCH(B6,B3:J3,0)

検定問題 1-2 (P.126)

【1】 イ

【2】 イ

【3】 (a) エ (b) カ

練習問題 1-3 (P.129)

【1】 (1) ア (2) キ (3) オ (4) イ (5) ケ

【2】 (1) 2 (2) 4

【3】 (1) 1 (2) 1 (3) 1 (4) 6 (5) 5 (6) 12 (7) 5 (8) 5

検定問題 1-3 (P.130)

【1】 イ

【2】 ウ

【3】 イ

【4】 ア

【5】 ア

【6】 (a) エ (b) ア

【7】 イ

練習問題 1-4 (P.134)

【1】 (1) NOW (2) TODAY (3) TIME (4) WEEKDAY
(5) YEAR (6) MONTH

検定問題 1-4 (P.134)

【1】 イ

【2】 ウ

【3】 ウ

2 関数のネスト

練習問題 2-1 （P.136）

【1】 (1) LEFT(A3,4)　(2) A3/10000　(3) MID(A3,5,2)

(4) INT(A3/100)　(5) RIGHT(A3,2)　(6) 100

【2】 (1) YEAR(TODAY( ))　(2) TODAY( )

【3】 (1) LEFT(A4,2)　(2) FALSE　(3) RIGHT(A4,1)+2

【4】 (1) B (2) A (3) B (4) A (5) B (6) B (7) B (8) A (9) B (10) A

(11) D (12) B (13) A (14) C (15) C (16) C (17) B (18) A (19) B (20) C

【5】 (1) COUNT(A4:C4)<3 ［別解］COUNT(A4:C4)<>3　(2) SUM(A4:C4)<=170

検定問題 2-1 （P.138）

【1】 (1) ア (2) ウ

【2】 ウ

【3】 ア

【4】 6

【5】 ア

3 複合参照とマルチシート

練習問題 3-1 （P.141）

【1】 (1) 18 (2) 12 (3) 18 (4) 12

【2】 ウ　エ

【3】 イ

練習問題 3-2 （P.142）

【1】 (1) (a) 一月！　(b) 二月！　(c) 三月！

(2) (d) 一月:三月！

検定問題 3-1 （P.143）

【1】 595

【2】 (a) ア (b) オ

【3】 イ

【4】 イ

章末総合問題 （P.144）

【1】 問1 イ　問2 ア　問3 ア　問4 イ　問5 ウ

【2】 問1 イ　問2 ウ　問3 ウ　問4 イ　問5 イ

【3】 問1 ア　問2 イ　問3 ア　問4 イ　問5 ウ

【4】 問1 イ　問2 ウ　問3 ア　問4 イ　問5 ウ

【5】 問1 オ　問2 コ　問3 カ, ク　問4 キ　問5 ア

【6】 問1 イ　問2 ケ　問3 エ　問4 カ　問5 オ

章末検定問題 （P.150）

【1】 問1 ア　問2 エ　問3 ケ　問4 ◎　問5 サ

【2】 問1 ウ　問2 エ　問3 ケ　問4 コ　問5 ス

【3】 問1 ウ　問2 エ　問3 4　問4 ク　問5 シ

第３章　コンピュータの関連知識

1 ハードウェア・ソフトウェアに関する知識

練習問題 1-1 (P.157)

【1】 (1) 磁気ディスク装置　(2) シリンダ　(3) OCR　(4) OMR　(5) 磁気ヘッド
(6) アクセスアーム　(7) トラック　(8) セクタ　(9) UPS

練習問題 1-2 (P.161)

【1】 (1) 圧縮　(2) ドット　(3) ピクセル（画素）　(4) 解像度　(5) dpi
(6) ppi　(7) RGB　(8) CMYK　(9) アーカイバ　(10) プラグアンドプレイ

【2】 (1) カ　(2) ウ　(3) イ　(4) ア　(5) オ

ヒント (1) $2^8 = 256$
(2) $16 = 2^4$
(3) $1024 \times 768 \times 16 \div 8 \div 10^6 = 1.57\cdots$
(4) $1280 \times 1024 \times 8 \div 8 \div 10^6 = 1.31\cdots$
(5) $1600 \times 1200 \times 24 \div 8 \div 10^6 = 5.76$
$128 \div 5.76 = 22.2\cdots$（整数未満切り捨て）

練習問題 1-3 (P.165)

【1】 (1) 圧縮　(2) 解凍　(3) アーカイバ　(4) ディレクトリ（フォルダ）
(5) ルートディレクトリ　(6) サブディレクトリ　(7) ファイル名
(8) 拡張子　(9) バイナリファイル　(10) ワイルドカード

【2】 (1) オ　(2) ウ　(3) ク　(4) コ　(5) キ　(6) イ
(7) カ　(8) ア　(9) エ　(10) ケ

練習問題 1-4 (P.169)

【1】 (1) キ　(2) イ　(3) カ　(4) エ　(5) ウ
(6) オ　(7) ア　(8) コ　(9) ク　(10) ケ

【2】 (1) 1101　(2) 10101　(3) 100101

【3】 (1) 10　(2) 25　(3) 54

【4】 (1) 10111　(2) 25　(3) 100　(4) 11　(5) 1111
(6) 42　(7) 100000　(8) 33

2 通信ネットワークに関する知識

練習問題 2-1 (P.173)

【1】 (1) 無線LAN　(2) ストリーミング　(3) グループウェア　(4) Wi-Fi
(5) SSID　(6) ピアツーピア　(7) アナログ回線　(8) テザリング
(9) パケット　(10) LAN　(11) デジタル回線　(12) クライアントサーバシステム

3 情報モラルとセキュリティに関する知識

練習問題 3-1 (P.178)

【1】 1 キ　2 イ　3 カ　4 オ　5 ウ

【2】 (1) イ　(2) オ　(3) エ　(4) ウ　(5) カ　(6) ア　(7) キ

【3】 (1) ファイアウォール　(2) シェアウェア　(3) 暗号化
(4) OSS　(5) 復号　(6) サイトライセンス
(7) バックアップ　(8) フリーウェア　(9) セキュリティホール
(10) ワンタイムパスワード　(11) 多要素認証　(12) シングルサインオン
(13) 多段階認証　(14) ガンブラー　(15) ランサムウェア

章末総合問題 (P.180)

【1】 1 オ　2 ウ　3 イ　4 ク　5 ケ

【2】 1 オ　2 コ　3 キ　4 ケ　5 エ

【3】 1 ウ　2 ア　3 ウ　4 イ　5 イ

【4】 1 イ　2 カ　3 オ　4 ケ　5 コ

【5】 1 エ　2 オ　3 ク　4 ウ　5 キ

【6】 1 ウ　2 キ　3 ア　4 カ　5 ケ

章末検定問題 (P.182)

【1】 1 ア　2 ク　3 カ　4 コ　5 イ

【2】 1 カ　2 コ　3 ア　4 ク　5 イ

【3】 1 イ　2 キ　3 ウ　4 オ　5 ケ

【4】 1 キ　2 ケ　3 オ　4 ア　5 コ

【5】 1 コ　2 ウ　3 カ　4 ケ　5 エ

【6】 1 ウ　2 コ　3 エ　4 ク　5 イ

【7】 1 ケ　2 エ　3 カ　4 ア　5 ク

【8】 1 ク　2 コ　3 カ　4 エ　5 ア

【9】 1 イ　2 ウ　3 ウ　4 イ　5 ア

【10】 1 ウ　2 ア　3 イ　4 ア　5 イ

【11】 1 イ　2 ウ　3 イ　4 ア　5 ア

第４章　データベースソフトウェアの活用

1 リレーショナル型データベース

練習問題 1-1 (P.193)

【1】 (1) キ　(2) ク　(3) エ　(4) ウ　(5) オ

【2】 (1) ア　(2) ウ　(3) イ　(4) イ　(5) ア

【3】 (1) キ　(2) エ　(3) イ　(4) ク　(5) カ

【4】 C表　和　D表　積　E表　差

2 SQL

練習問題 2-1 (P.199)

【1】 問1　イ　問2　カ　問3　キ　問4　エ　問5　コ

【2】 問1　ク　問2　コ　問3　ウ　問4　カ　問5　オ

【3】 問1　イ　問2　エ　問3　カ　問4　ク　問5　ケ

章末総合問題 (P.202)

【1】 問1 (1) エ (2) オ　問2　イ　問3　ア　問4　イ

【2】 問1 (1) ウ (2) ケ (3) カ　問2 (1) ウ (2) カ

章末検定問題 (P.205)

【1】 問1 (1) イ (2) エ (3) ク　問2 (1) ウ (2) オ

【2】 問1　ウ　問2 (1) エ (2) イ (3) ケ　問3　イ

【3】 問1　イ　問2 (1) ア (2) オ (3) ウ　問3　ウ

A1XKS